원과 접선

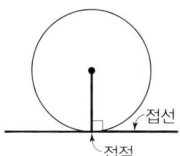

접선
접점

접선과 할선

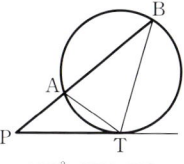

$$\overline{PT}^2 = \overline{PA} \times \overline{PB}$$

무게중심 [세 중선의 교점]

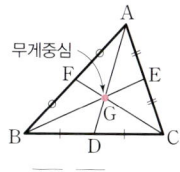

무게중심
G

$$\overline{AG} : \overline{GD} = 2 : 1$$
$$\overline{BG} : \overline{GE} = 2 : 1$$
$$\overline{CG} : \overline{GF} = 2 : 1$$

직각삼각형 [피타고라스 정리]

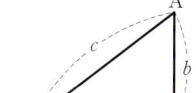

$$a^2 + b^2 = c^2$$

원과 현

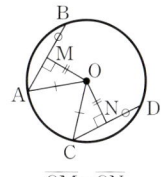

$$\overline{OM} = \overline{ON}$$

할선과 할선

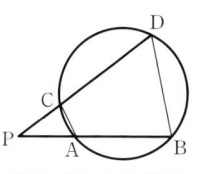

$$\overline{PA} \times \overline{PB} = \overline{PC} \times \overline{PD}$$

평행사변형의 성질

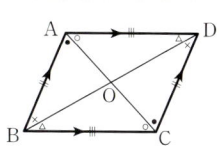
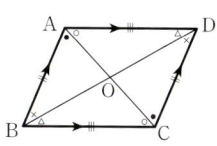
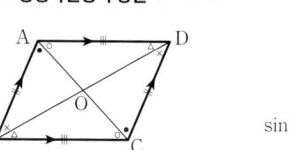

삼각비

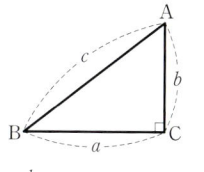

$$\sin B = \frac{b}{c}, \quad \cos B = \frac{a}{c}, \quad \tan B = \frac{b}{a}$$

원 밖의 점에서 원에 그은 접선

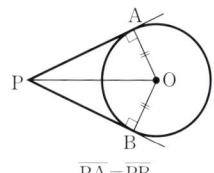

$$\overline{PA} = \overline{PB}$$

두 현이 서로 만날 때

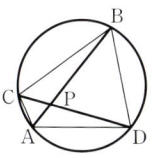

$$\overline{PA} \times \overline{PB} = \overline{PC} \times \overline{PD}$$

마름모의 성질

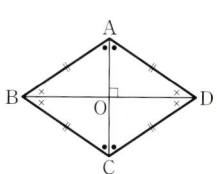

직각 안에 직각

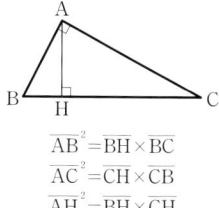

$$\overline{AB}^2 = \overline{BH} \times \overline{BC}$$
$$\overline{AC}^2 = \overline{CH} \times \overline{CB}$$
$$\overline{AH}^2 = \overline{BH} \times \overline{CH}$$
$$\overline{BH} : \overline{CH} = \overline{AB}^2 : \overline{AC}^2$$

중심각과 원주각 ①

원주각
중심각

$$\angle AOB = 2 \times \angle APB$$

현과 접선이 이루는 각

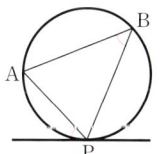

(접선과 현 AP가 이루는 각)
$$= \angle ABP$$

평행선과 선분의 길이의 비 ①

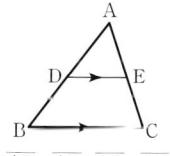

$$\overline{AD} : \overline{AB} = \overline{AE} : \overline{AC} = \overline{DE} : \overline{BC}$$

높이를 공유하는 삼각형의 넓이의 비

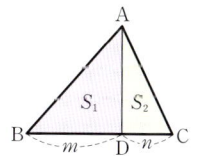

두 삼각형의 넓이의 비는
$$S_1 : S_2 = m : n$$

중심각과 원주각 ②

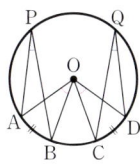

$$\angle AOB = \angle COD$$
$$\angle APB = \angle CQD$$

외심 [외접원의 중심]

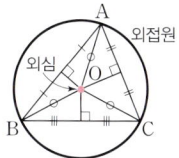
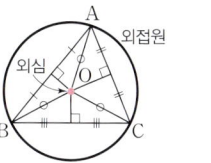

외접원
외심

평행선과 선분의 길이의 비 ②

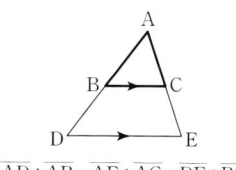

$$\overline{AD} : \overline{AB} = \overline{AE} : \overline{AC} = \overline{DE} : \overline{BC}$$

내각의 이등분선

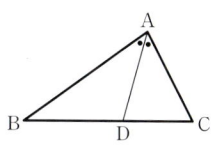

$$\overline{AB} : \overline{AC} = \overline{BD} : \overline{CD}$$

원주각

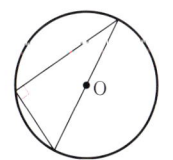

(지름에 대한 원주각) = 90°

내심 [내접원의 중심]

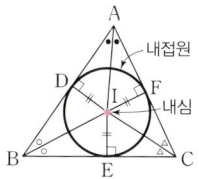

내접원
내심

평행선과 선분의 길이의 비 ③

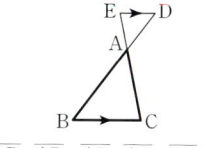

$$\overline{AD} : \overline{AB} = \overline{AE} : \overline{AC} = \overline{DE} : \overline{BC}$$

외각의 이등분선

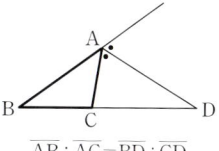

$$\overline{AB} : \overline{AC} = \overline{BD} : \overline{CD}$$

점과 직선 사이의 거리

점 (x_1, y_1)과 직선 $ax+by+c=0$ 사이의 거리 d는

$$d=\frac{|ax_1+by_1+c|}{\sqrt{a^2+b^2}}$$

이차방정식의 근과 계수의 관계

$ax^2+bx+c=0 \ (a\neq0)$의 두 근을 α, β라 하면

$$\alpha+\beta=-\frac{b}{a}$$

$$\alpha\beta=\frac{c}{a}$$

삼차방정식의 근과 계수의 관계

$ax^3+bx^2+cx+d=0 \ (a\neq0)$의 세 근을 α, β, γ라 하면

$$\alpha+\beta+\gamma=-\frac{b}{a}$$

$$\alpha\beta+\beta\gamma+\gamma\alpha=\frac{c}{a}$$

$$\alpha\beta\gamma=-\frac{d}{a}$$

이차방정식의 근의 공식

$ax^2+bx+c=0 \ (a\neq0)$의 근은

$$x=\frac{-b\pm\sqrt{b^2-4ac}}{2a}$$

지수의 확장

$$a^0=1 \ (a\neq0)$$

$$a^{-n}=\frac{1}{a^n} \ (a\neq0)$$

$$a^{\frac{m}{n}}=\sqrt[n]{a^m} \ (a>0)$$

로그의 연산

$$\log_a 1=0$$

$$\log_a a=1$$

$$\log_a M+\log_a N=\log_a MN$$

$$\log_a M-\log_a N=\log_a \frac{M}{N}$$

$$\log_a M^k=k\log_a M$$

$$\log_a M=\frac{\log_b M}{\log_b a}$$

$$a^{\log_a b}=b$$

부채꼴의 호의 길이와 넓이

호의 길이는 $l=r\theta$

넓이는 $S=\frac{1}{2}r^2\theta=\frac{1}{2}rl$

삼각함수 사이의 관계

$$\tan\theta=\frac{\sin\theta}{\cos\theta}$$

$$\sin^2\theta+\cos^2\theta=1$$

삼각함수의 각 변환 공식

$$\sin(-\theta)=-\sin\theta$$

$$\cos(-\theta)=\cos\theta$$

$$\tan(-\theta)=-\tan\theta$$

$$\sin\left(\frac{\pi}{2}-\theta\right)=\cos\theta$$

$$\cos\left(\frac{\pi}{2}-\theta\right)=\sin\theta$$

$$\tan\left(\frac{\pi}{2}-\theta\right)=\frac{1}{\tan\theta}$$

사인법칙

$$\frac{a}{\sin A}=\frac{b}{\sin B}=\frac{c}{\sin C}=2R$$

코사인법칙

$$a^2=b^2+c^2-2bc\cos A$$

$$b^2=c^2+a^2-2ca\cos B$$

$$c^2=a^2+b^2-2ab\cos C$$

삼각형의 넓이 S

$$S=\frac{1}{2}\times(밑변)\times(높이)$$

$$S=\frac{1}{2}ab\sin C$$

$$S=2R^2\sin A\sin B\sin C$$

$$S=\frac{abc}{4R}$$

$$S=\frac{1}{2}r(a+b+c)$$

평행사변형의 넓이 S

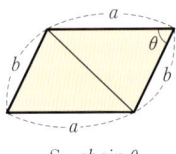

$$S=ab\sin\theta$$

사각형 ABCD의 넓이 S

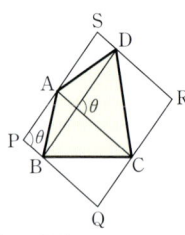

$\overline{AC}=x$, $\overline{BD}=y$일 때,

$$S=\frac{1}{2}xy\sin\theta$$

등차수열의 일반항과 합

$$a_n=a_1+(n-1)d$$

$$S_n=\frac{항(초+말)}{2}$$

$$=\frac{n\{2a+(n-1)d\}}{2}$$

S_n과 a_n 사이의 관계

$$S_1=a_1$$

$$S_n-S_{n-1}=a_n \ (n\geq2)$$

등비수열의 일반항과 합

$$a_n=a_1\times r^{n-1}$$

$$S_n=\frac{a(1-r^n)}{1-r}=\frac{a(r^n-1)}{r-1}$$

$$(단, r\neq1)$$

시그마 계산 공식

$$\sum_{k=1}^{n}k=\frac{n(n+1)}{2}$$

$$\sum_{k=1}^{n}k^2=\frac{n(n+1)(2n+1)}{6}$$

$$\sum_{k=1}^{n}k^3=\left\{\frac{n(n+1)}{2}\right\}^2$$

$$\sum_{k=1}^{n}k(k+1)=\frac{n(n+1)(n+2)}{3}$$

$$\sum_{k=1}^{n}(2k-1)=n^2=(개수)^2$$

함수의 연속

함수 $f(x)$가 $x=a$에서 연속이면

$$\lim_{x\to a}f(x)=f(a)$$

미분계수

$$f'(a)=\lim_{h\to0}\frac{f(a+h)-f(a)}{h}$$

$$=\lim_{x\to a}\frac{f(x)-f(a)}{x-a}$$

미분법 공식

$y=x^n \ (n은 양의 정수) \to$

$$y'=nx^{n-1}$$

$y=f(x)\pm g(x) \to$

$$y'=f'(x)\pm g'(x)$$

$y=f(x)g(x) \to$

$$y'=f'(x)g(x)+f(x)g'(x)$$

$y=\{f(x)\}^n \to$

$$y'=n\{f(x)\}^{n-1}\times f'(x)$$

$y=f(ax+b) \to$

$$y'=f'(ax+b)\times a$$

함수의 증가·감소

다항함수 $f(x)$에 대하여

$f(x)$가 증가함수 $\Longleftrightarrow f'(x)\geq0$

$f(x)$가 감소함수 $\Longleftrightarrow f'(x)\leq0$

부정적분

$$\int\left\{\frac{d}{dx}f(x)\right\}dx=f(x)+C$$

$$\frac{d}{dx}\left[\int f(x)\,dx\right]=f(x)$$

$$\int x^n\,dx=\frac{1}{n+1}x^{n+1}+C$$

$$\int(ax+b)^n\,dx$$

$$=\frac{1}{n+1}(ax+b)^{n+1}\times\frac{1}{a}+C$$

정적분

$$\int_a^b f(x)\,dx=F(b)-F(a)$$

$$\int_a^a f(x)\,dx=0$$

$$\int_a^b f(x)\,dx=-\int_b^a f(x)\,dx$$

$$\int_a^b f(x)\,dx+\int_b^c f(x)\,dx$$

$$=\int_a^c f(x)\,dx$$

$$\frac{d}{dx}\int_a^x f(t)\,dt=f(x)$$

대칭성을 이용한 정적분

$f(x)$가 우함수이면

$$\int_{-a}^a f(x)\,dx=2\int_0^a f(x)\,dx$$

$g(x)$가 기함수이면

$$\int_{-a}^a g(x)\,dx=0$$

평행이동과 대칭이동을 이용한 정적분

$$\int_a^b f(x-p)\,dx=\int_{a-p}^{b-p}f(x)\,dx$$

$$\int_a^b f(p-x)\,dx=\int_{p-b}^{p-a}f(x)\,dx$$

이차함수와 직선으로 둘러싸인 넓이

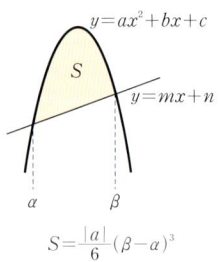

$$S=\frac{|a|}{6}(\beta-\alpha)^3$$

삼차함수와 접선으로 둘러싸인 넓이

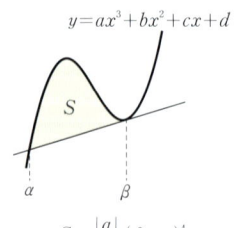

$$S=\frac{|a|}{12}(\beta-\alpha)^4$$

메가스터디 수능 수학

KICK

수학 II

Structure

이 책의 구성과 특징

STEP 1 개념 정리 & 수능 Idea

수능 필수 개념만을 모아 체계적으로 정리, 설명했습니다.

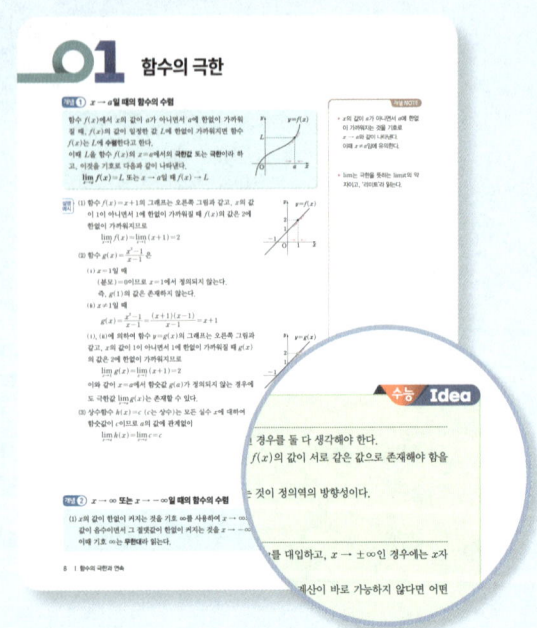

• **개념 Check**

개념 이해 정도를 확인하는 수능 2점 난이도의 문제를 제시했습니다.

• **수능 Idea**

문제 풀이에 도움이 되는 추가 개념이나 원리, 문제 해결에 실마리가 될 수 있는 팁 등을 추가로 제시했습니다.

STEP 2 필수 예제 & 유제

수능에 자주 출제되는 3점, 쉬운 4점 문제의 유형을 분석하여 필수 예제로 제시했습니다.
필수 예제와 유사한 난이도, 형태의 문제를 유제로 바로 제시하여 유형에 대한 이해 정도를 확인할 수 있게 했습니다.

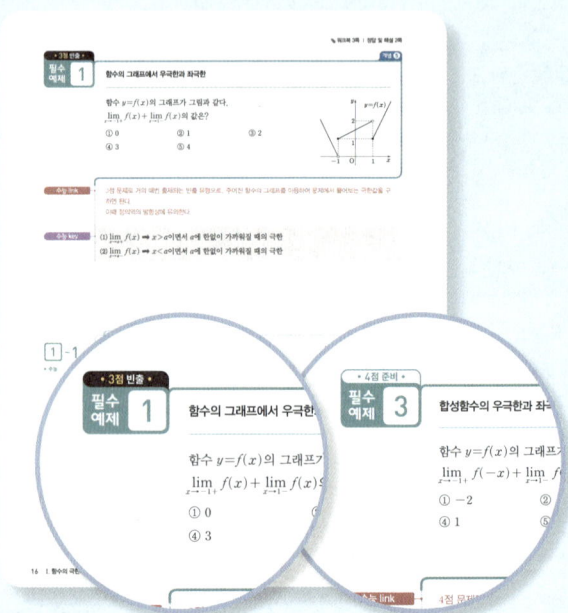

• **3점 빈출** **4점 준비**

필수 예제 중 수능에 자주 출제되는 3점 유형은 '3점 빈출'로 표시했습니다. 또한, 4점 문항 대비를 위한 유형을 '4점 준비'로 표시했습니다.

• **수능 link** **수능 key**

필수 예제 형태의 문제가 수능에서 어떻게 출제될 수 있는지와 해당 문제를 해결하기 위한 핵심 개념 또는 원리를 제시했습니다.

• 실전 감각을 유지하는 데 도움이 되는 핵심 기출문제가 있는 경우, 해당 기출문제를 필수 예제 또는 유제로 선정했습니다.

별책 WORKBOOK

STEP 3 단원 마무리

실전에 더욱 강하게 대비할 수 있는 단원 마무리 코너를 마련했습니다.
STEP **2**의 문제보다 난도가 조금 더 높은 문제, 두 가지 이상의 개념을 사용하여 해결할 수 있는 어려운 3점 수준의 문제 등을 수록했습니다.

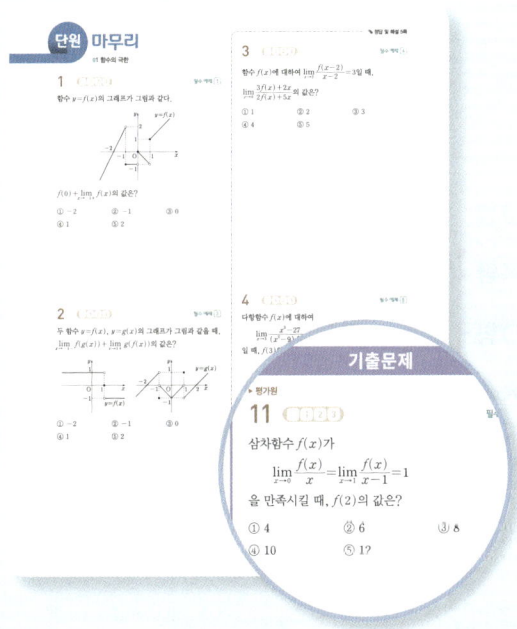

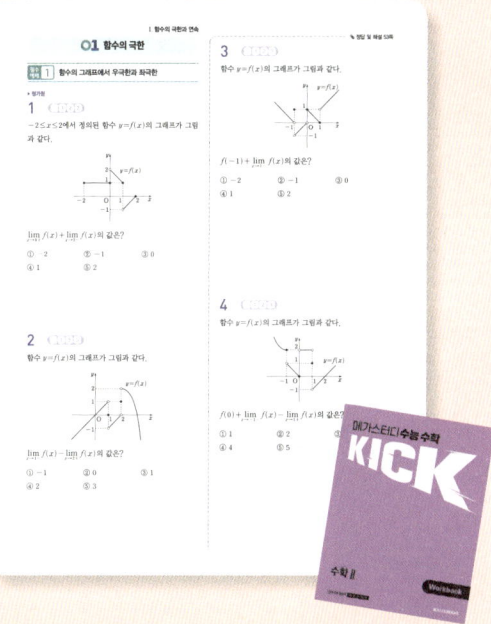

- 모든 문제는 STEP **2**의 필수 예제와 링크되어 있으므로 모르거나 틀린 문제는 STEP **2**를 다시 확인하여 해결할 수 있습니다.

- 단원 마무리의 마지막은 '기출문제'로 제시했습니다.

- **본책의 필수 예제와 완벽한 1 : 1 매칭**

  본책 STEP **2**의 필수 예제를 더욱 완벽하게 익힐 수 있는 문제들을 1쪽(3~4문제)씩 제시했습니다.

- **3점 완벽 마스터 문제 제시**

  해당 유형에 대한 문제들을 쉬운 3점부터 어려운 3점까지의 난이도로 구성하여 3점 문제를 완벽하게 마스터할 수 있게 했습니다.

수능 개념 학습은 달라야 한다!

수능 수학 KICK이 제안하는 학습 시스템

본책의 STEP **2, 3**과 워크북의 모든 문제에 대하여

[1 2 3]의 상자들 이용하면 다음 두 가지가 가능합니다!

❶ 내가 아는 것과 모르는 것을 구분 ❷ 반복 학습

*자세한 활용 방법은 뒷장을 참고해 주세요.

수능 개념 학습은 달라야 한다!

수능 수학 KICK이 제안하는 학습 시스템

수능 실전을 위한 개념 학습에서 가장 중요한 것은, 자신이 아는 것과 모르는 것이 무엇인지를 정확하게 구분하는 것입니다.
내가 진짜로 알고 있는 것이 무엇인지를 파악해야, 아는 것은 빠르게 학습하고
모르는 것에 집중할 수 있으므로 효율적인 학습이 가능해지고 성적이 오릅니다.
이 책에서는 효율적인 수능 개념 학습을 위해 다음과 같은 장치를 제시하오니, 학습에 활용해 보세요.

표시 ① 문제를 푼 후, 문제에 있는 (1 2 3) 맨 앞의 ◯에 ○ 또는 ✕를 표시합니다.

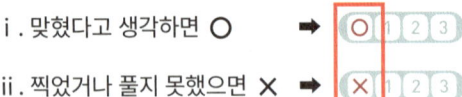

ⅰ. 맞혔다고 생각하면 ○ ➡ ○ 1 2 3

ⅱ. 찍었거나 풀지 못했으면 ✕ ➡ ✕ 1 2 3

채점 ② 문제를 채점합니다.

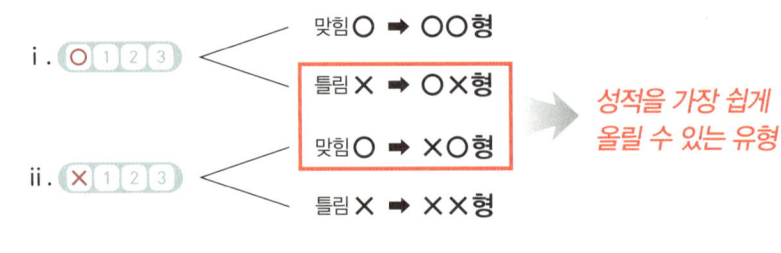

ⅰ. ○ 1 2 3
　　　맞힘 ○ ➡ ○○형
　　　틀림 ✕ ➡ ○✕형

ⅱ. ✕ 1 2 3
　　　맞힘 ○ ➡ ✕○형
　　　틀림 ✕ ➡ ✕✕형

➡ **성적을 가장 쉽게 올릴 수 있는 유형**

학습 ③ 다음의 각 유형에 맞게 학습합니다.
　　　이때 다시 푼 문제는 그 횟수를 (1 2 3) 에 표시하며 반복 학습을 합니다.

| 정확히 알고 있는 **○○형** | ➡ | 정확히 알고 있는 문제를 다시 보는 것은 시간 낭비이다. 다만 유사 유형의 다른 문제를 풀 때 계산 실수에 유의할 것! |

| 실수했거나 안다고 착각하는 **○✕형** | ➡ | 실수도 실력! 같은 부분에서 또 실수하지 않도록 다시 꼼꼼하게 확인한다. 오개념을 정확히 파악하여 다시 틀리지 않도록 연습할 것! |

| 찍어서 맞힌 **✕○형** | ➡ | 실제 수능에서 이런 행운은 없다고 생각해야 한다. 맞혔더라도 자만하지 말고, 해설을 읽어 보며 어느 부분을 놓쳤는지 확인할 것! |

| 몰라서 틀린 **✕✕형** | ➡ | 지금 모른다는 것을 알게 된 것을 다행으로 생각하고, 수능에서 맞히도록 한다. 개념을 다시 한번 제대로 이해했는지 파악하고, 정말 아는 것이 되도록 학습할 것! |

I

함수의 극한과 연속

단원	수능 경향	대비 방법
01 함수의 극한	• 함수의 그래프가 주어지고 극한값을 구하는 문제가 출제된다. • $\frac{0}{0}$ 꼴, $\frac{\infty}{\infty}$ 꼴의 극한값의 계산을 통해 다항함수를 추론하는 문제가 출제된다.	• 정의역의 방향성에 주의하여 함수의 그래프를 정확히 읽고 극한값을 구할 수 있어야 한다. • 각각의 꼴에 따라 적절한 변형을 통해 극한값을 계산하고, 주어진 조건을 만족시키는 다항함수의 식을 결정할 수 있어야 한다.
02 함수의 연속	• 구간에 따라 다르게 정의된 함수 또는 두 함수의 사칙연산으로 표현된 함수가 연속이기 위한 조건을 물어보는 문제가 출제된다.	• 함수의 연속의 정의와 연속함수의 성질을 정확히 알고 상황에 알맞은 계산을 할 수 있어야 한다.

01 함수의 극한

개념 ① $x \rightarrow a$일 때의 함수의 수렴

함수 $f(x)$에서 x의 값이 a가 아니면서 a에 한없이 가까워 질 때, $f(x)$의 값이 일정한 값 L에 한없이 가까워지면 함수 $f(x)$는 **수렴**한다고 한다.
이때 L을 함수 $f(x)$의 $x=a$에서의 **극한값** 또는 **극한**이라 하고, 이것을 기호로 다음과 같이 나타낸다.
$$\lim_{x \to a} f(x) = L \text{ 또는 } x \rightarrow a \text{일 때 } f(x) \rightarrow L$$

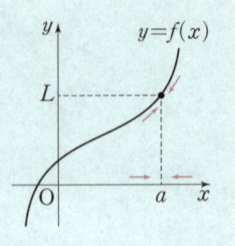

> **개념 NOTE**
>
> ▸ x의 값이 a가 아니면서 a에 한없이 가까워지는 것을 기호로 $x \rightarrow a$와 같이 나타낸다. 이때 $x \neq a$임에 유의한다.
>
> ▸ $\lim$는 극한을 뜻하는 limit의 약자이고, '리미트'라 읽는다.

설명 예시
(1) 함수 $f(x)=x+1$의 그래프는 오른쪽 그림과 같고, x의 값이 1이 아니면서 1에 한없이 가까워질 때 $f(x)$의 값은 2에 한없이 가까워지므로
$$\lim_{x \to 1} f(x) = \lim_{x \to 1} (x+1) = 2$$

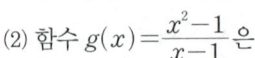

(2) 함수 $g(x) = \dfrac{x^2-1}{x-1}$ 은

(i) $x=1$일 때
(분모)$=0$이므로 $x=1$에서 정의되지 않는다.
즉, $g(1)$의 값은 존재하지 않는다.

(ii) $x \neq 1$일 때
$$g(x) = \frac{x^2-1}{x-1} = \frac{(x+1)(x-1)}{x-1} = x+1$$

(i), (ii)에 의하여 함수 $y=g(x)$의 그래프는 오른쪽 그림과 같고, x의 값이 1이 아니면서 1에 한없이 가까워질 때 $g(x)$의 값은 2에 한없이 가까워지므로
$$\lim_{x \to 1} g(x) = \lim_{x \to 1} (x+1) = 2$$
이와 같이 $x=a$에서 함숫값 $g(a)$가 정의되지 않는 경우에도 극한값 $\lim_{x \to a} g(x)$는 존재할 수 있다.

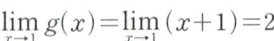
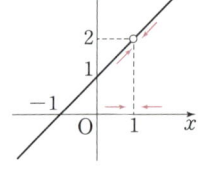

(3) 상수함수 $h(x)=c$ (c는 상수)는 모든 실수 x에 대하여 함숫값이 c이므로 a의 값에 관계없이
$$\lim_{x \to a} h(x) = \lim_{x \to a} c = c$$

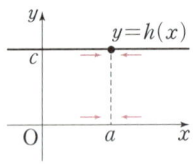

개념 ② $x \rightarrow \infty$ 또는 $x \rightarrow -\infty$일 때의 함수의 수렴

(1) x의 값이 한없이 커지는 것을 기호 ∞를 사용하여 $x \rightarrow \infty$와 같이 나타내고, x의 값이 음수이면서 그 절댓값이 한없이 커지는 것을 $x \rightarrow -\infty$와 같이 나타낸다. 이때 기호 ∞는 **무한대**라 읽는다.

> ▸ ∞는 수가 아니라 한없이 커지는 상태를 나타내는 기호이다.

(2) ① $x \to \infty$일 때의 함수의 수렴

함수 $f(x)$에서 x의 값이 한없이 커질 때, $f(x)$의 값이 일정한 값 L에 한없이 가까워지면 함수 $f(x)$는 L에 수렴한다고 하고, 이것을 기호로 다음과 같이 나타낸다.

$$\lim_{x \to \infty} f(x) = L \text{ 또는 } x \to \infty \text{일 때 } f(x) \to L$$

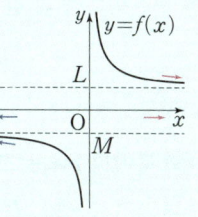

② $x \to -\infty$일 때의 함수의 수렴

함수 $f(x)$에서 x의 값이 음수이면서 그 절댓값이 한없이 커질 때, $f(x)$의 값이 일정한 값 M에 한없이 가까워지면 함수 $f(x)$는 M에 수렴한다고 하고, 이것을 기호로 다음과 같이 나타낸다.

$$\lim_{x \to -\infty} f(x) = M \text{ 또는 } x \to -\infty \text{일 때 } f(x) \to M$$

 설명 예시 함수 $f(x) = \dfrac{1}{x}$의 그래프는 오른쪽 그림과 같으므로

① $x \to \infty$일 때의 함수의 수렴

$$\lim_{x \to \infty} f(x) = \lim_{x \to \infty} \frac{1}{x} = 0$$

② $x \to -\infty$일 때의 함수의 수렴

$$\lim_{x \to -\infty} f(x) = \lim_{x \to -\infty} \frac{1}{x} = 0$$

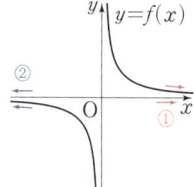

개념 ③ $x \to a$일 때의 함수의 발산

함수 $f(x)$에서 x의 값이 a가 아니면서 a에 한없이 가까워질 때, $f(x)$가 수렴하지 않으면 $f(x)$는 **발산**한다고 한다.

(1) 양의 무한대로 발산

함수 $f(x)$에서 x의 값이 a가 아니면서 a에 한없이 가까워질 때, $f(x)$의 값이 한없이 커지면 함수 $f(x)$는 양의 무한대로 발산한다고 하고, 이것을 기호로 다음과 같이 나타낸다.

$$\lim_{x \to a} f(x) = \infty \text{ 또는 } x \to a \text{일 때 } f(x) \to \infty$$

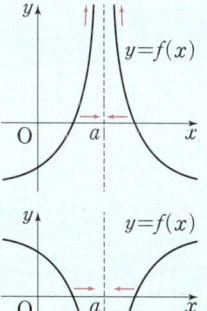

(2) 음의 무한대로 발산

함수 $f(x)$에서 x의 값이 a가 아니면서 a에 한없이 가까워질 때, $f(x)$의 값이 음수이면서 그 절댓값이 한없이 커지면 함수 $f(x)$는 음의 무한대로 발산한다고 하고, 이것을 기호로 다음과 같이 나타낸다.

$$\lim_{x \to a} f(x) = -\infty \text{ 또는 } x \to a \text{일 때 } f(x) \to -\infty$$

 설명 예시 (1) 양의 무한대로 발산

함수 $f(x) = \dfrac{1}{x^2}$의 그래프는 오른쪽 그림과 같으므로

$$\lim_{x \to 0} f(x) = \lim_{x \to 0} \frac{1}{x^2} = \infty$$

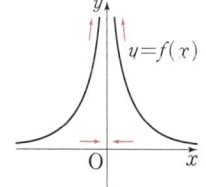

(2) 음의 무한대로 발산

함수 $g(x)=-\dfrac{1}{x^2}$의 그래프는 오른쪽 그림과 같으므로

$$\lim_{x\to 0} g(x)=\lim_{x\to 0}\left(-\dfrac{1}{x^2}\right)=-\infty$$

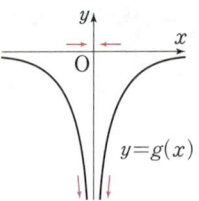

주의 $\lim\limits_{x\to a} f(x)=\infty$는 함수 $f(x)$의 $x=a$에서의 극한값이 ∞라는 것이 아니라 $f(x)$의 값이 한없이 커지는 상태임을 의미한다.
즉, 이때는 $x=a$에서의 극한값이 존재하지 않는다고 한다.

개념 ④ $x\to\infty$ **또는** $x\to -\infty$**일 때의 함수의 발산**

함수 $f(x)$에서 $x\to\infty$ 또는 $x\to -\infty$일 때, $f(x)$의 값이 양의 무한대 또는 음의 무한대로 발산하는 것을 기호로 각각 다음과 같이 나타낸다.
$$\lim_{x\to\infty} f(x)=\infty,\ \lim_{x\to\infty} f(x)=-\infty,\ \lim_{x\to -\infty} f(x)=\infty,\ \lim_{x\to -\infty} f(x)=-\infty$$

설명 예시 (1) 함수 $f(x)=x^2$의 그래프는 오른쪽 그림과 같으므로
① $\lim\limits_{x\to\infty} f(x)=\lim\limits_{x\to\infty} x^2=\infty$
② $\lim\limits_{x\to -\infty} f(x)=\lim\limits_{x\to -\infty} x^2=\infty$

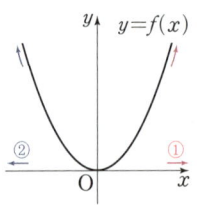

(2) 함수 $g(x)=-x^2$의 그래프는 오른쪽 그림과 같으므로
① $\lim\limits_{x\to\infty} g(x)=\lim\limits_{x\to\infty} (-x^2)=-\infty$
② $\lim\limits_{x\to -\infty} g(x)=\lim\limits_{x\to -\infty} (-x^2)=-\infty$

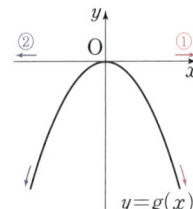

개념 ⑤ 우극한과 좌극한

(1) 우극한
함수 $f(x)$에서 x의 값이 a보다 크면서 a에 한없이 가까워질 때, $f(x)$의 값이 일정한 값 L에 한없이 가까워지면 L을 함수 $f(x)$의 $x=a$에서의 **우극한**이라 하고, 이것을 기호로 다음과 같이 나타낸다.
$$\lim_{x\to a+} f(x)=L \text{ 또는 } x\to a+\text{일 때 } f(x)\to L$$

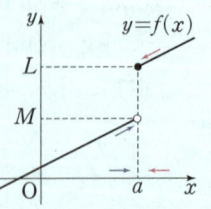

(2) 좌극한
함수 $f(x)$에서 x의 값이 a보다 작으면서 a에 한없이 가까워질 때, $f(x)$의 값이 일정한 값 M에 한없이 가까워지면 M을 함수 $f(x)$의 $x=a$에서의 **좌극한**이라 하고, 이것을 기호로 다음과 같이 나타낸다.
$$\lim_{x\to a-} f(x)=M \text{ 또는 } x\to a-\text{일 때 } f(x)\to M$$

▶ x의 값이 a보다 크면서 a에 한없이 가까워지는 것을 기호로 $x\to a+$와 같이 나타내고, x의 값이 a보다 작으면서 a에 한없이 가까워지는 것을 기호로 $x\to a-$와 같이 나타낸다.

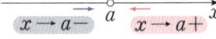

설명 **함수**
예시

$$f(x)=\begin{cases} x+1 & (x \geq 1) \\ x & (x<1) \end{cases}$$

에 대하여 함수 $y=f(x)$의 그래프는 오른쪽 그림과 같으므로

$$\lim_{x \to 1+} f(x)=2, \quad \lim_{x \to 1-} f(x)=1$$

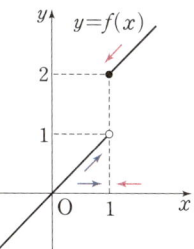

정답 및 해설 2쪽

 함수 $y=f(x)$의 그래프가 그림과 같을 때, 다음 극한값을 구하시오.

(1) $\lim\limits_{x \to -2+} f(x)$　　(2) $\lim\limits_{x \to -1-} f(x)$

(3) $\lim\limits_{x \to 0-} f(x)$　　(4) $\lim\limits_{x \to 2-} f(x)$

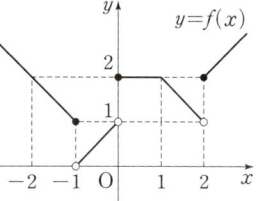

개념 6 함수의 극한값이 존재할 조건

함수 $f(x)$의 $x=a$에서의 극한값이 L이면 $x=a$에서의 우극한과 좌극한이 모두 존재하고 그 값은 모두 L로 같다.
역으로 함수 $f(x)$의 $x=a$에서의 우극한과 좌극한이 모두 존재하고 그 값이 모두 L로 같으면 $x=a$에서의 극한값은 L이다. 즉,

$$\lim_{x \to a} f(x)=L \iff \lim_{x \to a+} f(x)=\lim_{x \to a-} f(x)=L$$

▶ 함수의 극한값이 존재하려면
(i) 우극한, 좌극한이 모두 존재
(ii) (우극한) = (좌극한)

설명 (1) 함수 $f(x)=\dfrac{x^2-1}{x-1}$의 그래프는 오른쪽 그림과 같다.
예시

$\lim\limits_{x \to 1+} f(x)=2$, $\lim\limits_{x \to 1-} f(x)=2$이므로 함수 $f(x)$는 $x=1$에서의 우극한과 좌극한이 모두 존재하고 그 값이 2로 같다.

$$\therefore \lim_{x \to 1} f(x)=2$$

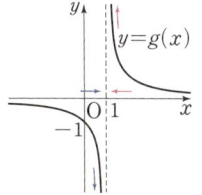

▶ (1) (i), (ii)를 모두 만족시킨다.
　➡ 극한값이 존재한다.
(2) (i)을 만족시키지 않는다.
　➡ 극한값이 존재하지 않는다.
(3) (i)을 만족시키지만 (ii)를 만족시키지 않는다.
　➡ 극한값이 존재하지 않는다.

(2) 함수 $g(x)=\dfrac{1}{x-1}$의 그래프는 오른쪽 그림과 같다.

$\lim\limits_{x \to 1+} g(x)=\infty$, $\lim\limits_{x \to 1-} g(x)=-\infty$이므로 함수 $g(x)$는 $x=1$에서의 우극한과 좌극한이 모두 존재하지 않는다.
따라서 극한값 $\lim\limits_{x \to 1} g(x)$는 존재하지 않는다.

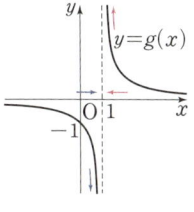

(3) 함수 $h(x)=\dfrac{|x-1|}{x-1}=\begin{cases} 1 & (x>1) \\ -1 & (x<1) \end{cases}$의 그래프는 오른쪽 그림과 같다.

$\lim\limits_{x \to 1+} h(x)=1$, $\lim\limits_{x \to 1-} h(x)=-1$이므로 함수 $h(x)$는 $x=1$에서의 우극한과 좌극한이 모두 존재하지만 그 값이 서로 같지 않다.
따라서 극한값 $\lim\limits_{x \to 1} h(x)$는 존재하지 않는다.

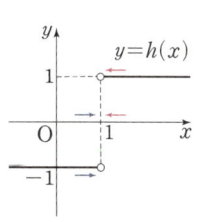

참고 다음과 같은 함수는 주어진 x의 값에서 우극한과 좌극한이 다를 수 있으므로 우극한과 좌극한을 따로 구해 봐야 한다.

(1) 유리함수 ➡ 분모가 0이 되도록 하는 x의 값

(2) 구간이 나누어져 정의된 함수 ➡ 구간의 경계가 되는 x의 값

(3) 절댓값 기호를 포함한 함수 ➡ 절댓값 기호 안의 식의 값이 0이 되도록 하는 x의 값

개념 ⑦ 함수의 극한에 대한 성질

두 함수 $f(x)$, $g(x)$에 대하여 $\lim\limits_{x \to a} f(x) = \alpha$, $\lim\limits_{x \to a} g(x) = \beta$ (α, β는 실수)일 때

(1) $\lim\limits_{x \to a} cf(x) = c \lim\limits_{x \to a} f(x) = c\alpha$ (단, c는 상수)

(2) $\lim\limits_{x \to a} \{f(x) + g(x)\} = \lim\limits_{x \to a} f(x) + \lim\limits_{x \to a} g(x) = \alpha + \beta$

(3) $\lim\limits_{x \to a} \{f(x) - g(x)\} = \lim\limits_{x \to a} f(x) - \lim\limits_{x \to a} g(x) = \alpha - \beta$

(4) $\lim\limits_{x \to a} f(x)g(x) = \lim\limits_{x \to a} f(x) \times \lim\limits_{x \to a} g(x) = \alpha\beta$

(5) $\lim\limits_{x \to a} \dfrac{f(x)}{g(x)} = \dfrac{\lim\limits_{x \to a} f(x)}{\lim\limits_{x \to a} g(x)} = \dfrac{\alpha}{\beta}$ (단, $\beta \neq 0$)

▶ 함수의 극한에 대한 성질은 $x \to a+$, $x \to a-$, $x \to \infty$, $x \to -\infty$인 경우에도 모두 성립한다.

함수의 극한에 대한 성질을 이용하면 그래프를 그리지 않고도 함수의 극한값을 구할 수 있다.

참고 함수의 극한에 대한 성질은 극한값이 존재할 때, 즉 각각의 함수가 수렴할 때만 성립한다.

개념 Check
정답 및 해설 2쪽

2. 두 함수 $f(x)$, $g(x)$에 대하여 $\lim\limits_{x \to 1} f(x) = 2$, $\lim\limits_{x \to 1} g(x) = -3$일 때,

$\lim\limits_{x \to 1} \dfrac{3f(x) - 2g(x)}{\{f(x)\}^2}$의 값을 구하시오.

3. 다음 극한값을 구하시오.

(1) $\lim\limits_{x \to 1} (x+2)$ (2) $\lim\limits_{x \to -1} (x^2 - 3x + 1)$ (3) $\lim\limits_{x \to 2} \dfrac{x^3 - 6}{x+1}$

▶ 상수 c에 대하여 $\lim\limits_{x \to a} c = c$이고, 다항함수 $f(x)$에 대하여 $\lim\limits_{x \to a} f(x) = f(a)$이다.

개념 ⑧ 함수의 극한값의 계산

(1) $\dfrac{0}{0}$ 꼴의 함수의 극한

① 유리식인 경우 ➡ 분모, 분자를 인수분해한 후 약분한다.

② 근호($\sqrt{}$)가 있는 경우 ➡ 근호가 있는 쪽을 유리화한 후 약분한다.

(2) $\dfrac{\infty}{\infty}$ 꼴의 함수의 극한

[방법 1] 분모의 최고차항으로 분모, 분자를 각각 나눈다.

[방법 2] ① (분자의 차수) = (분모의 차수)인 경우

➡ 극한값은 분모, 분자의 최고차항의 계수의 비

② (분자의 차수) < (분모의 차수)인 경우 ➡ 극한값은 0

③ (분자의 차수) > (분모의 차수)인 경우 ➡ 발산(극한값은 없다.)

▶ $\dfrac{0}{0}$, $\infty \times 0$ 꼴에서 0은 실수 0이 아니라 0에 한없이 가까워지는 것을 의미한다.

(3) $\infty - \infty$ 꼴의 함수의 극한

  ① 다항식인 경우 ➡ 최고차항으로 묶는다.

  ② 근호($\sqrt{}$)가 있는 경우 ➡ 근호가 있는 쪽을 유리화한다.

(4) $\infty \times 0$ 꼴의 함수의 극한

  ① (유리식)×(유리식)인 경우 ➡ 통분 또는 인수분해한다.

  ② 근호($\sqrt{}$)가 있는 경우 ➡ 통분한 후 분자를 유리화한다.

설명 예시 (1) $\dfrac{0}{0}$ 꼴의 함수의 극한

  ① 유리식인 경우

$$\lim_{x \to 1} \frac{x^2-1}{x-1} = \lim_{x \to 1} \frac{(x+1)(x-1)}{x-1}$$
$$= \lim_{x \to 1} (x+1) = 1+1 = 2$$

  ② 근호($\sqrt{}$)가 있는 경우

$$\lim_{x \to 1} \frac{x-1}{\sqrt{x}-1} = \lim_{x \to 1} \frac{(x-1)(\sqrt{x}+1)}{(\sqrt{x}-1)(\sqrt{x}+1)} = \lim_{x \to 1} \frac{(x-1)(\sqrt{x}+1)}{x-1}$$
$$= \lim_{x \to 1} (\sqrt{x}+1) = 1+1 = 2$$

(2) $\dfrac{\infty}{\infty}$ 꼴의 함수의 극한

  ① (분자의 차수)=(분모의 차수)인 경우

$$\lim_{x \to \infty} \frac{2x^2+3}{4x^2-1} = \lim_{x \to \infty} \frac{2+\dfrac{3}{x^2}}{4-\dfrac{1}{x^2}} = \frac{2+0}{4-0} = \frac{1}{2}$$

  ② (분자의 차수)<(분모의 차수)인 경우

$$\lim_{x \to \infty} \frac{x+2}{x^2-2} = \lim_{x \to \infty} \frac{\dfrac{1}{x}+\dfrac{2}{x^2}}{1-\dfrac{2}{x^2}} = \frac{0+0}{1-0} = 0$$

  ③ (분자의 차수)>(분모의 차수)인 경우

$$\lim_{x \to \infty} \frac{5x^3}{3x^2+1} = \lim_{x \to \infty} \frac{5x}{3+\dfrac{1}{x^2}} = \infty$$

▶ ① (분자의 차수)=(분모의 차수)
이므로 최고차항의 계수의 비와 같다.

  ➡ $\dfrac{2}{4} = \dfrac{1}{2}$

② (분자의 차수)<(분모의 차수)
이므로

  ➡ 0

③ (분자의 차수)>(분모의 차수)
이므로

  ➡ ∞

(3) $\infty - \infty$ 꼴의 함수의 극한

  ① 다항식인 경우

$$\lim_{x \to \infty} (x^2-2x-1) = \lim_{x \to \infty} x^2 \left(1 - \frac{2}{x} - \frac{1}{x^2} \right) = \infty$$

  ② 근호($\sqrt{}$)가 있는 경우

$$\lim_{x \to \infty} (\sqrt{x^2+2x} - x) = \lim_{x \to \infty} \frac{(\sqrt{x^2+2x}-x)(\sqrt{x^2+2x}+x)}{\sqrt{x^2+2x}+x}$$
$$= \lim_{x \to \infty} \frac{2x}{\sqrt{x^2+2x}+x} = \lim_{x \to \infty} \frac{2}{\sqrt{1+\dfrac{2}{x}}+1}$$
$$= \frac{2}{\sqrt{1+0}+1} = 1$$

(4) $\infty \times 0$ 꼴의 함수의 극한

① (유리식)×(유리식)인 경우

$$\lim_{x \to \infty} x\left(1 - \frac{x}{x+1}\right) = \lim_{x \to \infty} \left(x \times \frac{x+1-x}{x+1}\right) = \lim_{x \to \infty} \frac{x}{x+1}$$

$$= \lim_{x \to \infty} \frac{1}{1 + \frac{1}{x}} = \frac{1}{1+0} = 1$$

② 근호 $(\sqrt{\ \ })$ 가 있는 경우

$$\lim_{x \to \infty} x\left(1 - \frac{\sqrt{x+1}}{\sqrt{x}}\right) = \lim_{x \to \infty} \left(x \times \frac{\sqrt{x} - \sqrt{x+1}}{\sqrt{x}}\right)$$

$$= \lim_{x \to \infty} \frac{x(\sqrt{x} - \sqrt{x+1})(\sqrt{x} + \sqrt{x+1})}{\sqrt{x}(\sqrt{x} + \sqrt{x+1})}$$

$$= \lim_{x \to \infty} \frac{-x}{x + \sqrt{x^2 + x}} = \lim_{x \to \infty} \frac{-1}{1 + \sqrt{1 + \frac{1}{x}}}$$

$$= \frac{-1}{1 + \sqrt{1+0}} = -\frac{1}{2}$$

[참고] $x \to -\infty$일 때는 $x = -t$로 치환하여 $t \to \infty$일 때의 극한값을 구한다.

[개념] Check   정답 및 해설 2쪽

4. 다음 극한값을 구하시오.

(1) $\displaystyle\lim_{x \to 2} \frac{x^2 - 4}{x - 2}$

(2) $\displaystyle\lim_{x \to \infty} \frac{3x^2 + 1}{2x^2 + 5}$

(3) $\displaystyle\lim_{x \to \infty} (\sqrt{x^2 - x} - x)$

(4) $\displaystyle\lim_{x \to \infty} x\left(2 - \frac{2x+1}{x-3}\right)$

[개념 9] **미정계수의 결정**

두 함수 $f(x)$, $g(x)$에 대하여

(1) $\displaystyle\lim_{x \to a} \frac{f(x)}{g(x)} = \alpha$ (α는 실수)이고 $\displaystyle\lim_{x \to a} g(x) = 0$이면 $\displaystyle\lim_{x \to a} f(x) = 0$이다.

(2) $\displaystyle\lim_{x \to a} \frac{f(x)}{g(x)} = \alpha$ (α는 0이 아닌 실수)이고 $\displaystyle\lim_{x \to a} f(x) = 0$이면 $\displaystyle\lim_{x \to a} g(x) = 0$이다.

▶ (2)의 경우에서 $\alpha = 0$이면 $\displaystyle\lim_{x \to a} g(x) \neq 0$일 수 있다.

[예] $f(x) = x$, $g(x) = x+1$이라 하면

$\displaystyle\lim_{x \to 0} \frac{f(x)}{g(x)} = 0$,

$\displaystyle\lim_{x \to 0} f(x) = 0$이지만

$\displaystyle\lim_{x \to 0} g(x) = 1 \neq 0$

(1) $\displaystyle\lim_{x \to a} \frac{f(x)}{g(x)} = \alpha$이고 $\displaystyle\lim_{x \to a} g(x) = 0$이면

$$\lim_{x \to a} f(x) = \lim_{x \to a} \left\{\frac{f(x)}{g(x)} \times g(x)\right\} = \lim_{x \to a} \frac{f(x)}{g(x)} \times \lim_{x \to a} g(x) = \alpha \times 0 = 0$$

(2) $\displaystyle\lim_{x \to a} \frac{f(x)}{g(x)} = \alpha$ $(\alpha \neq 0)$이고 $\displaystyle\lim_{x \to a} f(x) = 0$이면

$$\lim_{x \to a} g(x) = \lim_{x \to a} \left\{f(x) \div \frac{f(x)}{g(x)}\right\} = \lim_{x \to a} f(x) \div \lim_{x \to a} \frac{f(x)}{g(x)} = \frac{0}{\alpha} = 0 \ (\because \alpha \neq 0)$$

[개념] Check   정답 및 해설 2쪽

5. 등식 $\displaystyle\lim_{x \to 1} \frac{x^2 + ax}{x - 1} = 1$이 성립하도록 하는 상수 a의 값을 구하시오.

개념 ⑩ 함수의 극한의 대소 관계

두 함수 $f(x)$, $g(x)$에 대하여 $\lim\limits_{x \to a} f(x) = \alpha$, $\lim\limits_{x \to a} g(x) = \beta$ (α, β는 실수)일 때, a에 가까운 모든 실수 x에 대하여

(1) $f(x) \leq g(x)$이면 $\alpha \leq \beta$

(2) 함수 $h(x)$에 대하여 $f(x) \leq h(x) \leq g(x)$이고 $\alpha = \beta$이면
$$\lim_{x \to a} h(x) = \alpha$$

함수의 극한의 대소 관계는
(1) $f(x) < g(x)$,
(2) $f(x) < h(x) < g(x)$
인 경우에도 각각 성립한다.

▶ 함수의 극한의 대소 관계는
$x \to a+$, $x \to a-$, $x \to \infty$, $x \to -\infty$인 경우에도 모두 성립한다.

▶ (1)의 경우에서 $f(x) < g(x)$일 때, 반드시 $\alpha < \beta$인 것은 아니다.
예 $f(x) = \dfrac{1}{x+1}$, $g(x) = \dfrac{1}{x}$이라 하면
$f(x) < g(x)$이지만
$\lim\limits_{x \to \infty} f(x) = \lim\limits_{x \to \infty} g(x) = 0$

개념 Check

정답 및 해설 2쪽

6. 함수 $f(x)$가 모든 실수 x에 대하여 $x^2 \leq f(x) \leq 2x^2$을 만족시킬 때, $\lim\limits_{x \to 0} f(x)$의 값을 구하시오.

수능 Idea

Idea ① 함수의 극한은 정의역의 방향성에 신경쓰자.

$x \to a$를 관찰할 때는 $x \to a+$인 경우와 $x \to a-$인 경우를 둘 다 생각해야 한다.
$\lim\limits_{x \to a} f(x)$의 값이 존재하려면 $\lim\limits_{x \to a+} f(x)$의 값과 $\lim\limits_{x \to a-} f(x)$의 값이 서로 같은 값으로 존재해야 함을 잊지 말자.
또한, 합성함수의 극한에서도 중요하게 신경써야 하는 것이 정의역의 방향성이다.

Idea ② 극한값을 계산할 때는 꼴 파악 먼저!

여기서 꼴 파악이라는 것은 $x \to a$인 경우에는 x자리에 a를 대입하고, $x \to \pm\infty$인 경우에는 x자리에 $\pm\infty$를 대입해 본다고 생각하면 된다.
대입했을 때, 계산이 바로 가능하면 계산을 하고 끝내면 되고, 계산이 바로 가능하지 않다면 어떤 변형을 해야 하는지에 대한 고민을 하면 된다.
일반적으로 계산이 바로 되지 않는 형태는 $\dfrac{0}{0}$ 꼴, $\dfrac{\infty}{\infty}$ 꼴, $\infty - \infty$ 꼴, $\infty \times 0$ 꼴이 있으며, 각각의 꼴에 따라 계산 방법이 다르므로 각각의 계산 방법을 정확히 익혀두도록 하자.

01 함수의 극한   15

• 3점 빈출 •

필수 예제 1

개념 ❺

함수의 그래프에서 우극한과 좌극한

함수 $y=f(x)$의 그래프가 그림과 같다.

$\lim\limits_{x \to -1+} f(x) + \lim\limits_{x \to 1-} f(x)$의 값은?

① 0　　　　　② 1　　　　　③ 2

④ 3　　　　　⑤ 4

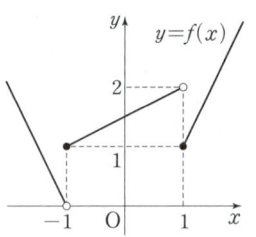

수능 link ▸ 3점 문제로 거의 매번 출제되는 빈출 유형으로, 주어진 함수의 그래프를 이용하여 문제에서 물어보는 극한값을 구하면 된다.
이때 정의역의 방향성에 유의한다.

수능 key ▸ (1) $\lim\limits_{x \to a+} f(x)$ ➡ $x>a$이면서 a에 한없이 가까워질 때의 극한
(2) $\lim\limits_{x \to a-} f(x)$ ➡ $x<a$이면서 a에 한없이 가까워질 때의 극한

---

1 2 3

1-1

▸ 수능

함수 $y=f(x)$의 그래프가 그림과 같다.

$\lim\limits_{x \to -1-} f(x) + \lim\limits_{x \to 2} f(x)$의 값은?

① 1　　　　　② 2　　　　　③ 3

④ 4　　　　　⑤ 5

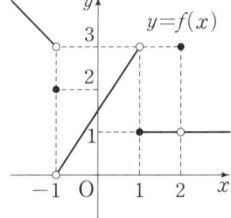

필수 예제 2 — 함수의 극한값의 존재

함수

$$f(x) = \begin{cases} x^2 + 3x - 4 & (x < 1) \\ x + k & (x \geq 1) \end{cases}$$

에 대하여 $\lim\limits_{x \to 1} f(x)$의 값이 존재하도록 하는 상수 k의 값은?

① -2　　　② -1　　　③ 0　　　④ 1　　　⑤ 2

수능 link · 함수의 극한값이 존재하려면 우극한과 좌극한이 서로 같아야 함을 이용하는 유형으로, 단독으로 출제되기보다는 '함수의 연속' 개념과 결합되어 출제된다.

수능 key · 극한값 $\lim\limits_{x \to a} f(x)$가 존재한다. ➡ $\lim\limits_{x \to a+} f(x) = \lim\limits_{x \to a-} f(x)$

2 -1

1 2 3

함수

$$f(x) = \begin{cases} x^2 - 3x + a & (x < 2) \\ ax + 3 & (x \geq 2) \end{cases}$$

에 대하여 $\lim\limits_{x \to 2} f(x)$의 값이 존재하도록 하는 상수 a의 값은?

① -1　　　② -2　　　③ -3　　　④ -4　　　⑤ -5

• 4점 준비 •

필수 예제 3

개념 ❺

합성함수의 우극한과 좌극한

함수 $y=f(x)$의 그래프가 그림과 같다.

$\lim_{x \to -1+} f(-x) + \lim_{x \to 1-} f(-x)$의 값은?

① -2 ② -1 ③ 0

④ 1 ⑤ 2

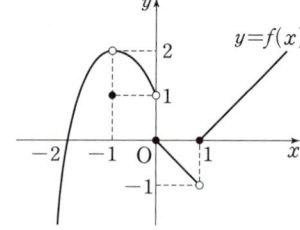

수능 link

4점 문제로 드물게 출제되는 유형으로, **필수 예제 ③**번 문제처럼 주어진 함수의 그래프를 이용하여 문제에서 물어보는 극한값을 구하면 된다.

이때 어떤 값의 극한값을 구하는 것인지 헷갈리는 경우에는 구체적인 숫자를 대입해서 생각해 보는 것도 좋다.

수능 key

두 함수 $f(x)$, $g(x)$에 대하여 합성함수의 극한값 $\lim_{x \to a} f(g(x))$는 $g(x)=t$로 치환하여 구한다.

이때 $\lim_{x \to a} g(x)=b$이고 함수 $t=g(x)$의 그래프가

(1) 위쪽에서 아래쪽으로 내려오는 모양(↓)이면 ➡ $f(t)$는 우극한을 취한다. ➡ $\lim_{t \to b+} f(t)$

(2) 아래쪽에서 위쪽으로 올라가는 모양(↑)이면 ➡ $f(t)$는 좌극한을 취한다. ➡ $\lim_{t \to b-} f(t)$

(3) x축과 평행(→, ←)하면 ➡ $f(t)$는 함숫값을 갖는다. ➡ $f(b)$

3 -1

1 2 3

함수 $y=f(x)$의 그래프가 그림과 같다.

$\lim_{x \to -1+} f(1+x) + \lim_{x \to 1-} f(1-x)$의 값은?

① -2 ② -1 ③ 0

④ 1 ⑤ 2

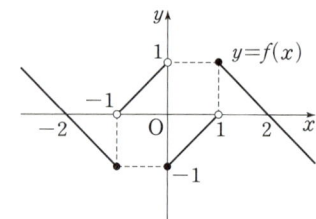

필수 예제 4 함수의 극한에 대한 성질

두 함수 $f(x)$, $g(x)$에 대하여 $\lim_{x \to 1} f(x) = 3$, $\lim_{x \to 1} g(x) = a$이다.

$\lim_{x \to 1} \dfrac{f(x) + 3g(x)}{f(x) - 2g(x)} = 3$일 때, 실수 a의 값은?

① $\dfrac{1}{3}$ ② $\dfrac{2}{3}$ ③ 1 ④ $\dfrac{4}{3}$ ⑤ $\dfrac{5}{3}$

수능 link ▸ 각각의 함수가 수렴할 때, lim를 쪼개서 계산할 수 있다는 기본적인 성질을 이용하는 유형이다.
단독으로 출제되기보다는 3점 또는 4점 문제를 푸는 중간 계산 과정에서 등장한다.

수능 key ▸ 극한값을 구하려는 함수식을 주어진 조건을 이용할 수 있도록 적당히 변형한 후 함수의 극한에 대한 성질을 이용한다.

참고 **함수의 극한에 대한 성질**
두 함수 $f(x)$, $g(x)$에 대하여 $\lim_{x \to a} f(x) = \alpha$, $\lim_{x \to a} g(x) = \beta$ (α, β는 실수)일 때
(1) $\lim_{x \to a} cf(x) = c \lim_{x \to a} f(x) = c\alpha$ (단, c는 상수)
(2) $\lim_{x \to a} \{f(x) + g(x)\} = \lim_{x \to a} f(x) + \lim_{x \to a} g(x) = \alpha + \beta$
(3) $\lim_{x \to a} \{f(x) - g(x)\} = \lim_{x \to a} f(x) - \lim_{x \to a} g(x) = \alpha - \beta$
(4) $\lim_{x \to a} f(x)g(x) = \lim_{x \to a} f(x) \times \lim_{x \to a} g(x) = \alpha\beta$
(5) $\lim_{x \to a} \dfrac{f(x)}{g(x)} = \dfrac{\lim_{x \to a} f(x)}{\lim_{x \to a} g(x)} = \dfrac{\alpha}{\beta}$ (단, $\beta \neq 0$)

1 2 3

4 - 1
▸ 수능

함수 $f(x)$가 $\lim_{x \to 1} (x+1)f(x) - 1$을 만족시킬 때, $\lim_{x \to 1} (2x^2 + 1)f(x) = a$이다. $20a$의 값을 구하시오.

· 3점 빈출 ·

필수 예제 5

함수의 극한; $\dfrac{0}{0}$ 꼴

$\displaystyle\lim_{x \to 2} \dfrac{2x^2 - 3x - 2}{x - 2}$의 값을 구하시오.

수능 link

$\dfrac{0}{0}$ 꼴의 함수의 극한값을 구하는 단순 계산 문제는 2점, 3점 단골 출제 유형이다.

뿐만 아니라, 부정형인 함수의 극한값의 계산은 4점 문제의 답을 내는 과정에서 무조건 사용하기 때문에 각각의 유형별로 계산 방법을 제대로 익혀두도록 하자.

수능 key

(1) 유리식인 경우 ➡ 분모, 분자를 인수분해한 후 약분한다.

(2) 근호($\sqrt{}$)가 있는 경우 ➡ 근호가 있는 쪽을 유리화한 후 약분한다.

① ② ③

5-1

$\displaystyle\lim_{x \to 1} \dfrac{x - 1}{\sqrt{x^2 + 8} - 3}$의 값은?

① 2   ② $\dfrac{5}{2}$ ③ 3   ④ $\dfrac{7}{2}$ ⑤ 4

필수 예제 6

함수의 극한; $\dfrac{\infty}{\infty}$ 꼴

$\displaystyle\lim_{x \to \infty} \dfrac{3x^2 - 4x + 1}{x^2 + 2x + 1}$ 의 값은?

① 1   ② $\dfrac{3}{2}$ ③ 2   ④ $\dfrac{5}{2}$ ⑤ 3

수능 link ▶ 부정형인 함수의 극한값의 계산은 4점 문제의 답을 내는 과정에서 무조건 사용하기 때문에 각각의 유형별로 계산 방법을 제대로 익혀두도록 하자.

수능 key ▶ 분모의 최고차항으로 분모, 분자를 각각 나눈 후 $\dfrac{(\text{상수})}{\infty} \to 0$ 임을 이용한다.

[참고] $x \to -\infty$ 일 때는 $x = -t$ 로 치환하여 $t \to \infty$ 일 때의 극한값을 구한다.

6-1

1 2 3

$\displaystyle\lim_{x \to \infty} \dfrac{4x - 1}{\sqrt{x^2 + 2x} + x}$ 의 값을 구하시오.

필수 예제 7

함수의 극한; $\infty - \infty$ 꼴

$\displaystyle\lim_{x \to \infty} \dfrac{1}{\sqrt{4x^2+2x}-2x}$의 값은?

① 1   ② $\dfrac{3}{2}$ ③ 2   ④ $\dfrac{5}{2}$ ⑤ 3

수능 link ▸ 부정형인 함수의 극한값의 계산은 4점 문제의 답을 내는 과정에서 무조건 사용하기 때문에 각각의 유형별로 계산 방법을 제대로 익혀두도록 하자.

수능 key ▸ 근호($\sqrt{\ }$)가 있는 쪽을 유리화하여 $\dfrac{\infty}{\infty}$ 꼴로 변형한 후 **필수 예제 6**과 같은 방법을 이용한다.

7-1

①②③

$\displaystyle\lim_{x \to -\infty} (\sqrt{x^2-7x+2}-\sqrt{x^2+3x+1}\,)$의 값을 구하시오.

필수 예제 8 함수의 극한; $\infty \times 0$ 꼴

$\displaystyle \lim_{x \to 0} \frac{4}{x}\left(\frac{1}{x+2} - \frac{1}{5x+2}\right)$의 값을 구하시오.

수능 link ▸ 부정형인 함수의 극한값의 계산은 4점 문제의 답을 내는 과정에서 무조건 사용하기 때문에 각각의 유형별로 계산 방법을 제대로 익혀두도록 하자.

수능 key ▸ (1) (유리식) × (유리식)인 경우 ➡ 통분하거나 인수분해하여 $\dfrac{0}{0}$ 꼴 또는 $\dfrac{\infty}{\infty}$ 꼴로 변형한다.

(2) 근호($\sqrt{}$)가 있는 경우 ➡ 통분한 후 분자를 유리화하여 $\dfrac{0}{0}$ 꼴 또는 $\dfrac{\infty}{\infty}$ 꼴로 변형한다.

참고 $\dfrac{0}{0}$ 꼴 또는 $\dfrac{\infty}{\infty}$ 꼴로 변형한 후 **필수 예제 5** 또는 **필수 예제 6**과 같은 방법을 이용한다.

① ② ③

8 -1

▸ 교육청

$\displaystyle \lim_{x \to 2} \frac{1}{x-2}\left(\frac{1}{x+1} - \frac{1}{3}\right)$의 값은?

① $-\dfrac{1}{9}$ ② $-\dfrac{1}{6}$ ③ $-\dfrac{1}{4}$ ④ $-\dfrac{1}{3}$ ⑤ $-\dfrac{1}{2}$

워크북 11쪽 | 정답 및 해설 4쪽

• 3점 빈출 •

필수 예제 9

개념 9

미정계수의 결정

▸ 교육청

두 상수 a, b에 대하여 $\lim_{x \to -1} \frac{x^2+4x+a}{x+1}=b$일 때, $a+b$의 값을 구하시오.

수능 link 극한값이 주어지고 미정계수를 구하는 유형은 3점 문제로 자주 출제된다.
또한, 고난도 4점 문제의 베이스가 되는 유형이므로 기본부터 제대로 공부해 놓도록 하자.

수능 key 주어진 함수의 극한에서

(1) (분모) → 0이고 극한값이 존재하면 ➡ (분자) → 0임을 이용한다.

(2) (분자) → 0이고 0이 아닌 극한값이 존재하면 ➡ (분모) → 0임을 이용한다.

9-1

1 2 3

두 상수 a, b에 대하여 $\lim_{x \to 1} \frac{x-1}{2x^2+ax+1}=b$일 때, $a+b$의 값은? (단, $b \neq 0$)

① -2　② -4　③ -6　④ -8　⑤ -10

• 4점 준비 •

필수
예제 **10**

다항함수의 결정

최고차항의 계수가 1인 이차함수 $f(x)$에 대하여 $\lim\limits_{x \to 5} \dfrac{f(x)-x}{x-5} = 8$일 때, $f(7)$의 값을 구하시오.

수능 link → 극한값이 주어지고 함수식을 결정하는 유형은 4점 문제로 자주 출제된다.

$\dfrac{0}{0}$ 꼴과 $\dfrac{\infty}{\infty}$ 꼴이 함께 등장하거나 미분 또는 적분과 결합하여 고난도 4점 문제로도 출제된다.

수능 key → **필수 예제 9**와 같은 방법을 이용한다.

참고 다항함수의 차수가 주어지지 않은 경우는 다음을 이용하여 차수를 구한다.

두 다항함수 $f(x)$, $g(x)$에 대하여 $\lim\limits_{x \to \infty} \dfrac{f(x)}{g(x)} = \alpha$ ($g(x) \neq 0$, α는 0이 아닌 실수)이면

➡ $f(x)$와 $g(x)$의 차수가 같고, $\alpha = \dfrac{(f(x)\text{의 최고차항의 계수})}{(g(x)\text{의 최고차항의 계수})}$

---

10 - 1

1 2 3

다항함수 $f(x)$가

$$\lim_{x \to \infty} \frac{f(x)}{x^2+3x+1} = 2, \quad \lim_{x \to 2} \frac{f(x)}{x^2-x-2} = 1$$

을 만족시킬 때, $f(1)$의 값은?

① -2 ② -1 ③ 0 ④ 1 ⑤ 2

• 4점 준비 •

필수 예제 11 · 함수의 극한의 활용

▶ 수능

그림과 같이 직선 $y=x+1$ 위에 두 점 $A(-1, 0)$과 $P(t, t+1)$이 있다. 점 P를 지나고 직선 $y=x+1$에 수직인 직선이 y축과 만나는 점을 Q라 할 때, $\lim\limits_{t \to \infty} \dfrac{\overline{AQ}^2}{\overline{AP}^2}$의 값은?

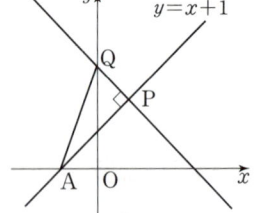

① 1   ② $\dfrac{3}{2}$ ③ 2

④ $\dfrac{5}{2}$ ⑤ 3

수능 link ▸ 도형 또는 그래프를 활용하여 극한값을 구하는 유형은 4점 문제로 종종 출제된다.
극한값을 계산하는 것보다는 도형을 활용하여 관계식을 구하는 것이 더 어렵게 느껴질 수 있으므로 여러 가지 도형에 대한 깊은 이해가 필요하다.

수능 key ▸ 함수의 극한의 활용 문제는 다음과 같은 순서로 해결한다.
❶ 구하는 점의 좌표 또는 선분의 길이, 넓이 등을 문자로 나타낸다.
❷ **필수 예제 ⑤ ~ ⑧**의 계산 방법을 이용하여 극한값을 구한다.

1 2 3

11 - 1

그림과 같이 세 점 $O(0, 0)$, $A(0, 3)$, $B(t, 0)$을 꼭짓점으로 하는 삼각형 OBA와 삼각형 OBA에 내접하는 원 C가 있다. 원 C의 넓이를 $S(t)$라 할 때, $\lim\limits_{t \to 0+} \dfrac{S(t)}{t^2}$의 값은?

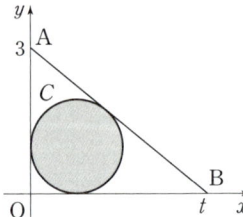

① $\dfrac{\pi}{8}$ ② $\dfrac{\pi}{4}$ ③ $\dfrac{\pi}{2}$

④ π ⑤ 2π

단원 마무리

01 함수의 극한

1 ☐ 1 2 3

필수 예제 1

함수 $y=f(x)$의 그래프가 그림과 같다.

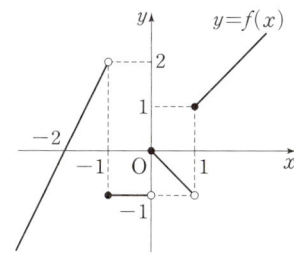

$f(0)+\displaystyle\lim_{x\to-1+}f(x)$의 값은?

① -2 ② -1 ③ 0

④ 1 ⑤ 2

2 ☐ 1 2 3

필수 예제 3

두 함수 $y=f(x)$, $y=g(x)$의 그래프가 그림과 같을 때, $\displaystyle\lim_{x\to-1-}f(g(x))+\lim_{x\to1+}g(f(x))$의 값은?

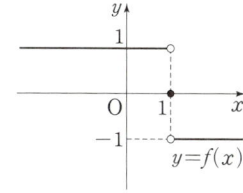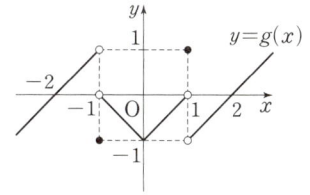

① -2 ② -1 ③ 0

④ 1 ⑤ 2

3 ☐ 1 2 3

필수 예제 4

함수 $f(x)$에 대하여 $\displaystyle\lim_{x\to2}\frac{f(x-2)}{x-2}=3$일 때,

$\displaystyle\lim_{x\to0}\frac{3f(x)+2x}{2f(x)+5x}$의 값은?

① 1 ② 2 ③ 3

④ 4 ⑤ 5

4 ☐ 1 2 3

필수 예제 5

다항함수 $f(x)$에 대하여

$$\lim_{x\to3}\frac{x^3-27}{(x^2-9)f(x)}=\frac{3}{2}$$

일 때, $f(3)$의 값을 구하시오.

5 ①②③

필수 예제 ⑥

두 상수 a, b에 대하여

$$\lim_{x \to \infty} \left(ax+b - \frac{2x^3+3x}{x^2-1} \right) = 5$$

일 때, $a+b$의 값은?

① 3　　　　　② 4　　　　　③ 5

④ 6　　　　　⑤ 7

6 ①②③

필수 예제 ⑦

$\lim\limits_{x \to \infty} (\sqrt{4x^2-x+2} - ax) = b$일 때, 두 상수 a, b에 대하여 ab의 값은? (단, $a>0$)

① $-\dfrac{1}{16}$　　　② $-\dfrac{1}{8}$　　　③ $-\dfrac{1}{4}$

④ $-\dfrac{1}{2}$　　　⑤ -1

7 ①②③

필수 예제 ⑨

두 상수 a, b에 대하여 $\lim\limits_{x \to 2} \dfrac{a\sqrt{x+7}-b}{x-2} = 2$일 때, $a+b$의 값은?

① 24　　　② 32　　　③ 40

④ 48　　　⑤ 56

8 ①②③

필수 예제 ⑩

다항함수 $f(x)$가

$$\lim_{x \to \infty} \frac{f(x)-3x^2}{x+1} = a, \quad \lim_{x \to 1} \frac{f(x)}{x-1} = 7$$

을 만족시킬 때, 실수 a의 값은?

① 1　　　② 2　　　③ 3

④ 4　　　⑤ 5

9 ①②③

필수 예제 10

이차함수 $f(x)$가

$$\lim_{x \to -3} \frac{f(x)}{x^2-9}=5, \quad \lim_{x \to 2} \frac{x^2-x-2}{f(x)}=a$$

를 만족시킬 때, 실수 a의 값은? (단, $a \neq 0$)

① $\dfrac{1}{10}$ ② $\dfrac{1}{5}$ ③ $\dfrac{3}{10}$

④ $\dfrac{2}{5}$ ⑤ $\dfrac{1}{2}$

10 ①②③

필수 예제 1 + 11

실수 t에 대하여 직선 $y=t$가 함수 $y=\left|-\dfrac{1}{x}+1\right|$의 그래프와 만나는 점의 개수를 $f(t)$라 할 때, $\displaystyle\lim_{t \to 1-} f(t)$의 값은?

① 0 ② 1 ③ 2

④ 3 ⑤ 4

기출문제

▶ 평가원
11 ①②③

필수 예제 10

삼차함수 $f(x)$가

$$\lim_{x \to 0} \frac{f(x)}{x}=\lim_{x \to 1} \frac{f(x)}{x-1}=1$$

을 만족시킬 때, $f(2)$의 값은?

① 4 ② 6 ③ 8

④ 10 ⑤ 12

▶ 교육청
12 ①②③

필수 예제 11

세 함수 $f(x)=\sqrt{x+2}$, $g(x)=-\sqrt{x-2}+2$, $h(x)=x$의 그래프가 그림과 같다.

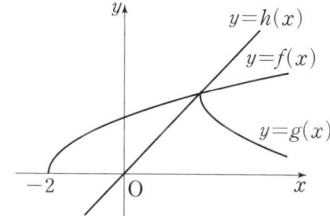

함수 $y=h(x)$의 그래프 위의 점 $\mathrm{P}(a, a)$를 지나고 x축에 평행한 직선이 함수 $y=f(x)$의 그래프와 만나는 점을 A, 함수 $y=g(x)$의 그래프와 만나는 점을 B라 하자. 점 B를 지나고 y축에 평행한 직선이 함수 $y=h(x)$의 그래프와 만나는 점을 C라 할 때, $\displaystyle\lim_{a \to 2-} \dfrac{\overline{\mathrm{BC}}}{\overline{\mathrm{AB}}}$의 값은?

(단, $0 < a < 2$)

① $\dfrac{1}{5}$ ② $\dfrac{1}{4}$ ③ $\dfrac{1}{3}$

④ $\dfrac{1}{2}$ ⑤ 1

함수의 연속

개념 ① 함수의 연속과 불연속

1 함수의 연속

함수 $f(x)$가 실수 a에 대하여 다음 조건을 모두 만족시킬 때, 함수 $f(x)$는 $x=a$에서 **연속**이라 한다.

(i) 함수 $f(x)$가 $x=a$에서 정의되어 있다.

(ii) 극한값 $\lim\limits_{x \to a} f(x)$가 존재한다.

(iii) $\lim\limits_{x \to a} f(x) = f(a)$

2 함수의 불연속

함수 $f(x)$가 $x=a$에서 연속이 아닐 때, 함수 $f(x)$는 $x=a$에서 **불연속**이라 한다. 즉, 함수 $f(x)$가 위의 세 조건 (i), (ii), (iii) 중 어느 하나라도 만족시키지 않으면 함수 $f(x)$는 $x=a$에서 불연속이다.

▶ (ii)에서
$\lim\limits_{x \to a+} f(x) = \lim\limits_{x \to a-} f(x)$
이어야 한다.

함수의 연속

직관적으로 함수 $f(x)$가 $x=a$에서 연속이라는 것은 오른쪽 그림과 같이 $x=a$에서 함수 $y=f(x)$의 그래프가 끊어지지 않고 이어져 있는 것이다.

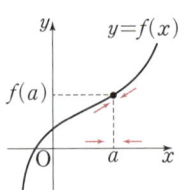

함수의 불연속

직관적으로 함수 $f(x)$가 $x=a$에서 불연속이라는 것은 다음 그림과 같이 $x=a$에서 함수 $y=f(x)$의 그래프가 끊어져 있는 것이다.

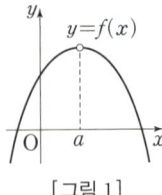

[그림 1]　　　[그림 2]　　　[그림 3]

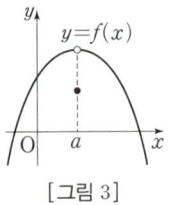

(1) [그림 1] ➡ $x=a$에서 함숫값 $f(a)$가 존재하지 않는다.

(2) [그림 2] ➡ $x=a$에서 극한값 $\lim\limits_{x \to a} f(x)$가 존재하지 않는다.

$\lim\limits_{x \to a+} f(x) \neq \lim\limits_{x \to a-} f(x)$, 즉 (우극한) $\neq$ (좌극한)

(3) [그림 3] ➡ 극한값과 함숫값이 각각 존재하지만

$\lim\limits_{x \to a} f(x) \neq f(a)$, 즉 (극한값) $\neq$ (함숫값)

▶ (1) [그림 1]
(i)을 만족시키지 않는다.
(2) [그림 2]
(ii)를 만족시키지 않는다.
(3) [그림 3]
(iii)을 만족시키지 않는다.

개념 Check

정답 및 해설 7쪽

1. 다음 함수 $f(x)$가 $x=0$에서 연속인지 불연속인지 조사하시오.

(1) $f(x) = \begin{cases} 1-x & (x>0) \\ x^2+1 & (x \leq 0) \end{cases}$ 　　　(2) $f(x) = \begin{cases} x^3+2 & (x \geq 0) \\ x+1 & (x<0) \end{cases}$

개념 2 **구간**

두 실수 a, b ($a<b$)에 대하여 집합

$\{x|a\le x\le b\}$, $\{x|a<x<b\}$, $\{x|a\le x<b\}$, $\{x|a<x\le b\}$

를 각각 **구간**이라 하고, 이것을 기호로 각각 다음과 같이 나타낸다.

$[a, b]$, (a, b), $[a, b)$, $(a, b]$

이때 $[a, b]$를 **닫힌구간**, (a, b)를 **열린구간**이라 하고,

$[a, b)$와 $(a, b]$를 **반닫힌 구간** 또는 **반열린 구간**이라 한다.

▶ $[a, b]$: ←●———●→ $\dfrac{}{a \quad b}x$

(a, b): ←○———○→ $\dfrac{}{a \quad b}x$

$[a, b)$: ←●———○→ $\dfrac{}{a \quad b}x$

$(a, b]$: ←○———●→ $\dfrac{}{a \quad b}x$

[참고] 실수 전체의 집합도 하나의 구간이며, 기호로 $(-\infty, \infty)$와 같이 나타낸다.

[설명 예시] (1) $\{x|-1\le x\le 4\}$ ➡ $[-1, 4]$ (2) $\{x|2<x<5\}$ ➡ $(2, 5)$

(3) $\{x|x\le -1\}$ ➡ $(-\infty, -1]$ (4) $\{x|x>3\}$ ➡ $(3, \infty)$

개념 3 **연속함수**

(1) 함수 $f(x)$가 어떤 구간에 속하는 모든 실수에서 연속일 때, 함수 $f(x)$는 그 구간에서 연속 또는 그 구간에서 **연속함수**라 한다.

(2) 두 실수 a, b ($a<b$)에 대하여 함수 $f(x)$가 다음 조건을 만족시킬 때, 함수 $f(x)$는 닫힌구간 $[a, b]$에서 연속이라 한다.

(ⅰ) 열린구간 (a, b)에서 연속이다.

(ⅱ) $\lim\limits_{x\to a+}f(x)=f(a)$, $\lim\limits_{x\to b-}f(x)=f(b)$

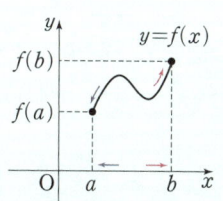

▶ 닫힌구간 $[a, b]$에서 $\lim\limits_{x\to a-}f(x)$, $\lim\limits_{x\to b+}f(x)$의 값은 구할 수 없다.

직관적으로 함수 $f(x)$가 어떤 구간에서 연속이라는 것은 오른쪽 그림과 같이 함수 $y=f(x)$의 그래프가 그 구간에서 끊어지지 않고 이어져 있는 것이다.

이때 열린구간 (a, b)에서 정의된 함수 $f(x)$가 열린구간 (a, b)에 속하는 임의의 실수 c에 대하여

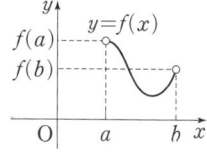

(ⅰ) 함숫값 $f(c)$가 존재

(ⅱ) 극한값 $\lim\limits_{x\to c}f(x)$가 존재

(ⅲ) $\lim\limits_{x\to c}f(x)=f(c)$

의 세 조건을 모두 만족시키면 함수 $f(x)$는 열린구간 (a, b)에서 연속이다.

개념 4 **연속함수의 성질**

두 함수 $f(x)$, $g(x)$가 $x=a$에서 연속이면 다음 함수도 $x=a$에서 연속이다.

(1) $cf(x)$ (단, c는 상수)   (2) $f(x)\pm g(x)$

(3) $f(x)g(x)$ (4) $\dfrac{f(x)}{g(x)}$ (단, $g(a)\ne 0$)

두 함수 $f(x)$, $g(x)$가 $x=a$에서 연속이면 $\lim\limits_{x\to a}f(x)=f(a)$, $\lim\limits_{x\to a}g(x)=g(a)$이므로 함수의 극한에 대한 성질에 의하여 다음이 성립한다.

(1) $\lim\limits_{x\to a}cf(x)=c\lim\limits_{x\to a}f(x)=cf(a)$ (단, c는 상수)

(2) $\lim\limits_{x\to a}\{f(x)\pm g(x)\}=\lim\limits_{x\to a}f(x)\pm\lim\limits_{x\to a}g(x)=f(a)\pm g(a)$ (복부호동순)

(3) $\lim\limits_{x\to a}f(x)g(x)=\lim\limits_{x\to a}f(x)\times\lim\limits_{x\to a}g(x)=f(a)g(a)$

(4) $\lim\limits_{x\to a}\dfrac{f(x)}{g(x)}=\dfrac{\lim\limits_{x\to a}f(x)}{\lim\limits_{x\to a}g(x)}=\dfrac{f(a)}{g(a)}$ (단, $g(a)\neq 0$)

즉, 함수 $cf(x)$, $f(x)\pm g(x)$, $f(x)g(x)$, $\dfrac{f(x)}{g(x)}$도 모두 $x=a$에서 연속이다.

한편, 연속함수의 성질을 이용하면 다음과 같이 여러 가지 함수의 연속성에 대하여 알 수 있다.

> 두 다항함수 $f(x)$, $g(x)$에 대하여
> ① 다항함수 $f(x)$ ➡ 모든 실수에서 연속 ➡ 예 $y=x$, $y=3x^2+1$, $\cdots$
> ② 유리함수 $\dfrac{f(x)}{g(x)}$ ➡ $g(x)\neq 0$인 모든 실수에서 연속 ➡ 예 $y=\dfrac{1}{x}$, $y=-\dfrac{2x+3}{3x-1}$, $\cdots$
> ③ 무리함수 $\sqrt{f(x)}$ ➡ $f(x)\geq 0$인 모든 실수에서 연속 ➡ 예 $y=\sqrt{x}$, $y=\sqrt{-\dfrac{1}{2}x+1}$, $\cdots$

[참고] 일반적으로 함수 $f(x)$가 $x=a$에서 연속이면 $\lim\limits_{x\to a}f(x)=f(a)$이고 함수 $g(x)$가 $x=f(a)$에서 연속이면 $\lim\limits_{x\to a}g(f(x))=g(f(a))$이므로 합성함수 $g(f(x))$는 $x=a$에서 연속이다.

▶ 두 함수 $f(x)$, $g(x)$가 $x=a$에서 연속이라고 해서 합성함수 $g(f(x))$가 $x=a$에서 연속이라 할 수는 없다.

개념 ⑤ 최대·최소 정리

함수 $f(x)$가 닫힌구간 $[a, b]$에서 연속이면 $f(x)$는 이 구간에서 반드시 최댓값과 최솟값을 갖는다.

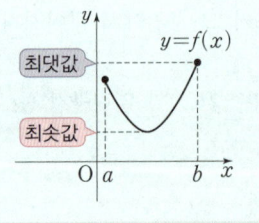

닫힌구간에서 연속인 함수가 주어졌을 때, 최대·최소 정리를 이용하면 함수의 최댓값과 최솟값을 직접 구하지 않고도 그 구간에서 함수가 최댓값과 최솟값을 가진다고 말할 수 있다.

그런데 주어진 구간이 닫힌구간이 아니거나 함수가 불연속이면 그 구간에서 최댓값 또는 최솟값이 존재하지 않을 수도 있다.

(1) 함수 $f(x)$가 연속이지만 주어진 구간이 닫힌구간이 아닌 경우

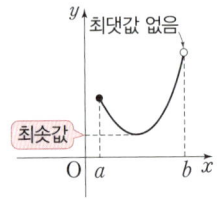
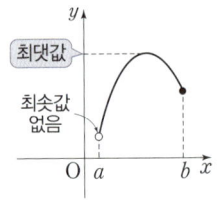
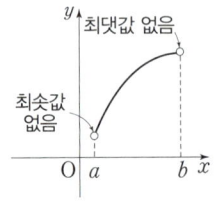

▶ 함수 $f(x)$가 열린구간 (a, b)에서 연속일 때, 최댓값과 최솟값이 존재하는 경우도 있다.

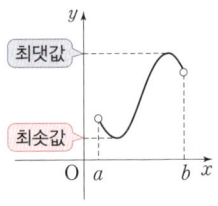

(2) 주어진 구간이 닫힌구간이지만 함수 $f(x)$가 불연속인 경우

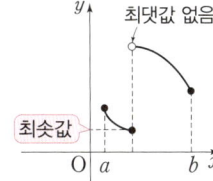
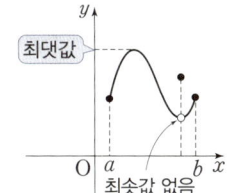

개념 ⑥ 사잇값의 정리

(1) 사잇값의 정리

함수 $f(x)$가 닫힌구간 $[a, b]$에서 연속이고
$f(a) \neq f(b)$이면 $f(a)$와 $f(b)$ 사이의 임의의 값 k에 대
하여 $f(c) = k$인 c가 열린구간 (a, b)에 적어도 하나 존
재한다.

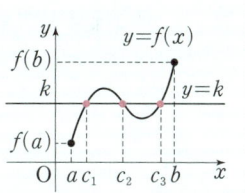

(2) 사잇값의 정리의 응용

함수 $f(x)$가 닫힌구간 $[a, b]$에서 연속이고 $f(a)$와
$f(b)$의 부호가 서로 다르면 사잇값의 정리에 의하여
$f(c) = 0$인 c가 열린구간 (a, b)에 적어도 하나 존재한다.
즉, 방정식 $f(x) = 0$은 열린구간 (a, b)에서 적어도 하
나의 실근을 갖는다.

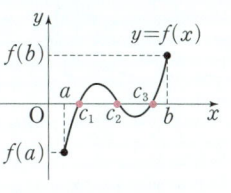

사잇값의 정리를 이용하면 닫힌구간에서 연속인 함수 $f(x)$에 대하여 방정식 $f(x) = k$의
실근의 존재 유무를 쉽게 판단할 수 있다.
그런데 주어진 구간에서 함수가 불연속이면 사잇값의 정리를 이용할 수 없다.
(2)는 (1)에서 $k = 0$인 경우, 즉 함수 $y = f(x)$의 그래프와 x축(직선 $y = 0$)의 교점의 x좌
표에 대한 경우이다.

주의 사잇값의 정리로는 방정식 $f(x) = k$의 실근의 존재 유무만 알 수 있을 뿐 실근이 정확히 몇 개 존재하는
지는 알 수 없다.

수능 Idea

Idea 함수 $f(x)$가 $x = a$에서 연속인지 확인하려면 '(좌)=(우)=(함)'인지 관찰한다.

그림이 주어져 있거나 그래프를 쉽게 그릴 수 있는 함수는 그림을 그려서 연속성을 판단하고, 그렇지
않은 함수의 연속성을 판단할 때는 $x = a$에서의 좌극한, 우극한, 함숫값을 비교해서 세 개의 값이 전부
같은지 확인한다.

필수 예제 1

함수의 그래프와 연속

함수 $y=f(x)$의 그래프가 그림과 같다. 〈보기〉에서 옳은 것만을 있는 대로 고른 것은?

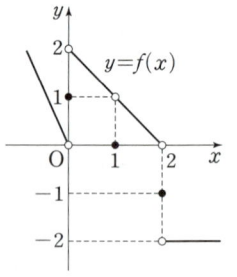

〈보기〉
ㄱ. $\lim\limits_{x\to 0+} f(x)=2$
ㄴ. $\lim\limits_{x\to 2-} f(x)=-2$
ㄷ. 함수 $f(x)$는 $x=1$에서 불연속이다.

① ㄱ ② ㄴ ③ ㄱ, ㄷ ④ ㄴ, ㄷ ⑤ ㄱ, ㄴ, ㄷ

수능 link **01 함수의 극한** 단원에서 연습한 것과 같이 주어진 함수의 그래프를 이용하여 문제에서 물어보는 극한값을 구하고, 연속성을 판단한다.

수능 key (i) 함숫값 $f(a)$가 존재 (ii) 극한값 $\lim\limits_{x\to a} f(x)$가 존재 (iii) $\lim\limits_{x\to a} f(x)=f(a)$

를 모두 만족시키면 함수 $f(x)$는 $x=a$에서 연속이다.

참고 실수 전체의 집합에서 정의된 함수 $y=f(x)$의 그래프가
(1) $x=a$에서 끊어지지 않고 이어져 있으면 ➡ 함수 $f(x)$는 $x=a$에서 연속
(2) $x=a$에서 끊어져 있으면 ➡ 함수 $f(x)$는 $x=a$에서 불연속

1-1

1 2 3

열린구간 $(-2, 2)$에서 정의된 함수 $y=f(x)$의 그래프가 그림과 같다. 〈보기〉에서 옳은 것만을 있는 대로 고른 것은?

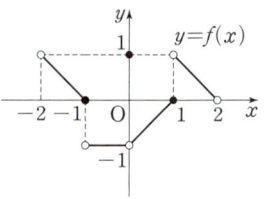

〈보기〉
ㄱ. $x=-1$에서 함수 $f(x)$의 극한값이 존재한다.
ㄴ. 함수 $f(x)$는 $x=0$에서 불연속이다.
ㄷ. 함수 $f(x)$가 불연속인 x의 값의 개수는 3이다.

① ㄱ ② ㄴ ③ ㄱ, ㄷ ④ ㄴ, ㄷ ⑤ ㄱ, ㄴ, ㄷ

• 3점 빈출 •

필수 예제 2

▶ 평가원

함수가 연속일 조건

함수 $f(x) = \begin{cases} 2x+a & (x \le -1) \\ x^2-5x-a & (x > -1) \end{cases}$ 이 실수 전체의 집합에서 연속일 때, 상수 a의 값은?

① 1   ② 2   ③ 3   ④ 4   ⑤ 5

수능 link

구간에 따라 다르게 정의된 함수가 연속이 되기 위한 조건을 이용하는 유형은 3점 문제로 종종 출제된다.
이때 2-1번 문제와 같이 **O1 함수의 극한** 단원에서 배운 **필수 예제 9 미정계수의 결정** 유형과 함께 출제되기도 한다.

수능 key

함수 $f(x) = \begin{cases} g(x) & (x \ge a) \\ h(x) & (x < a) \end{cases}$ 가 $x=a$에서 연속이려면

➡ $\lim\limits_{x \to a+} g(x) = \lim\limits_{x \to a-} h(x) = f(a)$ 이어야 한다.

2-1

1 2 3

함수 $f(x) = \begin{cases} \dfrac{x^2+ax+3}{x-1} & (x \ne 1) \\ b & (x = 1) \end{cases}$ 이 $x=1$에서 연속일 때, 두 상수 a, b에 대하여 $a+b$의

값은?

① -7 ② -6 ③ -5 ④ -4 ⑤ -3

필수
예제 **3** $(x-a)f(x)=g(x)$ 꼴의 함수의 연속

▶ **교육청**

모든 실수에서 연속인 함수 $f(x)$가
$$(x-1)f(x)=x^2-3x+2$$
를 만족시킬 때, $f(1)$의 값은?

① -2 ② -1 ③ 0 ④ 1 ⑤ 2

수능 link   필수 예제 ②에서 파생된 유형이다.

③번 문제를 예로 들면, $x=1$일 때와 $x \neq 1$일 때로 경우를 나누어 함수 $f(x)$를 표현하면 ②-1번 문제와 동일한 형태의 문제라는 것을 알 수 있다.

수능 key   실수 전체의 집합에서 연속인 두 함수 $f(x)$, $g(x)$가 $(x-a)f(x)=g(x)$를 만족시키면

➡ $f(a)=\lim\limits_{x \to a}\dfrac{g(x)}{x-a}$

① ② ③

3 -1   실수 전체의 집합에서 연속인 함수 $f(x)$가
$$(x-2)f(x)=x^3+x^2-2x-8$$
을 만족시킬 때, $f(2)$의 값은?

① 10 ② 12 ③ 14 ④ 16 ⑤ 18

필수 예제 4 연속함수의 성질

두 함수

$$f(x) = \begin{cases} x+1 & (x<1) \\ x^2-2x-1 & (x\geq 1) \end{cases}, \quad g(x)=3x+a$$

에 대하여 함수 $f(x)g(x)$가 실수 전체의 집합에서 연속이 되도록 하는 상수 a의 값은?

① -1 ② -2 ③ -3 ④ -4 ⑤ -5

수능 link → 함수 $f(x)g(x)$ 꼴이 연속이 되기 위한 조건을 물어보는 유형은 4점 문제로 자주 출제되는 중요한 유형이다. '(연속함수)×(불연속인 함수)'의 형태가 가장 많이 나오기 때문에 이 경우의 문제로 많이 연습해두자.

수능 key → 두 함수 $f(x)$, $g(x)$가 $x=a$에서 연속이면

(1) $cf(x)$ (단, c는 상수)   (2) $f(x) \pm g(x)$ (3) $f(x)g(x)$ (4) $\dfrac{f(x)}{g(x)}$ (단, $g(a) \neq 0$)

도 $x=a$에서 연속이다.

4 -1
▶ 평가원

⓵ ② ③

함수 $f(x)$가 $f(x) = \begin{cases} a & (x \leq 1) \\ -x+2 & (x>1) \end{cases}$ 일 때, 옳은 것만을 〈보기〉에서 있는 대로 고른 것은? (단, a는 상수이다.)

〈보기〉

ㄱ. $\lim\limits_{x \to 1+} f(x) = 1$

ㄴ. $a=0$이면 함수 $f(x)$는 $x=1$에서 연속이다.

ㄷ. 함수 $y=(x-1)f(x)$는 실수 전체의 집합에서 연속이다.

① ㄱ   ② ㄴ   ③ ㄱ, ㄷ   ④ ㄴ, ㄷ   ⑤ ㄱ, ㄴ, ㄷ

단원 마무리

02 함수의 연속

1 〔1〕〔2〕〔3〕 필수 예제 [1]

열린구간 $(0, 4)$에서 함수 $y=f(x)$의 그래프가 그림과 같다.

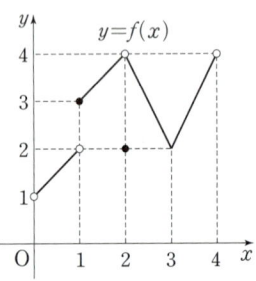

〈보기〉에서 옳은 것만을 있는 대로 고른 것은?

〈보기〉
ㄱ. $x=1$에서 함수 $f(x)$의 극한값이 존재한다.
ㄴ. $\lim\limits_{x \to 3} f(x) = f(3)$
ㄷ. 함수 $(x-2)f(x)$는 $x=2$에서 연속이다.

① ㄱ   ② ㄴ   ③ ㄱ, ㄷ
④ ㄴ, ㄷ   ⑤ ㄱ, ㄴ, ㄷ

2 〔1〕〔2〕〔3〕 필수 예제 [2]

함수 $f(x)=\begin{cases} ax+b & (|x| \geq 1) \\ x^2+4x-3 & (|x| < 1) \end{cases}$ 이 실수 전체의

집합에서 연속이 되도록 하는 두 상수 a, b에 대하여 ab의 값은?

① -2 ② -4 ③ -6
④ -8 ⑤ -10

3 〔1〕〔2〕〔3〕 필수 예제 [3]

실수 전체의 집합에서 연속인 함수 $f(x)$가
$$(x-3)f(x) = x^3 - 3x^2 + ax + 3$$
을 만족시킬 때, $a+f(3)$의 값은? (단, a는 상수이다.)

① 1   ② 3   ③ 5
④ 7   ⑤ 9

4 〔1〕〔2〕〔3〕 필수 예제 [4]

함수 $f(x)$가
$$f(x)=\begin{cases} -x-1 & (x \leq 0) \\ -x+1 & (x > 0) \end{cases}$$
일 때, 함수 $f(x)f(x-k)$가 실수 전체의 집합에서 연속이 되도록 하는 양수 k의 값은?

① 1   ② 2   ③ 3
④ 4   ⑤ 5

5 ①②③ 필수 예제 4

최고차항의 계수가 1인 이차함수 $f(x)$와 함수

$$g(x) = \begin{cases} 2x+1 & (|x| < 1) \\ 2 & (|x| \geq 1) \end{cases}$$

에 대하여 함수 $f(x)g(x)$가 실수 전체의 집합에서 연속이다. $f(2)$의 값은?

① 1   ② 3   ③ 5

④ 7   ⑤ 9

6 ①②③ 필수 예제 4

두 함수

$$f(x) = x^2 - x + 1, \; g(x) = 3x^2 + 2ax + 3a$$

에 대하여 함수 $\dfrac{f(x)}{g(x)}$가 실수 전체의 집합에서 연속이 되도록 하는 정수 a의 개수는?

① 5   ② 6   ③ 7

④ 8   ⑤ 9

기출문제

▶ 교육청

7 ①②③ 필수 예제 1

두 함수 $y = f(x)$, $y = g(x)$의 그래프가 그림과 같다.

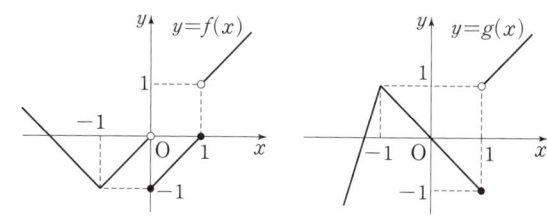

〈보기〉에서 옳은 것만을 있는 대로 고른 것은?

〈보기〉

ㄱ. $\displaystyle\lim_{x \to 1-} f(x)g(x) = -1$

ㄴ. $f(1)g(1) = 0$

ㄷ. 함수 $f(x)g(x)$는 $x = 1$에서 불연속이다.

① ㄱ   ② ㄴ   ③ ㄷ

④ ㄱ, ㄴ   ⑤ ㄴ, ㄷ

▶ 평가원

8 ①②③ 필수 예제 2

함수

$$f(x) = \begin{cases} -2x+6 & (x < a) \\ 2x-a & (x \geq a) \end{cases}$$

에 대하여 함수 $\{f(x)\}^2$이 실수 전체의 집합에서 연속이 되도록 하는 모든 상수 a의 값의 합은?

① 2   ② 4   ③ 6

④ 8   ⑤ 10

II

미분

단원	수능 경향	대비 방법
01 미분계수와 도함수	• 평균변화율과 미분계수를 구하는 문제가 출제된다. • 구간에 따라 다르게 정의된 함수 또는 두 함수의 사칙연산으로 표현된 함수의 미분가능성을 물어보는 문제가 출제된다.	• 여러 가지 용어에 대한 정확한 정의와 공식을 암기하고 자유롭게 사용할 수 있어야 한다. • 함수가 미분가능하기 위한 조건을 이해하고 답을 구할 수 있어야 한다.
02 접선의 방정식	• 지나는 한 점 또는 기울기가 주어진 접선의 방정식을 구하는 문제가 출제된다. • 곡선과 직선이 만나는 점의 개수의 변화 또는 곡선과 직선 사이의 거리의 최솟값 등 접선을 경계로 하여 상황을 관찰하는 문제가 출제된다.	• 주어진 조건을 이용하여 접선의 방정식을 구할 수 있어야 한다. • 생소한 상황에 대한 이해가 필요할 때는 접선을 기준으로 하여 주어진 상황을 관찰해 볼 수 있다.
03 함수의 그래프	• 함수의 증가·감소, 극대·극소, 최대·최소의 정보를 이용하여 다항함수의 식을 작성하고 그래프의 개형을 추론하는 문제가 출제된다. • 도함수를 통해 원함수의 정보를 추론하는 문제가 출제된다.	• 삼차함수, 사차함수의 그래프를 정확히 그리고, 함수의 식을 작성할 수 있어야 한다. • 여러 가지 용어에 대한 정확한 정의와 성질 및 관계를 알고 있어야 한다.
04 방정식과 부등식에의 활용	• 방정식의 실근의 개수 또는 부등식이 항상 성립할 조건을 물어보는 문제가 출제된다.	• 방정식과 부등식을 함수의 관점에서 관찰하고, 함수의 그래프를 그려서 문제 조건을 해석할 수 있어야 한다. • 부등식이 항상 성립할 조건의 문제는 함수의 최대·최소 문제임을 이해한다.

01 미분계수와 도함수

개념 NOTE

개념 ① 평균변화율

함수 $y=f(x)$에서 x의 증분 Δx에 대한 y의 증분 Δy의 비율

$$\frac{\Delta y}{\Delta x}=\frac{f(b)-f(a)}{b-a}=\frac{f(a+\Delta x)-f(a)}{\Delta x}$$

를 x의 값이 a에서 b까지 변할 때의 함수 $y=f(x)$의 **평균변화율**이라 한다.

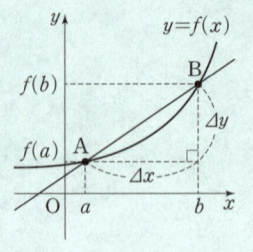

▶ Δ는 차를 뜻하는 Difference의 첫 글자 D에 해당하는 그리스 문자이고 '델타(delta)'라 읽는다.

위의 그림과 같이 x의 값이 a에서 b까지 변할 때의 함수 $y=f(x)$의 평균변화율은 두 점 $A(a, f(a))$, $B(b, f(b))$를 지나는 직선의 기울기와 같다.

참고 함수 $y=f(x)$에서 x의 값이 a에서 b까지 변할 때, x의 값의 변화량 $b-a$를 x의 증분, y의 값의 변화량 $f(b)-f(a)$를 y의 증분이라 하고, 기호로 각각 Δx, Δy와 같이 나타낸다.

개념 Check   정답 및 해설 10쪽

1. 함수 $f(x)=2x+1$에서 x의 값이 -1에서 2까지 변할 때의 평균변화율을 구하시오.

개념 ② 미분계수

함수 $y=f(x)$에서 x의 값이 a에서 $a+\Delta x$까지 변할 때의 평균변화율에서 $\Delta x \to 0$일 때의 극한값을 함수 $y=f(x)$의 $x=a$에서의 **순간변화율** 또는 **미분계수**라 하고, 기호로 $f'(a)$와 같이 나타낸다.

$$f'(a)=\lim_{\Delta x \to 0}\frac{\Delta y}{\Delta x}=\lim_{\Delta x \to 0}\frac{f(a+\Delta x)-f(a)}{\Delta x}=\lim_{x \to a}\frac{f(x)-f(a)}{x-a}$$

▶ 미분계수 $f'(a)$는 'f 프라임(prime) a'라 읽는다.

함수 $y=f(x)$에서 x의 값이 a에서 $a+\Delta x$까지 변할 때의 평균변화율

$$\frac{\Delta y}{\Delta x}=\frac{f(a+\Delta x)-f(a)}{\Delta x}$$

에 대하여 $\Delta x \to 0$일 때, 이 평균변화율의 극한값

$$\lim_{\Delta x \to 0}\frac{\Delta y}{\Delta x}=\lim_{\Delta x \to 0}\frac{f(a+\Delta x)-f(a)}{\Delta x}$$

가 존재하면 이것을 기호로 $f'(a)$와 같이 나타낸다.

한편, $a+\Delta x=x$라 하면 $\Delta x=x-a$이고, $\Delta x \to 0$일 때 $x \to a$이므로 미분계수 $f'(a)$는

$$f'(a)=\lim_{x \to a}\frac{f(x)-f(a)}{x-a}$$

와 같이 나타낼 수도 있다.

▶ $f'(a)=\lim_{\Delta x \to 0}\dfrac{f(a+\Delta x)-f(a)}{\Delta x}$
에서 Δx 대신 h를 사용하여
$f'(a)=\lim_{h \to 0}\dfrac{f(a+h)-f(a)}{h}$
와 같이 나타내기도 한다.

개념 Check   정답 및 해설 10쪽

2. 함수 $f(x)=-x^2+2$의 $x=1$에서의 미분계수를 구하시오.

개념 ③ 미분계수의 기하적 의미

함수 $y=f(x)$가 $x=a$에서 미분가능할 때, $x=a$에서의 미분계수 $f'(a)$는 곡선 $y=f(x)$ 위의 점 $(a, f(a))$에서의 접선의 기울기와 같다.

함수 $y=f(x)$에서 x의 값이 a에서 $a+\Delta x$까지 변할 때의 평균변화율

$$\frac{\Delta y}{\Delta x}=\frac{f(a+\Delta x)-f(a)}{\Delta x}$$

는 곡선 $y=f(x)$ 위의 두 점 $P(a, f(a))$, $Q(a+\Delta x, f(a+\Delta x))$를 지나는 직선 PQ의 기울기와 같다.

이때 $\Delta x \to 0$이면 점 Q는 곡선 $y=f(x)$를 따라 점 P에 한없이 가까워지고, 직선 PQ는 오른쪽 그림과 같이 점 P를 지나고 기울기가 일정한 직선 l에 한없이 가까워진다.

즉, $\Delta x \to 0$일 때 직선 PQ의 기울기의 극한값은 직선 l의 기울기가 된다.

이 직선 l을 곡선 $y=f(x)$ 위의 점 P에서의 접선이라 하고, 점 P를 이 접선의 접점이라 한다.

따라서 함수 $y=f(x)$의 $x=a$에서의 미분계수

$$f'(a)=\lim_{\Delta x \to 0} \frac{\Delta y}{\Delta x}=\lim_{\Delta x \to 0} \frac{f(a+\Delta x)-f(a)}{\Delta x}$$

는 곡선 $y=f(x)$ 위의 점 $P(a, f(a))$에서의 접선 l의 기울기와 같다.

개념 ④ 미분가능

(1) **미분가능**

함수 $f(x)$의 $x=a$에서의 미분계수 $f'(a)$가 존재할 때, 함수 $f(x)$는 $x=a$에서 **미분가능**하다고 한다.

(2) **미분가능한 함수**

함수 $f(x)$가 어떤 구간에 속하는 모든 x에서 미분가능하면 함수 $f(x)$는 그 구간에서 미분가능하다고 한다.

특히 함수 $f(x)$가 정의역에 속하는 모든 x에서 미분가능하면 함수 $f(x)$는 미분가능한 함수라 한다.

▶ 미분계수 $f'(a)$가 존재하지 않을 때, 함수 $f(x)$는 $x=a$에서 미분가능하지 않다고 한다.

▶ 다항함수는 미분가능한 함수이다.

함수 $f(x)$가 $x=a$에서 미분가능함을 보이려면 $x=a$에서의 미분계수 $f'(a)$, 즉

$\lim_{\Delta x \to 0} \dfrac{f(a+\Delta x)-f(a)}{\Delta x}$ 가 존재함을 보이면 된다.

이때 극한값 $\lim_{\Delta x \to 0} \dfrac{f(a+\Delta x)-f(a)}{\Delta x}$ 가 존재하려면 우극한과 좌극한이 모두 존재하고 그 값이 서로 같아야 한다.

따라서 $\lim_{\Delta x \to 0+} \dfrac{f(a+\Delta x)-f(a)}{\Delta x}=\lim_{\Delta x \to 0-} \dfrac{f(a+\Delta x)-f(a)}{\Delta x}$ 임을 보여야 한다.

▶ $\lim_{\Delta x \to 0+} \dfrac{f(a+\Delta x)-f(a)}{\Delta x}$ 를 우미분계수라 하고, $\lim_{\Delta x \to 0-} \dfrac{f(a+\Delta x)-f(a)}{\Delta x}$ 를 좌미분계수라 한다.

개념 Check

정답 및 해설 10쪽

3. 함수 $f(x)=x^3+1$의 $x=0$에서의 미분가능성을 조사하시오.

개념 ⑤ 미분가능성과 연속성

함수 $f(x)$가 $x=a$에서 미분가능하면 $f(x)$는 $x=a$에서 연속이다.
그러나 그 역은 성립하지 않는다.

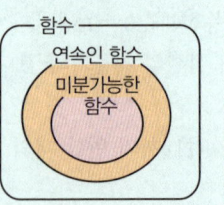

함수
연속인 함수
미분가능한
함수

▶ 대우인 '함수 $f(x)$가 $x=a$에서 불연속이면 $f(x)$는 $x=a$에서 미분가능하지 않다.'도 참이다.

(1) 함수 $f(x)$가 $x=a$에서 미분가능하면 $x=a$에서의 미분계수

$$f'(a)=\lim_{x\to a}\frac{f(x)-f(a)}{x-a}$$

가 존재하므로

$$\lim_{x\to a}\{f(x)-f(a)\}=\lim_{x\to a}\left\{\frac{f(x)-f(a)}{x-a}\times(x-a)\right\}$$

$$=\lim_{x\to a}\frac{f(x)-f(a)}{x-a}\times\lim_{x\to a}(x-a)=f'(a)\times0=0$$

따라서 $\lim_{x\to a}f(x)=f(a)$이므로 함수 $f(x)$는 $x=a$에서 연속이다.

(2) 명제 '함수 $f(x)$가 $x=a$에서 미분가능하면 $f(x)$는 $x=a$에서 연속이다.'의 역인
'함수 $f(x)$가 $x=a$에서 연속이면 $f(x)$는 $x=a$에서 미분가능하다.'는 거짓이다.

> **설명 예시** 함수 $f(x)=|x|$에 대하여 $\lim_{x\to0}f(x)=f(0)=0$이므로 함수 $f(x)$는 $x=0$에서
> 연속이다. 그런데

$$\lim_{h\to0+}\frac{f(0+h)-f(0)}{h}=\lim_{h\to0+}\frac{|h|-0}{h}$$

$$=\lim_{h\to0+}\frac{h}{h}=1,$$

$$\lim_{h\to0-}\frac{f(0+h)-f(0)}{h}=\lim_{h\to0-}\frac{|h|-0}{h}$$

$$=\lim_{h\to0-}-\frac{h}{h}=-1$$

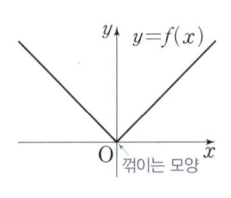

$y=f(x)$
O 꺾이는 모양 x

에서 $\lim_{h\to0+}\frac{f(0+h)-f(0)}{h}\neq\lim_{h\to0-}\frac{f(0+h)-f(0)}{h}$

즉, 미분계수 $f'(0)$이 존재하지 않으므로 함수 $f(x)$는 $x=0$에서 미분가능하지
않다.

따라서 함수 $f(x)$가 $x=a$에서 연속이지만 $x=a$에서 미분가능하지 않을 수도
있다.

▶ 위의 설명 예시에서 함수 $y=f(x)$의 그래프는 $x=0$에서 꺾이는 모양이므로 함수 $f(x)$는 $x=0$에서 미분가능하지 않음을 알 수 있다.

> **참고** 함수 $y=f(x)$의 그래프에서 함수 $f(x)$의 미분가능성 판단
> ① 미분가능한 경우
> $x=a$에서 매끄럽게 연결되어 있다. ➡ **예** [그림 1]
> ② 미분가능하지 않은 경우
>   • $x=a$에서 끊어져 있다. ➡ **예** [그림 2], [그림 3]
>   • $x=a$에서 꺾이는 모양이다. ➡ **예** [그림 4]

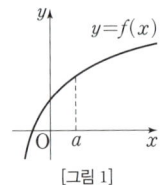

[그림 1]

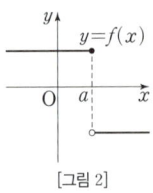

[그림 2]

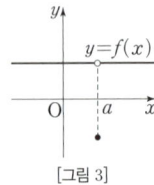

[그림 3]

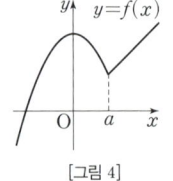

[그림 4]

개념 ⑥ 도함수

(1) 미분가능한 함수 $y=f(x)$의 정의역의 각 원소 x에 미분계수 $f'(x)$를 대응시켜 만든 새로운 함수를 함수 $y=f(x)$의 **도함수**라 하고, 이것을 기호로

$$f'(x),\ y',\ \frac{dy}{dx},\ \frac{d}{dx}f(x)$$

와 같이 나타낸다. 즉, 미분가능한 함수 $f(x)$의 도함수는

$$f'(x)=\lim_{\Delta x\to 0}\frac{f(x+\Delta x)-f(x)}{\Delta x}$$

(2) 함수 $f(x)$에서 도함수 $f'(x)$를 구하는 것을 함수 $f(x)$를 x에 대하여 미분한다고 하고, 그 계산법을 미분법이라 한다.

일반적으로 함수 $f(x)$가 정의역 X에서 미분가능할 때, 정의역의 각 원소 x에 미분계수 $f'(x)$를 대응시키면 새로운 함수

$$f':X\longrightarrow R,\ f'(x)=\lim_{\Delta x\to 0}\frac{f(x+\Delta x)-f(x)}{\Delta x}$$

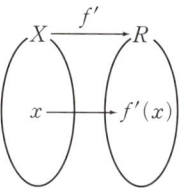

를 얻을 수 있다.
이때 이 함수 $f'(x)$를 함수 $f(x)$의 도함수라 한다.

참고 함수 $f(x)$의 $x=a$에서의 미분계수 $f'(a)$는 도함수 $f'(x)$의 식에 $x=a$를 대입한 값과 같다.

개념 ⑦ 함수 $y=x^n$ (n은 양의 정수)와 상수함수의 도함수

함수 $y=x^n$ (n은 양의 정수)와 상수함수의 도함수는 다음과 같다.
(1) $y=x^n$ ($n\geq 2$인 정수)이면 $y'=nx^{n-1}$
(2) $y=x$이면 $y'=1$
(3) $y=c$ (c는 상수)이면 $y'=0$

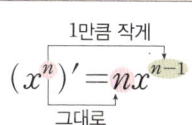

(1) $f(x)=x^n$ ($n\geq 2$인 정수)라 하면

$$\begin{aligned}f'(x)&=\lim_{h\to 0}\frac{f(x+h)-f(x)}{h}\\&=\lim_{h\to 0}\frac{(x+h)^n-x^n}{h}\\&=\lim_{h\to 0}\frac{\{(x+h)-x\}\{(x+h)^{n-1}+(x+h)^{n-2}x+\cdots+x^{n-1}\}}{h}\\&=\lim_{h\to 0}\{(x+h)^{n-1}+(x+h)^{n-2}x+\cdots+x^{n-1}\}\\&=\underbrace{x^{n-1}+x^{n-1}+\cdots+x^{n-1}}_{n개}=nx^{n-1}\end{aligned}$$

(2) $f(x)=x$라 하면

$$\begin{aligned}f'(x)&=\lim_{h\to 0}\frac{f(x+h)-f(x)}{h}\\&=\lim_{h\to 0}\frac{(x+h)-x}{h}\\&=\lim_{h\to 0}\frac{h}{h}=1\end{aligned}$$

개념 NOTE

▶ $\dfrac{dy}{dx}$ 는 dy를 dx로 나눈다는 뜻이 아니라 y를 x에 대하여 미분한다는 뜻이고, '디와이(dy) 디엑스(dx)'라 읽는다.

▶ $f'(x)=\lim\limits_{\Delta x\to 0}\dfrac{f(x+\Delta x)-f(x)}{\Delta x}$ 에서 Δx 대신 h를 사용하여 $f'(x)=\lim\limits_{h\to 0}\dfrac{f(x+h)-f(x)}{h}$ 와 같이 나타내기도 한다.

▶ (2)는 (1)에서 $n=1$인 경우이다.

(3) $f(x)=c$ (c는 상수)라 하면

$$f'(x)=\lim_{h\to 0}\frac{f(x+h)-f(x)}{h}$$

$$=\lim_{h\to 0}\frac{c-c}{h}=0$$

정답 및 해설 10쪽

개념 Check

4. 다음 함수의 도함수를 구하시오.

  (1) $y=x^{10}$ (2) $y=100$

개념 ⑧ 함수의 실수배, 합, 차, 곱의 미분법

세 함수 $f(x)$, $g(x)$, $h(x)$가 미분가능할 때
(1) $\{cf(x)\}'=cf'(x)$ (단, c는 상수)
(2) $\{f(x)\pm g(x)\}'=f'(x)\pm g'(x)$ (복부호동순)
(3) $\{f(x)g(x)\}'=f'(x)g(x)+f(x)g'(x)$
(4) $\{f(x)g(x)h(x)\}'=f'(x)g(x)h(x)+f(x)g'(x)h(x)+f(x)g(x)h'(x)$
(5) $[\{f(x)\}^n]'=n\{f(x)\}^{n-1}f'(x)$ (단, n은 양의 정수)

▶ (2)는 세 개 이상의 함수에 대해서도 성립한다.

▶ (3), (4), (5)를 이용하면 곱의 꼴로 나타낸 함수를 전개하지 않고 미분할 수 있다.

(1) $\{cf(x)\}'=\lim\limits_{h\to 0}\dfrac{cf(x+h)-cf(x)}{h}=\lim\limits_{h\to 0}\dfrac{c\{f(x+h)-f(x)\}}{h}=cf'(x)$

(2) $\{f(x)\pm g(x)\}'=\lim\limits_{h\to 0}\dfrac{\{f(x+h)\pm g(x+h)\}-\{f(x)\pm g(x)\}}{h}$

$$=\lim\limits_{h\to 0}\dfrac{\{f(x+h)-f(x)\}\pm\{g(x+h)-g(x)\}}{h}$$

$$=f'(x)\pm g'(x) \text{ (복부호동순)}$$

(3) $\{f(x)g(x)\}'=\lim\limits_{h\to 0}\dfrac{f(x+h)g(x+h)-f(x)g(x)}{h}$

$$=\lim\limits_{h\to 0}\dfrac{f(x+h)g(x+h)-f(x)g(x+h)+f(x)g(x+h)-f(x)g(x)}{h}$$

$$=\lim\limits_{h\to 0}\dfrac{\{f(x+h)-f(x)\}g(x+h)+f(x)\{g(x+h)-g(x)\}}{h}$$

$$=\lim\limits_{h\to 0}\dfrac{f(x+h)-f(x)}{h}\times\lim\limits_{h\to 0}g(x+h)+f(x)\times\lim\limits_{h\to 0}\dfrac{g(x+h)-g(x)}{h}$$

$$=f'(x)g(x)+f(x)g'(x)$$

(4) $\{f(x)g(x)h(x)\}'=[\{f(x)g(x)\}h(x)]'$

$$=\{f(x)g(x)\}'h(x)+\{f(x)g(x)\}h'(x)$$

$$=\{f'(x)g(x)+f(x)g'(x)\}h(x)+f(x)g(x)h'(x)$$

$$=f'(x)g(x)h(x)+f(x)g'(x)h(x)+f(x)g(x)h'(x)$$

개념 Check

정답 및 해설 10쪽

5. 다음 함수를 미분하시오.

  (1) $y=3x^2$ (2) $y=x^3+x^2-x$ (3) $y=(x^2+1)(3x-1)$

Idea ① **평균변화율, 미분계수, 미분가능의 관계**

평균변화율은 좌표평면 위의 두 점을 지나는 직선의 기울기이고,

미분계수는 평균변화율의 극한값이며 접선의 기울기를 뜻한다.

생소한 용어는 익숙해지도록 많이 읽어 보아야 하고,

미분계수의 식은 굉장히 중요하므로 손으로 많이 쓰면서 익숙해지도록 하자.

이때 $f'(a)$, 즉 $\lim\limits_{x \to a} \dfrac{f(x)-f(a)}{x-a}$ 는 평균변화율의 '극한값'이므로 평균변화율의 우극한과 좌극한이

서로 같을 때 미분계수 $f'(a)$가 존재하고, 이때 함수 $f(x)$는 $x=a$에서 미분가능하다고 한다.

Idea ② **미분가능하지 않은 대표적인 두 점; 빵꾸점(불연속점)과 뾰족점(첨점)**

(1) 빵꾸점   (2) 뾰족점

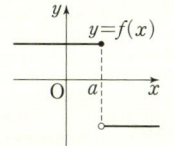 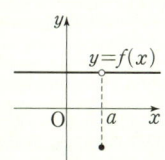   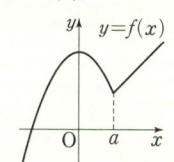

Idea ③ **구간에 따라 다르게 정의된 함수의 미분가능성**

두 다항함수 $g(x)$, $h(x)$에 대하여

함수 $f(x)=\begin{cases} g(x) & (x<a) \\ h(x) & (x\geq a) \end{cases}$ 가 $x=a$에서 미분가능할 조건

은 다음과 같다.

(1) $x=a$에서 연속 ➡ $g(a)=h(a)$

(2) $x=a$에서의 미분계수가 존재 ➡ $g'(a)=h'(a)$

필수 예제 1 평균변화율과 미분계수

함수 $f(x)=x^2+3x$에 대하여 x의 값이 0에서 2까지 변할 때의 평균변화율과 $x=a$에서의 미분계수가 같을 때, 실수 a의 값을 구하시오.

수능 link → 최근에 '평균변화율'의 용어가 발문에 주어지는 문제가 출제되었다.
풀이 과정에서 미분계수의 정의를 이용해도 되지만 앞으로 배울 미분법을 이용하면 더욱 간단하게 해결할 수 있다.

수능 key →
(1) 함수 $y=f(x)$에서 x의 값이 a에서 b까지 변할 때의 평균변화율

➡ $\dfrac{\varDelta y}{\varDelta x}=\dfrac{f(b)-f(a)}{b-a}=\dfrac{f(a+\varDelta x)-f(a)}{\varDelta x}$ (단, $\varDelta x=b-a$)

(2) 함수 $y=f(x)$의 $x=a$에서의 미분계수

➡ $f'(a)=\lim\limits_{\varDelta x\to 0}\dfrac{f(a+\varDelta x)-f(a)}{\varDelta x}=\lim\limits_{h\to 0}\dfrac{f(a+h)-f(a)}{h}=\lim\limits_{x\to a}\dfrac{f(x)-f(a)}{x-a}$

1-1

1 2 3

함수 $f(x)=x^3+ax$에 대하여 x의 값이 -2에서 0까지 변할 때의 평균변화율이 1일 때, $f'(2)$의 값은? (단, a는 상수이다.)

① 6 ② 7 ③ 8 ④ 9 ⑤ 10

개념 ❷

• 3점 빈출 •

필수 예제 2

미분계수의 정의; $f'(a)=\lim\limits_{h\to 0}\dfrac{f(a+h)-f(a)}{h}$ 꼴

다항함수 $f(x)$에 대하여 $f'(1)=2$일 때, $\lim\limits_{h\to 0}\dfrac{f(1+2h)-f(1)}{4h}$ 의 값은?

① 1   ② 2   ③ 3   ④ 4   ⑤ 5

수능 link → 미분계수의 정의를 이용하여 극한값을 계산하는 유형은 단독 3점 문제로 자주 출제된다.
또한, 미분계수의 정의는 수학Ⅱ 과목의 전반적인 문제를 푸는 중간 과정에서 자주 사용되기 때문에 제대로 익혀 두고 익숙하게 만들도록 하자.

수능 key → 미분계수의 정의를 이용하여 극한값을 구할 때, 분모의 항이 1개인 경우

→ $\lim\limits_{\blacksquare\to 0}\dfrac{f(a+\blacksquare)-f(a)}{\blacksquare}=f'(a)$를 이용할 수 있도록 식을 변형한다.

이때 $\blacksquare$ 부분이 서로 같아야 함에 주의한다.

참고 분자가 $f(a+\blacksquare)-f(a+\blacktriangle)$ 꼴인 경우
→ $f(a+\blacksquare)-f(a+\blacktriangle)=f(a+\blacksquare)-f(a)+f(a)-f(a+\blacktriangle)$
와 같이 변형한 후 두 개의 극한으로 분리한다.

1 2 3

2 -1

다항함수 $f(x)$에 대하여 $f'(2)=3$일 때, $\lim\limits_{h\to 0}\dfrac{f(2+2h)-f(2-h)}{h}$ 의 값을 구하시오.

• 3점 빈출 •

필수 예제 3

개념 ❷

미분계수의 정의; $f'(a)=\lim\limits_{x \to a}\dfrac{f(x)-f(a)}{x-a}$ 꼴

다항함수 $f(x)$에 대하여 $f'(1)=2$일 때, $\lim\limits_{x \to 1}\dfrac{f(x)-f(1)}{x^2-1}$의 값은?

① -2　　　　② -1　　　　③ 0　　　　④ 1　　　　⑤ 2

수능 link

필수 예제 ②와 미분계수의 정의의 꼴만 다른 유형으로, 미분계수의 정의를 이용하여 극한값을 계산하는 유형은 단독 3점 문제로 자주 출제된다.
또한, 미분계수의 정의는 수학Ⅱ 과목의 전반적인 문제를 푸는 중간 과정에서 자주 사용되기 때문에 제대로 익혀 두고 익숙하게 만들도록 하자.

수능 key

미분계수의 정의를 이용하여 극한값을 구할 때, 분모의 항이 2개인 경우
➡ $\lim\limits_{\blacktriangle \to \bullet}\dfrac{f(\blacktriangle)-f(\bullet)}{\blacktriangle-\bullet}=f'(\bullet)$를 이용할 수 있도록 식을 변형한다.
이때 ▲는 ▲끼리, ●는 ●끼리 서로 같아야 함에 주의한다.

3-1

1 2 3

다항함수 $f(x)$에 대하여 $f'(4)=1$일 때, $\lim\limits_{x \to 2}\dfrac{f(x^2)-f(4)}{x-2}$의 값을 구하시오.

• 3점 빈출 •

필수 예제 4

▶ 평가원

미분법

함수 $f(x)=2x^3+4x+5$에 대하여 $f'(1)$의 값은?

① 6   ② 7   ③ 8   ④ 9   ⑤ 10

수능 link ▸ 미분법 공식은 2점, 3점 단독 문제로 자주 출제되기도 하지만 앞으로 배울 여러 가지 개념과 문제 풀이에 있어서 가장 기본이 되는 연산이므로 반드시 익숙해져야 한다.

수능 key ▸ (1) $y=x^n \Rightarrow y'=nx^{n-1}$ (단, n은 양의 정수)
(2) $y=f(x)\pm g(x) \Rightarrow y'=f'(x)\pm g'(x)$ (복부호동순)
(3) $y=f(x)g(x) \Rightarrow y'=f'(x)g(x)+f(x)g'(x)$
(4) $y=\{f(x)\}^n \Rightarrow y'=n\{f(x)\}^{n-1}f'(x)$ (단, n은 양의 정수)

4-1   1 2 3

함수 $f(x)=(x^3+1)(x+a)$에 대하여 $f'(1)=2$일 때, 상수 a의 값은?

① -2 ② -1 ③ 0 ④ 1 ⑤ 2

필수 예제 5 미분계수의 정의와 미분법

개념 ❷ ❼ ❽

함수 $f(x)=x^2-5x+2$에 대하여 $\lim\limits_{h \to 0}\dfrac{f(1+3h)-f(1)}{h}$의 값은?

① -9 ② -7 ③ -5 ④ -3 ⑤ -1

수능 link   필수 예제 ②, ③, ④를 합친 유형으로, 3점 문제로 자주 출제된다.
미분계수의 정의와 미분법 공식을 모두 알고 있어야 한다.

수능 key   미분계수의 정의를 이용하여 구하는 식을 $f'(a)$ (a는 실수) 꼴로 나타낸 후 함수 $f(x)$의 도함수 $f'(x)$를 구하여 식의 값을 구한다.

[참고] **미분계수의 정의**

$$f'(a)=\lim_{h \to 0}\frac{f(a+h)-f(a)}{h}=\lim_{x \to a}\frac{f(x)-f(a)}{x-a}$$

[5]-1   1 2 3

함수 $f(x)=x^4-x^3+4x$에 대하여 $\lim\limits_{x \to 2}\dfrac{f(x)-f(2)}{x^2-4}$의 값을 구하시오.

개념 ❷ ❼ ❽

• 3점 빈출 •

필수 예제 6 미분계수의 정의와 미분법; 미정계수의 결정

▸ 수능

함수 $f(x)=2x^2+ax$에 대하여 $\lim\limits_{h\to 0}\dfrac{f(1+h)-f(1)}{h}=6$일 때, 상수 a의 값은?

① -4 ② -2 ③ 0 ④ 2 ⑤ 4

수능 link → 필수 예제 ⑤에서 파생된 유형으로, 미분계수의 정의와 미분법 공식을 이용하여 미정계수를 구하는 유형이다. 역시 미분계수의 정의와 미분법 공식을 모두 알고 있어야 한다.

수능 key → 주어진 등식을 $f'(a)=k$ (a, k는 실수) 꼴로 나타낸 후 함수 $f(x)$의 도함수 $f'(x)$를 구하여 미정계수를 구한다.

① ② ③

6-1 함수 $f(x)=x^3+ax+b$에 대하여 $\lim\limits_{x\to 1}\dfrac{f(x)-3}{x-1}=6$일 때, ab의 값은?

(단, a, b는 상수이다.)

① 5 ② -4 ③ -3 ④ -2 ⑤ -1

개념 ❹❺❼❽

· 3점 빈출 ·

필수 예제 7

미분가능할 조건을 이용한 미정계수의 결정

함수 $f(x)=\begin{cases} ax^2+1 & (x\geq 1) \\ x+b & (x<1) \end{cases}$ 이 $x=1$에서 미분가능할 때, 두 상수 a, b에 대하여 $a+b$의 값을 구하시오.

수능 link

3점 빈출 유형으로, 절댓값을 포함한 함수 또는 두 함수의 곱의 꼴 함수 등의 미분가능할 조건을 찾는 4점 문제로도 출제된다.
함수가 미분가능할 조건은 반드시 알고 있어야 한다.

수능 key

두 다항함수 $g(x)$, $h(x)$에 대하여 함수 $f(x)=\begin{cases} g(x) & (x<a) \\ h(x) & (x\geq a) \end{cases}$ 가 $x=a$에서 미분가능할 조건은 다음과 같다.

(1) $x=a$에서 연속 ➡ $g(a)=h(a)$

(2) $x=a$에서의 미분계수가 존재 ➡ $g'(a)=h'(a)$

---

7 - 1

▶ 교육청

① ② ③

미분가능한 함수

$$f(x)=\begin{cases} -x+1 & (x<0) \\ a(x-1)^2+b & (x\geq 0) \end{cases}$$

에 대하여 $f(1)$의 값은? (단, a, b는 상수이다.)

① $\dfrac{1}{4}$ ② $\dfrac{1}{2}$ ③ 1 ④ $\dfrac{3}{2}$ ⑤ 2

필수 예제 8 $f(x)$와 $f'(x)$를 포함한 등식

다항함수 $f(x)$가 모든 실수 x에 대하여
$$f(x)=x^2-xf'(1)$$
을 만족시킬 때, $f(3)$의 값을 구하시오.

수능 link 모든 실수 x에 대하여 성립하는 항등식의 유형은 4점 문제로 가끔 출제된다.
다항함수 $f(x)$의 식이 주어졌다면 그대로 대입하여 식을 정리하고, 식이 주어지지 않았다면 다항함수 $f(x)$의 최고차항의 차수와 계수를 미지수로 설정한 후 식에 대입해 본다.

수능 key (1) 함수 $f(x)$와 $f'(a)$ (a는 상수)에 대한 등식이 주어진 경우
➡ $f'(a)=k$ (k는 상수)라 하고 주어진 등식의 양변을 미분한다.
(2) 함수 $f(x)$와 $f'(x)$에 대한 등식이 주어진 경우
➡ $f(x)$와 $f'(x)$를 주어진 등식에 각각 대입한 후 항등식의 성질을 이용한다.

[참고] **항등식의 성질**
(1) $ax^2+bx+c=0$이 x에 대한 항등식 $\iff a=0,\ b=0,\ c=0$
(2) $ax^2+bx+c=a'x^2+b'x+c'$이 x에 대한 항등식 $\iff a=a',\ b=b',\ c=c'$

8-1

1 2 3

함수 $f(x)=2x^2-x$가 모든 실수 x에 대하여
$$f(x)+2x^2=axf'(x)$$
를 만족시킬 때, 상수 a의 값은?

① 1   ② 2   ③ 3   ④ 4   ⑤ 5

1 〔1 2 3〕 필수 예제 [2]

다항함수 $f(x)$에 대하여 $\lim\limits_{h \to 0} \dfrac{f(3h-2)+1}{h}=6$일 때, $f(-2)f'(-2)$의 값은?

① -4　　　　② -2　　　　③ 0

④ 2　　　　⑤ 4

2 〔1 2 3〕 필수 예제 [2]

다항함수 $f(x)$에 대하여 $f'(2)=3$이고

$\lim\limits_{h \to 0} \dfrac{f(2+ah)-f(2+bh)}{h}=12$일 때, $a-b$의 값을 구하시오. (단, a, b는 상수이다.)

3 〔1 2 3〕 필수 예제 [3]

다항함수 $f(x)$에 대하여 $f'(1)=1$일 때, $\lim\limits_{x \to 1} \dfrac{f(x)-f(1)}{x^3-1}$의 값은?

① $\dfrac{1}{3}$　　　　② $\dfrac{1}{2}$　　　　③ 1

④ 2　　　　⑤ 3

4 〔1 2 3〕 필수 예제 [3]

다항함수 $f(x)$에 대하여 $f(3)=2$, $f'(3)=4$일 때, $\lim\limits_{x \to 3} \dfrac{2-f(x)}{x^2-2x-3}$의 값은?

① -5　　　　② -4　　　　③ -3

④ -2　　　　⑤ -1

5 (1 2 3) 필수 예제 [3]

다항함수 $f(x)$에 대하여 $3f(1)=2f'(1)$이고

$\lim\limits_{x \to 1} \dfrac{f(x)-xf(1)}{x-1}=2$일 때, $f'(1)$의 값을 구하시오.

6 (1 2 3) 필수 예제 [4]

함수 $f(x)=x^4-4x^3+ax-7$에 대하여 $f'(2)=-8$일 때, $f(-2)$의 값을 구하시오. (단, a는 상수이다.)

7 (1 2 3) 필수 예제 [5]

함수 $f(x)=x^3+x-3$에 대하여

$\lim\limits_{h \to 0} \dfrac{f(2+h)-f(2-h)}{2h}$의 값을 구하시오.

8 (1 2 3) 필수 예제 [5]

함수 $f(x)=x^3+3x-2$에 대하여

$\lim\limits_{h \to 0} \dfrac{f(1-h^2)-f(1+3h)}{2h}$의 값은?

① -9 ② -7 ③ -5

④ -3 ⑤ -1

9 1 2 3 필수 예제 6

함수 $f(x)=x^3+ax^2+1$에 대하여
$\lim\limits_{h \to 0} \dfrac{f(-1-h)-f(-1)}{3h}=3$일 때, 상수 a의 값을 구하시오.

10 1 2 3 필수 예제 6

함수 $f(x)=x^2+ax+b$에 대하여 $\lim\limits_{x \to 1} \dfrac{f(x)}{x^3-1}=\dfrac{5}{3}$일 때, $f(2)$의 값을 구하시오. (단, a, b는 상수이다.)

11 1 2 3 필수 예제 7

함수 $f(x)=(x+a)|x-2|$가 $x=2$에서 미분가능할 때, $f(1)+f'(3)$의 값은? (단, a는 상수이다.)

① 1　　　　② 2　　　　③ 3

④ 4　　　　⑤ 5

12 ①②③   필수 예제 8

함수 $f(x)=ax^2+bx$가 모든 실수 x에 대하여

$$f(x)+1=\{f'(x)\}^2$$

을 만족시킬 때, $f(2)$의 값은? (단, $a>0$, $b>0$)

① 1   ② 2   ③ 3

④ 4   ⑤ 5

기출문제

▶ 교육청

13 ①②③   필수 예제 1

함수 $f(x)=x^3+ax$에서 x의 값이 1에서 3까지 변할 때의 평균변화율이 $f'(a)$의 값과 같게 되도록 하는 양수 a에 대하여 $3a^2$의 값을 구하시오.

▶ 교육청

14 ①②③   필수 예제 4

두 함수 $f(x)=2x^2+5x+3$, $g(x)=x^3+2$에 대하여 함수 $f(x)g(x)$의 $x=0$에서의 미분계수를 구하시오.

02 접선의 방정식

개념 ① 접점의 좌표가 주어진 접선의 방정식

1 접선의 방정식

함수 $f(x)$가 $x=a$에서 미분가능할 때,
곡선 $y=f(x)$ 위의 점 $\mathrm{P}(a, f(a))$에서의
(1) 접선의 기울기: $f'(a)$
(2) 접선의 방정식: $y-f(a)=f'(a)(x-a)$
   즉, $y=f'(a)(x-a)+f(a)$

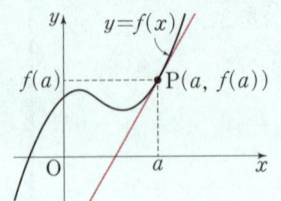

2 접점의 좌표가 주어진 접선의 방정식

곡선 $y=f(x)$ 위의 점 $(a, f(a))$에서의 접선의 방정식은 다음과 같은 순서로 구한다.
① 접선의 기울기 $f'(a)$를 구한다.
② $y-f(a)=f'(a)(x-a)$를 이용하여 접선의 방정식을 구한다.

개념 NOTE

▶ 곡선 $y=f(x)$ 위의 점 $\mathrm{P}(a, f(a))$를 지나고 이 점에서의 접선에 수직인 직선의 방정식은
$$y-f(a)=-\frac{1}{f'(a)}(x-a)$$
$$(\text{단, } f'(a) \neq 0)$$

점 (x_1, y_1)을 지나고 기울기가 m인 직선의 방정식은
$$y-y_1=m(x-x_1) \quad \cdots\cdots \ \text{㉠}$$
임을 알고 있다.
즉, 곡선의 접선도 직선이므로 직선의 기울기와 지나는 한 점을 알면 ㉠을 이용하여 직선의 방정식을 구할 수 있다.
이때 앞에서 곡선 $y=f(x)$ 위의 점 $(a, f(a))$에서의 접선의 기울기는 함수 $f(x)$의 $x=a$에서의 미분계수 $f'(a)$와 같음을 배웠으므로 곡선 $y=f(x)$ 위의 점 $(a, f(a))$에서의 접선의 방정식은
$$y-f(a)=f'(a)(x-a) \qquad \therefore \ y=f'(a)(x-a)+f(a)$$
따라서 접점의 좌표가 주어지면 접점의 좌표를 이용하여 접선의 기울기를 찾은 후 접선의 방정식을 구한다.

참고 곡선 위의 한 점에서의 접선과 곡선은 [그림 1]과 같이 한 점 (접점)에서만 만날 수도 있지만 [그림 2]와 같이 접점 이외의 다른 점에서 만날 수도 있다.
또한, [그림 3]과 같이 접선이 곡선을 뚫고 지나갈 수도 있다.

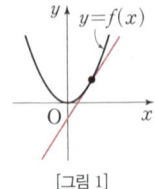
[그림 1]

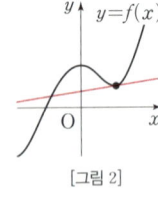
[그림 2]

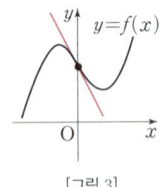
[그림 3]

개념 Check

정답 및 해설 15쪽

1. 곡선 $y=x^2-4x+3$ 위의 점 $(4, 3)$에서의 접선의 방정식을 구하시오.

개념 ② 기울기가 주어진 접선의 방정식

곡선 $y=f(x)$에 접하고 기울기가 m인 접선의 방정식은 다음과 같은 순서로 구한다.
❶ 접점의 좌표를 $(t, f(t))$로 놓는다.
❷ $f'(t)=m$임을 이용하여 t의 값을 구한 후 접점의 좌표를 구한다.
❸ $y-f(t)=m(x-t)$를 이용하여 접선의 방정식을 구한다.

접선의 기울기가 주어지면 접선의 기울기를 이용하여 접점의 좌표를 찾은 후 접선의 방정식을 구한다.

참고 곡선 $y=f(x)$에 접하고 기울기가 m인 접선은 [그림 1]과 같이 오직 하나 존재할 수도 있지만 [그림 2]와 같이 여러 개가 존재할 수도 있다.

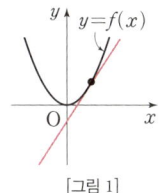
[그림 1]

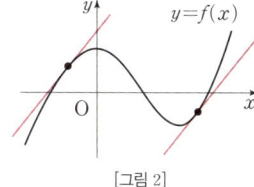
[그림 2]

개념 Check

정답 및 해설 15쪽

2. 곡선 $y=-2x^2+x-3$에 접하고 기울기가 1인 접선의 방정식을 구하시오.

개념 ③ 곡선 밖의 한 점에서 그은 접선의 방정식

곡선 $y=f(x)$ 밖의 한 점 (x_1, y_1)에서 곡선에 그은 접선의 방정식은 다음과 같은 순서로 구한다.
❶ 접점의 좌표를 $(t, f(t))$로 놓는다.
❷ $y-f(t)=f'(t)(x-t)$에 점 (x_1, y_1)의 좌표를 대입하여 t의 값을 구한다.
❸ t의 값을 $y-f(t)=f'(t)(x-t)$에 대입하여 접선의 방정식을 구한다.

곡선 밖의 한 점에서 곡선에 그은 접선의 방정식을 구하는 경우는 접점의 좌표와 접선의 기울기가 모두 주어지지 않았으므로 이 두 가지를 모두 구해야 한다.
이때 접점의 좌표를 임의로 놓고, 이 점에서의 접선이 주어진 곡선 밖의 한 점을 지남을 이용하여 접점의 좌표를 구한 후 접선의 기울기를 찾아 접선의 방정식을 구한다.

참고 곡선 $y=f(x)$ 밖의 한 점에서 곡선에 그은 접선은 오른쪽 그림과 같이 여러 개가 존재할 수도 있다.

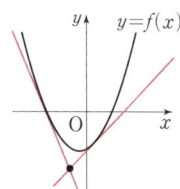

개념 Check

정답 및 해설 15쪽

3. 점 $(0, 2)$에서 곡선 $y=x^3+2x$에 그은 접선의 방정식을 구하시오.

개념 ④ 두 곡선의 공통접선

두 함수 $f(x)$, $g(x)$가 $x=a$에서 미분가능하고, 두 곡선 $y=f(x)$, $y=g(x)$가 점 (a, b)에서 공통접선을 가질 때

(1) $x=a$에서 두 함수의 함숫값이 같다.

➡ $f(a)=g(a)=b$

(2) $x=a$인 점에서의 두 곡선의 접선의 기울기가 같다.

➡ $f'(a)=g'(a)$

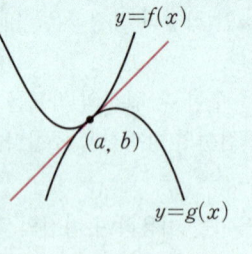

설명예시 두 곡선 $y=x^3+ax$, $y=-x^2+b$가 $x=-1$인 점에서 공통접선을 가질 때,

$f(x)=x^3+ax$, $g(x)=-x^2+b$라 하면

$f'(x)=3x^2+a$, $g'(x)=-2x$

$x=-1$인 점에서의 두 곡선의 접선의 기울기가 같으므로

$f'(-1)=g'(-1)$에서

$3+a=2$ ∴ $a=-1$

따라서 두 곡선의 공통인 접점의 좌표는 $(-1, 0)$이고, 공통접선의 기울기는 2이므로 공통접선의 방정식은

$y-0=2\{x-(-1)\}$ ∴ $y=2x+2$

참고 두 곡선이 공통접선을 가질 때, 이 공통접선과 각 곡선의 접점이 서로 다른 경우에 두 곡선의 공통접선은 다음을 이용하여 구한다.

두 함수 $f(x)$, $g(x)$가 각각 $x=a$, $x=b$ $(a \neq b)$에서 미분가능할 때, 곡선 $y=f(x)$ 위의 점 $(a, f(a))$에서의 접선과 곡선 $y=g(x)$ 위의 점 $(b, g(b))$에서의 접선이 일치하므로

➡ $\dfrac{g(b)-f(a)}{b-a}=f'(a)=g'(b)$

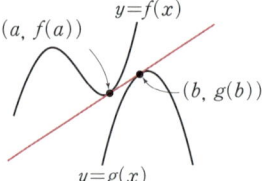

개념 ⑤ 롤의 정리

함수 $f(x)$가 닫힌구간 $[a, b]$에서 연속이고 열린구간 (a, b)에서 미분가능할 때, $f(a)=f(b)$이면

$f'(c)=0$

인 c가 열린구간 (a, b)에 적어도 하나 존재한다. 이를 **롤의 정리**라 한다.

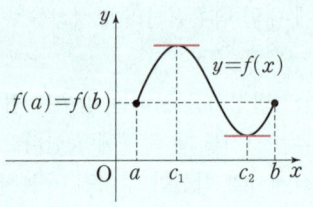

롤의 정리는 함수 $f(x)$가 닫힌구간 $[a, b]$에서 연속이고 열린구간 (a, b)에서 미분가능할 때, $f(a)=f(b)$이면 곡선 $y=f(x)$의 접선 중 기울기가 0인 경우가 존재함, 즉 x축과 평행한 접선을 갖는 접점의 x좌표가 열린구간 (a, b)에 적어도 하나 존재함을 의미한다.

롤의 정리를 증명해 보자.

(ⅰ) 함수 $f(x)$가 상수함수인 경우

열린구간 (a, b)에 속하는 모든 x에 대하여 $f'(x)=0$이므로 열린구간 (a, b)에 속하는 모든 c에 대하여 $f'(c)=0$이다.

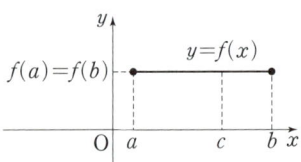

(ii) 함수 $f(x)$가 상수함수가 아닌 경우

함수 $f(x)$가 닫힌구간 $[a, b]$에서 연속이므로 최대·최소 정리에 의하여 이 구간에서 최댓값과 최솟값을 갖는다.

그런데 $f(a)=f(b)$이므로 함수 $f(x)$는 열린구간 (a, b)에 속하는 $x=c$에서 최댓값 또는 최솟값을 갖는다.

ⓐ 함수 $f(x)$가 $x=c$에서 최댓값 $f(c)$를 가질 때

$a<c+h<b$를 만족시키는 임의의 h에 대하여

$f(c+h) \leq f(c)$, 즉 $f(c+h)-f(c) \leq 0$이므로

$$h>0이면 \ \frac{f(c+h)-f(c)}{h} \leq 0$$

$$\therefore \lim_{h \to 0+} \frac{f(c+h)-f(c)}{h} \leq 0$$

$$h<0이면 \ \frac{f(c+h)-f(c)}{h} \geq 0$$

$$\therefore \lim_{h \to 0-} \frac{f(c+h)-f(c)}{h} \geq 0$$

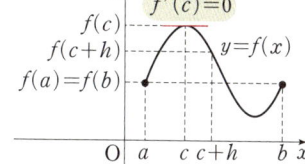

그런데 함수 $f(x)$는 $x=c$에서 미분가능하므로 우극한과 좌극한이 모두 존재하고 그 값이 같다. 즉,

$$0 \leq \lim_{h \to 0-} \frac{f(c+h)-f(c)}{h} = \lim_{h \to 0+} \frac{f(c+h)-f(c)}{h} \leq 0$$

이므로 다음이 성립한다.

$$f'(c) = \lim_{h \to 0} \frac{f(c+h)-f(c)}{h} = 0$$

ⓑ 함수 $f(x)$가 $x=c$에서 최솟값 $f(c)$를 가질 때

ⓐ와 같은 방법으로 $f'(c)=0$임을 보일 수 있다.

(i), (ii)에 의하여 $f'(c)=0$인 c가 열린구간 (a, b)에 적어도 하나 존재한다.

주의 다음과 같은 경우에는 롤의 정리가 성립하지 않는다.

(1) 함수 $f(x)$가 닫힌구간 $[a, b]$에서 불연속인 경우

예 $f(x) = \begin{cases} 0 & (x=0) \\ 1-x^2 & (x \neq 0) \end{cases}$ 이라 하면 닫힌구간 $[-1, 1]$에서

$f(-1)=f(1)$이지만 $f'(c)=0$인 c가 열린구간 $(-1, 1)$에 존재하지 않는다.

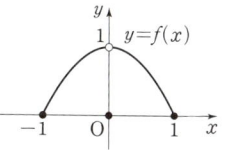

(2) 함수 $f(x)$가 열린구간 (a, b)에서 미분가능하지 않는 경우

예 $f(x)=|x|$라 하면 닫힌구간 $[-1, 1]$에서 연속이고

$f(-1)=f(1)$이지만 $f'(c)=0$인 c가 열린구간 $(-1, 1)$에 존재하지 않는다.

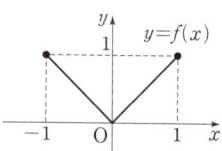

개념 ⑥ 평균값 정리

함수 $f(x)$가 닫힌구간 $[a, b]$에서 연속이고 열린구간 (a, b)에서 미분가능하면

$$\frac{f(b)-f(a)}{b-a} = f'(c)$$

인 c가 열린구간 (a, b)에 적어도 하나 존재한다.

이를 **평균값 정리**라 한다.

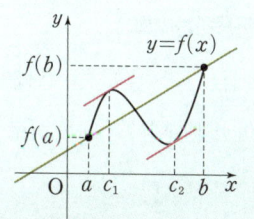

▶ 평균값 정리에서 $f(a)=f(b)$인 경우가 롤의 정리이다.

평균값 정리는 함수 $f(x)$가 닫힌구간 $[a, b]$에서 연속이고 열린구간 (a, b)에서 미분가능할 때, 곡선 $y=f(x)$의 접선 중 두 점 $(a, f(a))$, $(b, f(b))$를 지나는 직선과 평행한 접선이 존재함, 즉 두 점 $(a, f(a))$, $(b, f(b))$를 지나는 직선과 평행한 접선을 갖는 접점의 x좌표가 열린구간 (a, b)에 적어도 하나 존재함을 의미한다.

다시 말해, $a<c<b$인 c에 대하여

(x의 값이 a에서 b까지 변할 때의 평균변화율)$=$($x=c$에서의 순간변화율)

인 경우가 존재함을 의미한다.

평균값 정리를 증명해 보자.

곡선 $y=f(x)$ 위의 두 점 $(a, f(a))$, $(b, f(b))$를 지나는
직선의 방정식을 $y=g(x)$라 하면

$$g(x)=\frac{f(b)-f(a)}{b-a}(x-a)+f(a)$$

이때 $h(x)=f(x)-g(x)$라 하면

$$h(x)=f(x)-\frac{f(b)-f(a)}{b-a}(x-a)-f(a)$$

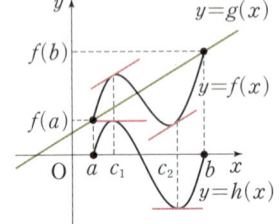

한편, 함수 $h(x)$는 닫힌구간 $[a, b]$에서 연속이고 열린구간 (a, b)에서 미분가능하며 $h(a)=h(b)=0$이다.

즉, 롤의 정리에 의하여 $h'(c)=0$인 c가 열린구간 (a, b)에 적어도 하나 존재한다.

그런데 $h'(x)=f'(x)-\dfrac{f(b)-f(a)}{b-a}$이므로

$$h'(c)=f'(c)-\frac{f(b)-f(a)}{b-a}=0$$

따라서 $\dfrac{f(b)-f(a)}{b-a}=f'(c)$인 c가 열린구간 (a, b)에 적어도 하나 존재한다.

수능 Idea

Idea ❶ 접선의 방정식에서 가장 중요한 것은 접점의 x좌표이다.

접점의 x좌표를 알아야 그 점에서의 접선의 기울기를 표현할 수 있기 때문에 접점의 x좌표가 주어지면 땡큐이고, 주어지지 않으면 접점의 x좌표를 미지수 t로 놓고 시작하자.

또한, 접선도 직선이므로 '지나는 한 점'과 '기울기'만 찾아낸다면 접선의 방정식을 구할 수 있다.

따라서 접점의 좌표가 주어지면 이를 이용하여 접선의 기울기를 구하면 되고,

접선의 기울기가 주어지면 접점의 x좌표를 미지수 t로 놓고 $f'(t)$가 접선의 기울기임을 이용하여 접점의 좌표를 구하면 된다.

Idea ❷ 곡선 $y=f(x)$ 밖의 한 점 (x_1, y_1)에서 곡선에 그은 접선의 접점의 좌표 $(t, f(t))$를 구하는 방법

[방법 1] **개념 ❸** 의 방법

접선의 방정식 $y-f(t)=f'(t)(x-t)$에 점 (x_1, y_1)을 대입한다.

[방법 2] 기울기를 이용하는 방법

두 점 (x_1, y_1), $(t, f(t))$를 지나는 직선의 기울기 $\dfrac{f(t)-y_1}{t-x_1}$과

$x=t$에서의 미분계수 $f'(t)$가 서로 같음을 이용한다.

➡ $\dfrac{f(t)-y_1}{t-x_1}=f'(t)$

필수 예제 1 접선의 기울기

곡선 $y=x^3+ax^2+bx+3$ 위의 점 $(1, 5)$에서의 접선의 기울기가 7일 때, 두 상수 a, b에 대하여 $a-b$의 값은?

① 1 ② 2 ③ 3 ④ 4 ⑤ 5

수능 link → 곡선 위의 점의 좌표가 주어지면 곡선의 식에 대입하고, 접선의 기울기가 주어지면 곡선의 식을 미분한 식에 접점의 x좌표를 대입한다.

수능 key → 곡선 $y=f(x)$ 위의 점 (a, b)에서의 접선의 기울기가 m이면
(1) $f(a)=b$　　　　　　　　　(2) $f'(a)=m$

1 - 1

▶ 수능

① ② ③

사차함수 $f(x)=x^4-4x^3+6x^2+4$의 그래프 위의 점 (a, b)에서의 접선의 기울기가 4일 때, a^2+b^2의 값을 구하시오.

개념 ❶

• 3점 빈출 •

필수 예제 2

▶ 교육청

접점의 좌표가 주어진 접선의 방정식

곡선 $y=x^3+6x^2-11x+7$ 위의 점 $(1, 3)$에서의 접선의 방정식을 $y=mx+n$이라 할 때, 상수 m, n에 대하여 $m-n$의 값은?

① 5　　　　　② 7　　　　　③ 9　　　　　④ 11　　　　　⑤ 13

수능 link

접선의 방정식은 접점의 좌표가 주어지는 경우, 기울기가 주어지는 경우, 곡선 밖의 한 점의 좌표가 주어지는 경우 모두 자주 출제되는 편이다.
문제에서 주어진 조건이 무엇인지 정확히 판단하고, 각각에 맞는 풀이 방법을 이용할 수 있도록 연습해두자.

수능 key

곡선 $y=f(x)$ 위의 점 $(a, f(a))$에서의 접선의 방정식은 다음과 같은 순서로 구한다.
❶ 접선의 기울기 $f'(a)$를 구한다.
❷ $y-f(a)=f'(a)(x-a)$를 이용하여 접선의 방정식을 구한다.

2 -1

1 2 3

곡선 $y=-2x^2+3x$ 위의 점 $(1, 1)$에서의 접선이 점 $(-10, p)$를 지날 때, p의 값을 구하시오.

필수 예제 3 기울기가 주어진 접선의 방정식

곡선 $y=4x^2-3x+a$에 접하고 기울기가 1인 접선의 방정식이 $y=x-a$일 때, 상수 a의 값은?

① 0   ② $\dfrac{1}{2}$ ③ 1   ④ $\dfrac{3}{2}$ ⑤ 2

수능 link

접선의 방정식은 접점의 좌표가 주어지는 경우, 기울기가 주어지는 경우, 곡선 밖의 한 점의 좌표가 주어지는 경우 모두 자주 출제되는 편이다.
문제에서 주어진 조건이 무엇인지 정확히 판단하고, 각각에 맞는 풀이 방법을 이용할 수 있도록 연습해두자.

수능 key

곡선 $y=f(x)$에 접하고 기울기가 m인 접선의 방정식은 다음과 같은 순서로 구한다.
❶ 접점의 좌표를 $(t, f(t))$로 놓는다.
❷ $f'(t)=m$임을 이용하여 t의 값을 구한 후 접점의 좌표를 구한다.
❸ $y-f(t)=m(x-t)$를 이용하여 접선의 방정식을 구한다.

3 -1

1 2 3

곡선 $y=x^3+3x^2-3$에 접하고 직선 $y=-3x+5$에 평행한 접선의 y절편은?

① -5 ② -4 ③ -3 ④ -2 ⑤ -1

필수 예제 **4** 곡선 밖의 한 점에서 그은 접선의 방정식

점 $(2, 0)$에서 곡선 $y = x^2 - 5x + 7$에 그은 두 접선의 기울기의 합은?

① -4　　　② -2　　　③ 0　　　④ 2　　　⑤ 4

수능 link ▸ 접선의 방정식은 접점의 좌표가 주어지는 경우, 기울기가 주어지는 경우, 곡선 밖의 한 점의 좌표가 주어지는 경우
모두 자주 출제되는 편이다.
문제에서 주어진 조건이 무엇인지 정확히 판단하고, 각각에 맞는 풀이 방법을 이용할 수 있도록 연습해두자.

수능 key ▸ 곡선 $y = f(x)$ 밖의 한 점 (x_1, y_1)에서 곡선에 그은 접선의 방정식은 다음과 같은 순서로 구한다.
❶ 접점의 좌표를 $(t, f(t))$로 놓는다.
❷ $y - f(t) = f'(t)(x - t)$에 점 (x_1, y_1)의 좌표를 대입하여 t의 값을 구한다.
❸ t의 값을 $y - f(t) = f'(t)(x - t)$에 대입하여 접선의 방정식을 구한다.

4-1

1 2 3

점 $(0, -2)$에서 곡선 $y = x^2 + 2$에 그은 두 접선의 x절편의 곱은?

① $-\dfrac{1}{2}$　　　② $-\dfrac{1}{4}$　　　③ 0　　　④ $\dfrac{1}{4}$　　　⑤ $\dfrac{1}{2}$

필수 예제 5

곡선 위의 점과 직선 사이의 거리의 최솟값

곡선 $y=x^2-x$ 위의 점과 직선 $y=-x-2$ 사이의 거리의 최솟값은?

① $\dfrac{\sqrt{2}}{2}$　　　② $\sqrt{2}$　　　③ $\dfrac{3\sqrt{2}}{2}$　　　④ $2\sqrt{2}$　　　⑤ $\dfrac{5\sqrt{2}}{2}$

수능 link ▸ 이 유형은 곡선과 직선 사이의 거리의 최대·최소를 구하는 문제 또는 곡선과 직선의 교점의 개수의 변화에 있어서 그 경계점을 찾는 문제 등 접선이 문제 풀이에 중요한 역할을 하는 4점 문제로 종종 출제된다.

수능 key ▸ 곡선 $y=f(x)$ 위의 점과 직선 $y=g(x)$ 사이의 거리의 최솟값은 다음과 같은 순서로 구한다.
❶ 곡선 $y=f(x)$의 접선 중 직선 $y=g(x)$와 평행한 접선의 접점의 좌표를 구한다.
❷ ❶에서 구한 접점과 직선 $y=g(x)$ 사이의 거리를 구한다.

5 -1

1 2 3

곡선 $y=-2x^2-3x+4$ 위의 점과 이 곡선과 만나지 않는 직선 $y=x+k$ 사이의 거리의 최솟값이 $2\sqrt{2}$일 때, 상수 k의 값을 구하시오.

개념 ① ② ③

필수 예제 6 접선과 좌표축으로 둘러싸인 도형의 넓이

곡선 $y = -x^3 + 2x^2 + 4$ 위의 점 $(2, 4)$에서의 접선과 x축 및 y축으로 둘러싸인 도형의 넓이를 구하시오.

수능 link 뒤쪽 단원에서 배울 적분 내용과 결합되어 곡선과 접선으로 둘러싸인 부분의 넓이를 구하는 문제로 종종 출제된다.

수능 key 접선의 방정식을 구한 후 접선의 x절편, y절편을 이용하여 도형의 넓이를 구한다.

1 2 3

6-1 곡선 $y = x^2 - x + 3$ 위의 점 $P(1, 3)$에서 그은 접선을 l, 점 P를 지나고 직선 l에 수직인 직선을 m이라 할 때, 두 직선 l, m과 x축으로 둘러싸인 도형의 넓이를 구하시오.

02 접선의 방정식

1 ☐1☐2☐3

필수 예제 ①

곡선 $y=x^4+ax^2-2x+b$ 위의 점 $(1, 0)$에서의 접선이 직선 $y=\dfrac{1}{2}x$에 수직일 때, 두 상수 a, b에 대하여 a^2+b^2의 값을 구하시오.

2 ☐1☐2☐3

필수 예제 ②

곡선 $y=x^3-2x^2+k$ 위의 점 $(2, k)$에서의 접선의 x절편이 3일 때, 상수 k의 값은?

① -5 ② -4 ③ -3
④ -2 ⑤ -1

3 ☐1☐2☐3

필수 예제 ②

다항함수 $f(x)$에 대하여 곡선 $y=f(x)$ 위의 점 $(2, 3)$에서의 접선의 기울기가 3이다. 함수 $g(x)$가 $g(x)=x^2f(x)$일 때, 곡선 $y=g(x)$ 위의 점 $(2, g(2))$에서의 접선의 y절편은?

① -48 ② -44 ③ -40
④ -36 ⑤ -32

4 ☐1☐2☐3

필수 예제 ③

곡선 $y=-x^3+3x^2+2$에 접하고 직선 $x+3y+4=0$에 수직인 접선이 점 $(2, p)$를 지날 때, p의 값을 구하시오.

5 〔1 2 3〕 필수 예제 ③

곡선 $y=x^3-x+2$ 위의 점 $(1, 2)$에서의 접선에 평행하고 곡선 $y=-3x^2+4x$에 접하는 접선의 방정식이 $y=mx+n$일 때, mn의 값은? (단, m, n은 상수이다.)

① $\dfrac{1}{6}$ ② $\dfrac{1}{3}$ ③ $\dfrac{1}{2}$

④ $\dfrac{2}{3}$ ⑤ $\dfrac{5}{6}$

6 〔1 2 3〕 필수 예제 ④

원점 O에서 곡선 $y=x^2-2x+4$에 그은 두 접선의 접점을 각각 P, Q라 할 때, 삼각형 OPQ의 넓이를 구하시오.

7 〔1 2 3〕 필수 예제 ⑤

곡선 $y=x^2-7x+16$ 위의 점 P와 두 점 A$(0, -3)$, B$(3, 0)$에 대하여 삼각형 ABP의 넓이의 최솟값은?

① $\dfrac{7}{2}$ ② $\dfrac{9}{2}$ ③ $\dfrac{11}{2}$

④ $\dfrac{13}{2}$ ⑤ $\dfrac{15}{2}$

8 ①②③   필수 예제 6

곡선 $y=x^3-6x^2+5x+1$의 접선 중에서 기울기가 최소인 접선과 x축 및 y축으로 둘러싸인 도형의 넓이를 $\dfrac{q}{p}$라 할 때, $p+q$의 값을 구하시오.

(단, p와 q는 서로소인 자연수이다.)

기출문제

▶ 평가원

9 ①②③   필수 예제 2

함수 $f(x)$가 $f(x)=(x-3)^2$이다. 함수 $g(x)$의 도함수가 $f(x)$이고 곡선 $y=g(x)$ 위의 점 $(2,\ g(2))$에서의 접선의 y절편이 -5일 때, 이 접선의 x절편은?

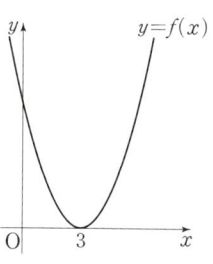

① 1   ② 2   ③ 3

④ 4   ⑤ 5

▶ 평가원

10 ①②③   필수 예제 5

곡선 $y=\dfrac{1}{3}x^3+\dfrac{11}{3}\ (x>0)$ 위를 움직이는 점 P와 직선 $x-y-10=0$ 사이의 거리를 최소가 되게 하는 곡선 위의 점 P의 좌표를 $(a,\ b)$라 할 때, $a+b$의 값을 구하시오.

함수의 그래프

개념 NOTE

개념 ① 함수의 증가와 감소

함수 $f(x)$가 어떤 구간에 속하는 임의의 두 실수 x_1, x_2에 대하여
(1) $x_1 < x_2$일 때, $f(x_1) < f(x_2)$이면 함수 $f(x)$는 이 구간에서 **증가**한다고 한다.
(2) $x_1 < x_2$일 때, $f(x_1) > f(x_2)$이면 함수 $f(x)$는 이 구간에서 **감소**한다고 한다.

▶ 함수 $f(x)$가 정의역의 임의의 구간에서 증가하면 $f(x)$를 증가함수라 하고, 임의의 구간에서 감소하면 $f(x)$를 감소함수라 한다.

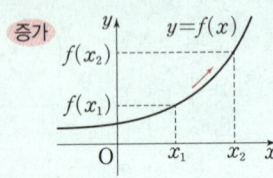 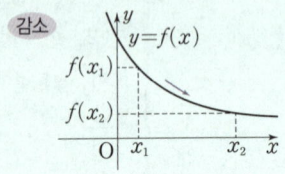

직관적으로 함수 $y=f(x)$의 그래프가 어떤 구간에서
(1) 오른쪽 위($\nearrow$)로 올라가면 함수 $f(x)$는 이 구간에서 증가한다.
(2) 오른쪽 아래($\searrow$)로 내려가면 함수 $f(x)$는 이 구간에서 감소한다.

> 설명
> 예시 ┃ 함수 $y=f(x)$의 그래프가 오른쪽 그림과 같을 때,
> 함수 $f(x)$는 구간 $[a, b]$, $[c, \infty)$에서 증가하고,
> 구간 $(-\infty, a]$, $[b, c]$에서 감소한다.

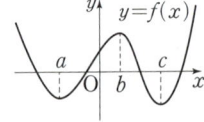

개념 ② 함수의 증가와 감소의 판정

함수 $f(x)$가 어떤 열린구간에서 미분가능하고, 이 구간의 모든 x에 대하여
(1) $f'(x) > 0$이면 함수 $f(x)$는 이 구간에서 증가한다.
(2) $f'(x) < 0$이면 함수 $f(x)$는 이 구간에서 감소한다.

함수 $f(x)$가 열린구간 (a, b)에서 미분가능하면 이 구간에 속하는 임의의 두 실수 x_1, x_2 $(x_1 < x_2)$에 대하여 평균값 정리가 성립하므로

$$\frac{f(x_2)-f(x_1)}{x_2-x_1}=f'(c)$$

인 c가 열린구간 (x_1, x_2)에 적어도 하나 존재한다.
이때 열린구간 (a, b)에 속하는 임의의 x에 대하여
(1) $f'(x) > 0$인 경우

$\dfrac{f(x_2)-f(x_1)}{x_2-x_1}=f'(c)$에서 $f'(c) > 0$이고, $x_2-x_1 > 0$이므로

$f(x_2)-f(x_1) > 0$ $\quad \therefore f(x_1) < f(x_2)$

즉, 함수 $f(x)$는 열린구간 (a, b)에서 증가한다.

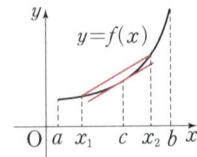

(2) $f'(x) < 0$인 경우

$\dfrac{f(x_2)-f(x_1)}{x_2-x_1}=f'(c)$에서 $f'(c) < 0$이고, $x_2-x_1 > 0$이므로

$f(x_2)-f(x_1) < 0$ $\quad \therefore f(x_1) > f(x_2)$

즉, 함수 $f(x)$는 열린구간 (a, b)에서 감소한다.

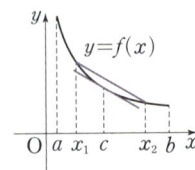

주의 일반적으로 위의 (1), (2)의 역은 성립하지 않고, 대신 다음이 성립한다.

함수 $f(x)$가 어떤 열린구간에서 미분가능하고, 이 구간에서

① 증가하면 이 구간의 모든 x에 대하여 $f'(x) \geq 0$

② 감소하면 이 구간의 모든 x에 대하여 $f'(x) \leq 0$

개념 NOTE

▶ (1)의 역의 반례: $f(x)=x^3$

➡ 함수 $f(x)$는 $(-\infty, \infty)$에서 미분가능하고 증가하지만 $f'(0)=0$

(2)의 역의 반례: $f(x)=-x^3$

➡ 함수 $f(x)$는 $(-\infty, \infty)$에서 미분가능하고 감소하지만 $f'(0)=0$

설명 예시 ▶ 도함수의 부호를 이용하여 함수 $f(x)=x^3-9x^2+24x$의 증가와 감소를 조사해 보자.

$f(x)=x^3-9x^2+24x$에서

$f'(x)=3x^2-18x+24=3(x-2)(x-4)$

$f'(x)=0$에서 $x=2$ 또는 $x=4$

즉, $x<2$ 또는 $x>4$에서 $f'(x)>0$이고, $2<x<4$에서 $f'(x)<0$이다.

증가는 ↗로, 감소는 ↘로 표시하여 함수 $f(x)$의 증가와 감소를 표로 나타내면 다음과 같다.

x	$\cdots$	2	$\cdots$	4	$\cdots$
$f'(x)$	$+$	0	$-$	0	$+$
$f(x)$	↗	20	↘	16	↗

← $f'(x)=0$을 만족시키는 x의 값 2, 4를 적는다.

← $f'(x)>0$인 구간에 $+$를, $f'(x)<0$인 구간에 $-$를 적는다.

← $f'(x)$가 $+$인 구간에 ↗를, $f'(x)$가 $-$인 구간에 ↘를 적는다.

따라서 함수 $f(x)$는 구간 $(-\infty, 2]$, $[4, \infty)$에서 증가하고, 닫힌구간 $[2, 4]$에서 감소한다.

개념 Check   정답 및 해설 19쪽

1. 함수 $f(x)=x^3-12x+6$이 감소하는 x의 값의 범위가 $a \leq x \leq b$일 때, $b-a$의 값을 구하시오.

개념 3 함수의 극대와 극소

함수 $f(x)$에서 $x=a$를 포함하는 어떤 열린구간에 속하는 모든 x에 대하여

(1) $f(x) \leq f(a)$일 때, 함수 $f(x)$는 $x=a$에서 **극대**라 하고, $f(a)$를 **극댓값**이라 한다.

(2) $f(x) \geq f(a)$일 때, 함수 $f(x)$는 $x=a$에서 **극소**라 하고, $f(a)$를 **극솟값**이라 한다.

이때 극댓값과 극솟값을 통틀어 **극값**이라 한다.

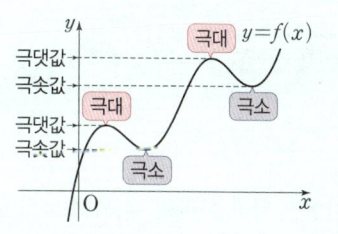

함수 $f(x)$가 $x=a$에서

(1) 극대이면 $x=a$의 주변에서 $f(a)$가 최댓값임을 뜻한다.

(2) 극소이면 $x=a$의 주변에서 $f(a)$가 최솟값임을 뜻한다.

참고 ① 하나의 함수에서 극값은 여러 개 존재할 수 있다.

② 극댓값이 극솟값보다 항상 큰 것은 아니다.

③ 상수함수는 모든 실수 x에서 극값을 갖는다.

즉, 모든 실수 x에서 극대이면서 동시에 극소이다.

④ $x=a$에서 불연속일 때에도, $x=a$에서 미분가능하지 않을 때에도 $x=a$에서 극값을 가질 수 있다.

설명 예시 ▶ 함수 $y=f(x)$의 그래프가 오른쪽 그림과 같을 때, 함수 $f(x)$는 $x=a$, $x=c$에서 극대이고, $x=b$에서 극소이다.

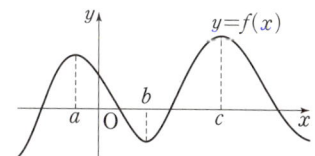

개념 ④ 극값과 미분계수

> 함수 $f(x)$가 $x=a$에서 미분가능하고 $x=a$에서 극값을 가지면
> $$f'(a)=0$$

함수 $f(x)$가 $x=a$에서 미분가능하고 $x=a$에서 극대라 하자.

이때 절댓값이 충분히 작은 실수 h $(h \neq 0)$에 대하여 $f(a+h) \leq f(a)$이므로

$$h>0$$이면 $\dfrac{f(a+h)-f(a)}{h} \leq 0$, 즉 $\displaystyle\lim_{h \to 0+} \dfrac{f(a+h)-f(a)}{h} \leq 0$

$$h<0$$이면 $\dfrac{f(a+h)-f(a)}{h} \geq 0$, 즉 $\displaystyle\lim_{h \to 0-} \dfrac{f(a+h)-f(a)}{h} \geq 0$

그런데 함수 $f(x)$는 $x=a$에서 미분가능하므로 $x=a$에서 우극한과 좌극한이 같다.

따라서 $0 \leq \displaystyle\lim_{h \to 0-} \dfrac{f(a+h)-f(a)}{h} = \lim_{h \to 0+} \dfrac{f(a+h)-f(a)}{h} \leq 0$이므로

$$\lim_{h \to 0} \dfrac{f(a+h)-f(a)}{h} = 0$$

$$\therefore f'(a)=0$$

같은 방법으로 함수 $f(x)$가 $x=a$에서 미분가능하고 $x=a$에서 극소일 때에도 $f'(a)=0$임을 보일 수 있다.

주의 (1) 일반적으로 위의 명제의 역은 성립하지 않는다.

　　 즉, $f'(a)=0$이라고 해서 함수 $f(x)$가 $x=a$에서 반드시 극값을 갖는 것은 아니다. ➡ **예** [그림 1]

(2) 함수 $f(x)$가 $x=a$에서 극값을 갖는다고 해서 $f'(a)$가 반드시 존재하는 것은 아니다.

　　 즉, 함수 $f(x)$가 $x=a$에서 극값을 갖더라도 $x=a$에서 미분가능하지 않을 수 있다. ➡ **예** [그림 2]

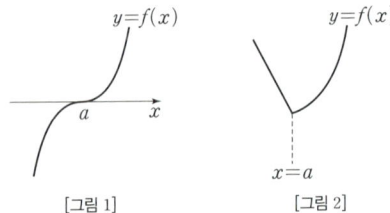

[그림 1]　　　　[그림 2]

개념 Check

정답 및 해설 19쪽

2. 함수 $f(x)=x^3+ax+1$이 $x=-1$에서 극값을 가질 때, 상수 a의 값을 구하시오.

개념 ⑤ 함수의 극대와 극소의 판정

> 미분가능한 함수 $f(x)$에 대하여 $f'(a)=0$이고, $x=a$의 좌우에서
> (1) $f'(x)$의 부호가 양$(+)$에서 음$(-)$으로 바뀌면 함수 $f(x)$는 $x=a$에서 극대이고, 극댓값 $f(a)$를 갖는다.
> (2) $f'(x)$의 부호가 음$(-)$에서 양$(+)$으로 바뀌면 함수 $f(x)$는 $x=a$에서 극소이고, 극솟값 $f(a)$를 갖는다.

미분가능한 함수 $f(x)$에 대하여 $f'(a)=0$이고, $x=a$의 좌우에서

(1) $f'(x)$의 부호가 양($+$)에서 음($-$)으로 바뀌면 $x=a$의 좌우에서 증가하다가 감소하므로 함수 $f(x)$는 $x=a$에서 극대이다.

(2) $f'(x)$의 부호가 음($-$)에서 양($+$)으로 바뀌면 $x=a$의 좌우에서 감소하다가 증가하므로 함수 $f(x)$는 $x=a$에서 극소이다.

▶ $f'(a)=0$이고 $x=a$의 좌우에서 $f'(x)$의 부호의 변화가 생겨야 함수 $f(x)$가 $x=a$에서 극값을 갖는다.

개념 NOTE

(1)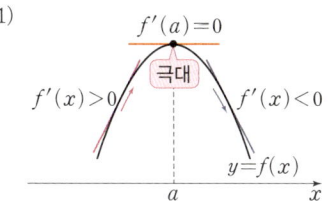
(2)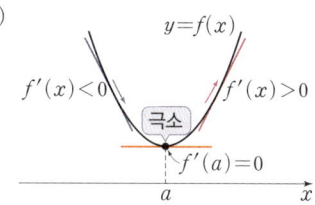

미분가능한 함수 $f(x)$의 극대와 극소의 판정은 다음과 같은 순서로 한다.

❶ $f'(x)=0$인 x의 값을 구한다.

❷ x의 값의 좌우에서 $f'(x)$의 부호의 변화를 조사하여 극대와 극소를 판정한다.

개념 Check　　　　　　　　　　　　　　　　　　정답 및 해설 19쪽

3. 함수 $f(x)=x^3+3x^2-9x-1$의 극댓값과 극솟값의 합을 구하시오.

개념 6　함수의 그래프

미분가능한 함수 $f(x)$에 대하여 함수 $y=f(x)$의 그래프의 개형은 다음과 같은 순서로 그린다.

❶ 함수 $f(x)$의 도함수 $f'(x)$를 구한다.

❷ $f'(x)=0$인 x의 값을 구한다.

❸ $f'(x)$의 부호의 변화를 조사하여 함수 $f(x)$의 증가와 감소를 표로 나타낸다.

❹ ❸에서 나타낸 표를 이용하여 함수 $y=f(x)$의 그래프의 개형을 그린다.

설명 예시　함수 $f(x)=x^3-3x^2$의 그래프의 개형을 그려 보자.

❶ $f(x)=x^3-3x^2$에서

$$f'(x)=3x^2-6x=3x(x-2)$$

❷ $f'(x)=0$에서 $x=0$ 또는 $x=2$

❸ 함수 $f(x)$의 증가와 감소를 표로 나타내면 다음과 같다.

x	$\cdots$	0	$\cdots$	2	$\cdots$
$f'(x)$	$+$	0	$-$	0	$+$
$f(x)$	$\nearrow$	0	$\searrow$	-4	$\nearrow$

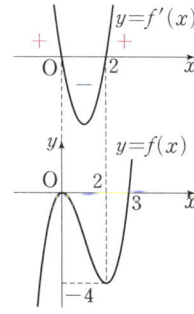

❹ 따라서 함수 $f(x)$는 $x=0$에서 극댓값 $f(0)=0$을 갖고, $x=2$에서 극솟값 $f(2)=-4$를 가지므로 함수 $y=f(x)$의 그래프의 개형은 오른쪽 그림과 같다.

개념 7 삼차함수와 극값

(1) 삼차함수 $f(x)$가 극값을 갖는다.
⟺ 이차방정식 $f'(x)=0$이 서로 다른 두 실근을 갖는다.
⟺ 이차방정식 $f'(x)=0$의 판별식을 D라 하면 $D>0$이다.
(2) 삼차함수 $f(x)$가 극값을 갖지 않는다.
⟺ 이차방정식 $f'(x)=0$이 중근 또는 서로 다른 두 허근을 갖는다.
⟺ 이차방정식 $f'(x)=0$의 판별식을 D라 하면 $D≤0$이다.

삼차함수 $f(x)=ax^3+bx^2+cx+d$ ($a>0$이고, b, c, d는 상수)에 대하여 함수 $y=f(x)$의 그래프의 개형은 이차방정식 $f'(x)=0$의 근의 유형에 따라 다음과 같이 분류할 수 있다.

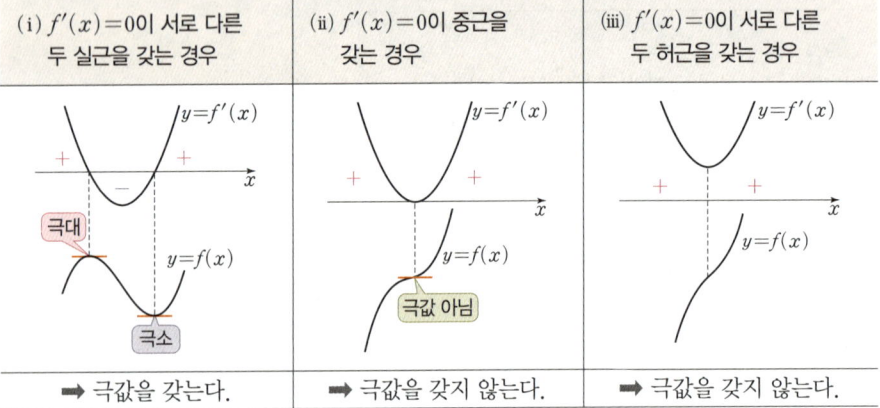

(i) $f'(x)=0$이 서로 다른 두 실근을 갖는 경우	(ii) $f'(x)=0$이 중근을 갖는 경우	(iii) $f'(x)=0$이 서로 다른 두 허근을 갖는 경우
➡ 극값을 갖는다.	➡ 극값을 갖지 않는다.	➡ 극값을 갖지 않는다.

$a<0$인 경우도 위와 같은 방법으로 그래프를 그려서 확인할 수 있다.

개념 Check

정답 및 해설 19쪽

4. 삼차함수 $f(x)=x^3+ax^2+3x$가 극값을 갖도록 하는 자연수 a의 최솟값을 구하시오.

개념 8 사차함수와 극값

(1) 최고차항의 계수가 양수인 사차함수 $f(x)$에 대하여
① 사차함수 $f(x)$가 극댓값을 갖는다.
⟺ 삼차방정식 $f'(x)=0$이 서로 다른 세 실근을 갖는다.
② 사차함수 $f(x)$가 극댓값을 갖지 않는다.
⟺ 삼차방정식 $f'(x)=0$이 중근 또는 서로 다른 두 허근을 갖는다.
(2) 최고차항의 계수가 음수인 사차함수 $f(x)$에 대하여
① 사차함수 $f(x)$가 극솟값을 갖는다.
⟺ 삼차방정식 $f'(x)=0$이 서로 다른 세 실근을 갖는다.
② 사차함수 $f(x)$가 극솟값을 갖지 않는다.
⟺ 삼차방정식 $f'(x)=0$이 중근 또는 서로 다른 두 허근을 갖는다.

▶ (1) ① 극댓값과 극솟값을 모두 갖는다.
② 극솟값만 갖는다.
(2) ① 극댓값과 극솟값을 모두 갖는다.
② 극댓값만 갖는다.

사차함수 $f(x)=ax^4+bx^3+cx^2+dx+e$ ($a>0$이고, b, c, d, e는 상수)에 대하여 함수 $y=f(x)$의 그래프의 개형은 삼차방정식 $f'(x)=0$의 근의 유형에 따라 다음과 같이 분류할 수 있다.

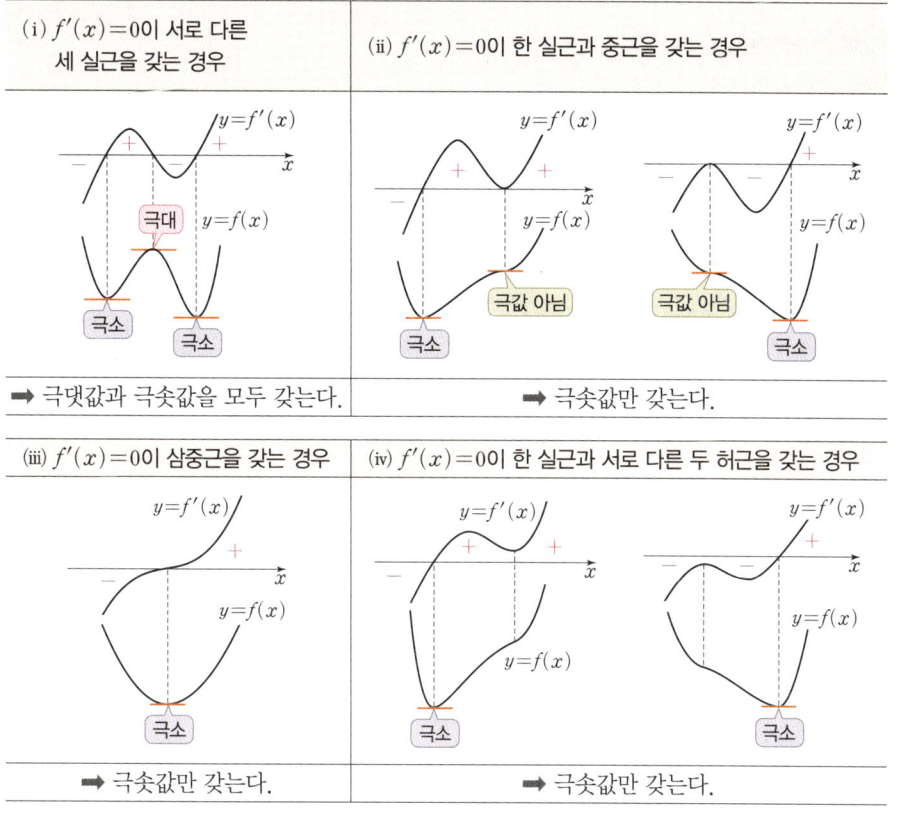

(i) $f'(x)=0$이 서로 다른 세 실근을 갖는 경우	(ii) $f'(x)=0$이 한 실근과 중근을 갖는 경우
➡ 극댓값과 극솟값을 모두 갖는다.	➡ 극솟값만 갖는다.
(iii) $f'(x)=0$이 삼중근을 갖는 경우	(iv) $f'(x)=0$이 한 실근과 서로 다른 두 허근을 갖는 경우
➡ 극솟값만 갖는다.	➡ 극솟값만 갖는다.

$a<0$인 경우도 위와 같은 방법으로 그래프를 그려서 확인할 수 있다.

개념 Check

정답 및 해설 19쪽

5. 사차함수 $f(x)=x^4-4ax^3+9x^2$이 극댓값과 극솟값을 모두 갖도록 하는 음의 정수 a의 최댓값을 구하시오.

개념 ⑨ 함수의 최대와 최소

함수 $f(x)$가 닫힌구간 $[a,\ b]$에서 연속일 때, 함수의 최댓값과 최솟값은 다음과 같은 순서로 구한다.

❶ 닫힌구간 $[a,\ b]$에서 함수 $f(x)$의 극댓값, 극솟값을 모두 구한다.

❷ 닫힌구간 $[a,\ b]$의 양 끝에서의 함숫값 $f(a)$, $f(b)$를 구한다.

❸ ❶, ❷에서 구한 극댓값, 극솟값, $f(a)$, $f(b)$ 중에서 가장 큰 값이 최댓값, 가장 작은 값이 최솟값이다.

함수 $f(x)$가 닫힌구간 $[a, b]$에서 연속이면 최대·최소 정리에 의하여 $f(x)$는 이 구간에서 반드시 최댓값과 최솟값을 갖는다.

함수 $f(x)$의 최댓값과 최솟값은 $f(x)$의 극값과 닫힌구간 $[a, b]$의 양 끝에서의 함숫값 $f(a)$, $f(b)$의 크기를 비교하여 구한다.

이때 [그림 1]과 같이 극댓값과 극솟값이 각각 최댓값, 최솟값인 경우도 있고, [그림 2], [그림 3]과 같이 그렇지 않은 경우도 있다.

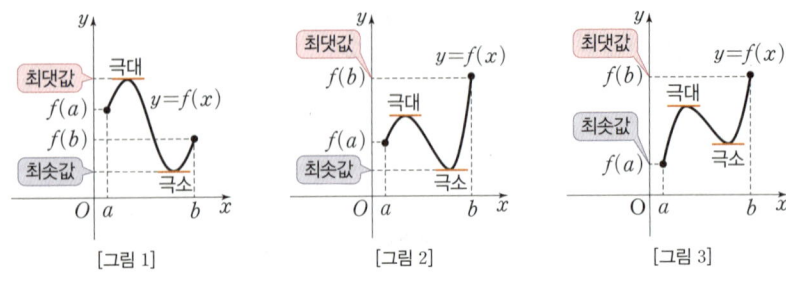

[그림 1]   [그림 2]   [그림 3]

[참고] 닫힌구간 $[a, b]$에서 연속함수 $f(x)$의 극값이 오직 하나 존재할 때
(1) 하나뿐인 극값이 극댓값이면 (극댓값)=(최댓값)
(2) 하나뿐인 극값이 극솟값이면 (극솟값)=(최솟값)

정답 및 해설 19쪽

개념 Check

6. 닫힌구간 $[0, 3]$에서 함수 $f(x)=x^3-6x^2+9x+1$의 최댓값과 최솟값의 곱을 구하시오.

수능 Idea

Idea ❶ 도함수의 부호를 통해 원함수의 증가·감소, 극대·극소를 파악할 수 있다.

미분가능한 함수 $f(x)$에 대하여
$f'(x)>0$이면 함수 $f(x)$는 증가하고, $f'(x)<0$이면 함수 $f(x)$는 감소하므로 도함수 $f'(x)$가 주어지면 원함수 $y=f(x)$의 그래프 개형을 알 수 있다.
또한, $f'(a)=0$이면서 $x=a$의 좌우에서 $f'(x)$의 부호에 변화가 생기면 함수 $f(x)$는 $x=a$에서 극값을 갖는다는 것을 알 수 있다.

Idea ❷ 함수의 최대·최소는 극대·극소와 구간의 양 끝 값 중에서 탄생한다.

함수의 최대·최소를 구하기 위해 가장 좋은 방법은 그래프를 정확히 그리는 것이다.
그런데 열린구간 (a, b)에서 연속함수 $f(x)$의 최댓값이 존재하는 경우에 그 최댓값은 무조건 극댓값이고, 최솟값이 존재하는 경우에 그 최솟값은 무조건 극솟값임을 이해하면 이때는 그래프를 그리지 않아도 된다.

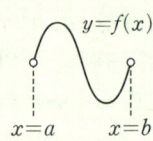

개념 ❶ ❷

필수 예제 1 함수의 증가와 감소

함수 $f(x)=3x^3-x+5$가 열린구간 $(-a, a)$에서 감소할 때, 양수 a의 최댓값은?

① $\dfrac{1}{5}$　　　　② $\dfrac{1}{4}$　　　　③ $\dfrac{1}{3}$　　　　④ $\dfrac{1}{2}$　　　　⑤ 1

수능 link　기본 3점 문제로 자주 출제되지는 않지만 함수의 그래프를 그리는 데에 있어서 함수의 증가와 감소를 정확히 판단하는 것은 아주 중요하다.

수능 key　함수 $f(x)$가 어떤 열린구간에서 미분가능하고,
(1) 이 구간에서 증가하면 ➡ 이 구간의 모든 x에 대하여 $f'(x) \geq 0$
(2) 이 구간에서 감소하면 ➡ 이 구간의 모든 x에 대하여 $f'(x) \leq 0$

1 2 3

1-1

함수 $f(x)=-x^3+kx^2+6x+2$가 증가하는 구간이 $[-2, 1]$일 때, 상수 k의 값은?

① $-\dfrac{1}{2}$　　　② -1　　　③ $-\dfrac{3}{2}$　　　④ -2　　　⑤ $-\dfrac{5}{2}$

필수예제 2

함수가 증가 또는 감소하기 위한 조건; 실수 전체

함수 $f(x) = x^3 + 2x^2 + ax + 1$이 실수 전체의 집합에서 증가하도록 하는 실수 a의 최솟값은?

① 1   ② $\dfrac{4}{3}$ ③ $\dfrac{5}{3}$ ④ 2   ⑤ $\dfrac{7}{3}$

수능 link

삼차함수가 실수 전체의 집합에서 증가 또는 감소하기 위한 조건, 역함수가 존재하기 위한 조건, 극값을 갖지 않을 조건 등으로 종종 출제되는 유형으로, 마지막 답을 내기 위해서는 이차부등식에 대한 정확한 이해와 암기도 함께 필요하다.

수능 key

미분가능한 함수 $f(x)$가
(1) 실수 전체의 집합에서 증가하면 ➡ 모든 실수 x에 대하여 $f'(x) \geq 0$
(2) 실수 전체의 집합에서 감소하면 ➡ 모든 실수 x에 대하여 $f'(x) \leq 0$

2-1   ① ② ③

함수 $f(x) = -x^3 + kx^2 - 3x + 2$의 역함수가 존재하도록 하는 실수 k의 최댓값은?

① 1   ② 2   ③ 3   ④ 4   ⑤ 5

필수 예제 3 함수가 증가 또는 감소하기 위한 조건; 구간

함수 $f(x)=x^3+6x^2+kx+1$이 열린구간 $(-3, 0)$에서 감소하도록 하는 실수 k의 최댓값은?

① -2 ② -1 ③ 0 ④ 1 ⑤ 2

수능 link ▸ 필수 예제 **1**의 연장선에 있는 유형으로, 함수의 증가와 감소에 따른 도함수의 부호를 관찰한다.

수능 key ▸ 미분가능한 함수 $f(x)$가
(1) 닫힌구간 $[a, b]$에서 증가하면 ➡ $a \le x \le b$인 실수 x에 대하여 $f'(x) \ge 0$
(2) 닫힌구간 $[a, b]$에서 감소하면 ➡ $a \le x \le b$인 실수 x에 대하여 $f'(x) \le 0$

3-1   ① ② ③

함수 $f(x)=-x^3+3x^2+(10-a^2)x$가 $2 < x < 3$에서 증가하도록 하는 정수 a의 개수를 구하시오.

필수 예제 4 함수의 극대와 극소

▶ 평가원

함수 $f(x) = x^3 - 3x + 12$가 $x = a$에서 극소일 때, $a + f(a)$의 값을 구하시오.

(단, a는 상수이다.)

수능 link

극값을 갖는 x좌표와 극값을 구하는 단독 3점 문제로 출제되기도 한다.

이때 더 중요한 것은 함수의 극대와 극소는 다항함수의 그래프를 그리는 과정에서 꼭 필요한 내용이라는 점이다.

수능 key

$x = a$에서 미분가능한 함수 $f(x)$에 대하여 $x = a$의 좌우에서 $f'(x)$의 부호가

(1) 양($+$)에서 음($-$)으로 바뀌면 ➡ 함수 $f(x)$는 $x = a$에서 극대이고, 극댓값은 $f(a)$

(2) 음($-$)에서 양($+$)으로 바뀌면 ➡ 함수 $f(x)$는 $x = a$에서 극소이고, 극솟값은 $f(a)$

4 -1

① ② ③

함수 $f(x) = 3x^4 - 8x^3 - 6x^2 + 24x - 2$의 모든 극값의 합은?

① -10 ② -8 ③ -6 ④ -4 ⑤ -2

• 3점 빈출 •

필수 예제 5

함수의 극대·극소와 미정계수

▸ 수능

함수 $f(x)=x^3-3x+a$의 극댓값이 7일 때, 상수 a의 값은?

① 1 ② 2 ③ 3 ④ 4 ⑤ 5

수능 link ▸ 필수 예제 **4**에서 파생된 유형으로, 극값을 갖는 x의 값과 극값을 이용하여 미정계수를 구한다.

수능 key ▸ 미분가능한 함수 $f(x)$가 $x=a$에서 극값 b를 가지면
➡ $f'(a)=0$, $f(a)=b$

1 2 3

5 -1

함수 $f(x)=-x^3+ax^2+bx+2$가 $x=-1$에서 극솟값 -3을 가질 때, 함수 $f(x)$의 극댓값을 구하시오. (단, a, b는 상수이다.)

개념 5

필수 예제 6 도함수의 그래프를 이용한 함수의 극값

함수 $f(x)=x^3+ax^2+bx+c$의 도함수 $y=f'(x)$의 그래프가 그림과 같고 함수 $f(x)$의 극댓값이 4일 때, 함수 $f(x)$의 극솟값은?
(단, a, b, c는 상수이다.)

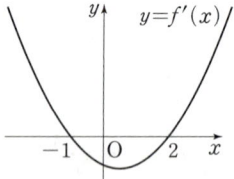

① $-\dfrac{23}{2}$ ② $-\dfrac{21}{2}$ ③ $-\dfrac{19}{2}$

④ $-\dfrac{17}{2}$ ⑤ $-\dfrac{15}{2}$

수능 link 도함수의 그래프에서 $f'(x)$의 부호 변화를 파악하여 원함수의 극대와 극소를 판단하는 것이 중요하다.
도함수의 그래프와 식을 이용하여 원함수의 식을 구하는 과정은 적분과 결합되어 출제되기도 한다.

수능 key 도함수 $y=f'(x)$의 그래프에서 $x=a$의 좌우에서 $f'(x)$의 부호가
(1) 양$(+)$에서 음$(-)$으로 바뀌면 ➡ 함수 $f(x)$는 $x=a$에서 극대
(2) 음$(-)$에서 양$(+)$으로 바뀌면 ➡ 함수 $f(x)$는 $x=a$에서 극소

6-1 123

함수 $f(x)=-x^3+ax^2+bx+c$의 도함수 $y=f'(x)$의 그래프가 그림과 같고 함수 $f(x)$의 모든 극값의 합이 8일 때, $a+b+c$의 값을 구하시오. (단, a, b, c는 상수이다.)

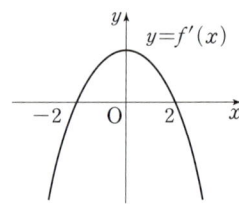

개념 ❼

필수 예제 7

삼차함수가 극값을 가질 조건; 실수 전체

▶ 교육청

함수 $f(x)=x^3+ax^2+(a^2-4a)x+3$이 극값을 갖도록 하는 모든 정수 a의 개수는?

① 5 ② 6 ③ 7 ④ 8 ⑤ 9

수능 link ▸ '삼차함수가 극값을 갖지 않을 조건' 문제는 **필수 예제** ②와 동일한 유형으로, 표현만 다를 뿐이다.
또한, 이 유형은 적분과 결합되어 고난도 4점 문제로 출제되기도 한다.

수능 key ▸ 삼차함수 $f(x)$에 대하여 이차방정식 $f'(x)=0$의 판별식을 D라 하면
(1) 삼차함수 $f(x)$가 극값을 갖는다.
  ➡ $f'(x)=0$이 서로 다른 두 실근을 갖는다. 즉, $D>0$
(2) 삼차함수 $f(x)$가 극값을 갖지 않는다.
  ➡ $f'(x)=0$이 중근 또는 서로 다른 두 허근을 갖는다. 즉, $D\le0$

7-1

1 2 3

함수 $f(x)=(2x+1)(x^2+x+a)$가 극값을 갖지 않도록 하는 실수 a의 최솟값은?

① $\dfrac{1}{4}$ ② $\dfrac{1}{2}$ ③ 1 ④ 2 ⑤ 4

필수 예제 8 삼차함수가 극값을 가질 조건; 구간

함수 $f(x) = \dfrac{1}{3}x^3 - x^2 + ax + 1$이 열린구간 $(0, 2)$에서 극솟값을 갖도록 하는 실수 a의 값의 범위는?

① $-2 < a < -1$ ② $-1 < a < 0$ ③ $0 < a < 1$ ④ $1 < a < 2$ ⑤ $2 < a < 3$

수능 link ▸ 극대와 극소의 개념뿐만 아니라 이차함수, 이차방정식에 대한 정확한 이해와 풀이가 필요한 유형이다.
필수 예제 7 보다는 출제 빈도가 낮다.

수능 key ▸ 삼차함수 $f(x)$가 주어진 구간에서 극값을 가지면
➡ 이차방정식 $f'(x) = 0$이 이 구간에서 실근을 갖는다.

[참고] 함수 $f'(x) = ax^2 + bx + c$ $(a > 0$이고, b, c는 상수)에 대하여 이차방정식 $f'(x) = 0$의 두 실근을 α, β $(\alpha < \beta)$라 하고 $f'(x) = 0$의 판별식을 D라 할 때, 두 실수 m, n에 대하여
(1) $m < \alpha < n < \beta \Longleftrightarrow f'(m) > 0$, $f'(n) < 0$
(2) $m < \alpha < \beta < n \Longleftrightarrow D > 0$, $f'(m) > 0$, $f'(n) > 0$, $m < -\dfrac{b}{2a} < n$

① ② ③

8-1 함수 $f(x) = -x^3 + kx^2 + (k+1)x - 1$이 $-1 < x < 0$에서 극솟값, $x > 2$에서 극댓값을 갖도록 하는 정수 k의 최솟값을 구하시오.

• 4점 준비 •

필수 예제 9

개념 ⑧

사차함수가 극값을 가질 조건

함수 $f(x)=x^4+ax^3+2ax^2+3$이 극댓값을 갖도록 하는 자연수 a의 최솟값을 구하시오.

수능 link
극대와 극소의 개념뿐만 아니라 삼차방정식, 이차방정식에 대한 정확한 이해와 풀이가 필요한 유형이다.
필수 예제 ⑦ 보다는 출제 빈도가 낮다.

수능 key
최고차항의 계수가 양수인 사차함수 $f(x)$가
(1) 극댓값을 갖는다.
  ➡ 삼차방정식 $f'(x)=0$이 서로 다른 세 실근을 갖는다.
(2) 극댓값을 갖지 않는다.
  ➡ 삼차방정식 $f'(x)=0$이 한 실근과 서로 다른 두 허근 또는 한 실근과 중근 또는 삼중근을 갖는다.

9 - 1

1 2 3

함수 $f(x)=-x^4+6x^3+ax^2$이 극솟값을 갖지 않도록 하는 음의 실수 a의 최댓값은?

① $-\dfrac{81}{8}$ ② -9 ③ $-\dfrac{63}{8}$ ④ $-\dfrac{27}{4}$ ⑤ $-\dfrac{45}{8}$

필수 예제 10 함수의 최대와 최소

▶ 평가원

닫힌구간 $[-1, 3]$에서 함수 $f(x)=x^3-3x+5$의 최솟값은?

① 1　　　　　② 2　　　　　③ 3　　　　　④ 4　　　　　⑤ 5

수능 link
단독 3점 문제로 출제되기도 하고, 미지수를 포함하거나 도형과 결합하여 4점 문제로 출제되기도 한다.
함수의 증가와 감소를 표로 나타낼 수만 있다면 최대와 최소를 구하는 것은 너무나도 쉬운 일이다.

수능 key
닫힌구간 $[a, b]$에서 함수 $f(x)$의 최댓값과 최솟값은
➡ 극댓값, 극솟값, $f(a)$, $f(b)$ 중에서 가장 큰 값이 최댓값, 가장 작은 값이 최솟값이다.

10 -1

1 2 3

함수 $f(x)=x^4-2x^2+3$이 닫힌구간 $[-2, a]$에서 최솟값 2를 가질 때, 실수 a의 최솟값은? (단, $a>-2$)

① -1　　　　② 0　　　　　③ 1　　　　　④ 2　　　　　⑤ 3

• 3점 빈출 •

필수 예제 11 개념 **9**

함수의 최대·최소와 미정계수

닫힌구간 $[0, 3]$에서 함수 $f(x)=x^3-6x^2+9x+a$의 최댓값이 12일 때, 상수 a의 값은?

① 2   ② 4   ③ 6   ④ 8   ⑤ 10

수능 link → **필수 예제 10**에서 파생된 유형으로, 최댓값 또는 최솟값을 이용하여 미정계수를 구한다.

수능 key → 미정계수가 있는 함수의 최댓값 또는 최솟값이 주어지면
➡ 극값과 구간의 양 끝에서의 함숫값을 미정계수를 이용하여 나타낸다.

11 - 1

▸ 평가원

1 2 3

닫힌구간 $[1, 4]$에서 함수 $f(x)=x^3-3x^2+a$의 최댓값을 M, 최솟값을 m이라 하자.
$M+m=20$일 때, 상수 a의 값은?

① 1   ② 2   ③ 3   ④ 4   ⑤ 5

필수 예제 12

함수의 최대와 최소의 활용

그림과 같이 곡선 $y=-x^2+12$와 x축으로 둘러싸인 부분에 내접하는 직사각형 ABCD의 넓이의 최댓값은?

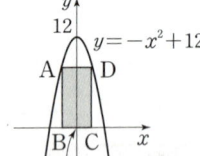

① 28 　　② 30 　　③ 32

④ 34 　　⑤ 36

수능 link ┈┈ 구하는 길이, 넓이 등을 함수로 표현하기 위해 미지수를 설정하는 것이 첫 번째로 할 일.

수능 key ┈┈ 도형의 길이 또는 넓이의 최대·최소는
➡ 변하는 것을 t로 놓고 길이 또는 넓이를 t에 대한 함수로 나타내어 최댓값 또는 최솟값을 구한다.

12 -1

1 2 3

곡선 $y=x^2$ 위를 움직이는 점 P와 점 $(3, 0)$ 사이의 거리의 최솟값을 d라 할 때, d^2의 값을 구하시오.

• 4점 준비 •

필수 예제 13

함수의 그래프의 활용; 절댓값 기호를 포함한 함수의 미분가능

함수 $f(x) = |x^3 + 3x^2 + k|$ 의 미분가능하지 않은 점의 개수가 3이 되도록 하는 정수 k의 개수를 구하시오.

수능 link → 4점 문제로 자주 출제되는 유형이다.
삼차함수, 사차함수의 그래프를 제대로 그릴 수 있어야 하고, 미지수의 변화에 따라 미분가능하지 않은 점의 개수가 어떻게 달라지는지 관찰할 수 있어야 한다.

수능 key → **절댓값 기호를 포함한 함수 $f(x)$의 미분가능성 판단**
➡ 함수 $y = f(x)$의 그래프의 개형을 그린 후
　(1) $x = a$에서 매끄럽게 연결되어 있으면 함수 $f(x)$는 $x = a$에서 미분가능하다.
　(2) $x = b$에서 꺾이는 모양이면 함수 $f(x)$는 $x = b$에서 미분가능하지 않다.

13-1

① ② ③

함수 $f(x) = x^4 - 4x - 2$에 대하여 함수 $g(x)$를 $g(x) = |f(x) + k|$라 하자. 함수 $g(x)$가 모든 실수 x에 대하여 미분가능하도록 하는 실수 k의 최솟값을 구하시오.

1 ⟨1 2 3⟩ 　　　　　　　　필수 예제 1

함수 $f(x)=-x^3+\dfrac{3}{2}ax^2+6a^2x+1$이 증가하는 구간이 $[-2, 4]$이고, 감소하는 구간이 $(-\infty, -2]$, $[4, \infty)$일 때, 상수 a의 값은?

① 2　　　　　② 4　　　　　③ 6

④ 8　　　　　⑤ 10

2 ⟨1 2 3⟩ 　　　　　　　　필수 예제 2

함수 $f(x)=x^3+kx^2+(6-k)x$가 임의의 서로 다른 두 실수 x_1, x_2에 대하여
$$(x_1-x_2)\{f(x_1)-f(x_2)\}>0$$
을 만족시키도록 하는 모든 정수 k의 값의 합은?

① -15　　　　② -12　　　　③ -9

④ -6　　　　⑤ -3

3 ⟨1 2 3⟩ 　　　　　　　　필수 예제 3

$1\le x\le 2$에서 정의된 함수
$$f(x)=-x^3+2x^2+ax-2$$
가 일대일함수가 되도록 하는 양수 a의 최솟값을 구하시오.

4 ⟨1 2 3⟩ 　　　　　　　　필수 예제 4 + 5

다항함수 $f(x)$에 대하여 함수 $g(x)$를
$$g(x)=(x^2+1)f(x)$$
라 하자. 함수 $g(x)$가 $x=2$에서 극댓값 5를 가질 때, $f'(2)$의 값은?

① -1　　　　② $-\dfrac{4}{5}$　　　　③ $-\dfrac{3}{5}$

④ $-\dfrac{2}{5}$　　　　⑤ $-\dfrac{1}{5}$

5 ①②③   필수 예제 5

함수 $f(x)=x^3+ax^2+bx+1$에 대하여 함수 $y=f(x)$의 그래프가 점 $(1, f(1))$에서 x축에 접할 때, 함수 $f(x)$의 극댓값을 M이라 하자. $27M$의 값을 구하시오.
(단, a, b는 상수이다.)

6 ①②③   필수 예제 6

두 삼차함수 $f(x)$, $g(x)$의 도함수 $y=f'(x)$,
$y=g'(x)$의 그래프가 각각 그림과 같을 때,
함수 $h(x)=f(x)-g(x)$는 $x=p$에서 극솟값을 갖는다. p의 값은?

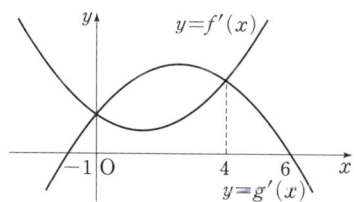

① -2 ② 0 ③ 2
④ 4 ⑤ 6

7 ①②③   필수 예제 6 + 7

최고차항의 계수가 1인 삼차함수 $f(x)$의 도함수 $y=f'(x)$의 그래프가 그림과 같을 때, 함수 $g(x)=f(x)+kx$의 극값이 존재하기 위한 정수 k의 최댓값은?

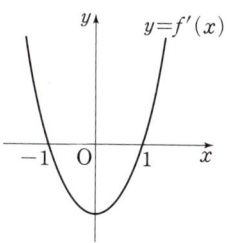

① 1 ② 2 ③ 3
④ 4 ⑤ 5

8 ①②③   필수 예제 8

함수 $f(x)=\dfrac{4}{3}x^3+(3m-2)x^2+(1-m)x-1$이 $-1<x<1$에서 극값을 한 개만 갖도록 하는 자연수 m의 최솟값을 구하시오.

9

1 2 3

함수 $f(x)=x^4-\dfrac{4}{3}ax^3-8x^2+16ax+1$이 오직 하나의 극값을 갖도록 하는 모든 실수 a의 값의 곱은?

① -10 ② -8 ③ -6

④ -4 ⑤ -2

10

1 2 3

최고차항의 계수가 양수인 삼차함수 $f(x)$가 다음 조건을 만족시킨다.

(가) $f'(1)=f'(3)=0$

(나) $|f(3)-f(4)|=|f(2)-f(3)|+\dfrac{2}{3}$

$f(2)=\dfrac{1}{3}$일 때, 닫힌구간 $[2, 4]$에서 함수 $f(x)$의 최댓값은?

① $\dfrac{2}{3}$ ② 1 ③ $\dfrac{4}{3}$

④ $\dfrac{5}{3}$ ⑤ 2

11

1 2 3

닫힌구간 $[-2, 3]$에서 함수

$$f(x)=ax^3-3ax+b \ (a>0, \ b는 \ 상수)$$

의 최댓값이 8, 최솟값이 -12일 때, $f(2)$의 값은?

① -8 ② -7 ③ -6

④ -5 ⑤ -4

12

1 2 3

곡선 $y=x^2-3x$ 위의 점 $\mathrm{P}(t, t^2-3t)$를 지나고 점 P에서의 접선에 수직인 직선의 x절편을 $f(t)$라 하자. 닫힌구간 $[1, 2]$에서 함수 $g(t)=f(t)+t^2$이 $t=a$에서 최소일 때, a의 값은? $\left(\text{단, } t\neq\dfrac{3}{2}\right)$

① $\dfrac{7}{6}$ ② $\dfrac{4}{3}$ ③ $\dfrac{3}{2}$

④ $\dfrac{5}{3}$ ⑤ $\dfrac{11}{6}$

13 ①②③

필수 예제 13

함수 $f(x)=\dfrac{1}{4}x^4-x^3+1$에 대하여 함수 $g(x)$를
$g(x)=|f(x)-a|$라 하자. 함수 $g(x)$가 오직 한 점에서만 미분가능하지 않을 때, 함수 $g(x)$의 극댓값을 m이라 하자. $a+m$의 값은? (단, a는 상수이다.)

① $\dfrac{29}{4}$
② $\dfrac{31}{4}$
③ $\dfrac{33}{4}$

④ $\dfrac{35}{4}$
⑤ $\dfrac{37}{4}$

기출문제

▸ 평가원

14 ①②③

필수 예제 3

함수 $f(x)=x^3-(a+2)x^2+ax$에 대하여 곡선 $y=f(x)$ 위의 점 $(t,\,f(t))$에서의 접선의 y절편을 $g(t)$라 하자. 함수 $g(t)$가 열린구간 $(0,\,5)$에서 증가할 때, a의 최솟값을 구하시오.

▸ 평가원

15 ①②③

필수 예제 4

모든 계수가 정수인 삼차함수 $y=f(x)$는 다음 조건을 만족시킨다.

(가) 모든 실수 x에 대하여 $f(-x)=-f(x)$이다.
(나) $f(1)=5$
(다) $1<f'(1)<7$

함수 $y=f(x)$의 극댓값은 m이다. m^2의 값을 구하시오.

04 방정식과 부등식에의 활용

개념 ① 방정식의 실근의 개수

(1) 방정식 $f(x)=0$의 실근의 개수
  방정식 $f(x)=0$의 서로 다른 실근의 개수
  $\Longleftrightarrow$ 함수 $y=f(x)$의 그래프와 x축의 교점의 개수

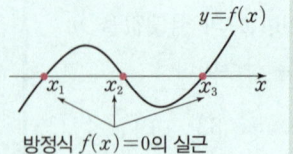

방정식 $f(x)=0$의 실근

(2) 방정식 $f(x)=g(x)$의 실근의 개수
  방정식 $f(x)=g(x)$의 서로 다른 실근의 개수
  $\Longleftrightarrow$ 두 함수 $y=f(x)$, $y=g(x)$의 그래프의
    교점의 개수
  $\Longleftrightarrow$ 함수 $y=f(x)-g(x)$의 그래프와 x축의
    교점의 개수

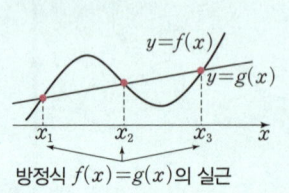

방정식 $f(x)=g(x)$의 실근

주어진 방정식을 풀기보다는 함수의 관점에서 바라보고 함수의 그래프와 직선의 교점의 개수를 이용하여 방정식의 서로 다른 실근의 개수를 구한다.

참고 방정식 $f(x)=0$이 실근을 갖지 않는다. $\Longleftrightarrow$ 함수 $y=f(x)$의 그래프와 x축이 만나지 않는다.

개념 Check

정답 및 해설 28쪽

1. 방정식 $x^3-6x^2+9x-1=0$의 서로 다른 실근의 개수를 구하시오.

개념 ② 삼차방정식의 근의 판별

(1) 삼차함수 $f(x)$가 극값을 가질 때, 삼차방정식 $f(x)=0$의 서로 다른 실근의 개수는 다음과 같다.
  ① (극댓값)×(극솟값)<0 $\Longleftrightarrow$ 서로 다른 세 실근 ➡ 3개
  ② (극댓값)×(극솟값)=0 $\Longleftrightarrow$ 한 실근과 중근 (서로 다른 두 실근) ➡ 2개
  ③ (극댓값)×(극솟값)>0 $\Longleftrightarrow$ 한 실근과 서로 다른 두 허근 ➡ 1개

(2) 삼차함수 $f(x)$가 극값을 갖지 않을 때
  ➡ 삼차방정식 $f(x)=0$의 서로 다른 실근의 개수는 1이다.

▶ (2)의 경우에 함수 $f(x)$는 실수 전체의 집합에서 증가하거나 감소한다.

(1) 삼차함수 $f(x)=ax^3+bx^2+cx+d$ $(a>0,\ b,\ c,\ d$는 상수$)$가 극값을 가지면 이차방정식 $f'(x)=0$은 서로 다른 두 실근을 갖는다.
  이 두 실근을 α, β $(\alpha<\beta)$라 하면 $f'(x)=3a(x-\alpha)(x-\beta)$이고, 함수 $f(x)$는 $x=\alpha$에서 극댓값 $f(\alpha)$를 갖고 $x=\beta$에서 극솟값 $f(\beta)$를 갖는다.
  ① $f(\alpha)f(\beta)<0$일 때
    극댓값과 극솟값의 부호가 서로 다르므로 함수 $y=f(x)$의 그래프가 x축과 서로 다른 세 점에서 만난다.
    즉, 방정식 $f(x)=0$은 서로 다른 세 실근을 갖는다.

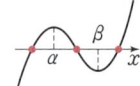

② $f(\alpha)f(\beta)=0$일 때

$f(\alpha)=0$ 또는 $f(\beta)=0$이므로 함수 $y=f(x)$의
그래프가 x축에 접한다.

즉, 방정식 $f(x)=0$은 한 실근과 중근을 갖는다.

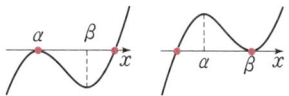

③ $f(\alpha)f(\beta)>0$일 때

극댓값과 극솟값의 부호가 서로 같으므로 함수
$y=f(x)$의 그래프가 x축과 오직 한 점에서 만난다.

즉, 방정식 $f(x)=0$은 한 실근과 서로 다른 두 허근
을 갖는다.

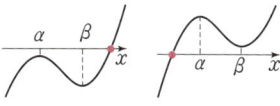

(2) 삼차함수 $f(x)=ax^3+bx^2+cx+d$
($a>0$, b, c, d는 상수)가 극값을 갖지
않으면 함수 $y=f(x)$의 그래프는 x축
과 오직 한 점에서 만난다.

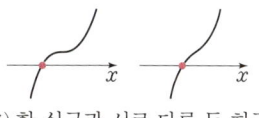

(i) 삼중근　(ii) 한 실근과 서로 다른 두 허근

따라서 방정식 $f(x)=0$은 삼중근 또는 한 실근과 서로 다른 두 허근을 가지므로 방정
식 $f(x)=0$의 서로 다른 실근의 개수는 1이다.

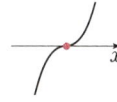 삼차방정식 $x^3-3x-1=0$에서

$\qquad f(x)=x^3-3x-1$이라 하면

$\qquad f'(x)=3x^2-3=3(x+1)(x-1)$

$\qquad f'(x)=0$에서 $x=-1$ 또는 $x=1$

함수 $f(x)$의 증가와 감소를 표로 나타
내면 오른쪽과 같고, 함수 $f(x)$의 극
댓값은 1, 극솟값은 -3이다.

따라서

x	$\cdots$	-1	$\cdots$	1	$\cdots$
$f'(x)$	$+$	0	$-$	0	$+$
$f(x)$	↗	1	↘	-3	↗

$\qquad$ (극댓값)×(극솟값)$=-3<0$

이므로 주어진 삼차방정식은 서로 다른 세 실근을 갖는다.

개념 ③ 모든 실수에 대하여 성립하는 부등식의 증명

(1) 모든 실수 x에 대하여

① 부등식 $f(x)\geq0$이 성립함을 증명하려면

➡ (함수 $f(x)$의 최솟값)≥0임을 보인다.

② 부등식 $f(x)\leq0$이 성립함을 증명하려면

➡ (함수 $f(x)$의 최댓값)≤0임을 보인다.

(2) 모든 실수 x에 대하여 부등식 $f(x)\geq g(x)$가 성립함을 증명하려면

➡ $h(x)=f(x)-g(x)$라 하고, (함수 $h(x)$의 최솟값)≥0임을 보인다.

▶ ① 부등식 $f(x)>0$이 성립함을
　증명하려면
　➡ (함수 $f(x)$의 최솟값)>0
　임을 보인다.
② 부등식 $f(x)<0$이 성립함을
　증명하려면
　➡ (함수 $f(x)$의 최댓값)<0
　임을 보인다.

(1) ① 모든 실수 x에 대하여 부등식 $f(x)\geq0$이 성립하려면 함수 $y=f(x)$의 그래프가
x축과 만날 때 그 점에서 접하거나 x축보다 위쪽에 있어야 한다.

즉, 함수 $f(x)$의 도함수 $f'(x)$를 이용하여 (함수 $f(x)$의 최솟값)≥0임을 보인다.

② 모든 실수 x에 대하여 부등식 $f(x)\leq0$이 성립하려면 함수 $y=f(x)$의 그래프가
x축과 만날 때 그 점에서 접하거나 x축보다 아래쪽에 있어야 한다.

즉, 함수 $f(x)$의 도함수 $f'(x)$를 이용하여 (함수 $f(x)$의 최댓값)≤0임을 보인다.

(2) 모든 실수 x에 대하여 부등식 $f(x) \geq g(x)$, 즉 $f(x)-g(x) \geq 0$가 성립하려면
$h(x)=f(x)-g(x)$라 하고, (1)과 같은 방법으로 함수 $h(x)$의 도함수 $h'(x)$를 이용하여 (함수 $h(x)$의 최솟값) ≥ 0임을 보인다.

설명 예시 ▶ 모든 실수 x에 대하여 부등식 $x^4+2x^2-8x+5 \geq 0$이 성립함을 보이자.

$\qquad f(x)=x^4+2x^2-8x+5$라 하면

$\qquad f'(x)=4x^3+4x-8=4(x-1)(x^2+x+2)$

$\qquad f'(x)=0$에서 $x=1$ ($\because$ x는 실수)

함수 $f(x)$의 증가와 감소를 표로 나타내면 오른쪽과 같고, 함수 $f(x)$의 최솟값은 0이므로 $f(x) \geq 0$이다. 따라서 모든 실수 x에 대하여 주어진 부등식이 성립한다.

x	$\cdots$	1	$\cdots$
$f'(x)$	$-$	0	$+$
$f(x)$	$\searrow$	0	$\nearrow$

개념 ④ 주어진 구간에서 성립하는 부등식의 증명

(1) $x \geq a$에서 부등식 $f(x) \geq 0$이 성립함을 증명하려면

① $x \geq a$에서 함수 $f(x)$의 극값이 존재할 때

➡ ($x \geq a$에서 함수 $f(x)$의 최솟값) ≥ 0임을 보인다.

② $x \geq a$에서 함수 $f(x)$의 극값이 존재하지 않을 때

➡ $x \geq a$에서 함수 $f(x)$가 증가하고, $f(a) \geq 0$임을 보인다.

(2) $x \geq a$에서 부등식 $f(x) \geq g(x)$가 성립함을 증명하려면

➡ $h(x)=f(x)-g(x)$라 하고, ($x \geq a$에서 함수 $h(x)$의 최솟값) ≥ 0임을 보인다.

▶ ② $x>a$에서도
$\quad f'(x)>0, f(a) \geq 0$
임을 보인다.

①
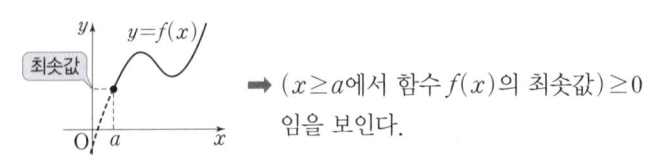

➡ ($x \geq a$에서 함수 $f(x)$의 최솟값) ≥ 0임을 보인다.

(극솟값)=(최솟값)일 때   (최솟값)=$f(a)$일 때

②
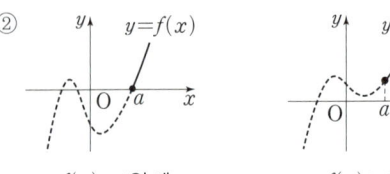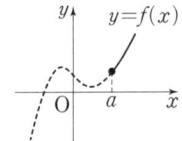

➡ $x \geq a$에서 함수 $f(x)$가 증가하고, $f(a) \geq 0$임을 보인다.

$f(a)=0$일 때 $f(a)>0$일 때

▶ $x \geq a$에서 함수 $f(x)$가 증가하면 $x \geq a$에서 함수 $f(x)$의 최솟값은 $f(a)$이다.

설명 예시 ▶ $x \geq 0$에서 부등식 $x^3-3x+2 \geq 0$이 성립함을 보이자.

$\qquad f(x)=x^3-3x+2$라 하면

$\qquad f'(x)=3x^2-3=3(x+1)(x-1)$

$\qquad f'(x)=0$에서 $x=1$ ($\because$ $x \geq 0$)

$x \geq 0$에서 함수 $f(x)$의 증가와 감소를 표로 나타내면 오른쪽과 같고, 함수 $f(x)$의 최솟값은 0이므로 $f(x) \geq 0$이다.

따라서 $x \geq 0$에서 주어진 부등식이 성립한다.

x	0	$\cdots$	1	$\cdots$
$f'(x)$		$-$	0	$+$
$f(x)$	2	$\searrow$	0	$\nearrow$

개념 5 **속도와 가속도**

수직선 위를 움직이는 점 P의 시각 t에서의 위치 x가 $x=f(t)$일 때

(1) 시각 t에서의 점 P의 속도 v는

$$v=\frac{dx}{dt}=f'(t)$$

(2) 시각 t에서의 점 P의 가속도 a는

$$a=\frac{dv}{dt}=v'(t)$$

참고 (1) 속도의 절댓값 $|v|$를 시각 t에서의 점 P의 속도의 크기 또는 속력이라 한다.
　　 (2) 가속도의 절댓값 $|a|$를 시각 t에서의 점 P의 가속도의 크기라 한다.

(1) 점 P가 수직선 위를 움직일 때, 시각 t에서의 점 P의 위치를 x라 하면 x는 t에 대한 함수이므로 $x=f(t)$와 같이 나타낼 수 있다.

시각 t에서 $t+\Delta t$까지의 점 P의 위치의 변화량 Δx는

$$\Delta x=f(t+\Delta t)-f(t)$$

이므로 시각 t에서 $t+\Delta t$까지의 점 P의 평균 속도는

$$\frac{\Delta x}{\Delta t}=\frac{f(t+\Delta t)-f(t)}{\Delta t}$$

이고, 이는 함수 $x=f(t)$의 평균변화율이다.

이때 위치 $x=f(t)$의 시각 t에서의 순간변화율은 다음과 같다.

$$\frac{dx}{dt}=\lim_{\Delta t\to 0}\frac{\Delta x}{\Delta t}=\lim_{\Delta t\to 0}\frac{f(t+\Delta t)-f(t)}{\Delta t}=f'(t)$$

▶ 순간변화율은 위치의 평균변화율의 극한값이다.

이를 시각 t에서의 점 P의 순간속도 또는 속도라 하고, v로 나타낸다. 즉,

$$v=\frac{dx}{dt}=f'(t)$$

이고, 속도 v는 함수 $x=f(t)$의 그래프에서 시각 t에서의 접선의 기울기를 의미한다.

이와 같이 시각 t에서의 점 P의 위치를 나타내는 함수 $f(t)$를 시각 t에 대하여 미분한 도함수 $f'(t)$가 시각 t에서의 점 P의 속도를 나타내는 함수이다.

참고 ① 수직선 위를 움직이는 점 P의 속도가 $v=f'(t)$일 때

　　 • $v>0$이면 점 P는 양의 방향으로 움직인다.
　　 • $v=0$이면 점 P는 운동 방향을 바꾸거나 정지한다.
　　 • $v<0$이면 점 P는 음의 방향으로 움직인다.

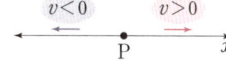

② 물체의 속도가 0인 경우

　　 • 운동 방향을 바꾸는 경우
　　 • 정지하는 경우
　　 • 수직 운동을 할 때, 최고 높이에 도달하는 경우

(2) 속도 v의 시각 t에서의 순간변화율은 다음과 같다.

$$\frac{dv}{dt}=\lim_{\Delta t\to 0}\frac{\Delta v}{\Delta t}$$

이를 시각 t에서의 점 P의 가속도라 하고, a로 나타낸다. 즉,

$$a=\frac{dv}{dt}=v'(t)$$

이와 같이 시각 t에서의 점 P의 속도를 나타내는 함수 $v(t)$를 시각 t에 대하여 미분한 도함수 $v'(t)$가 시각 t에서의 점 P의 가속도를 나타내는 함수이다.

위치 $x=f(t)$	미분 →	속도 $v=\dfrac{dx}{dt}=f'(t)$	미분 →	가속도 $a=\dfrac{dv}{dt}=v'(t)$

개념 Check

정답 및 해설 28쪽

2. 수직선 위를 움직이는 점 P의 시각 t에서의 위치 x가 $x=t^3+3t+1$일 때, 다음을 구하시오.

 (1) $t=1$에서의 점 P의 속도   (2) $t=1$에서의 점 P의 가속도

수능 Idea

Idea ① 방정식과 부등식은 함수의 관점에서 관찰할 수 있어야 한다. (그래프를 그릴 생각)

 (1) 방정식 $f(x)=g(x)$의 서로 다른 실근 x

  $\Longleftrightarrow$ 두 함수 $y=f(x)$, $y=g(x)$의 그래프의 교점의 x좌표

 (2) 방정식 $f(x)=g(x)$의 서로 다른 실근 x의 개수

  $\Longleftrightarrow$ 두 함수 $y=f(x)$, $y=g(x)$의 그래프의 교점의 개수

 (3) 모든 실수 x에 대하여 부등식 $f(x)>g(x)$가 성립하려면

  함수 $y=f(x)-g(x)$의 그래프가 직선 $y=0$, 즉 x축보다 항상 위쪽에 있어야 하므로

  함수 $f(x)-g(x)$의 최솟값이 0보다 커야 한다.

Idea ② 식을 정리할 때는 문자는 문자끼리, 숫자는 숫자끼리 정리한다.

 방정식 $f(x)=g(x)$를 함수의 관점에서 관찰할 때, 적절하게 이항시켜서 '(문자)=(숫자)' 꼴로 정리하자.

 곡선과 곡선 사이의 관계를 관찰하는 것보다 곡선과 직선 사이의 관계를 관찰하는 것이 훨씬 수월하기 때문이다.

개념 ❶ ❷

· 3점 빈출 ·

필수 예제 1

방정식의 실근의 개수

방정식 $2x^3+3x^2-12x-k=0$이 서로 다른 세 실근을 갖도록 하는 정수 k의 최솟값은?

① -8 ② -7 ③ -6 ④ -5 ⑤ -4

수능 link → 3점, 4점 문제로 자주 출제되는 유형이다.
방정식은 함수의 관점에서 그래프를 그려서 관찰할 수 있다는 것을 명심하자.

수능 key → 방정식 $f(x)=k$ (k는 실수)의 서로 다른 실근의 개수

➡ 함수 $y=f(x)$의 그래프와 직선 $y=k$의 서로 다른 교점의 개수

참고 두 함수 $y=f(x)$, $y=g(x)$의 그래프의 서로 다른 교점의 개수
➡ 방정식 $f(x)=g(x)$에서 $h(x)=k$ (k는 실수) 꼴로 변형한다.

[1] [2] [3]

1 -1

곡선 $y=x^3-3x^2-9x$와 직선 $y=k$가 서로 다른 두 점에서 만나도록 하는 모든 실수 k의 값의 합은?

① -28 ② -26 ③ -24 ④ -22 ⑤ -20

필수 예제 2 방정식의 실근의 부호

방정식 $x^3 - \dfrac{9}{2}x^2 - 12x + k = 0$이 서로 다른 두 개의 음의 실근과 한 개의 양의 실근을 갖도록 하는 정수 k의 개수를 구하시오.

수능 link ▶ 필수 예제 1의 연장선에 있는 유형으로, 특정한 범위에서 방정식의 실근이 존재할 조건을 물어본다.
이 유형 역시 방정식을 함수의 관점에서 그래프를 그려서 관찰하자.

수능 key ▶ 방정식 $f(x) = k$ (k는 실수)의 실근
➡ 함수 $y = f(x)$의 그래프와 직선 $y = k$의 교점의 x좌표

참고 방정식 $f(x) = k$가
(1) 양의 실근을 가지면 함수 $y = f(x)$의 그래프와 직선 $y = k$의 교점의 x좌표 중 양수가 존재한다.
(2) 음의 실근을 가지면 함수 $y = f(x)$의 그래프와 직선 $y = k$의 교점의 x좌표 중 음수가 존재한다.

2-1

1 2 3

두 함수
$$f(x) = 3x^4 - 2x^2 + 24x - 2, \quad g(x) = 8x^3 + 4x^2 + k$$
에 대하여 방정식 $f(x) = g(x)$가 서로 다른 세 개의 양의 실근과 한 개의 음의 실근을 갖도록 하는 정수 k의 최댓값을 구하시오.

개념 ❸

필수 예제 3 부등식이 성립할 조건; 실수 전체

모든 실수 x에 대하여 부등식 $x^4 - 2x^2 + 4 - k \geq 0$이 성립하도록 하는 실수 k의 최댓값은?

① 2　　　② $\dfrac{5}{2}$　　　③ 3　　　④ $\dfrac{7}{2}$　　　⑤ 4

수능 link

3점, 4점 문제로 종종 출제되는 유형이다.
항상 성립하는 부등식 문제는 결국 함수의 최대와 최소 문제임을 이해하고, 함수의 최댓값 또는 최솟값을 이용하여 풀 수 있도록 하자.

수능 key

(1) 부등식 $f(x) \geq 0$이 성립 ➡ (함수 $f(x)$의 최솟값) ≥ 0
(2) 부등식 $f(x) \leq 0$이 성립 ➡ (함수 $f(x)$의 최댓값) ≤ 0

3 -1

1　2　3

곡선 $y = x^4 - x^3 + k$가 곡선 $y = \dfrac{1}{4}x^4 + 3x^2$보다 항상 위쪽에 있도록 하는 정수 k의 최솟값을 구하시오.

필수예제 4 부등식이 성립할 조건; 구간

$x \geq 2$일 때, 부등식 $x^3 - 6x^2 + 9x \geq k$가 항상 성립하도록 하는 실수 k의 최댓값은?

① -2 ② -1 ③ 0 ④ 1 ⑤ 2

수능 link ▸ **필수 예제** ③의 연장선에 있는 유형으로, 이 유형 역시 3점, 4점 문제로 종종 출제된다.
함수의 최댓값 또는 최솟값을 이용하여 풀자.

수능 key ▸ (1) $x \geq k$에서 부등식 $f(x) \geq 0$이 성립 ➡ ($x \geq k$에서 함수 $f(x)$의 최솟값) ≥ 0
(2) $x \geq k$에서 부등식 $f(x) \leq 0$이 성립 ➡ ($x \geq k$에서 함수 $f(x)$의 최댓값) ≤ 0

---

4 -1

① ② ③

$-1 < x < 1$일 때, 부등식 $-x^3 + \dfrac{3}{2}x^2 + 6x + k > 0$이 항상 성립하도록 하는 실수 k의 최솟값을 m이라 하자. $2m$의 값을 구하시오.

개념 ❺

• 3점 빈출 •

필수 예제 5

▶ 교육청

속도와 가속도

수직선 위를 움직이는 점 P의 시각 t ($t \geq 0$)에서의 위치 x가

$$x = t^3 - 6t^2 + 5$$

이다. 점 P의 가속도가 0일 때, 점 P의 속도는?

① -12 ② -10 ③ -8 ④ -6 ⑤ -4

수능 link ┈┈▶ 위치, 속도, 가속도 사이의 관계를 이용하는 유형으로, 3점 문제로 자주 출제된다.
수직선 위를 움직이는 점의 운동 방향에 대한 개념을 정확하게 이해하고 있어야 한다.

수능 key ┈┈▶

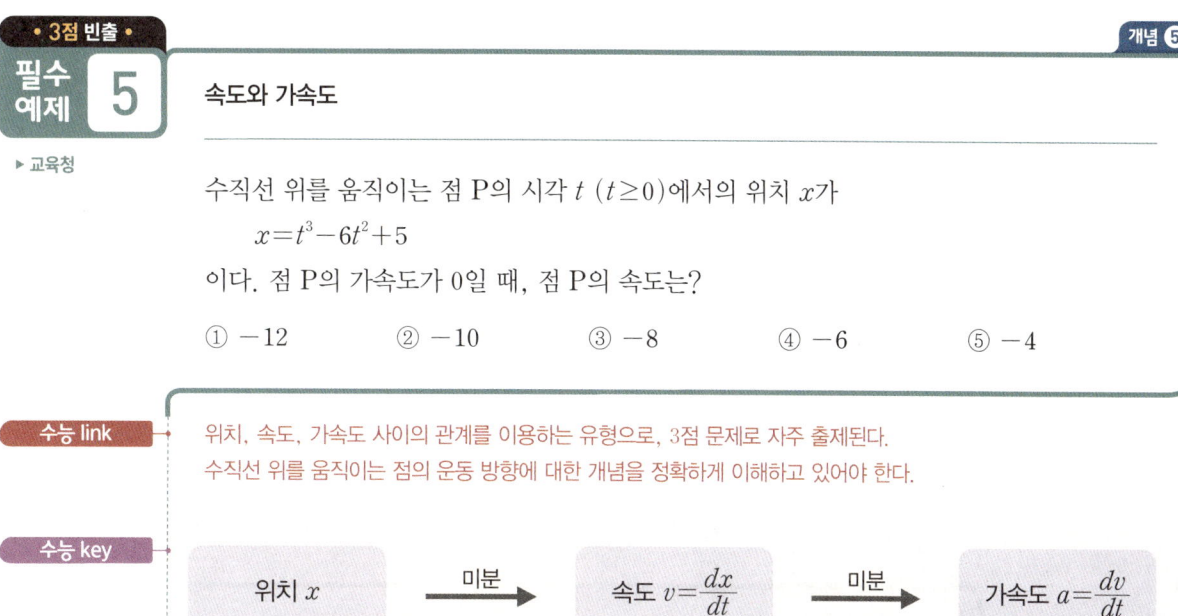

위치 x →(미분)→ 속도 $v = \dfrac{dx}{dt}$ →(미분)→ 가속도 $a = \dfrac{dv}{dt}$

5 -1

수직선 위를 움직이는 점 P의 시각 t ($t \geq 0$)에서의 위치 x가

$$x = \frac{1}{3}t^3 - 4t^2 + 12t$$

이다. 점 P가 출발한 후 처음으로 운동 방향을 바꾸는 순간 점 P의 위치는?

① 10 ② $\dfrac{32}{3}$ ③ $\dfrac{34}{3}$ ④ 12 ⑤ $\dfrac{38}{3}$

개념 ❺

필수 예제 6

속도의 그래프와 가속도

원점을 출발하여 수직선 위를 움직이는 점 P의 시각 t $(t \geq 0)$에서의 속도 $v(t)$의 그래프가 그림과 같고 $v'(1) = v'(3) = 0$일 때, 〈보기〉에서 옳은 것만을 있는 대로 고른 것은?

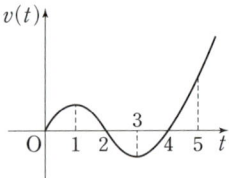

〈보기〉
ㄱ. $t = 2$에서의 점 P의 속도는 0이다.
ㄴ. $t = 1$에서의 점 P의 가속도는 0이다.
ㄷ. $0 < t < 5$에서 점 P는 운동 방향을 두 번 바꾼다.

① ㄱ　　　② ㄷ　　　③ ㄱ, ㄴ　　　④ ㄴ, ㄷ　　　⑤ ㄱ, ㄴ, ㄷ

수능 link ┈┈➤ 적분 단원에서 배우는 위치의 변화량, 움직인 거리 개념까지 함께 결합되어 ㄱ, ㄴ, ㄷ 진위 판단 4점 문제로 출제될 수 있다.

수능 key (1) 수직선 위를 움직이는 점 P의 시각 t에서의 위치 $x(t)$의 그래프가 주어지는 경우
　　$t = a$에서의 점 P의 속도 ➡ $t = a$에서의 접선의 기울기로 판별한다.
(2) 수직선 위를 움직이는 점 P의 시각 t에서의 속도 $v(t)$의 그래프가 주어지는 경우
　　① $t = a$에서의 점 P의 가속도 ➡ $t = a$에서의 접선의 기울기로 판별한다.
　　② 운동 방향 ➡ (ⅰ) $v(a) > 0$: 시각 $t = a$에서 점 P는 양의 방향으로 움직인다.
　　　　　　　　　(ⅱ) $v(a) = 0$: 시각 $t = a$에서 점 P는 정지하거나 운동 방향을 바꾼다.
　　　　　　　　　(ⅲ) $v(a) < 0$: 시각 $t = a$에서 점 P는 음의 방향으로 움직인다.

6-1 ①②③

원점을 출발하여 수직선 위를 움직이는 점 P의 시각 t $(t \geq 0)$에서의 위치 $x(t)$의 그래프가 그림과 같고 $x'(a) = 0$일 때, 〈보기〉에서 옳은 것만을 있는 대로 고른 것은?

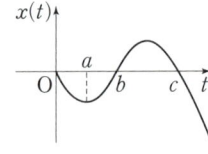

〈보기〉
ㄱ. $t = b$일 때, 점 P의 위치는 원점이다.
ㄴ. $t = a$일 때, 점 P의 속도는 0이다.
ㄷ. $t = c$일 때, 점 P는 운동 방향을 바꾼다.

① ㄱ　　　② ㄴ　　　③ ㄱ, ㄴ　　　④ ㄴ, ㄷ　　　⑤ ㄱ, ㄴ, ㄷ

단원 마무리

04 방정식과 부등식에의 활용

✎ 정답 및 해설 30쪽

1 (1 2 3)   필수 예제 1

한 자리 자연수 m에 대하여 곡선 $y=x^3-3x^2+6$과 직선 $y=m$이 한 점에서만 만나도록 하는 모든 m의 값의 합을 구하시오.

2 (1 2 3)   필수 예제 1

방정식 $x^3-3k^2x-2=0$이 서로 다른 두 실근을 갖도록 하는 양수 k의 값은?

① 1   ② 2   ③ 3

④ 4   ⑤ 5

3 (1 2 3)   필수 예제 1

방정식 $\dfrac{3}{4}x^4-x^3-3x^2+2+k=0$의 서로 다른 실근의 개수가 홀수가 되도록 하는 모든 실수 k의 값의 합을 m이라 하자. $4m$의 값을 구하시오.

4 (1 2 3)   필수 예제 2

방정식 $x^4-x^3-5x^2+k=\dfrac{1}{3}x^3-x^2-1$이 양의 실근만 갖도록 하는 실수 k의 최댓값을 M이라 할 때, $12M$의 값을 구하시오.

5 [1][2][3]

필수 예제 3

실수 전체의 집합에서 정의된 함수 $f(x)$가

$$f(x) = \begin{cases} x^3 - \dfrac{9}{2}x^2 + 6x + 3 & (x \geq 0) \\ x^2 + 2x + 3 & (x < 0) \end{cases}$$

일 때, 부등식 $f(x) \geq k$가 성립하도록 하는 실수 k의 최댓값은?

① 2   ② $\dfrac{5}{2}$ ③ 3

④ $\dfrac{7}{2}$ ⑤ 4

6 [1][2][3]

필수 예제 4

닫힌구간 $[-3, 2]$에서 부등식

$$|x^3 + 3x^2 + k| < 25$$

를 만족시키는 정수 k의 개수를 구하시오.

7 [1][2][3]

필수 예제 4

$x \geq 0$일 때, 부등식 $x^3 - 3x^2 \geq kx - 4$가 항상 성립하도록 하는 실수 k의 값의 범위는?

① $k \leq 0$ ② $k \geq 0$ ③ $k \leq 1$

④ $k \leq 2$ ⑤ $k \geq 2$

8 [1][2][3]

필수 예제 5

수직선 위를 움직이는 점 P의 시각 t $(t \geq 0)$에서의 위치 x가

$$x = \frac{1}{3}t^3 - 5t^2 + 10t$$

이다. 점 P의 속도가 최소일 때, 점 P의 가속도는?

① -2 ② -1 ③ 0

④ 1 ⑤ 2

9 ①②③   필수 예제 6

원점을 출발하여 수직선 위를 움직이는 점 P의 시각 t $(t \geq 0)$에서의 위치 $x(t)$는 t에 대한 삼차식이고 그 그래프가 그림과 같을 때, 점 P의 가속도가 0이 되는 시각은?

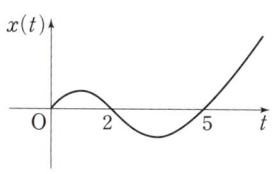

① 2   ② $\dfrac{7}{3}$ ③ $\dfrac{8}{3}$

④ 3   ⑤ $\dfrac{10}{3}$

기출문제

▶ 평가원

10 ①②③   필수 예제 1

방정식 $2x^3 + 6x^2 + a = 0$이 $-2 \leq x \leq 2$에서 서로 다른 두 실근을 갖도록 하는 정수 a의 개수는?

① 4   ② 6   ③ 8

④ 10   ⑤ 12

▶ 수능

11 ①②③   필수 예제 5

수직선 위를 움직이는 두 점 P, Q의 시각 t $(t \geq 0)$에서의 위치 x_1, x_2가

$$x_1 = t^3 - 2t^2 + 3t, \quad x_2 = t^2 + 12t$$

이다. 두 점 P, Q의 속도가 같아지는 순간 두 점 P, Q 사이의 거리를 구하시오.

Ⅲ

적분

이 단원의 수능 경향 및 대비 방법

단원	수능 경향	대비 방법
01 부정적분	• 주기함수, 평행이동 또는 대칭이동한 함수, 대칭성을 갖는 함수 등의 정적분의 값을 물어보는 문세가 출제된다.	• 다항함수의 부정적분, 정적분을 제대로 계산할 수 있어야 한다.
02 정적분	• 정적분으로 정의된 함수가 주어지는 문제가 출제된다.	• 주기함수, 함수의 평행이동 또는 대칭이동, 함수의 대칭성 등에 대한 정확한 이해가 필요하고, 이러한 특성을 갖는 함수에 대한 정적분의 여러 가지 성질을 알고 있어야 한다.
		• 정적분으로 정의된 함수가 어떤 꼴로 주어졌는지에 따라 유형별로 풀이 방법을 익혀두어야 한다.
03 정적분의 활용	• 두 함수의 그래프로 둘러싸인 부분의 넓이를 구하는 문제가 출제된다.	• 두 함수의 그래프의 교점을 찾아 둘러싸인 부분의 넓이를 구할 수 있어야 한다.
	• 위치, 속도, 속력, 가속도, 움직인 거리 사이의 여러 가지 관계를 물어보는 합답형 문제가 출제된다.	• 위치, 속도, 속력, 가속도, 움직인 거리 등의 여러 가지 용어에 대한 정확한 뜻과 그 관계를 알고 있어야 한다.

01 부정적분

개념 ① 부정적분의 정의

(1) 함수 $F(x)$의 도함수가 $f(x)$, 즉 $F'(x)=f(x)$일 때, $F(x)$를 $f(x)$의 **부정적분**
이라 하고, 이것을 기호로

$$\int f(x)\,dx$$

와 같이 나타낸다.

(2) 함수 $f(x)$의 한 부정적분을 $F(x)$라 하면
$f(x)$의 임의의 부정적분은

$$\int f(x)\,dx = F(x)+C$$

와 같이 나타낸다.

이때 상수 C를 **적분상수**, x를 적분변수, 함수 $f(x)$를 피적분함수라 한다.

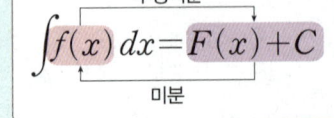

(3) 함수 $f(x)$의 부정적분을 구하는 것을 함수 $f(x)$를 적분한다고 하고, 그 계산법을
적분법이라 한다.

두 함수 $F(x)$, $G(x)$가 모두 함수 $f(x)$의 부정적분이면
$F'(x)=f(x)$, $G'(x)=f(x)$이므로

$$\{G(x)-F(x)\}'=G'(x)-F'(x)=f(x)-f(x)=0$$

그런데 도함수가 0인 함수는 상수함수이므로 그 상수를 C라 하면

$$G(x)-F(x)=C \qquad \therefore\ G(x)=F(x)+C$$

따라서 함수 $f(x)$의 한 부정적분을 $F(x)$라 하면 $f(x)$의 모든 부정적분은
$F(x)+C$ (C는 상수)와 같이 나타낼 수 있으므로 다음과 같다.

$$\int f(x)\,dx = F(x)+C \ \text{(단, } C\text{는 적분상수)}$$

또한, '함수 $f(x)$는 함수 $F(x)$의 도함수이다.'와 '함수 $F(x)$는 함수 $f(x)$의 한 부정적분
이다.'는 서로 같은 표현임을 알 수 있다.

즉, 적분은 미분의 역연산이다.

개념 ② 부정적분과 미분의 관계

함수 $f(x)$에 대하여

(1) $\dfrac{d}{dx}\left\{\displaystyle\int f(x)\,dx\right\}=f(x)$

(2) $\displaystyle\int\left\{\dfrac{d}{dx}f(x)\right\}dx=f(x)+C$ (단, C는 적분상수)

(1) 함수 $f(x)$의 한 부정적분을 $F(x)$라 하면 $\displaystyle\int f(x)\,dx=F(x)+C$ (C는 적분상수)

이므로 양변을 x에 대하여 미분하면

$$\frac{d}{dx}\left\{\int f(x)\,dx\right\}=\frac{d}{dx}\{F(x)+C\}=f(x)$$

▶ 부정적분의 '부정'은 어느 하나로
정할 수 없다는 뜻이다.

▶ 기호 $\int$은 합을 뜻하는 라틴어
'Summa'의 첫 글자 S를 길게 늘여
쓴 것이다.

▶ $\int f(x)\,dx$는
'적분 $f(x)\,dx$' 또는
'인티그럴(integral) $f(x)\,dx$'
라 읽는다.

(2) $\int \left\{ \dfrac{d}{dx} f(x) \right\} dx = F(x)$라 하고 양변을 x에 대하여 미분하면

$$\dfrac{d}{dx} f(x) = \dfrac{d}{dx} F(x),\ \dfrac{d}{dx}\{F(x) - f(x)\} = 0$$

따라서 $F(x) - f(x) = C$ (C는 상수)이므로

$$F(x) = f(x) + C$$

$$\therefore \int \left\{ \dfrac{d}{dx} f(x) \right\} dx = f(x) + C \ (\text{단, } C\text{는 적분상수})$$

주의 $\dfrac{d}{dx}\left\{ \int f(x)\,dx \right\} \neq \int \left\{ \dfrac{d}{dx} f(x) \right\} dx$

개념 Check

정답 및 해설 33쪽

1. 함수 $f(x) = x^2 + 2x$에 대하여 다음을 구하시오.

(1) $\dfrac{d}{dx}\left\{ \int f(x)\,dx \right\}$ (2) $\int \left\{ \dfrac{d}{dx} f(x) \right\} dx$

개념 ③ 함수 $y = x^n$의 부정적분

n이 양의 정수일 때

$$\int x^n\,dx = \dfrac{1}{n+1} x^{n+1} + C \ (\text{단, } C\text{는 적분상수})$$

n이 양의 정수일 때, $\left(\dfrac{1}{n+1} x^{n+1} \right)' = x^n$이므로 함수 $y = x^n$의 부정적분은

$$\int x^n\,dx = \dfrac{1}{n+1} x^{n+1} + C \ (\text{단, } C\text{는 적분상수})$$

참고 $\int 1\,dx = x + C$ (C는 적분상수)이고, $\int 1\,dx$는 보통 $\int dx$로 나타낸다.

▶ 위의 식에 $n=0$을 대입한 것이다.

개념 Check

정답 및 해설 33쪽

2. 다음 부정적분을 구하시오.

(1) $\int x^2\,dx$ (2) $\int x^9\,dx$

개념 ④ 함수의 실수배, 합, 차의 부정적분

두 함수 $f(x)$, $g(x)$가 부정적분을 가질 때

(1) $\int kf(x)\,dx = k \int f(x)\,dx$ (단, k는 0이 아닌 실수)

(2) $\int \{f(x) \pm g(x)\}\,dx = \int f(x)\,dx \pm \int g(x)\,dx$ (복부호동순)

▶ (2)는 세 개 이상의 함수에 대해서도 성립한다.

두 함수 $f(x)$, $g(x)$의 한 부정적분을 각각 $F(x)$, $G(x)$라 하면

$$\int f(x)\,dx=F(x)+C_1,\ \int g(x)\,dx=G(x)+C_2\ (C_1, C_2\text{는 적분상수})$$

이고

$$F'(x)=f(x),\ G'(x)=g(x)$$

이므로 다음을 알 수 있다.

(1) 0이 아닌 실수 k에 대하여 $\{kF(x)\}'=kF'(x)=kf(x)$이므로

$$\int kf(x)\,dx=kF(x)+C_3\ (\text{단}, C_3\text{은 적분상수})$$

$$k\int f(x)\,dx=k\{F(x)+C_1\}=kF(x)+kC_1$$

이때 C_3, kC_1은 임의의 상수이므로

$$\int kf(x)\,dx=k\int f(x)\,dx$$

(2) $\{F(x)\pm G(x)\}'=F'(x)\pm G'(x)=f(x)\pm g(x)$이므로

$$\int \{f(x)\pm g(x)\}\,dx=F(x)\pm G(x)+C_4\ (\text{단}, C_4\text{는 적분상수})$$

$$\int f(x)\,dx\pm\int g(x)\,dx=\{F(x)+C_1\}\pm\{G(x)+C_2\}$$
$$=F(x)\pm G(x)+C_1\pm C_2$$

이때 C_4, C_1, C_2는 임의의 상수이므로

$$\int \{f(x)\pm g(x)\}\,dx=\int f(x)\,dx\pm\int g(x)\,dx$$

참고 (1) $\displaystyle\int f(x)g(x)\,dx\neq\left\{\int f(x)\,dx\right\}\left\{\int g(x)\,dx\right\}$

(2) $\displaystyle\int \frac{f(x)}{g(x)}\,dx\neq\frac{\displaystyle\int f(x)\,dx}{\displaystyle\int g(x)\,dx}\left(\text{단}, g(x)\neq0, \int g(x)\,dx\neq0\right)$

개념 Check

정답 및 해설 33쪽

3. 다음 부정적분을 구하시오.

(1) $\displaystyle\int (x^2-x+2)\,dx$　　　　(2) $\displaystyle\int (x^3+4x)\,dx$

▶ 적분상수가 여러 개 있을 때에는 이들을 묶어서 하나의 적분상수로 나타낼 수 있다.

수능 Idea

Idea 적분은 미분의 역연산이다.

등식 $\displaystyle\int f(x)\,dx=F(x)+C$ (C는 적분상수)의 의미를 살펴보면

함수 $f(x)$를 적분하면 함수 $F(x)$가 나오고, 함수 $F(x)$를 미분하면 함수 $f(x)$가 나온다는 것이다.

따라서 함수 $f(x)$를 적분하라고 한다면 무엇을 미분해야 $f(x)$가 나오는지를 거꾸로 생각해 보자.

개념 ❷

필수 예제 1 부정적분과 미분의 관계

다항함수 $f(x)$에 대하여

$$f(x) = \frac{d}{dx} \int \{x^3 - f(x)\} \, dx$$

일 때, $f(4)$의 값을 구하시오.

수능 link ▸ 부정적분과 미분의 관계를 이해해야 하는 기본 유형으로, **필수 예제 ③**보다는 출제 빈도가 낮다.

수능 key ▸ 함수 $f(x)$에 대하여

(1) $\dfrac{d}{dx}\left\{\displaystyle\int f(x)\,dx\right\} = f(x)$

(2) $\displaystyle\int \left\{\dfrac{d}{dx} f(x)\right\} dx = f(x) + C$ (단, C는 적분상수)

---

1 2 3

1 -1 함수 $f(x) = 3x^2 + 2x$에 대하여 함수 $g(x)$를 $g(x) = \displaystyle\int \left\{\dfrac{d}{dx} f(x)\right\} dx$라 하자. 모든 실수 x에 대하여 $f(x) - g(x) = 4$일 때, $g(2)$의 값은?

① 11   ② 12   ③ 13   ④ 14   ⑤ 15

개념 ❸❹

필수 예제 2 부정적분의 계산

▶ 평가원

함수 $f(x)$가

$$f(x) = \int \left(\frac{1}{2}x^3 + 2x + 1 \right) dx - \int \left(\frac{1}{2}x^3 + x \right) dx$$

이고 $f(0) = 1$일 때, $f(4)$의 값은?

① $\dfrac{23}{2}$ ② 12   ③ $\dfrac{25}{2}$ ④ 13   ⑤ $\dfrac{27}{2}$

수능 link ▶ 부정적분의 성질을 이용하여 계산하는 유형보다는 뒤에서 배우는 정적분의 성질을 이용하여 계산하는 유형이 3점 문제로 자주 출제된다.
하지만 정적분을 계산하기 위해서는 부정적분의 성질과 계산을 제대로 익혀두는 것이 필요하다.

수능 key ▶ 함수의 실수배, 합, 차의 부정적분과 전개, 인수분해, 곱셈 공식 등을 이용하여 피적분함수를 간단히 한 후 부정적분을 구한다.

1 2 3

2 - 1 함수

$$f(x) = \int \frac{x^3}{x-2} \, dx + \int \frac{8}{2-x} \, dx$$

에 대하여 $f(0) = 3$일 때, $f(3)$의 값은?

① 31   ② 33   ③ 35   ④ 37   ⑤ 39

• 3점 빈출 •

필수 예제 3

도함수가 주어진 경우의 부정적분

▶ 평가원

함수 $f(x)$가

$$f'(x)=3x^2-2x,\ f(1)=1$$

을 만족시킬 때, $f(2)$의 값은?

① 1   ② 2   ③ 3   ④ 4   ⑤ 5

수능 link

③번 문제와 같이 단순 계산 문제 또는 **121**쪽의 ⑤번 문제와 같이 극값을 함께 물어보는 3점 문제로 자주 출제된다.

또한, 뒤에서 배우는 정적분 내용과 결합되어 3점 문제로 자주 출제되기도 한다.

수능 key

함수 $f(x)$의 도함수 $f'(x)$와 함숫값이 주어진 경우에는 다음과 같은 순서로 $f(x)$를 구한다.

❶ $f(x)=\displaystyle\int f'(x)\,dx$임을 이용하여 함수 $f(x)$를 적분상수를 포함한 식으로 나타낸다.

❷ ❶의 식에 주어진 함숫값을 대입하여 적분상수를 구한 후 함수 $f(x)$를 구한다.

---

3 - 1

1 2 3

원점을 지나는 곡선 $y=f(x)$ 위의 임의의 점 $(x,\ f(x))$에서의 접선의 기울기가 $3x^2-6x$일 때, $f(2)$의 값은?

① -4 ② -2 ③ 0 ④ 2 ⑤ 4

개념 ❶ ❸ ❹

필수 예제 4 함수와 그 부정적분 사이의 관계식

다항함수 $f(x)$의 한 부정적분 $F(x)$에 대하여

$$F(x) = xf(x) + 4x^3 - x^2$$

이 성립하고 $f(0) = 5$일 때, $f(1)$의 값은?

① 1   ② 3   ③ 5   ④ 7   ⑤ 9

수능 link ▸ 부정적분과 미분의 관계를 이해해야 하는 기본 유형으로, 이 유형 역시 **O2 정적분**에서 중요하게 다루는 '정적분으로 정의된 함수' 유형에 베이스가 되는 유형이다.

수능 key ▸ 미분가능한 함수 $f(x)$와 그 부정적분 $F(x)$ 사이의 관계식이 주어진 경우에는 다음과 같은 순서로 $f(x)$를 구한다.

❶ $F'(x) = f(x)$이므로 주어진 관계식의 양변을 x에 대하여 미분하여 함수 $f(x)$의 도함수 $f'(x)$를 구한다.

❷ $f(x) = \displaystyle\int f'(x)\, dx$임을 이용하여 함수 $f(x)$를 구한다.

---

1 2 3

4 -1

다항함수 $f(x)$에 대하여

$$\int f(x)\, dx = (x-2)f(x) - \frac{3}{4}x^4 + 3x^3 - 3x^2$$

이 성립하고 $f(0) = 2$일 때, $f(2)$의 값을 구하시오.

개념 ❶ ❸ ❹

필수 예제 5 부정적분과 함수의 극대·극소

함수 $f(x)$에 대하여 $f'(x)=3x^2+a$이고, $x=1$에서 극솟값 3을 갖는다. 함수 $f(x)$의 극댓값을 M이라 할 때, $a+M$의 값을 구하시오. (단, a는 상수이다.)

수능 link ┄┄ 119쪽의 ③번 문제와 같이 극값을 물어보거나 정적분과 결합되어 4점 문제로 종종 출제되는 유형이다.

수능 key ┄┄ 도함수 $f'(x)$가 주어진 함수 $f(x)$의 극대·극소는 다음과 같은 순서로 구한다.

❶ $f(x)=\displaystyle\int f'(x)\,dx$임을 이용하여 함수 $f(x)$를 적분상수를 포함한 식으로 나타낸다.

❷ ❶의 식에 주어진 함숫값을 대입하여 적분상수를 구한 후 함수 $f(x)$를 구한다.

❸ 함수 $f(x)$의 증가와 감소를 표로 나타내어 극대와 극소를 판정한 후 극댓값 또는 극솟값을 구한다.

5 -1

삼차함수 $f(x)$의 도함수 $f'(x)$에 대하여 함수 $y=f'(x)$의 그래프가 오른쪽 그림과 같다. 함수 $y=f(x)$의 그래프가 원점을 지날 때, 함수 $f(x)$의 극솟값은?

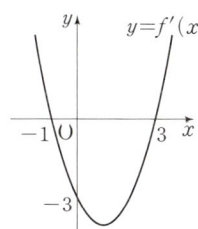

① -1 ② -3 ③ -5

④ -7 ⑤ -9

1 ①②③

필수 예제 ①

함수 $f(x) = \int \left\{ \dfrac{d}{dx}(2x^3 + ax^2) \right\} dx$에 대하여

$f(1) = f'(1) = 0$일 때, $f(2)$의 값은?

(단, a는 상수이다.)

① 1   ② 3   ③ 5

④ 7   ⑤ 9

2 ①②③

필수 예제 ①

함수

$$f(x) = \dfrac{d}{dx} \int (x^3 - 3x) \, dx + \int \left\{ \dfrac{d}{dx}(x^3 - 3x) \right\} dx$$

에 대하여 $f(0) = 4$일 때, 방정식 $f(x) = 0$의 서로 다른 모든 실근의 합은?

① -2 ② -1 ③ 0

④ 1   ⑤ 2

3 ①②③

필수 예제 ②

함수

$$f(x) = \int \dfrac{x^2 - 1}{x + 1} \, dx + \int \dfrac{x^3 + 1}{x + 1} \, dx$$

에 대하여 $f(1) = \dfrac{4}{3}$일 때, $f(3)f'(3)$의 값을 구하시오.

4 ①②③

필수 예제 ③

함수 $f(x)$가 다음 조건을 만족시킬 때, 곡선 $y = f(x)$가 y축과 만나는 점의 y좌표는?

(가) $\displaystyle\lim_{h \to 0} \dfrac{f(x+h) - f(x)}{h} = x^3 - 3x^2 + k$

(단, k는 상수)

(나) 곡선 $y = f(x)$ 위의 점 $(1, 1)$에서의 접선의 방정식은 $y = -x + 2$이다.

① $\dfrac{1}{4}$ ② $\dfrac{3}{4}$ ③ $\dfrac{5}{4}$

④ $\dfrac{7}{4}$ ⑤ $\dfrac{9}{4}$

5 [1][2][3] 필수 예제 4

다항함수 $f(x)$의 한 부정적분 $F(x)$가 모든 실수 x에 대하여

$$F(x) - xf(x) = x^4 - 3x^2$$

을 만족시킨다. $F(1) = 1$일 때, $f(2)$의 값은?

① $-\dfrac{5}{3}$ ② $-\dfrac{4}{3}$ ③ -1

④ $-\dfrac{2}{3}$ ⑤ $-\dfrac{1}{3}$

6 [1][2][3] 필수 예제 5

함수 $f(x)$가 다음 조건을 만족시킬 때, 함수 $f(x)$의 극댓값은?

> (가) $f'(x) = x^2 - x - 2$
> (나) 함수 $f(x)$의 극솟값은 $\dfrac{2}{3}$ 이다.

① $\dfrac{31}{6}$ ② $\dfrac{11}{2}$ ③ $\dfrac{35}{6}$

④ $\dfrac{37}{6}$ ⑤ $\dfrac{13}{2}$

기출문제

▶ 교육청

7 [1][2][3] 필수 예제 3

함수 $f(x)$에 대하여 $f'(x) = 2x + 4$이고 $f(-1) + f(1) = 0$일 때, $f(2)$의 값은?

① 9   ② 10   ③ 11

④ 12   ⑤ 13

▶ 교육청

8 [1][2][3] 필수 예제 5

삼차함수 $y = f(x)$의 도함수 $y = f'(x)$의 그래프가 그림과 같다.

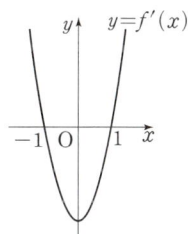

$f'(-1) = f'(1) = 0$이고 함수 $f(x)$의 극댓값이 4, 극솟값이 0일 때, $f(3)$의 값은?

① 14   ② 16   ③ 18

④ 20   ⑤ 22

 **정적분**

개념 ① 정적분의 정의

(1) 함수 $f(x)$가 두 실수 a, b를 포함하는 구간에서 연속일 때, $f(x)$의 한 부정적분을 $F(x)$라 하면 x의 값이 a에서 b까지 변할 때의 $F(x)$의 변화량 $F(b)-F(a)$를 함수 $f(x)$의 a에서 b까지의 **정적분**이라 하고, 이것을 기호로

$$\int_a^b f(x)\,dx$$

와 같이 나타낸다.

(2) 정적분의 값 $F(b)-F(a)$를 기호로

$$\left[F(x) \right]_a^b$$

와 같이 나타내므로 정적분의 정의는 다음과 같다.

$$\int_a^b f(x)\,dx = \left[F(x) \right]_a^b = F(b)-F(a)$$

이때 a를 아래끝, b를 위끝, a에서 b까지를 적분 구간이라 한다.

(3) 정적분 $\int_a^b f(x)\,dx$의 값을 구하는 것을 함수 $f(x)$를 a에서 b까지 적분한다고 한다.

함수 $f(x)$가 두 실수 a, b를 포함하는 구간에서 연속일 때, 두 함수 $F(x)$, $G(x)$가 모두 $f(x)$의 부정적분이면

$$F(x)=G(x)+C \ (C\text{는 적분상수})$$

이므로

$$F(b)-F(a)=\{G(b)+C\}-\{G(a)+C\}$$
$$=G(b)-G(a)$$

따라서 어떤 부정적분 $F(x)$에서도 $F(b)-F(a)$의 값은 적분상수 C의 값에 관계없이 하나로 정해지므로 적분상수 C를 고려하지 않아도 된다.

이 값을 함수 $f(x)$의 a에서 b까지의 정적분이라 한다.

일반적으로 $F'(x)=f(x)$일 때, 정적분 $\int_a^b f(x)\,dx$의 값은 다음과 같은 순서로 구한다.

❶ $f(x)$를 적분하여 $F(x)$를 구한다.

❷ $F(x)$에 위끝 b와 아래끝 a를 대입한 $F(b)$, $F(a)$의 값을 각각 구한다.

❸ $F(b)-F(a)$를 계산한다.

[참고] **부정적분과 정적분의 차이**

부정적분 $\int f(x)\,dx$는 x에 대한 함수이지만 정적분 $\int_a^b f(x)\,dx$ (a, b는 실수)는 구간이 정해진 적분이므로 하나의 실수이다.

즉, 부정적분 $\int f(x)\,dx$에서 적분변수 x를 마음대로 바꿀 수 없지만 정적분 $\int_a^b f(x)\,dx$에서 적분변수 x는 다른 문자를 사용하여 나타내어도 그 값은 변하지 않는다.

➡ $\int f(x)\,dx \neq \int f(t)\,dt \neq \int f(y)\,dy$, $\int_a^b f(x)\,dx = \int_a^b f(t)\,dt = \int_a^b f(y)\,dy$

정답 및 해설 36쪽

1. 다음 정적분의 값을 구하시오.

(1) $\displaystyle\int_0^2 x^2\,dx$ (2) $\displaystyle\int_1^3 (x+2)\,dx$

개념 **2** $a \geq b$일 때, 정적분 $\displaystyle\int_a^b f(x)\,dx$의 정의

함수 $f(x)$가 두 실수 a, b를 포함하는 구간에서 연속이면

(1) $a=b$일 때
$$\int_a^a f(x)\,dx = 0$$

(2) $a>b$일 때
$$\int_a^b f(x)\,dx = -\int_b^a f(x)\,dx$$

함수 $f(x)$의 한 부정적분을 $F(x)$라 하면

(1) $\displaystyle\int_a^a f(x)\,dx = \Big[\, F(x)\,\Big]_a^a$
$\qquad\quad = F(a)-F(a)=0$

(2) $\displaystyle\int_a^b f(x)\,dx = \Big[\, F(x)\,\Big]_a^b$
$\qquad\quad = F(b)-F(a) = -\{F(a)-F(b)\}$
$\qquad\quad = -\Big[\, F(x)\,\Big]_b^a = -\int_b^a f(x)\,dx$

▶ 정적분
$$\int_a^b f(x)\,dx = F(b)-F(a)$$
는 a, b의 대소에 관계없이 성립한다.

정답 및 해설 36쪽

2. 다음 정적분의 값을 구하시오.

(1) $\displaystyle\int_0^0 2x\,dx$ (2) $\displaystyle\int_3^0 (-3x^2+1)\,dx$

개념 **3**   정적분의 성질

(1) **함수의 실수배, 합, 차의 정적분**
두 함수 $f(x)$, $g(x)$가 두 실수 a, b를 포함하는 구간에서 연속일 때

① $\displaystyle\int_a^b kf(x)\,dx = k\int_a^b f(x)\,dx$ (단, k는 상수)

② $\displaystyle\int_a^b \{f(x)\pm g(x)\}\,dx = \int_a^b f(x)\,dx \pm \int_a^b g(x)\,dx$ (복부호동순)

(2) **피적분함수가 같을 때의 정적분**
함수 $f(x)$가 세 실수 a, b, c를 포함하는 구간에서 연속일 때
$$\int_a^c f(x)\,dx + \int_c^b f(x)\,dx = \int_a^b f(x)\,dx$$

▶ ②를 이용할 때는 세 정적분의 아래끝과 위끝이 각각 같아야 한다.

▶ (2)는 a, b, c의 대소에 관계없이 성립한다.

(1) 두 함수 $f(x)$, $g(x)$가 두 실수 a, b를 포함하는 구간에서 연속일 때, $f(x)$, $g(x)$의 한 부정적분을 각각 $F(x)$, $G(x)$라 하면

① 0이 아닌 상수 k에 대하여

$$\int kf(x)\,dx = k\int f(x)\,dx$$
$$= kF(x)+C \ (C\text{는 적분상수})$$

이므로

$$\int_a^b kf(x)\,dx = \left[kF(x)\right]_a^b$$
$$= kF(b)-kF(a)$$
$$= k\{F(b)-F(a)\}$$
$$= k\left[F(x)\right]_a^b$$
$$= k\int_a^b f(x)\,dx$$

또한, 이 등식은 $k=0$일 때도 성립한다.

② $$\int \{f(x)\pm g(x)\}\,dx = \int f(x)\,dx \pm \int g(x)\,dx$$
$$= F(x)\pm G(x)+C \ (C\text{는 적분상수})$$

이므로

$$\int_a^b \{f(x)\pm g(x)\}\,dx = \left[F(x)\pm G(x)\right]_a^b$$
$$= \{F(b)\pm G(b)\}-\{F(a)\pm G(a)\}$$
$$= \{F(b)-F(a)\}\pm\{G(b)-G(a)\}$$
$$= \left[F(x)\right]_a^b \pm \left[G(x)\right]_a^b$$
$$= \int_a^b f(x)\,dx \pm \int_a^b g(x)\,dx \ (\text{복부호동순})$$

(2) 세 실수 a, b, c를 포함하는 구간에서 연속인 함수 $f(x)$의 한 부정적분을 $F(x)$라 하면

$$\int_a^c f(x)\,dx + \int_c^b f(x)\,dx = \left[F(x)\right]_a^c + \left[F(x)\right]_c^b$$
$$= \{F(c)-F(a)\}+\{F(b)-F(c)\}$$
$$= F(b)-F(a)$$
$$= \left[F(x)\right]_a^b$$
$$= \int_a^b f(x)\,dx$$

정답 및 해설 36쪽

개념 Check

3. 다음 정적분의 값을 구하시오.

(1) $\displaystyle\int_1^2 (x^2+3x)\,dx - \int_1^2 (x^2-2x+5)\,dx$

(2) $\displaystyle\int_{-2}^1 (x^3-2)\,dx + \int_1^3 (x^3-2)\,dx$

개념 4 정적분의 기하적 의미

함수 $f(x)$가 닫힌구간 $[a, b]$에서 연속이고 $f(x) \geq 0$일 때, 정적분 $\int_a^b f(x)\,dx$는 곡선 $y = f(x)$와 x축 및 두 직선 $x = a$, $x = b$로 둘러싼 부분의 넓이 S와 같다. 즉,

$$S = \int_a^b f(x)\,dx$$

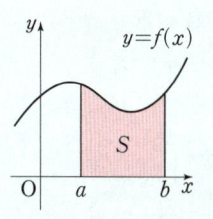

함수 $f(x)$가 닫힌구간 $[a, b]$가 연속이고 $f(x) \geq 0$일 때, 오른쪽 그림과 같이 닫힌구간 $[a, b]$에 속하는 임의의 실수 t에 대하여 곡선 $y = f(x)$와 x축 및 두 직선 $x = a$, $x = t$로 둘러싼 부분의 넓이를 $S(t)$라 하자.

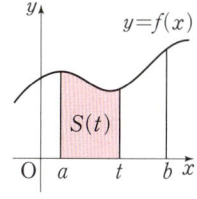

또한, x의 값이 t에서 $t + \Delta t\ (\Delta t > 0)$까지 변할 때의 $S(t)$의 증분을 ΔS라 하면

$$\Delta S = S(t + \Delta t) - S(t) \qquad \cdots\cdots \ \bigcirc$$

이고, ΔS는 곡선 $y = f(x)$와 x축 및 두 직선 $x = t$, $x = t + \Delta t$로 둘러싼 부분의 넓이이다.

한편, 함수 $f(x)$가 닫힌구간 $[t, t + \Delta t]$에서 연속이므로 $f(x)$는 이 구간에서 최댓값과 최솟값을 갖는다.

닫힌구간 $[t, t + \Delta t]$에서 함수 $f(x)$의 최댓값을 M, 최솟값을 m이라 하면 $\Delta t > 0$일 때,

$$m\,\Delta t \leq \Delta S \leq M\,\Delta t$$

위의 식의 각 변을 Δt로 나누면

$$m \leq \frac{\Delta S}{\Delta t} \leq M \qquad \cdots\cdots \ \bigcirc$$

$\Delta t > 0$

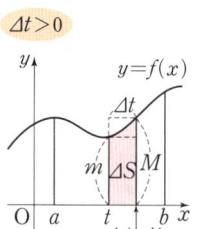

같은 방법으로 $\Delta t < 0$일 때에도 $\bigcirc$이 성립하므로

$$\lim_{\Delta t \to 0} m \leq \lim_{\Delta t \to 0} \frac{\Delta S}{\Delta t} \leq \lim_{\Delta t \to 0} M$$

이때 함수 $f(x)$는 닫힌구간 $[a, b]$에서 연속이므로 $\Delta t \to 0$이면

$$m \to f(t), \ M \to f(t)$$

즉,

$$\lim_{\Delta t \to 0} \frac{\Delta S}{\Delta t} = f(t)$$

이므로

$$\lim_{\Delta t \to 0} \frac{S(t + \Delta t) - S(t)}{\Delta t} = f(t) \ (\because \ \bigcirc)$$

$$\therefore \ S'(t) = f(t)$$

따라서 $S(t)$는 $f(t)$의 한 부정적분이므로

$$\begin{aligned} \int_a^t f(x)\,dx &= \Big[S(x) \Big]_a^t \\ &= S(t) - S(a) \\ &= S(t) \ (\because \ S(a) = 0) \end{aligned}$$

이고, 구하는 넓이 S는 위의 식에 $t = b$를 대입한 $S(b)$와 같으므로 다음이 성립한다.

$$S = \int_a^b f(x)\,dx$$

개념 ⑤ **우함수와 기함수의 정적분**

함수 $f(x)$가 닫힌구간 $[-a,\ a]$에서 연속일 때

(1) 모든 실수 x에 대하여 $f(-x)=f(x)$, 즉 함수 $f(x)$가 우함수 (함수의 그래프가 y축에 대하여 대칭)이면

$$\int_{-a}^{a} f(x)\,dx = 2\int_{0}^{a} f(x)\,dx$$

(2) 모든 실수 x에 대하여 $f(-x)=-f(x)$, 즉 함수 $f(x)$가 기함수 (함수의 그래프가 원점에 대하여 대칭)이면

$$\int_{-a}^{a} f(x)\,dx = 0$$

▶ (1), (2)는 위끝과 아래끝의 절댓값이 같고 부호가 반대일 때 이용한다.

(1) 오른쪽 그림과 같이 함수 $y=f(x)$의 그래프가 y축에 대하여 대칭이면 닫힌구간 $[-a,\ 0]$과 $[0,\ a]$에서의 정적분의 값이 같다.

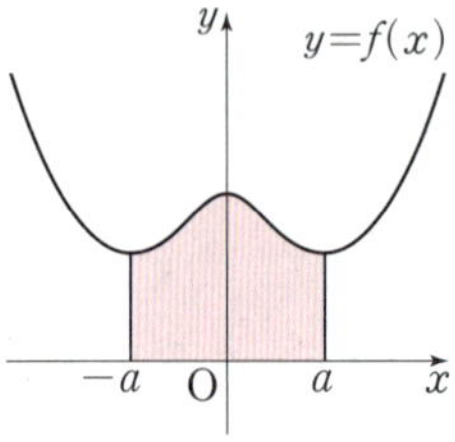

즉,

$$\int_{-a}^{0} f(x)\,dx = \int_{0}^{a} f(x)\,dx$$

이므로

$$\int_{-a}^{a} f(x)\,dx = \int_{-a}^{0} f(x)\,dx + \int_{0}^{a} f(x)\,dx = 2\int_{0}^{a} f(x)\,dx$$

이때 함수 $f(x)$가 짝수 차수의 항 또는 상수항의 합으로만 이루어져 있으면 $f(x)$는 우함수이고, $\int_{-a}^{a} f(x)\,dx = 2\int_{0}^{a} f(x)\,dx$임을 이용할 수 있다.

(2) 오른쪽 그림과 같이 함수 $y=f(x)$의 그래프가 원점에 대하여 대칭이면 닫힌구간 $[-a,\ 0]$과 $[0,\ a]$에서의 정적분의 값은 그 절댓값이 같고 부호가 다르다.

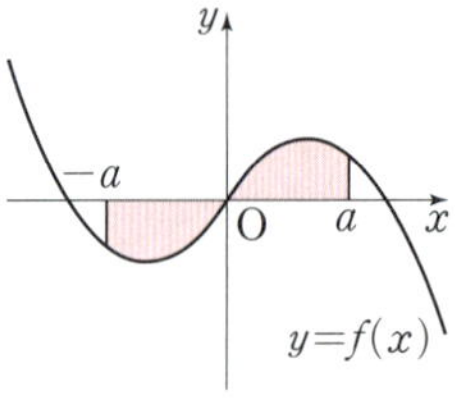

즉,

$$\int_{-a}^{0} f(x)\,dx = -\int_{0}^{a} f(x)\,dx$$

이므로

$$\int_{-a}^{a} f(x)\,dx = \int_{-a}^{0} f(x)\,dx + \int_{0}^{a} f(x)\,dx = 0$$

이때 함수 $f(x)$가 홀수 차수의 항의 합으로만 이루어져 있으면 $f(x)$는 기함수이고, $\int_{-a}^{a} f(x)\,dx = 0$임을 이용할 수 있다.

참고 일반적으로 우함수와 기함수를 연산하면 다음과 같다.
(우함수) $\pm$ (우함수) $=$ (우함수), (기함수) $\pm$ (기함수) $=$ (기함수)
(우함수) $\times$ (우함수) $=$ (우함수), (기함수) $\times$ (기함수) $=$ (우함수), (우함수) $\times$ (기함수) $=$ (기함수)
(우함수) $\pm$ (기함수) ➡ 우함수도 기함수도 아니다.

개념 Check

정답 및 해설 36쪽

4. 다음 정적분의 값을 구하시오.

(1) $\displaystyle\int_{-2}^{2} (x^4 - 2x^2 + 3)\,dx$ (2) $\displaystyle\int_{-3}^{3} (x^3 + x)\,dx$

개념 ⑥ 주기함수의 정적분

연속함수 $f(x)$가 주기가 p (p는 0이 아닌 양수)인 주기함수, 즉 모든 실수 x에 대하여 $f(x+p)=f(x)$이면

(1) $\displaystyle\int_a^b f(x)\,dx=\int_{a+p}^{b+p} f(x)\,dx$

(2) $\displaystyle\int_a^{a+p} f(x)\,dx=\int_b^{b+p} f(x)\,dx$

참고 $\displaystyle\int_a^{a+np} f(x)\,dx=n\int_0^p f(x)\,dx$ (단, n은 정수)

▶ (1), (2)는 $f(x)$의 부호에 관계없이 성립한다.

함수 $f(x)$가 주기가 p인 주기함수이면 다음 그림과 같이 함수 $y=f(x)$의 그래프는 일정한 모양이 반복된다.

(1)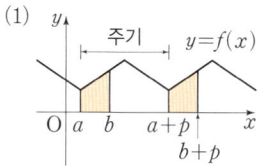

(2)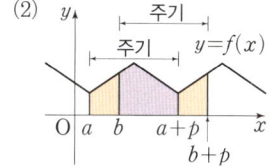

$\Longrightarrow \displaystyle\int_a^b f(x)\,dx=\int_{a+p}^{b+p} f(x)\,dx$

$\Longrightarrow \displaystyle\int_a^{a+p} f(x)\,dx=\int_b^{b+p} f(x)\,dx$

개념 Check

정답 및 해설 37쪽

5. 연속함수 $f(x)$가 모든 실수 x에 대하여 $f(x+2)=f(x)$를 만족시키고 $\displaystyle\int_0^2 f(x)\,dx=3$일 때, 정적분 $\displaystyle\int_{-4}^2 f(x)\,dx$의 값을 구하시오.

개념 ⑦ 정적분으로 정의된 함수의 미분

상수 a에 대하여

(1) $\displaystyle\frac{d}{dx}\int_a^x f(t)\,dt=f(x)$

(2) $\displaystyle\frac{d}{dx}\int_x^{x+a} f(t)\,dt=f(x+a)-f(x)$

닫힌구간 $[a,\ b]$에서 연속인 함수 $f(t)$의 한 부정적분을 $F(t)$라 할 때, 열린구간 $(a,\ b)$에 속하는 임의의 x에 대하여 정적분

$$\int_a^x f(t)\,dt=\Big[F(t)\Big]_a^x$$

$$=F(x)-F(a)$$

는 x의 값에 따라 그 값이 하나씩 정해지므로 x에 대한 함수이다.

즉, 정적분의 위끝 또는 아래끝에 적분변수가 아닌 다른 변수가 있는 정적분으로 함수를 정의할 수 있다.

이때 정적분으로 정의된 함수 $\int_a^x f(t)\,dt$, $\int_x^{x+a} f(t)\,dt$ (a는 상수)를 x에 대하여 미분하면

(1) $\dfrac{d}{dx}\displaystyle\int_a^x f(t)\,dt = \dfrac{d}{dx}\Big[F(t)\Big]_a^x$

$\qquad\qquad\qquad\;\; = \dfrac{d}{dx}\{F(x)-F(a)\}$

$\qquad\qquad\qquad\;\; = F'(x) = f(x)$

(2) $\dfrac{d}{dx}\displaystyle\int_x^{x+a} f(t)\,dt = \dfrac{d}{dx}\Big[F(t)\Big]_x^{x+a}$

$\qquad\qquad\qquad\qquad = \dfrac{d}{dx}\{F(x+a)-F(x)\}$

$\qquad\qquad\qquad\qquad = F'(x+a) - F'(x)$

$\qquad\qquad\qquad\qquad = f(x+a) - f(x)$

주의 위끝과 아래끝의 x 또는 $x+a$ (a는 상수)는 x의 계수가 1이어야 한다.

개념 Check

정답 및 해설 37쪽

6. 다음을 구하시오.

(1) $\dfrac{d}{dx}\displaystyle\int_0^x 2t^3\,dt$

(2) $\dfrac{d}{dx}\displaystyle\int_x^{x+2} (t^2-3)\,dt$

개념 ⑧ **정적분으로 정의된 함수의 극한**

상수 a에 대하여

(1) $\displaystyle\lim_{x\to a} \dfrac{1}{x-a}\int_a^x f(t)\,dt = f(a)$

(2) $\displaystyle\lim_{x\to 0} \dfrac{1}{x}\int_a^{x+a} f(t)\,dt = f(a)$

함수 $f(t)$의 한 부정적분을 $F(t)$라 하면

(1) $\displaystyle\lim_{x\to a} \dfrac{1}{x-a}\int_a^x f(t)\,dt = \lim_{x\to a} \dfrac{\Big[F(t)\Big]_a^x}{x-a}$

$\qquad\qquad\qquad\qquad\qquad\; = \displaystyle\lim_{x\to a} \dfrac{F(x)-F(a)}{x-a}$

$\qquad\qquad\qquad\qquad\qquad\; = F'(a) = f(a)$

(2) $\displaystyle\lim_{x\to 0} \dfrac{1}{x}\int_a^{x+a} f(t)\,dt = \lim_{x\to 0} \dfrac{\Big[F(t)\Big]_a^{x+a}}{x}$

$\qquad\qquad\qquad\qquad\qquad\; = \displaystyle\lim_{x\to 0} \dfrac{F(x+a)-F(a)}{x}$

$\qquad\qquad\qquad\qquad\qquad\; = F'(a) = f(a)$

▶ 정적분으로 정의된 함수의 극한이 $\dfrac{0}{0}$ 꼴인 경우에 미분계수의 정의를 이용하여 극한값을 구할 수 있다.

개념 Check

정답 및 해설 37쪽

7. 다음 극한값을 구하시오.

(1) $\displaystyle\lim_{x\to 1} \dfrac{1}{x-1}\int_1^x (t-2)\,dt$

(2) $\displaystyle\lim_{x\to 0} \dfrac{1}{x}\int_2^{x+2} (2t^2+t)\,dt$

Idea ① 정적분은 부호가 있는 넓이이다.

함수 $f(x)$가 닫힌구간 $[a, b]$에서 연속이고 $f(x) \geq 0$일 때, 오른쪽 그림의 색칠된 부분의 넓이를 S라 하면

$$\int_a^b f(x)\,dx = S$$

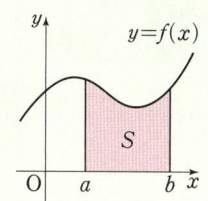

(1) **함수 $-f(x)$에 대한 a에서 b까지의 정적분**

함수 $y = -f(x)$의 그래프는 함수 $y = f(x)$의 그래프를 x축에 대하여 대칭 이동한 것이고

$$\int_a^b \{-f(x)\}\,dx = -\int_a^b f(x)\,dx = -S$$

이므로 x축보다 아래쪽에 있는 곡선, 즉 함수 $y = -f(x)$의 그래프에 대한 정적분의 값의 부호는 넓이의 부호와 반대(음수)이다.

(2) **함수 $f(x)$에 대한 b에서 a까지의 정적분**

$$\int_b^a f(x)\,dx = -\int_a^b f(x)\,dx = -S$$

이므로 (위끝)<(아래끝)인 적분 구간에서 x축보다 위쪽에 있는 곡선, 즉 함수 $y = f(x)$의 그래프에 대한 정적분의 값의 부호는 넓이의 부호와 반대(음수)이다.

Idea ② 대칭성 또는 주기성을 이용한 정적분의 계산

(1) $\displaystyle\int_{-a}^a$ 꼴의 적분 구간이 주어지면 피적분함수의 대칭성을 관찰한다.

대칭성을 이용하는 정적분은 적분 구간이 힌트로 주어지는 경우가 많다.

정적분의 위끝, 아래끝의 두 값이 절댓값이 같고 부호가 반대이면 피적분함수의 대칭성을 관찰하여 효율적인 계산을 하도록 하자.

① 함수 $f(x)$가 우함수이면

$$\Rightarrow \int_{-a}^a f(x)\,dx = 2\int_0^a f(x)\,dx$$

② 함수 $f(x)$가 기함수이면

$$\Rightarrow \int_{-a}^a f(x)\,dx = 0$$

(2) 주기함수가 주어지면 반복되는 구간, 즉 주기를 구하는 것이 핵심이다.

메가스터디 **수능 수학**
KICK

• 3점 빈출 •

필수 예제 **1**

정적분의 계산

$\displaystyle\int_0^2 (6x^2 - x)\, dx$의 값은?

① 10　　　　② 12　　　　③ 14　　　　④ 16　　　　⑤ 18

수능 link ─ 정적분의 계산 및 성질을 이용하는 유형은 2점, 3점의 단독 문제로 출제되기도 하지만 정적분이 포함된 모든 문제의 마지막에 답을 내는데 꼭 필요한 연산이므로 반드시 익혀두어야 한다.

수능 key ─ 두 실수 a, b를 포함하는 구간에서 연속인 함수 $f(x)$의 한 부정적분을 $F(x)$라 하면

(1) $\displaystyle\int_a^b f(x)\, dx = \Big[F(x) \Big]_a^b = F(b) - F(a)$

(2) $\displaystyle\int_a^a f(x)\, dx = 0, \quad \int_a^b f(x)\, dx = -\int_b^a f(x)\, dx$

1 2 3

1 -1

▶ 수능

$\displaystyle\int_0^a (3x^2 - 4)\, dx = 0$을 만족시키는 양수 a의 값은?

① 2　　　　② $\dfrac{9}{4}$　　　　③ $\dfrac{5}{2}$　　　　④ $\dfrac{11}{4}$　　　　⑤ 3

필수 예제 2 정적분의 성질

$$\int_{-1}^{2} (x+1)^2 \, dx + \int_{-1}^{2} (3-2x) \, dx$$의 값은?

① 12   ② 15   ③ 18   ④ 21   ⑤ 24

수능 link 정적분의 계산 및 성질을 이용하는 유형은 2점, 3점의 단독 문제로 출제되기도 하지만 정적분이 포함된 모든 문제의 마지막에 답을 내는데 꼭 필요한 연산이므로 반드시 익혀두어야 한다.

수능 key (1) 적분 구간이 같은 경우

$$\Rightarrow \int_{a}^{b} f(x) \, dx \pm \int_{a}^{b} g(x) \, dx = \int_{a}^{b} \{f(x) \pm g(x)\} \, dx \ (\text{복부호동순})$$

(2) 피적분함수가 같은 경우

$$\Rightarrow \int_{a}^{c} f(x) \, dx + \int_{c}^{b} f(x) \, dx = \int_{a}^{b} f(x) \, dx$$

1 2 3

2-1 $$\int_{0}^{2} (x-1)^3 \, dx + \int_{2}^{1} (x-1)^3 \, dx$$의 값은?

① $-\dfrac{5}{4}$ ② -1 ③ $-\dfrac{3}{4}$ ④ $-\dfrac{1}{2}$ ⑤ $-\dfrac{1}{4}$

필수 예제 3 구간에 따라 다르게 정의된 함수의 정적분

함수 $f(x) = \begin{cases} -2x+2 & (x \le 1) \\ (x-1)^2 & (x > 1) \end{cases}$ 에 대하여 $\displaystyle\int_{-1}^{3} f(x)\,dx$의 값은?

① $\dfrac{16}{3}$　　　② 6　　　③ $\dfrac{20}{3}$　　　④ $\dfrac{22}{3}$　　　⑤ 8

수능 link 필수 예제 ①, ②에서 파생된 유형으로, 구간에 따라 다르게 정의된 함수의 정적분의 값은 정적분의 성질을 이용하여 구간을 나누어 구한다.

수능 key 적분 구간을 나누어 각 구간에서의 정적분의 값을 구한다.

1 2 3

3-1 함수 $f(x) = \begin{cases} x^2+3x & (x \le 0) \\ mx & (x > 0) \end{cases}$ 에 대하여 $\displaystyle\int_{-2}^{2} f(x)\,dx = 2$일 때, $f(3)$의 값은?

(단, m은 상수이다.)

① 6　　　② 7　　　③ 8　　　④ 9　　　⑤ 10

필수 예제 4 절댓값 기호를 포함한 함수의 정적분

$\displaystyle\int_0^3 |x^2-2x|\,dx$의 값은?

① 2　　　② $\dfrac{7}{3}$　　　③ $\dfrac{8}{3}$　　　④ 3　　　⑤ $\dfrac{10}{3}$

수능 link ▸ **필수 예제 3**과 같은 유형으로, 절댓값 기호를 포함한 함수를 구간에 따라 나누어 나타낸 후 **필수 예제 3**과 같은 방법으로 푼다.

수능 key ▸ 절댓값 기호 안의 식의 값이 0이 되는 x의 값을 경계로 적분 구간을 나누어 각 구간에서의 정적분의 값을 구한다.

---

1 2 3

4-1 $\displaystyle\int_{-1}^2 (x^2-2|x|+3)\,dx$의 값은?

① 6　　　② 7　　　③ 8　　　④ 9　　　⑤ 10

필수 예제 5 우함수와 기함수의 정적분

$$\int_{-1}^{1} (x+1)^3 \, dx - \int_{-1}^{1} (x+1)^2 \, dx \text{의 값은?}$$

① $\dfrac{2}{3}$ ② $\dfrac{4}{3}$ ③ 2   ④ $\dfrac{8}{3}$ ⑤ $\dfrac{10}{3}$

수능 link ▸ 우함수와 기함수의 성질을 이용하여 정적분을 계산하는 단독 문제로 출제되기보다는 정적분이 포함된 문제의 마지막에 답을 내는 데에 이 성질을 이용할 수 있도록 출제된다.
우함수와 기함수의 성질을 이용하면 정적분의 계산을 더욱 쉽고 빠르게 할 수 있다.

수능 key ▸ 적분 구간이 $[-a, \, a]$인 정적분의 값은 피적분함수를 우함수와 기함수로 나눈 후 다음을 이용하여 구한다.
(1) 모든 실수 x에 대하여 $f(-x) = f(x)$, 즉 함수 $f(x)$가 우함수이면
  ➡ $\int_{-a}^{a} f(x) \, dx = 2 \int_{0}^{a} f(x) \, dx$
(2) 모든 실수 x에 대하여 $f(-x) = -f(x)$, 즉 함수 $f(x)$가 기함수이면
  ➡ $\int_{-a}^{a} f(x) \, dx = 0$

1 2 3

5 -1 $\int_{-2}^{2} (4x^3 + ax^2 + 2x + 1) \, dx = 36$일 때, 상수 a의 값을 구하시오.

필수 예제 6 주기함수의 정적분

실수 전체의 집합에서 연속인 함수 $f(x)$가 모든 실수 x에 대하여 $f(x+1)=f(x)$를 만족시키고 $\int_{-1}^{1} f(x)\,dx=4$일 때, $\int_{0}^{4} f(x)\,dx$의 값을 구하시오.

수능 link → 주기함수의 성질만 이용하는 문제뿐만 아니라 **필수 예제 5**와 결합된 형태의 문제도 출제된다.

수능 key → 연속함수 $f(x)$가 주기가 p (p는 0이 아닌 양수)인 주기함수, 즉 모든 실수 x에 대하여 $f(x+p)=f(x)$이면

(1) $\int_{a}^{b} f(x)\,dx=\int_{a+p}^{b+p} f(x)\,dx$

(2) $\int_{a}^{a+p} f(x)\,dx=\int_{b}^{b+p} f(x)\,dx$

6 - 1

1 2 3

실수 전체의 집합에서 연속인 함수 $f(x)$가 다음 조건을 만족시킬 때, $\int_{0}^{5} f(x)\,dx$의 값을 구하시오.

(가) $-1\le x\le 1$일 때, $f(x)=3-3x^2$이다.
(나) 모든 실수 x에 대하여 $f(x+2)=f(x)$이다.

개념 ❷

필수 예제 7 정적분으로 정의된 함수; 적분 구간이 상수인 경우

함수 $f(x)$가 모든 실수 x에 대하여 $f(x)=3x^2+\displaystyle\int_0^2 f(t)\,dt$를 만족시킬 때, $f(2)$의 값을 구하시오.

수능 link ▸ 정적분으로 정의된 함수는 **필수 예제 ⑦**, ⑧, ⑨의 유형이 대표적이다.
각 유형별로 풀이 방법을 잘 익혀두도록 하자.

수능 key ▸ $f(x)=g(x)+\displaystyle\int_a^b f(t)\,dt$ ($a,\ b$는 상수) 꼴

➡ $\displaystyle\int_a^b f(t)\,dt=k$ (k는 상수)로 놓으면 $f(x)=g(x)+k$이므로 이를 $\displaystyle\int_a^b f(t)\,dt=k$에 대입하여 k의 값을 구한다.

7-1

① ② ③

함수 $f(x)$가 모든 실수 x에 대하여 $f(x)=x^3+2\displaystyle\int_0^1 (x+1)f(t)\,dt$를 만족시킬 때, $f(3)$의 값은?

① 20 ② 22 ③ 24 ④ 26 ⑤ 28

개념 ⑦

• 4점 준비 •
필수 예제 8 · 정적분으로 정의된 함수; 적분 구간에 변수 x가 있는 경우

다항함수 $f(x)$가 모든 실수 x에 대하여 $\displaystyle\int_{-1}^{x} f(t)\,dt = x^4 + ax^3 - 3$을 만족시킬 때, $f(1)$의 값은?

① -2 ② -1 ③ 0 ④ 1 ⑤ 2

수능 link ▸ 정적분으로 정의된 함수의 유형 중에서 4점 문제로 출제될 확률이 가장 높다.
필수 예제 ⑦과의 차이점을 알고 각각의 풀이 방법을 잘 익혀두도록 하자.

수능 key ▸ $\displaystyle\int_{a}^{x} f(t)\,dt = g(x)$ (a는 상수) 꼴

➡ 등식의 양변을 x에 대하여 미분한다.
이때 $g(x)$가 미정계수를 포함한 경우에는 등식의 양변에 $x=a$를 대입하여
$\displaystyle\int_{a}^{a} f(t)\,dt = g(a) = 0$임을 이용한다.

8-1

① ② ③

함수 $f(x) = \displaystyle\int_{0}^{x} (at^2 + 2t)\,dt$에 대하여 $f'(2) = 6$일 때, $f(2)$의 값은? (단, a는 상수이다.)

① $\dfrac{16}{3}$ ② $\dfrac{17}{3}$ ③ 6 ④ $\dfrac{19}{3}$ ⑤ $\dfrac{20}{3}$

필수 예제 9 정적분으로 정의된 함수 ; 적분 구간과 피적분함수에 변수 x가 있는 경우

다항함수 $f(x)$가 모든 실수 x에 대하여

$$\int_1^x (x-t)f(t)\,dt = 2x^3 - 3x^2 + 1$$

을 만족시킬 때, $f(3)$의 값을 구하시오.

수능 link ⟶ 피적분함수를 t에 대한 식으로 나타내는 것이 문제 풀이의 시작이다.
그 후의 풀이 방법은 **필수 예제 8**과 동일하다.

수능 key ⟶ $\int_a^x (x-t)f(t)\,dt = g(x)$ (a는 상수) 꼴

➡ 등식의 좌변을 $x\int_a^x f(t)\,dt - \int_a^x tf(t)\,dt$로 변형한 후 등식의 양변을 x에 대하여 미분한다.

---

① ② ③

9-1 다항함수 $f(x)$가 모든 실수 x에 대하여

$$\int_1^x (x-t)f(t)\,dt = 4x^3 + ax^2 - 2x + b$$

를 만족시킬 때, $f(b)$의 값은? (단, a, b는 상수이다.)

① 60   ② 62   ③ 64   ④ 66   ⑤ 68

• 4점 준비 •
필수 예제 10 정적분으로 정의된 함수의 극대·극소

함수 $f(x) = \int_0^x (t^2 - 4)\,dt$의 극댓값과 극솟값의 차는?

① 10   ② $\dfrac{32}{3}$ ③ $\dfrac{34}{3}$ ④ 12   ⑤ $\dfrac{38}{3}$

수능 link ▸ 필수 예제 8에서 파생된 유형, 즉 적분 구간에 변수 x가 있는 함수 꼴이다.
따라서 x에 대한 함수가 주어짐을 이해하고, 극대·극소를 구할 수 있어야 한다.

수능 key ▸ 양변을 x에 대하여 미분하여 구한 $f'(x)$의 부호의 변화를 조사하여 함수 $f(x)$의 극댓값 또는 극솟값을 구한다.

10-1
① ② ③

함수 $f(x) = \int_{-2}^x (t^2 - t + a)\,dt$에 대하여 $f'(-1) = 0$일 때, 함수 $f(x)$의 극솟값은?

(단, a는 상수이다.)

① $-\dfrac{10}{3}$ ② -3 ③ $-\dfrac{8}{3}$ ④ $-\dfrac{7}{3}$ ⑤ -2

필수 예제 11 정적분으로 정의된 함수의 최대·최소

$1 \le x \le 4$에서 정의된 함수 $f(x) = \displaystyle\int_1^x (t^2 - 3t)\,dt$의 최솟값은?

① $-\dfrac{4}{3}$　　　② -2　　　③ $-\dfrac{8}{3}$　　　④ $-\dfrac{10}{3}$　　　⑤ -4

수능 link ➤ **필수 예제** 8에서 파생된 유형, 즉 적분 구간에 변수 x가 있는 함수 꼴이다.
따라서 x에 대한 함수가 주어짐을 이해하고, 최대·최소를 구할 수 있어야 한다.

수능 key ➤ 양변을 x에 대하여 미분하여 주어진 구간에서 구한 함수 $f(x)$의 극값과 주어진 구간의 양 끝에서의
함숫값과 비교하여 함수 $f(x)$의 최댓값 또는 최솟값을 구한다.

1 2 3

11-1 닫힌구간 $[0, 3]$에서 함수 $f(x) = \displaystyle\int_0^x (-t^2 + 5t - 4)\,dt$의 최댓값과 최솟값의 차는?

① 2　　　② $\dfrac{7}{3}$　　　③ $\dfrac{8}{3}$　　　④ 3　　　⑤ $\dfrac{10}{3}$

필수 예제 12 — 정적분으로 정의된 함수의 극한

$$\lim_{h \to 0} \frac{1}{h} \int_{1}^{1+2h} (x^2 + 3)\,dx \text{의 값은?}$$

① 2   ② 4   ③ 6   ④ 8   ⑤ 10

수능 link → $\lim$와 $\int$이 함께 등장하는 문제는 결국 미분계수의 정의를 이용하는 유형임을 이해하자.

수능 key → 피적분함수 $f(t)$의 한 부정적분을 $F(t)$로 놓고 분모의 항의 개수에 따라 다음과 같이 미분계수의 정의를 이용한다.

(1) 분모의 항이 2개인 경우

$$\Rightarrow \lim_{x \to a} \frac{1}{x-a} \int_{a}^{x} f(t)\,dt = \lim_{x \to a} \frac{F(x)-F(a)}{x-a} = F'(a) = f(a)$$

(2) 분모의 항이 1개인 경우

$$\Rightarrow \lim_{x \to 0} \frac{1}{x} \int_{a}^{x+a} f(t)\,dt = \lim_{x \to 0} \frac{F(x+a)-F(a)}{x} = F'(a) = f(a)$$

---

1 2 3

12-1

$$\lim_{x \to 1} \frac{1}{x^2 - 1} \int_{1}^{x} (2t^3 + 5t)\,dt \text{의 값은?}$$

① 3   ② $\frac{7}{2}$ ③ 4   ④ $\frac{9}{2}$ ⑤ 5

1 ☐1 2 3☐   필수 예제 ☐1

함수 $f(x)=3x^2+ax+1$에 대하여

$\int_0^2 f(x)\,dx=0$일 때, 상수 a의 값은?

① -5 ② -4 ③ -3

④ -2 ⑤ -1

2 ☐1 2 3☐   필수 예제 ☐2

두 다항함수 $f(x)$, $g(x)$가

$$\int_0^2 \{f(x)+g(x)\}\,dx=12,$$

$$\int_2^0 \{2f(x)-g(x)\}\,dx=6$$

을 만족시킬 때, $\int_0^2 g(x)\,dx$의 값을 구하시오.

3 ☐1 2 3☐   필수 예제 ☐3

실수 전체의 집합에서 연속인 함수

$$f(x)=\begin{cases} 3x^2+x & (x<1) \\ -x+k & (x\geq 1) \end{cases}$$

에 대하여 $\int_0^3 f(x)\,dx$의 값은?

① $\dfrac{11}{2}$ ② 6 ③ $\dfrac{13}{2}$

④ 7 ⑤ $\dfrac{15}{2}$

4 ☐1 2 3☐   필수 예제 ☐4

이차함수 $f(x)$가 다음 조건을 만족시킬 때, $f(3)$의 값을 구하시오.

> (가) 함수 $f(x)$는 $x=1$에서 최솟값 -3을 갖는다.
>
> (나) $\int_0^2 |f'(x)|\,dx=6$

5 1 2 3 필수 예제 5

함수 $f(x)=2x^3+3x^2+ax$ 가

$$\int_{-1}^{1} f(x)\,dx=f'(-1)$$

을 만족시킬 때, $f(1)$의 값은? (단, a는 상수이다.)

① 1   ② 3   ③ 5

④ 7   ⑤ 9

6 1 2 3 필수 예제 5 + 6

실수 전체의 집합에서 연속인 함수 $f(x)$가 다음 조건을 만족시킬 때, $\int_{-3}^{4} f(x)\,dx$의 값은?

(가) $\int_{-1}^{3} f(x)\,dx=10,\ \int_{1}^{3} f(x)\,dx=6$

(나) 모든 실수 x에 대하여 $f(-x)=f(x)$이다.

(다) 모든 실수 x에 대하여 $f(x+3)=f(x)$이다.

① 15   ② 18   ③ 21

④ 24   ⑤ 27

7 1 2 3 필수 예제 6

함수 $f(x)=x^2$에 대하여 실수 전체의 집합에서 연속인 함수 $g(x)$가 다음 조건을 만족시킨다.

(가) $-1 \leq x \leq 3$에서

$$g(x)=\begin{cases} f(x) & (-1 \leq x \leq 1) \\ -f(x-2)+2 & (1 < x \leq 3) \end{cases}$$

(나) 모든 실수 x에 대하여 $g(x+4)=g(x)$이다.

$\int_{0}^{6} g(x)\,dx$의 값을 구하시오.

8 1 2 3 필수 예제 7

함수 $f(x)$가 모든 실수 x에 대하여

$$f(x)=4x^2+ax+\int_{-1}^{1} tf(t)\,dt$$

를 만족시킨다. 방정식 $f(x)=0$의 두 실근의 합이 $\dfrac{3}{4}$일 때, 방정식 $f(x)=0$의 두 실근의 곱은?

(단, a는 상수이다.)

① $-\dfrac{5}{4}$ ② -1 ③ $-\dfrac{3}{4}$

④ $-\dfrac{1}{2}$ ⑤ $-\dfrac{1}{4}$

9 ①②③

필수 예제 ⑦ + ⑧

다항함수 $f(x)$가 모든 실수 x에 대하여

$$\int_0^x f(t)\,dt = x^3 + x\int_0^2 f(t)\,dt$$

를 만족시킬 때, $f(3)$의 값은?

① 17　　　　② 19　　　　③ 21

④ 23　　　　⑤ 25

10 ①②③

필수 예제 ⑨

다항함수 $f(x)$가 다음 조건을 만족시킬 때, 상수 a의 값은?

> (가) 모든 실수 x에 대하여
> $$\int_0^x (x-t)f(t)\,dt = \frac{1}{2}x^4 + x^3 + ax^2 \text{이다.}$$
> (나) 함수 $f(x)$의 최솟값은 0이다.

① $\dfrac{1}{4}$　　　　② $\dfrac{1}{2}$　　　　③ $\dfrac{3}{4}$

④ 1　　　　⑤ $\dfrac{5}{4}$

11 ①②③

필수 예제 ⑩

다항함수 $f(x)$가 모든 실수 x에 대하여

$$\int_1^x (t^3 + 9t)\,dt = 2x^3 - f(x)$$

를 만족시킬 때, 함수 $f(x)$의 극댓값은?

① $\dfrac{11}{4}$　　　　② $\dfrac{13}{4}$　　　　③ $\dfrac{15}{4}$

④ $\dfrac{17}{4}$　　　　⑤ $\dfrac{19}{4}$

12 ①②③

필수 예제 ⑪

함수 $f(x) = \dfrac{4}{3}(x+1)^2(x-2)$에 대하여 함수 $g(x)$를

$$g(x) = \int_{-1}^x f(t)\,dt$$

라 하자. 방정식 $g(x) = k$가 서로 다른 두 실근을 갖도록 하는 정수 k의 최솟값은?

① -9　　　　② -8　　　　③ -7

④ -6　　　　⑤ -5

13 1 2 3
필수 예제 10 + 11

이차함수 $f(x)$에 대하여 함수 $F(x)$를

$$F(x)=\int_{-2}^{x} f(t)\,dt$$

라 할 때, 함수 $y=F(x)$의 그래프가 그림과 같다.

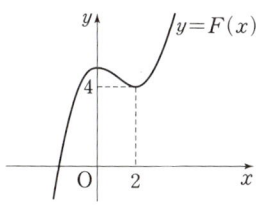

함수 $F(x)$의 극솟값이 4이고 $F'(0)=F'(2)=0$일 때, 닫힌구간 $[0,\,3]$에서 함수 $F(x)$의 최댓값과 최솟값의 합은?

① 9   ② 10   ③ 11

④ 12   ⑤ 13

14 1 2 3
필수 예제 12

함수 $f(x)=x^3-2x^2-x$에 대하여

$$\lim_{x \to a} \frac{1}{x-a}\int_{a}^{x} f(t)\,dt=6$$

일 때, 실수 a의 값을 구하시오.

기출문제

▶ 수능
15 1 2 3
필수 예제 4

$\displaystyle\int_{1}^{4} (x+|x-3|)\,dx$의 값을 구하시오.

▶ 수능
16 1 2 3
필수 예제 8

다항함수 $f(x)$가 모든 실수 x에 대하여

$$\int_{1}^{x} \left\{ \frac{d}{dt} f(t) \right\} dt = x^3+ax^2-2$$

를 만족시킬 때, $f'(a)$의 값은? (단, a는 상수이다.)

① 1   ② 2   ③ 3

④ 4   ⑤ 5

정적분의 활용

개념 ① 곡선과 x축 사이의 넓이

함수 $f(x)$가 닫힌구간 $[a, b]$에서 연속일 때, 곡선 $y=f(x)$와 x축 및 두 직선 $x=a$, $x=b$로 둘러싸인 부분의 넓이 S는

$$S=\int_a^b |f(x)|\, dx$$

(i) 닫힌구간 $[a, b]$에서 $f(x)\geq 0$이면

$$S=\int_a^b f(x)\, dx$$
$$=\int_a^b |f(x)|\, dx$$

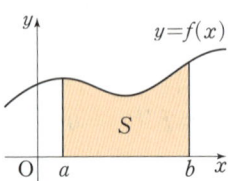

(ii) 닫힌구간 $[a, b]$에서 $f(x)\leq 0$이면 $-f(x)\geq 0$이고, 곡선 $y=-f(x)$는 곡선 $y=f(x)$를 x축에 대하여 대칭이동한 것이므로

$$S=\int_a^b \{-f(x)\}\, dx$$
$$=\int_a^b |f(x)|\, dx$$

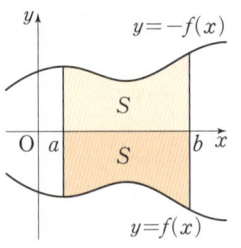

(iii) 닫힌구간 $[a, c]$에서 $f(x)\geq 0$, 닫힌구간 $[c, b]$에서 $f(x)\leq 0$이면

$$S=S_1+S_2$$
$$=\int_a^c f(x)\, dx+\int_c^b \{-f(x)\}\, dx$$
$$=\int_a^c |f(x)|\, dx+\int_c^b |f(x)|\, dx$$
$$=\int_a^b |f(x)|\, dx$$

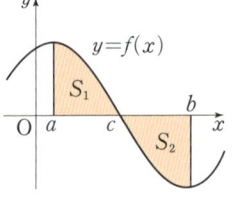

▶ $f(x)\geq 0$이면
  (넓이)$=$(정적분의 값)
  $f(x)\leq 0$이면
  (넓이)$=-$(정적분의 값)

(i), (ii), (iii)에서 구하는 넓이 S는

$$S=\int_a^b |f(x)|\, dx$$

참고 곡선과 y축 사이의 넓이
함수 $g(y)$가 닫힌구간 $[c, d]$에서 연속일 때, 곡선 $x=g(y)$와 y축 및 두 직선 $y=c$, $y=d$로 둘러싸인 부분의 넓이 S는

$$S=\int_c^d |g(y)|\, dy$$

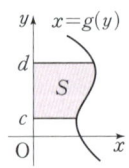

개념 Check

정답 및 해설 45쪽

1. 곡선 $y=x^2-2x$와 x축으로 둘러싸인 부분의 넓이를 구하시오.

개념 ② 두 곡선 사이의 넓이

두 함수 $f(x)$, $g(x)$가 닫힌구간 $[a, b]$에서 연속일 때, 두 곡선 $y=f(x)$, $y=g(x)$와 두 직선 $x=a$, $x=b$로 둘러싸인 부분의 넓이 S는

$$S=\int_a^b |f(x)-g(x)|\,dx$$

(ⅰ) 닫힌구간 $[a, b]$에서 $f(x) \geq g(x) \geq 0$이면

$S=($도형 PABQ의 넓이$)-($도형 P$'$ABQ$'$의 넓이$)$

이므로

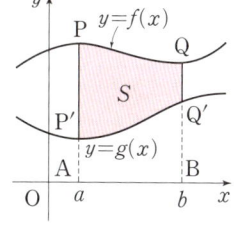

$$S=\int_a^b f(x)\,dx-\int_a^b g(x)\,dx$$

$$=\int_a^b \{f(x)-g(x)\}\,dx$$

$$=\int_a^b |f(x)-g(x)|\,dx$$

(ⅱ) 닫힌구간 $[a, b]$에서 $f(x) \geq g(x)$이고 $f(x)$ 또는 $g(x)$가 음의 값을 가지면 두 곡선 $y=f(x)$, $y=g(x)$를 y축의 방향으로 k만큼 평행이동하여 $f(x)+k \geq g(x)+k \geq 0$이 되도록 하자.

닫힌구간 $[a, b]$에서 두 곡선 $y=f(x)+k$, $y=g(x)+k$가 x축보다 위쪽에 있거나 x축과 만나게 되고, 평행이동해도 도형의 넓이는 변하지 않으므로

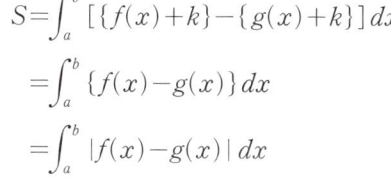

$$S=\int_a^b [\{f(x)+k\}-\{g(x)+k\}]\,dx$$

$$=\int_a^b \{f(x)-g(x)\}\,dx$$

$$=\int_a^b |f(x)-g(x)|\,dx$$

(ⅲ) 닫힌구간 $[a, c]$에서 $f(x) \geq g(x)$,

닫힌구간 $[c, b]$에서 $f(x) \leq g(x)$이면

$S=S_1+S_2$

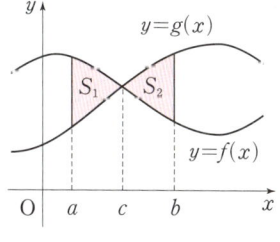

$$=\int_a^c \{f(x)-g(x)\}\,dx+\int_c^b \{g(x)-f(x)\}\,dx$$

$$=\int_a^c |f(x)-g(x)|\,dx+\int_c^b |f(x)-g(x)|\,dx$$

$$=\int_a^b |f(x)-g(x)|\,dx$$

(ⅰ), (ⅱ), (ⅲ)에서 구하는 넓이 S는

$$S=\int_a^b |f(x)-g(x)|\,dx$$

두 곡선 사이의 넓이는 다음과 같은 순서로 구한다.

❶ 두 곡선의 교점의 x좌표를 구하여 적분 구간을 정한다.
❷ 두 곡선을 그려서 각 구간별로 두 곡선의 위치 관계를 파악한다.
❸ ❶에서 정한 구간에서 $\{($위의 식$)-($아래의 식$)\}$의 정적분의 값을 각각 구하여 더한다.

이차함수의 그래프와 넓이

(1) 곡선 $y=ax^2+bx+c$ $(a\neq0)$과 x축이 서로 다른 두 점에서 만날 때, 교점의 x좌표를 α, β $(\alpha<\beta)$라 하면 이 곡선과 x축으로 둘러싸인 부분의 넓이 S는

$$S=\frac{|a|}{6}(\beta-\alpha)^3$$

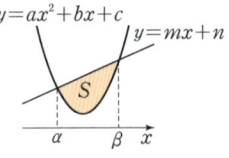

(2) 곡선 $y=ax^2+bx+c$ $(a\neq0)$과 직선 $y=mx+n$이 서로 다른 두 점에서 만날 때, 교점의 x좌표를 α, β $(\alpha<\beta)$라 하면 이 곡선과 직선으로 둘러싸인 부분의 넓이 S는

$$S=\frac{|a|}{6}(\beta-\alpha)^3$$

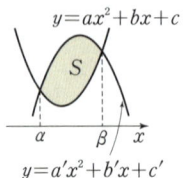

(3) 두 곡선 $y=ax^2+bx+c$, $y=a'x^2+b'x+c'$ $(a\neq0, a'\neq0)$이 서로 다른 두 점에서 만날 때, 교점의 x좌표를 α, β $(\alpha<\beta)$라 하면 두 곡선으로 둘러싸인 부분의 넓이 S는

$$S=\frac{|a-a'|}{6}(\beta-\alpha)^3$$

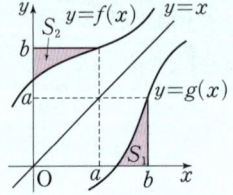

개념 **Check**

정답 및 해설 45쪽

2. 곡선 $y=-x^2+x+3$과 직선 $y=1$로 둘러싸인 부분의 넓이를 구하시오.

개념 ③ 역함수의 그래프와 넓이

(1) 함수 $y=f(x)$와 그 역함수 $y=g(x)$의 그래프로 둘러싸인 부분의 넓이

오른쪽 그림과 같이 함수 $y=f(x)$와 그 역함수 $y=g(x)$의 그래프의 교점의 x좌표가 a, b $(a<b)$일 때, 두 곡선 $y=f(x)$, $y=g(x)$로 둘러싸인 부분의 넓이 S는

$$S=\int_a^b|f(x)-g(x)|\,dx$$
$$=2\int_a^b|x-f(x)|\,dx$$

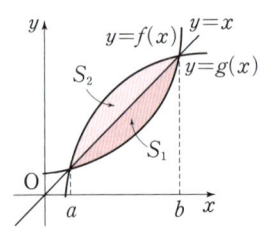

(2) 함수 $y=f(x)$의 역함수 $y=g(x)$의 그래프와 좌표축으로 둘러싸인 부분의 넓이

오른쪽 그림과 같이 함수 $y=f(x)$의 역함수 $y=g(x)$의 그래프와 x축 및 직선 $x=b$로 둘러싸인 부분의 넓이 S_1은

$$S_1=S_2$$
$$=ab-\int_0^a f(x)\,dx$$

(1) 오른쪽 그림과 같이 곡선 $y=f(x)$와 직선 $y=x$로 둘러싸인 부분의 넓이를 S_1, 곡선 $y=g(x)$와 직선 $y=x$로 둘러싸인 부분의 넓이를 S_2라 하면 함수 $y=f(x)$와 그 역함수 $y=g(x)$의 그래프는 직선 $y=x$에 대하여 대칭이므로 $S_1=S_2$이다.

이때 두 곡선 $y=f(x)$, $y=g(x)$로 둘러싸인 부분의 넓이를 S라 하면 $S=S_1+S_2$이므로 함수 $y=f(x)$와 그 역함수 $y=g(x)$의 그래프로 둘러싸인 부분의 넓이는 곡선 $y=f(x)$와 직선 $y=x$로 둘러싸인 부분의 넓이의 2배이다.

$$\therefore S=\int_a^b |f(x)-g(x)|\,dx$$

$$=2\int_a^b |x-f(x)|\,dx$$

(2) 오른쪽 그림과 같이 함수 $y=f(x)$의 역함수 $y=g(x)$의 그래프와 x축 및 직선 $x=b$로 둘러싸인 부분의 넓이를 S_1, 곡선 $y=f(x)$와 y축 및 직선 $y=b$로 둘러싸인 부분의 넓이를 S_2라 하면 함수 $y=f(x)$와 그 역함수 $y=g(x)$의 그래프는 직선 $y=x$에 대하여 대칭이므로 $S_1=S_2$이다.

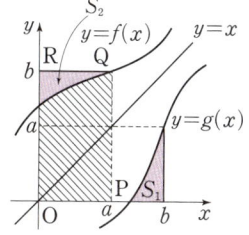

$$\therefore S_1=S_2$$

$$=\square\mathrm{OPQR}-(\text{빗금 친 부분의 넓이})$$

$$=ab-\int_0^a f(x)\,dx$$

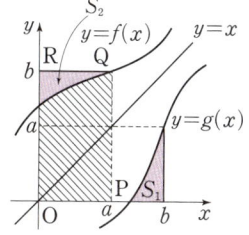

개념 Check
정답 및 해설 45쪽

3. 함수 $f(x)=x^2$ $(x\geq 0)$의 역함수를 $g(x)$라 할 때, 두 곡선 $y=f(x)$, $y=g(x)$로 둘러싸인 부분의 넓이를 구하시오.

개념 ④ 속도와 거리

수직선 위를 움직이는 점 P의 시각 t에서의 속도가 $v(t)$, 시각 $t=a$에서의 위치가 x_0일 때

(1) 시각 t에서의 점 P의 위치 x는

$$x=x_0+\int_a^t v(t)\,dt$$

(2) 시각 $t=a$에서 $t=b$까지 점 P의 위치의 변화량은

$$\int_a^b v(t)\,dt$$

(3) 시각 $t=a$에서 $t=b$까지 점 P가 움직인 거리 s는

$$s=\int_a^b |v(t)|\,dt$$

▶ (2) 속도를 적분
(3) 속도의 절댓값, 즉 속력을 적분

Ⅱ-**04 방정식과 부등식에의 활용**에서 위치에 대한 함수를 미분하면 속도에 대한 함수가 됨을 공부하였다.
적분은 미분의 역연산이므로 속도에 대한 함수를 적분하면 위치에 대한 함수를 구할 수 있다.

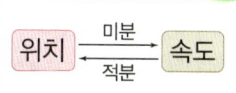

수직선 위를 움직이는 점 P의 시각 t에서의 속도가 $v(t)$, 시각 $t=a$에서의 위치가 x_0일 때, 시각 t에서의 점 P의 위치를 $x=f(t)$라 하자.

(1) $\dfrac{dx}{dt}=f'(t)=v(t)$에서 $f(t)$는 $v(t)$의 한 부정적분이므로

$$\int_a^t v(t)\,dt=\Big[f(t)\Big]_a^t=f(t)-f(a)$$

$$\therefore\ f(t)=f(a)+\int_a^t v(t)\,dt$$

이때 $f(a)=x_0$이므로 시각 t에서의 점 P의 위치 x는

$$x=f(t)=f(a)+\int_a^t v(t)\,dt=x_0+\int_a^t v(t)\,dt$$

(2) 시각 $t=a$에서 $t=b$까지 점 P의 위치의 변화량 $f(b)-f(a)$는

$$f(b)-f(a)=\Big\{x_0+\int_a^b v(t)\,dt\Big\}-\Big\{x_0+\int_a^a v(t)\,dt\Big\}=\int_a^b v(t)\,dt$$

(3) $a\le t\le c$일 때 $v(t)\ge0$, $c\le t\le b$일 때 $v(t)\le0$이면

시각 $t=a$에서 $t=b$까지 점 P가 움직인 거리 s는

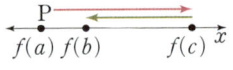

$$s=\{f(c)-f(a)\}+\{f(c)-f(b)\}$$

$$=\int_a^c v(t)\,dt+\int_c^b \{-v(t)\}\,dt$$

$$=\int_a^c |v(t)|\,dt+\int_c^b |v(t)|\,dt$$

$$=\int_a^b |v(t)|\,dt$$

참고 (1) 위치의 변화량은 단순히 위치가 변화한 양을 의미하지만 움직인 거리는 운동 방향에 관계없이 실제로 움직인 거리의 총합을 의미한다.

(2) 물체의 속도가 0인 경우
  ① 운동 방향을 바꾸는 경우
  ② 정지하는 경우
  ③ 수직 운동을 할 때, 최고 높이에 도달하는 경우

정답 및 해설 46쪽

개념 Check

4. 원점을 출발하여 수직선 위를 움직이는 점 P의 시각 t에서의 속도 $v(t)$가 $v(t)=t-2$일 때, 다음을 구하시오.

(1) 시각 $t=2$에서의 점 P의 위치

(2) 시각 $t=0$에서 $t=4$까지 점 P의 위치의 변화량

(3) 시각 $t=0$에서 $t=4$까지 점 P가 움직인 거리

수능 Idea

Idea 수직선 위의 운동

(1) 위치를 미분하면 속도, 속도를 미분하면 가속도, 즉 (위치)$'$=(속도), (속도)$'$=(가속도)

(2) 속도의 크기는 속력, 즉 |속도|=(속력)

(3) 속도를 적분하면 위치의 변화량, 속력을 적분하면 움직인 거리, 즉

$$\int(\text{속도})=(\text{위치의 변화량}),\ \int(\text{속력})=(\text{움직인 거리})$$

개념 ❶

• 3점 빈출 •

필수 예제 1

곡선과 x축 사이의 넓이

곡선 $y = x^3 - x$와 x축으로 둘러싸인 부분의 넓이는?

① $\dfrac{1}{4}$　　　　② $\dfrac{1}{2}$　　　　③ $\dfrac{3}{4}$　　　　④ 1　　　　⑤ $\dfrac{5}{4}$

수능 link　곡선과 'x축'으로 둘러싸인 부분의 넓이를 구하는 유형은 3점 문제로 자주 출제된다.
정적분을 이용하여 넓이를 구하고, 계산은 빠르고 정확하게 할 수 있어야 한다.

수능 key　곡선 $y = f(x)$와 x축의 교점의 x좌표를 구하여 곡선을 그린 후 $y \geq 0$인 구간과 $y \leq 0$인 구간으로 나누어 정적분의 값을 구한다.

1-1

① ② ③

곡선 $y = x^2 - 4x + 3$과 x축 및 두 직선 $x = 2$, $x = 4$로 둘러싸인 부분의 넓이를 구하시오.

• 3점 빈출 •

필수 예제 2 개념 ❷

곡선과 직선 사이의 넓이

▶ 수능

곡선 $y=x^2-7x+10$과 직선 $y=-x+10$으로 둘러싸인 부분의 넓이를 구하시오.

수능 link ── 곡선과 '직선'으로 둘러싸인 부분의 넓이를 구하는 유형도 3점 문제로 자주 출제된다.
좌표축이 직선으로만 바뀌었을 뿐, **필수 예제** 1과 풀이 방법은 같다.

수능 key ── 곡선과 직선의 교점의 x좌표를 구하여 적분 구간을 정하고, 곡선과 직선을 그려서 위치 관계를
파악한 후 {(위의 식)−(아래의 식)}의 정적분의 값을 구한다.

---

1 2 3

2 -1

곡선 $y=x^3-3x^2+1$과 직선 $y=4x+1$로 둘러싸인 부분의 넓이는?

① $\dfrac{123}{4}$ ② $\dfrac{125}{4}$ ③ $\dfrac{127}{4}$ ④ $\dfrac{129}{4}$ ⑤ $\dfrac{131}{4}$

필수 예제 3

두 곡선 사이의 넓이

두 곡선 $y=x^2-2x$, $y=-(x-2)^2$으로 둘러싸인 부분의 넓이는?

① $\dfrac{1}{6}$ ② $\dfrac{1}{3}$ ③ $\dfrac{1}{2}$ ④ $\dfrac{2}{3}$ ⑤ $\dfrac{5}{6}$

수능 link ▸ 곡선과 '곡선'으로 둘러싸인 부분의 넓이를 구하는 유형은 4점 문제로 드물게 출제된다.
이 유형 역시 그 풀이 방법은 **필수 예제** ①, ②와 같다.

수능 key ▸ 두 곡선의 교점의 x좌표를 구하여 적분 구간을 정하고, 두 곡선을 그려서 위치 관계를 파악한 후
$\{($위의 식$)-($아래의 식$)\}$의 정적분의 값을 구한다.

① ② ③

3-1

두 곡선 $y=x^3$, $y=-x^2+2x$로 둘러싸인 부분의 넓이는?

① $\dfrac{31}{12}$ ② $\dfrac{11}{4}$ ③ $\dfrac{35}{12}$ ④ $\dfrac{37}{12}$ ⑤ $\dfrac{13}{4}$

필수 예제 4

곡선과 접선으로 둘러싸인 부분의 넓이

곡선 $y=x^3-4x^2+2x$ 위의 점 $(0, 0)$에서의 접선을 l이라 할 때, 직선 l과 곡선 $y=x^3-4x^2+2x$로 둘러싸인 부분의 넓이는?

① 20　　　② $\dfrac{61}{3}$　　　③ $\dfrac{62}{3}$　　　④ 21　　　⑤ $\dfrac{64}{3}$

수능 link ▸ 사실 곡선과 '직선'으로 둘러싸인 부분의 넓이를 구하는 유형이다.
그런데 직선이 접선으로 한정된 경우로, 기본적인 풀이 방법은 **필수 예제** ①, ②, ③과 같다.

수능 key ▸ 곡선 $y=f(x)$ 위의 점 $(a, f(a))$에서의 접선의 기울기는 $f'(a)$임을 이용하여 접선의 방정식을 구한 후 곡선과 직선 사이의 넓이를 구하는 방법을 이용한다.

---

1 2 3

4 -1

그림과 같이 원점을 지나고 곡선 $y=-x^2+5x-4$에 접하는 직선을 l이라 하자. 곡선 $y=-x^2+5x-4$와 직선 l 및 x축으로 둘러싸인 부분의 넓이는? (단, 접점의 x좌표는 양수이다.)

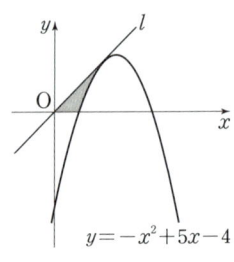

① $\dfrac{1}{3}$　　　② $\dfrac{1}{2}$　　　③ $\dfrac{2}{3}$

④ $\dfrac{5}{6}$　　　⑤ 1

개념 ❶ ❷

필수 예제 5

절댓값 기호를 포함한 함수의 그래프로 둘러싸인 부분의 넓이

함수 $y=|x^2+x-2|$의 그래프와 x축으로 둘러싸인 부분의 넓이는?

① 3　　　　② $\dfrac{7}{2}$　　　　③ 4　　　　④ $\dfrac{9}{2}$　　　　⑤ 5

수능 link ┤ 절댓값 기호를 포함한 함수의 그래프를 그릴 수 있어야 한다.

그런 다음 주어진 그래프의 식에 따라 **필수 예제** ⃞1 , ⃞2 , ⃞3 중 한 유형과 같은 방법으로 푼다.

수능 key ┤ 절댓값 기호 안의 식의 값이 0이 되는 x의 값을 경계로 적분 구간을 나누어 함수를 구한 후 정적분의 값을 구한다.

──────────

1 2 3

5-1

함수 $y=|x^2-x|$의 그래프와 직선 $y=2$로 둘러싸인 부분의 넓이는?

① $\dfrac{25}{6}$　　　　② $\dfrac{9}{2}$　　　　③ $\dfrac{29}{6}$　　　　④ $\dfrac{31}{6}$　　　　⑤ $\dfrac{11}{2}$

개념 ❶ ❷

필수 예제 6 둘러싸인 두 부분의 넓이가 같은 경우

그림과 같이 함수 $f(x)=x^2-2x$에 대하여 곡선 $y=f(x)$와 x축으로 둘러싸인 부분의 넓이를 S_1, 곡선 $y=f(x)$와 x축 및 직선 $x=k$로 둘러싸인 부분의 넓이를 S_2라 하자. $S_1=S_2$일 때, k의 값은?

(단, $k>2$)

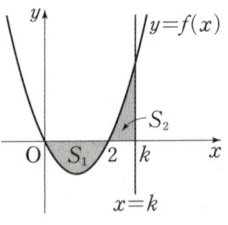

① $\dfrac{9}{4}$ ② $\dfrac{5}{2}$ ③ $\dfrac{11}{4}$

④ 3 ⑤ $\dfrac{13}{4}$

수능 link → 4점 문제로 드물게 출제된다.
넓이를 각각 구하여 서로 같음을 이용하는 것보다 정적분의 값이 0이 되는 적분 구간을 찾는 것이 더 쉽다.

수능 key (1) 곡선 $y=f(x)$와 x축으로 둘러싸인 두 부분의 넓이를 각각 S_1, S_2라 할 때, $S_1=S_2$이면

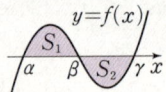

➡ $\displaystyle\int_\alpha^\gamma f(x)\,dx=0$

(2) 두 곡선 $y=f(x)$, $y=g(x)$로 둘러싸인 두 부분의 넓이를 각각 S_1, S_2라 할 때, $S_1=S_2$이면

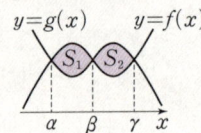

➡ $\displaystyle\int_\alpha^\gamma \{f(x)-g(x)\}\,dx=0$

6-1 그림과 같이 두 함수 $f(x)=x(x-3)^2$, $g(x)=ax(3-x)$에 대하여 두 곡선 $y=f(x)$, $y=g(x)$로 둘러싸인 두 부분의 넓이가 같을 때, $g(2)$의 값은? (단, $0<a<3$)

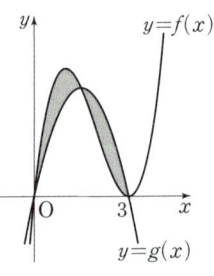

① 1 ② $\dfrac{3}{2}$ ③ 2

④ $\dfrac{5}{2}$ ⑤ 3

개념 ❶ ❷

필수 예제 7

▶ 수능

둘러싸인 부분의 넓이를 이등분하는 경우

곡선 $y=x^2-5x$와 직선 $y=x$로 둘러싸인 부분의 넓이를 직선 $x=k$가 이등분할 때, 상수 k의 값은?

① 3

② $\dfrac{13}{4}$

③ $\dfrac{7}{2}$

④ $\dfrac{15}{4}$

⑤ 4

수능 link ・ 넓이에 대한 조건이 추가됐을 뿐, **필수 예제 1~4**와 같은 유형이다.

수능 key ・ 오른쪽 그림과 같이 곡선 $y=f(x)$와 x축으로 둘러싸인 부분의 넓이 S가 곡선 $y=g(x)$에 의하여 이등분되면

➡ $S=2\displaystyle\int_0^a |f(x)-g(x)|\,dx$

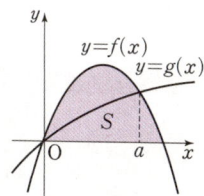

7-1

1 2 3

그림과 같이 곡선 $y=-x^3+3x^2$과 x축으로 둘러싸인 부분의 넓이가 곡선 $y=kx^2$에 의하여 이등분될 때, $(3-k)^4$의 값은?

(단, $0<k<3$)

① $\dfrac{77}{2}$

② $\dfrac{79}{2}$

③ $\dfrac{81}{2}$

④ $\dfrac{83}{2}$

⑤ $\dfrac{85}{2}$

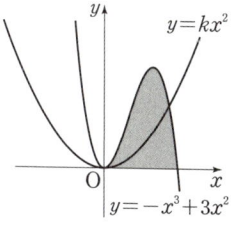

필수예제 8 역함수의 그래프와 넓이

함수 $f(x) = \dfrac{1}{2}x^2 - x + \dfrac{3}{2}$ $(x \geq 1)$의 역함수를 $g(x)$라 할 때, 두 곡선 $y = f(x)$, $y = g(x)$로 둘러싸인 부분의 넓이는?

① $\dfrac{5}{6}$ ② 1 ③ $\dfrac{7}{6}$ ④ $\dfrac{4}{3}$ ⑤ $\dfrac{3}{2}$

수능 link ▸ 원함수의 정적분과 역함수의 정적분 사이의 관계에 대한 이해가 필요한 유형으로, **필수 예제** 1 ~ 4 에 비해 출제 빈도는 낮다.

수능 key ▸ 함수 $y = f(x)$와 그 역함수 $y = g(x)$에 대하여

(1) 두 곡선 $y = f(x)$, $y = g(x)$로 둘러싸인 부분의 넓이 S는

$\Rightarrow S = \displaystyle\int_a^b |f(x) - g(x)|\, dx = 2\int_a^b |x - f(x)|\, dx$

(2) $S_1 = S_2 = ab - \displaystyle\int_0^a f(x)\, dx$

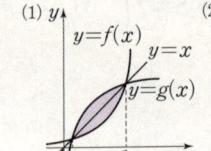

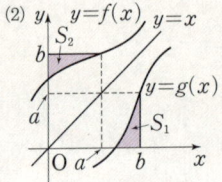

---

1 2 3

8 -1

함수 $f(x) = x^3 - 4x^2 + 6x$의 역함수를 $g(x)$라 할 때, $\displaystyle\int_1^2 f(x)\, dx + \int_3^4 g(x)\, dx$의 값을 구하시오.

필수 예제 9 개념 **4**

속도와 거리

▶ 평가원

수직선 위를 움직이는 점 P의 시각 t ($t \geq 0$)에서의 속도 $v(t)$가
$$v(t) = t^2 - at \ (a > 0)$$
이다. 점 P가 시각 $t = 0$일 때부터 움직이는 방향이 바뀔 때까지 움직인 거리가 $\frac{9}{2}$이다. 상수 a의 값은?

① 1　　　　② 2　　　　③ 3　　　　④ 4　　　　⑤ 5

수능 link → 위치, 속도, 위치의 변화량, 움직인 거리 사이의 관계를 이용하여 계산하는 유형으로, 4점 문제로 자주 출제된다. 미분 단원의 **107쪽 필수 예제 5**와 그 내용을 비교해 보는 것도 좋다.

수능 key → 수직선 위를 움직이는 점 P의 시각 t에서의 속도가 $v(t)$, 시각 $t = a$에서의 위치가 x_0일 때

(1) 시각 t에서의 점 P의 위치 ➡ $x_0 + \int_a^t v(t)\,dt$

(2) 시각 $t = a$에서 $t = b$까지 점 P의 위치의 변화량 ➡ $\int_a^b v(t)\,dt$

(3) 시각 $t = a$에서 $t = b$까지 점 P가 움직인 거리 ➡ $\int_a^b |v(t)|\,dt$

9 -1 ① ② ③

원점을 출발하여 수직선 위를 움직이는 점 P의 시각 t ($t \geq 0$)에서의 속도 $v(t)$가
$$v(t) = t(2 - t)$$
이다. 점 P가 출발한 후 다시 원점을 지날 때까지 움직인 거리는?

① 2　　　　② $\frac{7}{3}$　　　　③ $\frac{8}{3}$　　　　④ 3　　　　⑤ $\frac{10}{3}$

필수 예제 10 개념 ④

속도의 그래프와 거리

원점을 출발하여 수직선 위를 움직이는 점 P의 시각 t $(0 \le t \le 8)$에서의 속도 $v(t)$의 그래프가 그림과 같다. 점 P가 시각 $t=3$에서 $t=6$까지 움직인 거리는?

① $\dfrac{1}{2}$　　② 1　　③ $\dfrac{3}{2}$

④ 2　　⑤ $\dfrac{5}{2}$

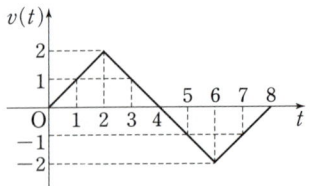

수능 link 미분 단원에서 배우는 위치, 속도, 가속도 개념과 결합하여 4점 문제로 출제될 수 있다.

수능 key 속도 $v(t)$의 그래프에서의 위치와 움직인 거리
➡ (1) (위치의 변화량)=($v(t)$의 정적분의 값)
　(2) (움직인 거리)=($|v(t)|$의 정적분의 값)
이때 속도 $v(t)$의 그래프가 직선으로만 되어 있을 때에는 삼각형 또는 사각형의 넓이를 이용하면 편리하다.

10-1 ①②③

수직선 위를 움직이는 점 P의 시각 t $(0 \le t \le 6)$에서의 속도 $v(t)$의 그래프가 그림과 같다. 시각 $t=0$에서의 점 P의 위치가 5일 때, 시각 $t=6$에서의 점 P의 위치는?

① 6　　② $\dfrac{13}{2}$　　③ 7

④ $\dfrac{15}{2}$　　⑤ 8

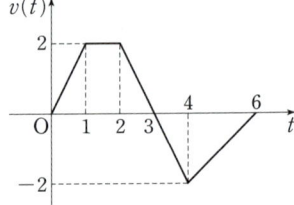

단원 마무리

03 정적분의 활용

1 [1 2 3]

필수 예제 1

곡선 $y=-\dfrac{1}{2}x^2+ax$와 x축으로 둘러싸인 부분의 넓이가 18일 때, 양수 a의 값은?

① 1 ② 2 ③ 3

④ 4 ⑤ 5

2 [1 2 3]

필수 예제 1

함수 $f(x)=x^3-6x^2+9x+3$이 $x=\alpha$, $x=\beta$ $(\alpha<\beta)$에서 극값을 가질 때, 곡선 $y=f(x)$와 x축 및 두 직선 $x=\alpha$, $x=\beta$로 둘러싸인 부분의 넓이를 구하시오.

3 [1 2 3]

필수 예제 1

함수 $f(x)=x^2$에 대하여 두 곡선 $y=f(x)$, $y=f(x-4)$와 x축으로 둘러싸인 부분의 넓이는?

① $\dfrac{10}{3}$ ② 4 ③ $\dfrac{14}{3}$

④ $\dfrac{16}{3}$ ⑤ 6

4 [1 2 3]

필수 예제 2

곡선 $y=x^3-2x^2$과 직선 $y=4x-8$로 둘러싸인 부분의 넓이는?

① 20 ② $\dfrac{62}{3}$ ③ $\dfrac{64}{3}$

④ 22 ⑤ $\dfrac{68}{3}$

5 ① ② ③   필수 예제 [2]

그림과 같이 좌표평면의 제1사분면에서 곡선 $y=-x^2+3x$와 두 직선 $y=2x$, $y=x$로 둘러싸인 부분의 넓이는?

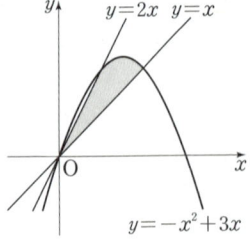

① $\dfrac{7}{6}$ ② $\dfrac{4}{3}$

③ $\dfrac{3}{2}$ ④ $\dfrac{5}{3}$

⑤ $\dfrac{11}{6}$

6 ① ② ③   필수 예제 [3]

그림과 같이 두 함수
$$f(x)=x^2+ax-1,$$
$$g(x)=-x^2-x+b$$
에 대하여 두 곡선 $y=f(x)$, $y=g(x)$가 서로 다른 두 점에서 만나고 두 점의 x좌표가 각각 -1, 2일 때, 두 곡선 $y=f(x)$, $y=g(x)$로 둘러싸인 부분의 넓이를 구하시오. (단, a, b는 상수이다.)

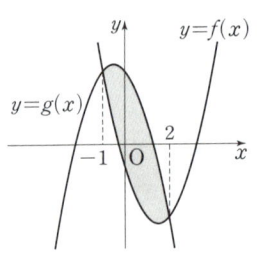

7 ① ② ③   필수 예제 [4]

함수 $f(x)=x^3+ax+b$에 대하여 곡선 $y=f(x)$ 위의 점 $(1, -2)$에서의 접선의 방정식이 $y=-x-1$일 때, 곡선 $y=f(x)$와 직선 $y=-x-1$로 둘러싸인 부분의 넓이는? (단, a, b는 상수이다.)

① $\dfrac{27}{4}$ ② 7 ③ $\dfrac{29}{4}$

④ $\dfrac{15}{2}$ ⑤ $\dfrac{31}{4}$

8 ① ② ③   필수 예제 [6]

그림과 같이 곡선 $y=4-x^2$과 y축 및 직선 $y=a$로 둘러싸인 부분의 넓이를 S_1, 곡선 $y=4-x^2$과 두 직선 $y=a$, $x=2$로 둘러싸인 부분의 넓이를 S_2라 하자. $S_1=S_2$일 때, a의 값은? (단, $0<a<4$)

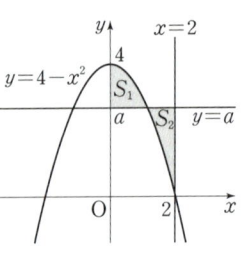

① 3 ② $\dfrac{8}{3}$ ③ $\dfrac{5}{2}$

④ $\dfrac{7}{3}$ ⑤ $\dfrac{9}{4}$

9 （1 2 3）

필수 예제 4 + 7

곡선 $y=x^3+2$ $(x \geq 0)$ 위의 점 $(1,\ 3)$에서의 접선과 곡선 $y=x^3+2$ 및 y축으로 둘러싸인 부분의 넓이가 직선 $y=k$에 의하여 이등분될 때, 양수 k의 값은?

① $\dfrac{5}{6}$ 　　　② 1 　　　③ $\dfrac{7}{6}$

④ $\dfrac{4}{3}$ 　　　⑤ $\dfrac{3}{2}$

10 （1 2 3）

필수 예제 7

그림과 같이 곡선 $y=ax^2$과 직선 $y=-x+4$ 및 y축으로 둘러싸인 부분 중에서 제1사분면에 있는 부분의 넓이를 S_1, 곡선 $y=ax^2$과 직선 $y=-x+4$ 및 x축으로 둘러싸인 부분의 넓이를 S_2라 하자. $S_1 : S_2 = 7 : 5$일 때, 양수 a의 값은?

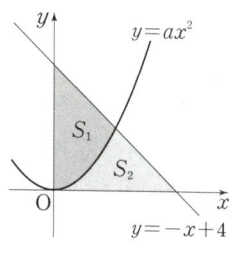

① $\dfrac{1}{3}$ 　　　② $\dfrac{1}{2}$ 　　　③ $\dfrac{2}{3}$

④ $\dfrac{5}{6}$ 　　　⑤ 1

11 （1 2 3）

필수 예제 8

함수 $f(x)=x^3+x+a$의 역함수를 $g(x)$라 하자.
$$\int_0^a f(x)\,dx + \int_a^{a^3+2a} g(x)\,dx = 3$$
이 성립할 때, $f(2)$의 값은? (단, $a>0$)

① 11 　　　② 12 　　　③ 13

④ 14 　　　⑤ 15

12 （1 2 3）

필수 예제 9

원점을 출발하여 수직선 위를 움직이는 두 점 P, Q의 시각 t $(t \geq 0)$에서의 속도를 각각 $v_\mathrm{P}(t)$, $v_\mathrm{Q}(t)$라 할 때,
$$v_\mathrm{P}(t)=3t^2-6t,\quad v_\mathrm{Q}(t)=-4t+2$$
이다. 두 점 P, Q가 원점을 출발한 후 다시 만날 때까지 점 Q가 움직인 거리를 구하시오.

13 ①②③   필수 예제 10

원점을 출발하여 수직선 위를 움직이는 점 P의 시각 t $(0 \leq t \leq 10)$에서의 속도 $v(t)$의 그래프가 그림과 같다. 시각 $t=10$에서의 점 P의 위치가 10일 때, 점 P가 시각 $t=2$에서 $t=7$까지 움직인 거리를 구하시오.

(단, $a>0$)

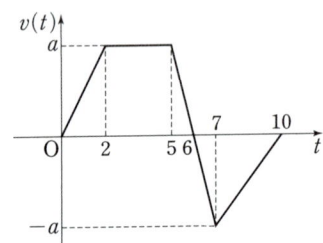

▸ 수능

14 ①②③   필수 예제 5

두 함수

$$f(x)=\frac{1}{3}x(4-x),\ g(x)=|x-1|-1$$

의 그래프로 둘러싸인 부분의 넓이를 S라 할 때, $4S$의 값을 구하시오.

▸ 평가원

15 ①②③   필수 예제 9

수직선 위를 움직이는 점 P의 시각 t $(t \geq 0)$에서의 속도 $v(t)$가

$$v(t)=3t^2-4t+k$$

이다. 시각 $t=0$에서 점 P의 위치는 0이고, 시각 $t=1$에서 점 P의 위치는 -3이다. 시각 $t=1$에서 $t=3$까지 점 P의 위치의 변화량을 구하시오. (단, k는 상수이다.)

memo

메가스터디 **수능 수학**

메가스터디 **수능 수학**

KICK

수학 Ⅱ

메가스터디 수능 수학

KICK

수학 II

Workbook

수학 II

01 함수의 극한

필수 예제 1 함수의 그래프에서 우극한과 좌극한

▶ 평가원

1 $\boxed{1\,2\,3}$

$-2 \le x \le 2$에서 정의된 함수 $y=f(x)$의 그래프가 그림과 같다.

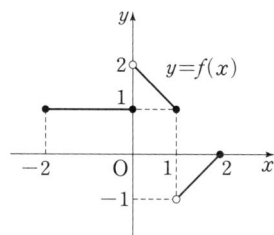

$\lim\limits_{x \to 0+} f(x) + \lim\limits_{x \to 2-} f(x)$의 값은?

① -2 ② -1 ③ 0

④ 1 ⑤ 2

2 $\boxed{1\,2\,3}$

함수 $y=f(x)$의 그래프가 그림과 같다.

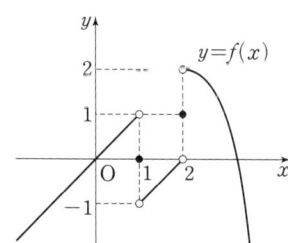

$\lim\limits_{x \to 1-} f(x) - \lim\limits_{x \to 2+} f(x)$의 값은?

① -1 ② 0 ③ 1

④ 2 ⑤ 3

✎ 정답 및 해설 53쪽

3 $\boxed{1\,2\,3}$

함수 $y=f(x)$의 그래프가 그림과 같다.

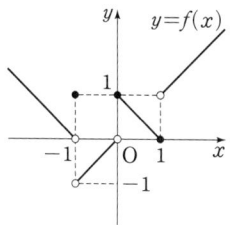

$f(-1) + \lim\limits_{x \to 1-} f(x)$의 값은?

① -2 ② -1 ③ 0

④ 1 ⑤ 2

4 $\boxed{1\,2\,3}$

함수 $y=f(x)$의 그래프가 그림과 같다.

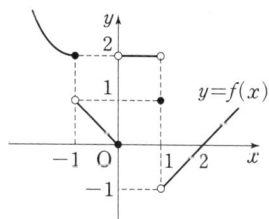

$f(0) + \lim\limits_{x \to -1-} f(x) - \lim\limits_{x \to 1+} f(x)$의 값은?

① 1 ② 2 ③ 3

④ 4 ⑤ 5

5 ①②③

함수

$$f(x)=\begin{cases} 2x+a & (x<2) \\ x^2-3x+5 & (x\geq2) \end{cases}$$

에 대하여 $\lim\limits_{x\to2} f(x)$의 값이 존재하도록 하는 상수 a의 값은?

① -2　　　　② -1　　　　③ 0

④ 1　　　　⑤ 2

6 ①②③

함수 $y=f(x)$의 그래프가 그림과 같을 때, 〈보기〉에서 극한값이 존재하는 것만을 있는 대로 고른 것은?

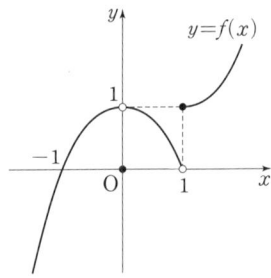

〈보기〉

ㄱ. $\lim\limits_{x\to-1} f(x)$　　ㄴ. $\lim\limits_{x\to0} f(x)$　　ㄷ. $\lim\limits_{x\to1} f(x)$

① ㄱ　　　　② ㄷ　　　　③ ㄱ, ㄴ

④ ㄴ, ㄷ　　　⑤ ㄱ, ㄴ, ㄷ

7 ①②③

함수

$$f(x)=\begin{cases} x^2-2x+2 & (|x|>2) \\ ax+b & (|x|\leq2) \end{cases}$$

에 대하여 $\lim\limits_{x\to-2} f(x)$의 값과 $\lim\limits_{x\to2} f(x)$의 값이 모두 존재할 때, $a+b$의 값은? (단, a, b는 상수이다.)

① 1　　　　② 2　　　　③ 3

④ 4　　　　⑤ 5

8 〔 1 2 3 〕

함수 $y=f(x)$의 그래프가 그림과 같다.

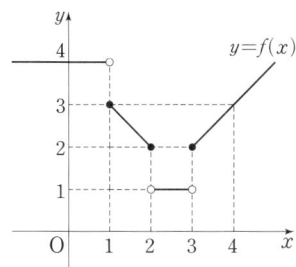

$\lim\limits_{x \to 1+} f(x) + \lim\limits_{x \to 2+} f(5-x)$의 값은?

① 3   ② 4   ③ 5

④ 6   ⑤ 7

9 〔 1 2 3 〕

두 함수 $y=f(x)$, $y=g(x)$의 그래프가 그림과 같다.

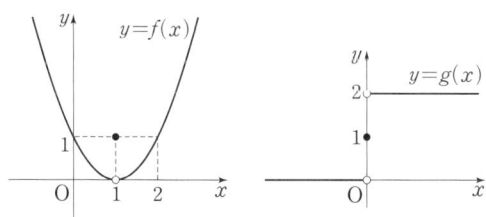

$\lim\limits_{x \to 0-} f(g(x)) + \lim\limits_{x \to 1+} g(f(x))$의 값은?

① 1   ② 2   ③ 3

④ 4   ⑤ 5

10 〔 1 2 3 〕

함수 $y=f(x)$의 그래프가 그림과 같을 때, 〈보기〉에서 옳은 것만을 있는 대로 고른 것은?

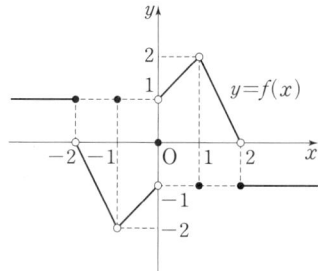

〈보기〉

ㄱ. $\lim\limits_{x \to -1+} f(f(x))=0$ ㄴ. $\lim\limits_{x \to 0-} f(f(x))=2$

ㄷ. $\lim\limits_{x \to 2-} f(f(x))=1$

① ㄱ   ② ㄴ   ③ ㄱ, ㄷ

④ ㄴ, ㄷ   ⑤ ㄱ, ㄴ, ㄷ

▶ 평가원

11 〔 1 2 3 〕

실수 전체의 집합에서 정의된 함수 $y=f(x)$의 그래프가 그림과 같다.

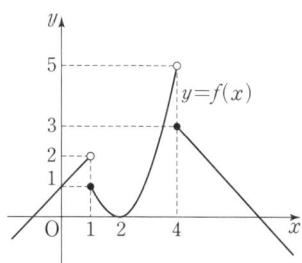

$\lim\limits_{t \to \infty} f\left(\dfrac{t-1}{t+1}\right) + \lim\limits_{t \to -\infty} f\left(\dfrac{4t-1}{t+1}\right)$의 값은?

① 3   ② 4   ③ 5

④ 6   ⑤ 7

필수 예제 **4** 함수의 극한에 대한 성질

12 ①②③

두 함수 $f(x)$, $g(x)$에 대하여 $\displaystyle\lim_{x \to \infty} \frac{f(x)}{g(x)} = 2$일 때,

$\displaystyle\lim_{x \to \infty} \frac{4f(x)+g(x)}{2f(x)-g(x)}$의 값은?

① 1   ② 2   ③ 3

④ 4   ⑤ 5

14 ①②③

함수 $f(x)$에 대하여 $\displaystyle\lim_{x \to 1} \frac{f(x)+2}{x-1} = 3$일 때,

$\displaystyle\lim_{x \to 0} \frac{4x+2+f(2x+1)}{x}$의 값은?

① 7   ② 8   ③ 9

④ 10   ⑤ 11

13 ①②③

두 함수 $f(x)$, $g(x)$에 대하여

$$\lim_{x \to 2} f(x) = 2, \ \lim_{x \to 2} \{3f(x)-2g(x)\} = -6$$

일 때, $\displaystyle\lim_{x \to 2} g(x)$의 값은?

① 3   ② 4   ③ 5

④ 6   ⑤ 7

▶ 교육청
15 ①②③

두 함수 $f(x)$, $g(x)$가

$$\lim_{x \to \infty} \{2f(x)-3g(x)\} = 1, \ \lim_{x \to \infty} g(x) = \infty$$

를 만족시킬 때, $\displaystyle\lim_{x \to \infty} \frac{4f(x)+g(x)}{3f(x)-g(x)}$의 값은?

① 1   ② 2   ③ 3

④ 4   ⑤ 5

필수예제 **5** 함수의 극한; $\dfrac{0}{0}$ 꼴

16 〔1 2 3〕

$\displaystyle\lim_{x\to 2}\dfrac{x^2-x-2}{x^2-3x+2}$의 값은?

① -3 ② -1 ③ 1

④ 3 ⑤ 6

17 〔1 2 3〕

$\displaystyle\lim_{x\to 2}\dfrac{\sqrt{x+2}-2}{x^3-8}=\dfrac{q}{p}$일 때, $p+q$의 값을 구하시오.

(단, p와 q는 서로소인 자연수이다.)

18 〔1 2 3〕

다항함수 $f(x)$에 대하여

$$\lim_{x\to 3}\dfrac{3x^2+\{f(x)-9\}x-3f(x)}{(x^2-9)f(x)}=\dfrac{2}{3}$$

일 때, $f(3)$의 값을 구하시오.

▸ 평가원

19 〔1 2 3〕

극한 $\displaystyle\lim_{x\to 0}\dfrac{\{f(x)\}^2}{f(x^2)}=4$를 만족시키는 함수 $f(x)$를 〈보기〉에서 모두 고른 것은?

〈보기〉
ㄱ. $f(x)=4|x|$
ㄴ. $f(x)=2x^2+2x$
ㄷ. $f(x)=x+\dfrac{4}{x}$

① ㄱ   ② ㄴ   ③ ㄱ, ㄷ

④ ㄴ, ㄷ   ⑤ ㄱ, ㄴ, ㄷ

필수 예제 **6** 함수의 극한; $\dfrac{\infty}{\infty}$ 꼴

20 ⟨ 1 2 3 ⟩

〈보기〉에서 옳은 것만을 있는 대로 고른 것은?

─────〈보기〉─────

ㄱ. $\displaystyle\lim_{x\to\infty} \dfrac{3x^2+1}{x^2-2x+1}=3$

ㄴ. $\displaystyle\lim_{x\to\infty} \dfrac{2x+1}{x^2-2x+1}=2$

ㄷ. $\displaystyle\lim_{x\to\infty} \dfrac{3x}{\sqrt{x^2+1}+2x}=1$

① ㄱ   ② ㄴ   ③ ㄱ, ㄷ

④ ㄴ, ㄷ   ⑤ ㄱ, ㄴ, ㄷ

21 ⟨ 1 2 3 ⟩

함수 $f(x)=x^2+2x$에 대하여 $\displaystyle\lim_{x\to\infty} \dfrac{f(x+2)-f(x)}{x-1}$의

값은?

① 1   ② 2   ③ 3

④ 4   ⑤ 5

22 ⟨ 1 2 3 ⟩

$\displaystyle\lim_{x\to-\infty} \dfrac{\sqrt{x^2+3x}-2x}{\sqrt{x^2+1}-\sqrt{-x+5}}$ 의 값을 구하시오.

23 ⟨ 1 2 3 ⟩

함수 $f(x)$에 대하여

$$\lim_{x\to\infty} \dfrac{f(x)}{x}=k,$$

$$\lim_{x\to\infty} \dfrac{4f(x)+x-1}{\sqrt{x^2-f(x)}+f(x)-x}=5$$

일 때, 실수 k의 값을 구하시오.

필수 예제 **7** 함수의 극한; $\infty - \infty$ 꼴

24 ①②③

$\lim\limits_{x \to \infty} (\sqrt{x^2+5x-2} - \sqrt{x^2-x+1})$의 값은?

① 1　　　　② 2　　　　③ 3

④ 4　　　　⑤ 5

25 ①②③

$\lim\limits_{x \to \infty} \dfrac{\sqrt{x+7}-\sqrt{x+5}}{\sqrt{x+3}-\sqrt{x+1}}$의 값은?

① -2　　　② -1　　　③ 0

④ 1　　　　⑤ 2

26 ①②③

함수 $f(x)=3(x-1)^2+2$에 대하여
$\lim\limits_{x \to \infty} \{\sqrt{f(-x)} - \sqrt{f(x)}\}$의 값은?

① 1　　　　② $\sqrt{3}$　　　③ 3

④ $2\sqrt{3}$　　　⑤ $\sqrt{15}$

필수 예제 8 함수의 극한; ∞×0 꼴

27 ①②③

$\lim\limits_{x \to 2} \dfrac{1}{x-2}\left\{\dfrac{1}{(x+1)^2} - \dfrac{1}{9}\right\}$의 값은?

① $-\dfrac{1}{27}$ ② $-\dfrac{2}{27}$ ③ $-\dfrac{1}{9}$

④ $-\dfrac{4}{27}$ ⑤ $-\dfrac{5}{27}$

28 ①②③

$\lim\limits_{x \to -\infty} x^2\left(1 + \dfrac{x}{\sqrt{x^2-3}}\right)$의 값은?

① $-\dfrac{1}{2}$ ② -1 ③ $-\dfrac{3}{2}$

④ -2 ⑤ $-\dfrac{5}{2}$

29 ①②③

함수 $f(x) = x^2 + 3x + 2$에 대하여

$\lim\limits_{x \to \infty} x^2\left\{f\left(\dfrac{1}{x}+2\right) - f(2)\right\}^2$의 값을 구하시오.

30 (1 2 3)

두 상수 a, b에 대하여 $\lim\limits_{x \to 1} \dfrac{x^2 + ax + b}{x - 1} = 5$일 때, $2a - b$의 값은?

① 2   ② 4   ③ 6

④ 8   ⑤ 10

31 (1 2 3)

두 상수 a, b에 대하여 $\lim\limits_{x \to 2} \dfrac{x^2 - 4}{x^3 + ax^2 + bx} = -2$일 때, $a + b$의 값은?

① 1   ② 3   ③ 5

④ 7   ⑤ 9

32 (1 2 3)

두 상수 a, b에 대하여 $\lim\limits_{x \to -2} \dfrac{\sqrt{x^2 - 2x - 4} + ax}{x + 2} = b$일 때, ab의 값은?

① $-\dfrac{5}{4}$ ② -1 ③ $-\dfrac{3}{4}$

④ $-\dfrac{1}{2}$ ⑤ $-\dfrac{1}{4}$

33 (1 2 3)

함수 $f(x) = \dfrac{ax^2 + bx + c}{x^2 - 1}$에 대하여

$$\lim\limits_{x \to \infty} f(x) = 2, \quad \lim\limits_{x \to 1} f(x) = 3$$

일 때, $4a + 2b + c$의 값은? (단, a, b, c는 상수이다.)

① 5   ② 6   ③ 7

④ 8   ⑤ 9

필수 예제 10 다항함수의 결정

34 1 2 3

다항함수 $f(x)$가

$$\lim_{x \to \infty} \frac{f(x)}{2x+1} = 2, \ \lim_{x \to 1} f(x) = 5$$

를 만족시킬 때, $f(3)$의 값은?

① 5   ② 7   ③ 9

④ 11   ⑤ 13

36 1 2 3

삼차함수 $f(x)$가

$$\lim_{x \to -1} \frac{f(x)}{x+1} = 2, \ \lim_{x \to -2} \frac{f(x)}{x+2} = -3$$

을 만족시킬 때, $\lim\limits_{x \to 1} \dfrac{f(x)}{x-1}$의 값은?

① -5 ② -6 ③ -7

④ -8 ⑤ -9

35 1 2 3

다항함수 $f(x)$에 대하여

$$f(1) = 6, \ f(-2) = 9, \ \lim_{x \to 1} \frac{f(x)}{x^2 + 2x - 1} = 3$$

일 때, $f(2)$의 값을 구하시오.

▶ 평가원

37 1 2 3

다항함수 $f(x)$가

$$\lim_{x \to \infty} \frac{f(x)}{x^3} = 1, \ \lim_{x \to -1} \frac{f(x)}{x+1} = 2$$

를 만족시킨다. $f(1) \leq 12$일 때, $f(2)$의 최댓값은?

① 27   ② 30   ③ 33

④ 36   ⑤ 39

필수 예제 11 함수의 극한의 활용

38 ①②③

직선 $y=2x+1$ 위의 점 $(t, 2t+1)$에서 점 $(1, 0)$까지의 거리를 d_1, 점 $(2, 0)$까지의 거리를 d_2라 할 때, $\lim\limits_{t\to\infty}(d_1-d_2)$의 값은?

① $\dfrac{\sqrt{5}}{5}$ ② $\dfrac{2\sqrt{5}}{5}$ ③ $\dfrac{3\sqrt{5}}{5}$

④ $\dfrac{4\sqrt{5}}{5}$ ⑤ $\sqrt{5}$

39 ①②③

그림과 같이 곡선 $y=5x^2$ 위의 점 중 제1사분면 위의 점 $P(t, 5t^2)$에서 y축에 내린 수선의 발을 H라 하고, 선분 OH를 $2:3$으로 내분하는 점을 Q라 하자. $\lim\limits_{t\to\infty}(\overline{PQ}-\overline{QH})$의 값은?

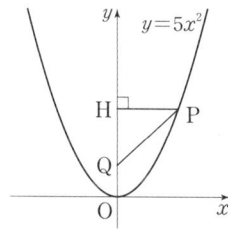

(단, O는 원점이다.)

① $\dfrac{1}{2}$ ② $\dfrac{1}{4}$ ③ $\dfrac{1}{6}$

④ $\dfrac{1}{8}$ ⑤ $\dfrac{1}{10}$

▶ 교육청

40 ①②③

곡선 $y=\sqrt{x}$ 위의 점 $P(t, \sqrt{t})$ $(t>4)$에서 직선 $y=\dfrac{1}{2}x$에 내린 수선의 발을 H라 하자. $\lim\limits_{t\to\infty}\dfrac{\overline{OH}^2}{\overline{OP}^2}$의 값은? (단, O는 원점이다.)

① $\dfrac{3}{5}$ ② $\dfrac{2}{3}$ ③ $\dfrac{11}{15}$

④ $\dfrac{4}{5}$ ⑤ $\dfrac{13}{15}$

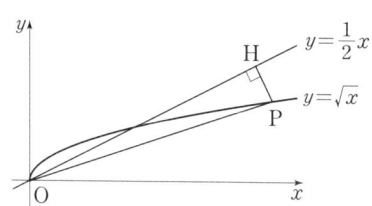

41 ①②③

그림과 같이 점 $A(-1, 0)$을 중심으로 하고 반지름의 길이가 t인 원 C_1과 점 $B(5, 4)$를 중심으로 하고 넓이가 $S(t)$인 원 C_2가 있다. 두 원이 모두 기울기가 2인 직선 l에 접할 때, $\lim\limits_{t\to 0+}S(t)$의 값은?

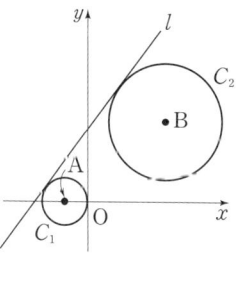

(단, 직선 l의 y절편은 2보다 크다.)

① $\dfrac{48}{5}\pi$ ② $\dfrac{52}{5}\pi$ ③ $\dfrac{56}{5}\pi$

④ 12π ⑤ $\dfrac{64}{5}\pi$

정답 및 해설 58쪽

O2 함수의 연속

필수예제 1 함수의 그래프와 연속

1 ①②③

열린구간 $(0, 4)$에서 함수 $y=f(x)$의 그래프가 그림과 같다.

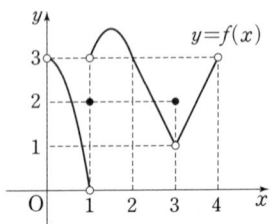

〈보기〉에서 옳은 것만을 있는 대로 고른 것은?

〈보기〉
ㄱ. $\lim_{x \to 3} f(x) = 1$
ㄴ. 함수 $f(x)$는 $x=2$에서 연속이다.
ㄷ. 함수 $f(x)$가 불연속인 x의 값의 개수는 2이다.

① ㄱ ② ㄴ ③ ㄱ, ㄷ
④ ㄴ, ㄷ ⑤ ㄱ, ㄴ, ㄷ

▶ 평가원

2 ①②③

함수 $y=f(x)$의 그래프가 그림과 같다.

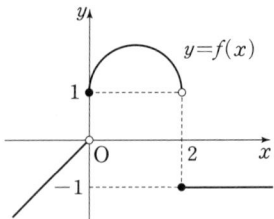

〈보기〉에서 옳은 것만을 있는 대로 고른 것은?

〈보기〉
ㄱ. $\lim_{x \to 0+} f(x) = 1$
ㄴ. $\lim_{x \to 2-} f(x) = -1$
ㄷ. 함수 $|f(x)|$는 $x=2$에서 연속이다.

① ㄱ ② ㄴ ③ ㄱ, ㄷ
④ ㄴ, ㄷ ⑤ ㄱ, ㄴ, ㄷ

3 ①②③

함수 $y=f(x)$의 그래프가 그림과 같고, 함수 $g(x)$에 대하여 $g(2)=5$, $\lim_{x \to 2-} g(x)=a$, $\lim_{x \to 2+} g(x)=b$이다. 함수 $f(x)+g(x)$가 $x=2$에서 연속일 때, $a+b$의 값은? (단, a, b는 실수이다.)

① 6 ② 7 ③ 8
④ 9 ⑤ 10

필수
예제 2 함수가 연속일 조건

4 ①②③

함수

$$f(x)=\begin{cases} x+k & (x\geq 1) \\ x^2+3x+2 & (x<1) \end{cases}$$

이 $x=1$에서 연속이 되도록 하는 상수 k의 값은?

① 1   ② 2   ③ 3

④ 4   ⑤ 5

▶ 교육청

5 ①②③

함수

$$f(x)=\begin{cases} \dfrac{x^2+ax+b}{x-3} & (x<3) \\ \dfrac{2x+1}{x-2} & (x\geq 3) \end{cases}$$

이 실수 전체의 집합에서 연속일 때, $a-b$의 값은?

(단, a, b는 상수이다.)

① 9   ② 10   ③ 11

④ 12   ⑤ 13

6 ①②③

함수

$$f(x)=\begin{cases} 3x-2 & (x>1) \\ x^2-2x+a & (-1\leq x\leq 1) \\ x+b & (x<-1) \end{cases}$$

이 실수 전체의 집합에서 연속일 때, 두 상수 a, b에 대하여 $a+b$의 값은?

① 6   ② 7   ③ 8

④ 9   ⑤ 10

7 ①②③

함수

$$f(x)=\begin{cases} \dfrac{\sqrt{x+a}+b}{x+1} & (x\neq -1) \\ \dfrac{1}{6} & (x=-1) \end{cases}$$

이 $x=-1$에서 연속일 때, 두 상수 a, b에 대하여 $a+b$의 값은?

① 9   ② 7   ③ 5

④ 3   ⑤ 1

필수
예제 **3** $(x-a)f(x)=g(x)$ 꼴의 함수의 연속

8 ①②③

실수 전체의 집합에서 연속인 함수 $f(x)$가

$$(x-2)f(x)=x^2-5x+a$$

를 만족시킬 때, $a+f(2)$의 값은? (단, a는 상수이다.)

① 1   ② 3   ③ 5

④ 7   ⑤ 9

9 ①②③

실수 전체의 집합에서 연속인 함수 $f(x)$가 모든 실수 x에 대하여

$$(x-1)f(x)=x^3+ax^2+b$$

를 만족시킨다. $f(1)=9$일 때, 두 상수 a, b에 대하여 $4a+b$의 값은?

① 2   ② 4   ③ 6

④ 8   ⑤ 10

10 ①②③

양의 실수 전체의 집합에서 연속인 함수 $f(x)$가

$$(x-4)f(x)=x\sqrt{x}-8$$

을 만족시킬 때, $f(4)$의 값은?

① 1   ② 2   ③ 3

④ 4   ⑤ 5

11 ①②③

양의 실수 전체의 집합에서 연속인 함수 $f(x)$가 다음 조건을 만족시킬 때, 두 상수 a, b에 대하여 a^2+b^2의 값을 구하시오.

(가) $(x-3)f(x)=a\sqrt{x}+b$
(나) $f(3)=1$

12 ⟨1 2 3⟩

함수 $f(x)=\dfrac{x-1}{x^2+6x+k}$이 실수 전체의 집합에서 연속일 때, 정수 k의 최솟값은?

① 8   ② 9   ③ 10

④ 11   ⑤ 12

14 ⟨1 2 3⟩

두 함수

$$f(x)=x^2+ax+b,\ g(x)=\begin{cases} 2 & (|x|\le 2) \\ 1 & (|x|>2) \end{cases}$$

에 대하여 함수 $f(x)g(x)$가 실수 전체의 집합에서 연속일 때, $a+b$의 값은? (단, a, b는 상수이다.)

① -2 ② -4 ③ -6

④ -8 ⑤ -10

13 ⟨1 2 3⟩

함수 $y=f(x)$의 그래프가 그림과 같고, 일차함수 $g(x)$에 대하여 $g(0)=2$이다.
함수 $f(x)g(x)$가 실수 전체의 집합에서 연속일 때, $g(-1)$의 값은?

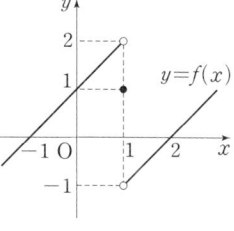

① 3   ② 4   ③ 5

④ 6   ⑤ 7

15 ⟨1 2 3⟩

두 함수

$$f(x)=\begin{cases} 2 & (x\le 2) \\ \dfrac{4}{x-2} & (x>2) \end{cases},$$

$$g(x)=\begin{cases} x^2+ax+2 & (x\le 2) \\ x^2+bx+2 & (x>2) \end{cases}$$

에 대하여 함수 $f(x)g(x)$가 실수 전체의 집합에서 연속일 때, $a+b$의 값은? (단, a, b는 상수이다.)

① -5 ② -4 ③ -3

④ -2 ⑤ -1

✎ 정답 및 해설 61쪽

01 미분계수와 도함수

필수 예제 1 평균변화율과 미분계수

1 ①②③

함수 $f(x) = -x^3 + ax + 2$에 대하여 x의 값이 -1에서 2까지 변할 때의 평균변화율이 2일 때, $f'(1)$의 값은?

(단, a는 상수이다.)

① 1   ② 2   ③ 3

④ 4   ⑤ 5

2 ①②③

함수 $f(x) = x^3 - 2x$에 대하여 x의 값이 1에서 3까지 변할 때의 평균변화율이 $kf'(1)$의 값과 같을 때, 상수 k의 값을 구하시오.

3 ①②③

함수 $f(x) = (x+1)(x^2 + kx)$에 대하여 x의 값이 -1에서 1까지 변할 때의 평균변화율과 $x=1$에서의 순간변화율이 같을 때, 상수 k의 값은?

① -2 ② -1 ③ 0

④ 1   ⑤ 2

4 ①②③

함수 $f(x) = -x^2 + ax$에 대하여 x의 값이 a에서 $a+1$까지 변할 때의 평균변화율과 $x=-a$에서의 미분계수가 같을 때, 실수 a의 값은?

① $-\dfrac{1}{2}$ ② $-\dfrac{1}{4}$ ③ $\dfrac{1}{4}$

④ $\dfrac{1}{2}$ ⑤ 1

필수 예제 2 미분계수의 정의;
$$f'(a)=\lim_{h \to 0}\frac{f(a+h)-f(a)}{h} \text{ 꼴}$$

5 ⟨1 2 3⟩

다항함수 $f(x)$에 대하여 $f'(1)=-3$일 때,

$\lim\limits_{h \to 0}\dfrac{f(1+2h)-f(1)}{3h}$의 값은?

① -2 ② -1 ③ 0

④ 1 ⑤ 2

6 ⟨1 2 3⟩

다항함수 $f(x)$에 대하여 $f'(-1)=2$일 때,

$\lim\limits_{h \to 0}\dfrac{f(-1+3h)-f(-1-2h)}{h}$의 값을 구하시오.

✎ 정답 및 해설 62쪽

7 ⟨1 2 3⟩

다항함수 $f(x)$에 대하여 $f'(-1)=3$일 때,

$\lim\limits_{h \to 0}\dfrac{f(h-1)-f(2h-1)}{h}$의 값은?

① -6 ② -3 ③ 0

④ 3 ⑤ 6

8 ⟨1 2 3⟩

다항함수 $f(x)$에 대하여 $f(0)=f'(0)=5$일 때,

$\lim\limits_{h \to 0}\dfrac{f(h)-5}{5h}$의 값을 구하시오.

▶ 평가원

필수 예제 3 미분계수의 정의; $f'(a)=\lim\limits_{x \to a}\dfrac{f(x)-f(a)}{x-a}$ 꼴

9 ⟨1 2 3⟩

다항함수 $f(x)$에 대하여 $f'(-4)=-2$일 때,

$\lim\limits_{x \to -4}\dfrac{f(x)-f(-4)}{x^2-16}$ 의 값은?

① $\dfrac{1}{32}$ 　　　② $\dfrac{1}{16}$ 　　　③ $\dfrac{1}{8}$

④ $\dfrac{1}{4}$ 　　　⑤ $\dfrac{1}{2}$

10 ⟨1 2 3⟩

다항함수 $f(x)$에 대하여 $f'(9)=3$일 때,

$\lim\limits_{x \to 3}\dfrac{f(x^2)-f(9)}{x-3}$ 의 값을 구하시오.

▶ 평가원

11 ⟨1 2 3⟩

다항함수 $f(x)$에 대하여 $\lim\limits_{x \to 1}\dfrac{f(x)-2}{x^2-1}=3$일 때,

$\dfrac{f'(1)}{f(1)}$ 의 값은?

① 3 　　　② $\dfrac{7}{2}$ 　　　③ 4

④ $\dfrac{9}{2}$ 　　　⑤ 5

12 ⟨1 2 3⟩

다항함수 $f(x)$에 대하여 $f'(1)=2$일 때,

$\lim\limits_{x \to 1}\dfrac{f(2x^2-1)-f(1)}{x-1}$ 의 값을 구하시오.

13 ①②③

함수 $f(x)=x^3+2x^2-5x$에 대하여 $f'(3)$의 값을 구하시오.

14 ①②③

함수 $f(x)=(x^2+x)(x^3-2x)$에 대하여 $f'(1)$의 값은?

① -5 ② -4 ③ -3

④ -2 ⑤ -1

15 ①②③

다항함수 $f(x)$에 대하여 함수 $g(x)$를
$$g(x)=(x^2+3)f(x)$$
라 하자. $f(1)=2$, $f'(1)=1$일 때, $g'(1)$의 값은?

① 6   ② 7   ③ 8

④ 9   ⑤ 10

16 ①②③

함수 $f(x)=x^3+ax^2+bx-2$에 대하여 함수 $y=f(x)$의 그래프가 점 $(1, 0)$을 지나고 $f'(1)=7$일 때, $f(-1)$의 값을 구하시오.

17 １２３

함수 $f(x)=-x^3+3x^2+2$에 대하여

$\displaystyle\lim_{h\to 0}\frac{f(2+3h)-f(2)}{4h}$ 의 값은?

① -4 　　② -2 　　③ 0

④ 2 　　⑤ 4

18 １２３

함수 $f(x)=x^3-x^2+4x$에 대하여

$$\lim_{h\to 0}\frac{f(1+h)-f(1)}{ah}=10$$

을 만족시키는 상수 a의 값은? (단, $a\neq 0$)

① $\dfrac{1}{4}$ 　　② $\dfrac{1}{2}$ 　　③ 1

④ 2 　　⑤ 4

19 １２３

함수 $f(x)=\dfrac{1}{2}x^4+x+2$에 대하여 $\displaystyle\lim_{x\to 0}\frac{\{f(x)\}^2-4}{x}$ 의

값을 구하시오.

20 ⟨1 2 3⟩

함수 $f(x)=x^3-ax+2$에 대하여
$\lim\limits_{h\to 0}\dfrac{f(2+h)-f(2)}{3h}=2$일 때, 상수 a의 값을 구하시오.

21 ⟨1 2 3⟩

함수 $f(x)=x^4+ax^2-3x$에 대하여
$\lim\limits_{h\to 0}\dfrac{f(1-h)-f(1+h)}{2h}=-5$일 때, 상수 a의 값을 구하시오.

22 ⟨1 2 3⟩

함수 $f(x)=x^2+px+q$에 대하여 $\lim\limits_{x\to 2}\dfrac{f(x)-3}{x-2}=9$일 때, $p+q$의 값은? (단, p, q는 상수이다.)

① -10 ② -8 ③ -6

④ -4 ⑤ -2

23 ⟨1 2 3⟩

함수 $f(x)=(x^2+a)(x+b)$에 대하여
$\lim\limits_{h\to 0}\dfrac{f(1+h)-f(1)}{2h}=4$, $\lim\limits_{x\to -1}\dfrac{f(x)-f(-1)}{x^2-1}=2$
일 때, $f(0)$의 값은? (단, a, b는 상수이다.)

① -5 ② -4 ③ -3

④ -2 ⑤ -1

24 ①②③

함수 $f(x) = \begin{cases} ax+3 & (x>1) \\ x^2+b & (x\leq 1) \end{cases}$ 이 $x=1$에서 미분가능할

때, 두 상수 a, b에 대하여 $a+b$의 값을 구하시오.

25 ①②③

함수 $f(x) = \begin{cases} 2x^2+ax & (x\geq -1) \\ -x^2+b & (x<-1) \end{cases}$ 이 $x=-1$에서 미분

가능할 때, $f(-2)+f(2)$의 값을 구하시오.

(단, a, b는 상수이다.)

26 ①②③

함수 $f(x) = \begin{cases} x+k & (x\geq a) \\ -x^2+3x & (x<a) \end{cases}$ 가 모든 실수 x에서

미분가능할 때, $f(2)$의 값은? (단, k는 상수이다.)

① 1   ② 2   ③ 3

④ 4   ⑤ 5

필수 예제 8 $f(x)$와 $f'(x)$를 포함한 등식

27 (1 2 3)

다항함수 $f(x)$가 모든 실수 x에 대하여
$$f(x)=x^2f'(2)-x^3$$
을 만족시킬 때, $f'(1)$의 값을 구하시오.

28 (1 2 3)

함수 $f(x)=x^3-4x+1$이 모든 실수 x에 대하여
$$3f(x)+ax=xf'(x)+3$$
을 만족시킬 때, 상수 a의 값을 구하시오.

▶ 교육청

29 (1 2 3)

최고차항의 계수가 1인 다항함수 $f(x)$가
$$f(x)f'(x)=2x^3-9x^2+5x+6$$
을 만족시킬 때, $f(-3)$의 값을 구하시오.

30 (1 2 3)

최고차항의 계수가 1인 이차함수 $f(x)$가 모든 실수 x에 대하여
$$f(f'(x))=\{f'(x)\}^2-2x$$
를 만족시킬 때, $f(2)$의 값을 구하시오.

✎ 정답 및 해설 66쪽

O2 접선의 방정식

필수예제 1 접선의 기울기

1 ▢123

곡선 $y=x^3+ax^2+3x+b$ 위의 점 $(-1, -2)$에서의 접선의 기울기가 10일 때, 두 상수 a, b에 대하여 ab의 값은?

① -10 ② -8 ③ -6

④ -4 ⑤ -2

2 ▢123

곡선 $y=2x^3+3x^2-8x+1$ 위의 점 (p, q)에서의 접선의 기울기가 4일 때, $p+q$의 값은? (단, $p>0$)

① $-\dfrac{1}{5}$ ② $-\dfrac{2}{5}$ ③ $-\dfrac{3}{5}$

④ $-\dfrac{4}{5}$ ⑤ -1

3 ▢123

함수 $f(x)=x^2+3x+2$에 대하여 곡선 $y=f(x)$ 위의 점 $(a, f(a))$에서의 접선이 직선 $ax+2y+1=0$에 평행할 때, a의 값은?

① $-\dfrac{6}{5}$ ② -1 ③ $-\dfrac{4}{5}$

④ $-\dfrac{3}{5}$ ⑤ $-\dfrac{2}{5}$

4 ▢123

실수 전체의 집합에서 미분가능한 함수 $f(x)$에 대하여 곡선 $y=f(x)$ 위의 점 $(2, -1)$에서의 접선의 방정식이 $y=3x-7$일 때, $\displaystyle\lim_{h\to 0}\dfrac{f(2+h)+1}{3h}$의 값은?

① 1 ② 2 ③ 3

④ 4 ⑤ 5

필수 예제 **2** 접점의 좌표가 주어진 접선의 방정식

5 ①②③

곡선 $y=x^4-2x^2+3x-1$ 위의 점 $(1, 1)$에서의 접선의 방정식을 $y=mx+n$이라 할 때, 두 상수 m, n에 대하여 $10m+n$의 값을 구하시오.

7 ①②③

곡선 $y=2x^3-x^2+ax$ 위의 점 $(2, 2)$에서의 접선이 점 $(3, b)$를 지날 때, $a+b$의 값을 구하시오.

(단, a는 상수이다.)

6 ①②③

곡선 $y=x^3+3x^2+ax$ 위의 점 $(1, 6)$에서의 접선의 y절편은? (단, a는 상수이다.)

① -5 ② -4 ③ -3

④ -2 ⑤ -1

▶ 교육청
8 ①②③

최고차항의 계수가 1인 삼차함수 $f(x)$에 대하여 곡선 $y=f(x)$ 위의 점 $(2, 4)$에서의 접선이 점 $(-1, 1)$에서 이 곡선과 만날 때, $f'(3)$의 값은?

① 10 ② 11 ③ 12

④ 13 ⑤ 14

필수 예제 3 기울기가 주어진 접선의 방정식

9 ①②③

곡선 $y=3x^2+x+k$에 접하고 기울기가 -5인 접선의 방정식이 $5x+y+k=0$일 때, 상수 k의 값은?

① 0   ② $\dfrac{1}{2}$ ③ 1

④ $\dfrac{3}{2}$ ⑤ 2

10 ①②③

곡선 $y=4x^2-7x+1$에 접하고 직선 $y=x+3$에 평행한 직선이 $x+ay+b=0$일 때, $a+b$의 값은?

(단, a, b는 상수이다.)

① -4 ② -2 ③ 0

④ 2   ⑤ 4

11 ①②③

곡선 $y=x^3+x$에 접하고 기울기가 4인 두 직선 l, m에 대하여 두 직선 l, m 사이의 거리를 d라 하자. $17d^2$의 값을 구하시오.

12 ①②③

곡선 $y=3x^3+x-2$에 접하고 기울기가 10인 접선 중 제2사분면을 지나지 않는 직선이 점 $(2, p)$를 지날 때, p의 값을 구하시오.

필수 예제 4 곡선 밖의 한 점에서 그은 접선의 방정식

13 ❨1 2 3❩

점 $(0, 1)$에서 곡선 $y = -x^3 + x + 3$에 그은 접선의 y절편은?

① $\dfrac{1}{2}$　　　　② 1　　　　③ $\dfrac{3}{2}$

④ 2　　　　⑤ $\dfrac{5}{2}$

▶ 평가원

14 ❨1 2 3❩

점 $(0, -4)$에서 곡선 $y = x^3 - 2$에 그은 접선이 x축과 만나는 점의 좌표를 $(a, 0)$이라 할 때, a의 값은?

① $\dfrac{7}{6}$　　　　② $\dfrac{4}{3}$　　　　③ $\dfrac{3}{2}$

④ $\dfrac{5}{3}$　　　　⑤ $\dfrac{11}{6}$

15 ❨1 2 3❩

점 $(2, 3)$에서 곡선 $y = -x^2 + 4x - 2$에 그은 두 접선의 기울기의 곱은?

① -10　　　　② -8　　　　③ -6

④ -4　　　　⑤ -2

16 ❨1 2 3❩

점 $A(a, 0)$에서 곡선 $y = 2x^2 - x + 3$에 그은 두 접선의 접점을 각각 B, C라 하자. 삼각형 ABC의 무게중심의 x좌표가 7일 때, a의 값을 구하시오.

필수 예제 5 곡선 위의 점과 직선 사이의 거리의 최솟값

17 ① ② ③

곡선 $y=-x^2+6x+2$ 위의 점과 직선 $2x+y-26=0$ 사이의 거리의 최솟값을 d라 할 때, $5d^2$의 값을 구하시오.

▶ 교육청

19 ① ② ③

곡선 $y=x^3-5x^2+4x+4$ 위에 세 점 A$(-1, -6)$, B$(2, 0)$, C$(4, 4)$가 있다. 곡선 위에서 두 점 A, B 사이를 움직이는 점 P와 곡선 위에서 두 점 B, C 사이를 움직이는 점 Q에 대하여 사각형 AQCP의 넓이가 최대가 되도록 하는 두 점 P, Q의 x좌표의 곱은?

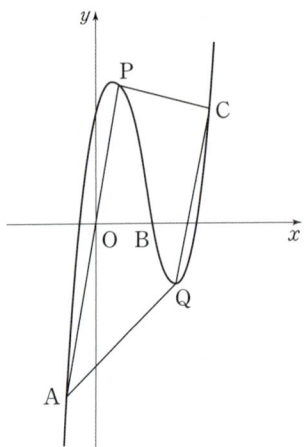

① $\dfrac{1}{6}$ ② $\dfrac{1}{3}$ ③ $\dfrac{1}{2}$

④ $\dfrac{2}{3}$ ⑤ $\dfrac{5}{6}$

18 ① ② ③

곡선 $y=-x^2+4x+1$ 위의 점과 이 곡선과 만나지 않는 직선 $y=-2x+k$ 사이의 거리의 최솟값이 $\sqrt{5}$일 때, 상수 k의 값을 구하시오.

20 ①②③

곡선 $y=x^3-5x+3$ 위의 점 $(1, -1)$에서의 접선과 x축 및 y축으로 둘러싸인 도형의 넓이는?

① $\dfrac{1}{4}$　　　　② $\dfrac{1}{2}$　　　　③ 1

④ 2　　　　⑤ 4

21 ①②③

곡선 $y=-x^4+x^3+4$ 위의 점 $(-1, 2)$에서의 접선과 x축 및 y축으로 둘러싸인 도형의 넓이를 S라 할 때, $14S$의 값을 구하시오.

22 ①②③

점 $(0, -11)$에서 곡선 $y=x^3-x+5$에 그은 접선과 x축 및 y축으로 둘러싸인 도형의 넓이는?

① $\dfrac{9}{2}$　　　　② 5　　　　③ $\dfrac{11}{2}$

④ 6　　　　⑤ $\dfrac{13}{2}$

23 ①②③

곡선 $y=-x^2+4x-2$ 위의 점 $\mathrm{P}(3, 1)$에서 그은 접선을 l, 점 P를 지나고 직선 l에 수직인 직선을 m이라 할 때, 두 직선 l, m과 y축으로 둘러싸인 도형의 넓이를 $\dfrac{q}{p}$라 하자. $p+q$의 값을 구하시오.

(단, p와 q는 서로소인 자연수이다.)

✎ 정답 및 해설 70쪽

03 함수의 그래프

필수 예제 **1** 함수의 증가와 감소

1 ⑴⑵⑶

함수 $f(x)=x^3+3x^2-24x+10$이 감소하는 구간이 $[a,\ b]$일 때, $b-a$의 값을 구하시오.

2 ⑴⑵⑶

함수 $f(x)=\dfrac{1}{4}x^4-x^3+\dfrac{1}{2}x^2-3x+1$이 $x\geq k$에서 증가할 때, k의 최솟값은?

① 1   ② 2   ③ 3
④ 4   ⑤ 5

3 ⑴⑵⑶

함수 $f(x)=x^3-6x^2+9x+2$가 임의의 서로 다른 두 실수 x_1, x_2에 대하여 $x_1<x_2$일 때, $f(x_1)>f(x_2)$를 만족시키는 구간이 $[a,\ b]$이다. ab의 값을 구하시오.

▶ 교육청
4 ⑴⑵⑶

이차함수 $y=f(x)$의 그래프와 직선 $y=2$가 그림과 같다.

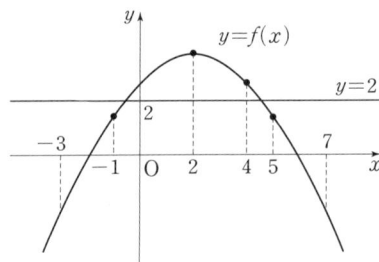

열린구간 $(-3,\ 7)$에서 부등식 $f'(x)\{f(x)-2\}\leq 0$을 만족시키는 정수 x의 개수는? (단, $f'(2)=0$)

① 4   ② 5   ③ 6
④ 7   ⑤ 8

필수예제 2 함수가 증가 또는 감소하기 위한 조건; 실수 전체

5 (1 2 3)

함수 $f(x)=-x^3+ax^2-4x-2$가 실수 전체의 집합에서 감소하도록 하는 모든 정수 a의 개수를 구하시오.

6 (1 2 3)

함수 $f(x)=x^3+ax^2+(2a-3)x$가 일대일대응이 되도록 하는 실수 a의 값은?

① 1   ② $\dfrac{3}{2}$ ③ 2

④ $\dfrac{5}{2}$ ⑤ 3

7 (1 2 3)

함수 $f(x)=(x-k)(x^2+x+1)$의 역함수가 존재하기 위한 실수 k의 최댓값과 최솟값의 합은?

① -2 ② -1 ③ 0

④ 1   ⑤ 2

▶ 교육청

8 (1 2 3)

함수 $f(x)=x^3+6x^2+15|x-2a|+3$이 실수 전체의 집합에서 증가하도록 하는 실수 a의 최댓값은?

① $-\dfrac{5}{2}$ ② -2 ③ $-\dfrac{3}{2}$

④ -1 ⑤ $-\dfrac{1}{2}$

9 ①②③

$-1 \le x \le 1$에서 정의된 함수 $f(x) = 2x^3 + 6x^2 + kx - 1$이 감소하도록 하는 실수 k의 최댓값은?

① -20 ② -18 ③ -16

④ -14 ⑤ -12

10 ①②③

함수 $f(x) = x^3 + 4x^2 + ax - 1$이 구간 $(-2, \infty)$에서 증가하도록 하는 실수 a의 최솟값은?

① 4 ② $\dfrac{13}{3}$ ③ $\dfrac{14}{3}$

④ 5 ⑤ $\dfrac{16}{3}$

11 ①②③

함수 $f(x) = x^3 + ax + b$가 열린구간 $(-1, 2)$에서 감소하고 $f(1) = 0$일 때, 실수 b의 최솟값을 구하시오.

(단, a는 상수이다.)

12 (1 2 3)

함수 $f(x)=(x+3)(x^2-x+3)$이 $x=a$에서 극솟값 b를 가질 때, $a+b$의 값을 구하시오.

13 (1 2 3)

함수 $f(x)=-\dfrac{1}{4}x^4+x^3+2x^2-12x$가 극댓값을 갖는 모든 x의 값의 합은?

① 0   ② 1   ③ 2

④ 3   ⑤ 4

14 (1 2 3)

함수 $f(x)=x^4-8x^2+1$이 $x=-2a$, $x=a+1$에서 극소일 때, 상수 a의 값을 구하시오.

15 (1 2 3)

함수 $f(x)=2x^3-9x^2+12x+1$에 대하여 상수 a가 다음 조건을 만족시킬 때, $a+f(a)$의 값을 구하시오.

> 함수 $f(x)$에서 $x=a$를 포함하는 어떤 열린구간에 속하는 모든 x에 대하여 $f(x)\le f(a)$이다.

16 ①②③

함수 $f(x)=2x^3-6x^2+ax+30$이 $x=-2$에서 극댓값 b를 가질 때, $a+b$의 값을 구하시오.

(단, a는 상수이다.)

17 ①②③

함수 $f(x)=-2x^3+6x+a$의 극솟값이 6일 때, $f(2)$의 값은? (단, a는 상수이다.)

① 6   ② 7   ③ 8
④ 9   ⑤ 10

18 ①②③

함수 $f(x)=\dfrac{1}{3}x^3+ax^2-3x+b$가 $x=-1$에서 극댓값 $\dfrac{8}{3}$을 가질 때, 함수 $f(x)$의 극솟값은?

(단, a, b는 상수이다.)

① -20 ② -16 ③ -12
④ -8 ⑤ -4

▶ 평가원

19 ①②③

함수 $f(x)$의 도함수 $f'(x)$가 $f'(x)=x^2-1$이다.
함수 $g(x)=f(x)-kx$가 $x=-3$에서 극값을 가질 때, 상수 k의 값은?

① 4   ② 5   ③ 6
④ 7   ⑤ 8

도함수의 그래프를 이용한 함수의 극값

20 ①②③

함수

$$f(x) = -\frac{1}{3}x^3 + ax^2 + bx + c$$

의 도함수 $y=f'(x)$의 그래프가
그림과 같고 함수 $f(x)$의 극솟
값이 5일 때, $f(1)$의 값은?

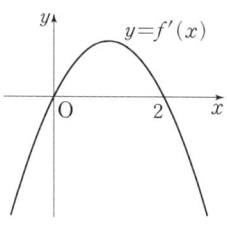

(단, a, b, c는 상수이다.)

① 5   ② $\frac{17}{3}$ ③ $\frac{19}{3}$

④ 7   ⑤ $\frac{23}{3}$

21 ①②③

최고차항의 계수가 1인 삼차함수
$f(x)$의 도함수 $y=f'(x)$의 그래프
가 그림과 같을 때, 함수 $f(x)$의 극
댓값과 극솟값의 차를 구하시오.

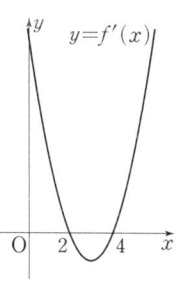

22 ①②③

함수 $f(x)=2x^3+ax^2+bx+c$
의 도함수 $y=f'(x)$의 그래프가
그림과 같다. 함수 $f(x)$의 극댓
값이 극솟값의 2배일 때, $f(0)$의
값을 구하시오.

(단, a, b, c는 상수이다.)

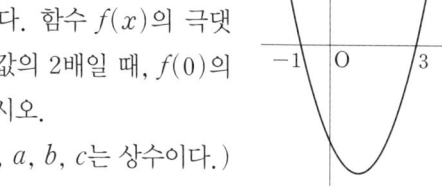

23 ①②③

함수 $f(x)=(x+1)(x^2+ax+7)$이 극값을 갖도록 하는 자연수 a의 최솟값을 구하시오.

25 ①②③

삼차함수 $f(x)=(a-1)x^3+ax^2+\left(a-\dfrac{3}{2}\right)x-3$이 극값을 갖도록 하는 정수 a의 값을 구하시오.

24 ①②③

함수 $f(x)=-x^3+kx^2+(3-2k)x+4$가 극값을 갖지 않도록 하는 실수 k의 값은?

① 1   ② 2   ③ 3

④ 4   ⑤ 5

26 123

함수 $f(x)=-x^3+6x^2+kx-2$가 열린구간 $(-1,\ 3)$ 에서 극댓값을 갖도록 하는 정수 k의 개수는?

① 1 　　　② 2 　　　③ 3

④ 4 　　　⑤ 5

28 123

함수 $f(x)=\dfrac{1}{3}x^3+(a+1)x^2+ax+1$이 $-2<x<0$에서 극댓값, $1<x<3$에서 극솟값을 갖도록 하는 정수 a의 값은?

① -5 　　　② -4 　　　③ -3

④ -2 　　　⑤ -1

27 123

함수 $f(x)=-x^3+ax^2+(2a-1)x+2$가 열린구간 $(1,\ 3)$에서 극댓값은 갖고 극솟값은 갖지 않도록 하는 모든 정수 a의 값의 합을 구하시오.

29 123

함수 $f(x)=x^3+3x^2+ax+3$가 열린구간 $(-3,\ 2)$에 서 극댓값과 극솟값을 모두 갖도록 하는 정수 a의 최댓 값과 최솟값의 합은?

① -10 　　　② -8 　　　③ -6

④ -4 　　　⑤ -2

사차함수가 극값을 가질 조건

30 (1 2 3)

함수 $f(x)=-x^4-2x^3+ax^2-1$이 극솟값을 갖도록 하는 정수 a의 최솟값은?

① -5 ② -4 ③ -3

④ -2 ⑤ -1

31 (1 2 3)

함수 $f(x)=(x+1)^2(x^2+m)$이 두 개의 극솟값을 갖도록 하는 정수 m의 최댓값은?

① -2 ② -1 ③ 0

④ 1 ⑤ 2

32 (1 2 3)

함수 $f(x)=x^4-4x^3+(a+1)x^2+1$이 극댓값을 갖지 않도록 하는 실수 a의 값의 범위가 $a=\alpha$ 또는 $a \geq \beta$일 때, $\alpha+\beta$의 값은?

① $\dfrac{1}{2}$ ② $\dfrac{3}{2}$ ③ $\dfrac{5}{2}$

④ $\dfrac{7}{2}$ ⑤ $\dfrac{9}{2}$

33 (1 2 3)

함수 $f(x)=-x^4+2ax^3-3(2-a)x^2+1$이 극댓값을 오직 하나만 갖도록 하는 정수 a의 개수를 구하시오.

필수예제 10 | 함수의 최대와 최소

34 (1 2 3)

$-2 \le x \le 2$일 때, 함수 $f(x) = 2x^3 + 3x^2 - 1$은 $x = a$에서 최댓값 b를 갖는다. $a + b$의 값은?

① 21   ② 23   ③ 25

④ 27   ⑤ 29

36 (1 2 3)

닫힌구간 $[k, 1]$에서 함수 $f(x) = \dfrac{1}{2}x^4 + \dfrac{2}{3}x^3 - 2x^2 + 1$ 이 최솟값 $-\dfrac{13}{3}$을 가질 때, 실수 k의 최댓값은?

(단, $k < 1$)

① -5 ② -4 ③ -3

④ -2 ⑤ -1

35 (1 2 3)

닫힌구간 $[0, 3]$에서 함수 $f(x) = -x^3 + 3x^2 + 2$의 최댓값을 M, 최솟값을 m이라 할 때, $M + m$의 값을 구하시오.

37 (1 2 3)

함수 $f(x) = x^3 - 3x^2 + 1$가 닫힌구간 $[-a, a]$에서 최댓값 1을 가질 때, 양수 a의 최댓값은?

① 1   ② 2   ③ 3

④ 4   ⑤ 5

✎ 정답 및 해설 77쪽

▶ 교육청

38 ①②③

닫힌구간 $[-2, 2]$에서 정의된 함수 $f(x)=-x^3+3x^2+a$
의 최솟값이 -4일 때, 최댓값은? (단, a는 상수이다.)

① 16　　　　② 18　　　　③ 20

④ 22　　　　⑤ 24

39 ①②③

닫힌구간 $[-3, 1]$에서 함수
$$f(x)=2x^3+3x^2-12x+k$$
의 최댓값과 최솟값의 합이 3일 때, 상수 k의 값은?

① -5　　　　② -4　　　　③ -3

④ -2　　　　⑤ -1

40 ①②③

닫힌구간 $[-2, 4]$에서 함수 $f(x)=x^3-\dfrac{3}{2}x^2-6x+k$
의 최댓값과 최솟값의 곱이 -169일 때, $f(1)$의 값은?
(단, k는 상수이다.)

① $-\dfrac{19}{2}$　　　② $-\dfrac{17}{2}$　　　③ $-\dfrac{15}{2}$

④ $-\dfrac{13}{2}$　　　⑤ $-\dfrac{11}{2}$

41 ⟨123⟩

그림과 같이 곡선
$y=-x^2+4x$ 위를 움직이는
점 P에 대하여 점 P에서 x축
에 내린 수선의 발을 H라 할
때, 삼각형 OHP의 넓이의 최
댓값은?

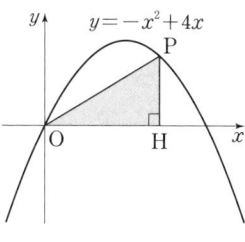

(단, 점 P는 제1사분면에 있고, O는 원점이다.)

① $\dfrac{14}{3}$ ② $\dfrac{128}{27}$ ③ $\dfrac{130}{27}$

④ $\dfrac{44}{9}$ ⑤ $\dfrac{134}{27}$

42 ⟨123⟩

곡선 $y=-x^2$ 위를 움직이는 점 P와 점 $(6,\ -3)$ 사이
의 거리의 최솟값은?

① $\sqrt{13}$ ② $\sqrt{14}$ ③ $\sqrt{15}$

④ 4 ⑤ $\sqrt{17}$

43 ⟨123⟩

밑면이 정사각형인 어느 직육면체의 모든 모서리의 길
이의 합이 36일 때, 이 직육면체의 부피의 최댓값을 구
하시오.

▶ 평가원
44 ⟨123⟩

좌표평면 위에 점 A$(0,\ 2)$가 있다. $0<t<2$일 때, 원점
O와 직선 $y=2$ 위의 점 P$(t,\ 2)$를 잇는 선분 OP의 수
직이등분선과 y축의 교점을 B라 하자. 삼각형 ABP의
넓이를 $f(t)$라 할 때, $f(t)$의 최댓값은 $\dfrac{b}{a}\sqrt{3}$이다. $a+b$
의 값을 구하시오. (단, a, b는 서로소인 자연수이다.)

필수 예제 13 함수의 그래프의 활용;
절댓값 기호를 포함한 함수의 미분가능

45 [1][2][3]

함수 $f(x)=\left|x^4-\dfrac{4}{3}x^3-12x^2+k\right|$ 의 미분가능하지 않은 점의 개수가 4가 되도록 하는 정수 k의 개수를 구하시오.

46 [1][2][3]

함수 $f(x)=-x^3+3x^2+9x$에 대하여 함수 $g(x)$를 $g(x)=|f(x)-k|$라 하자. 함수 $g(x)$가 오직 한 점에서만 미분가능하지 않도록 하는 자연수 k의 최솟값을 구하시오.

47 [1][2][3]

함수 $f(x)=-x^4-\dfrac{4}{3}x^3+2$에 대하여 함수 $g(x)$를 $g(x)=|f(x)+k|$라 하자. 함수 $g(x)$가 오직 한 점에서만 미분가능하지 않을 때, 닫힌구간 $[-1,\ 1]$에서 함수 $g(x)$의 최댓값을 M이라 하자. $M-k$의 값은?

(단, k는 상수이다.)

① $\dfrac{11}{3}$ ② $\dfrac{13}{3}$ ③ 5

④ $\dfrac{17}{3}$ ⑤ $\dfrac{19}{3}$

04 방정식과 부등식에의 활용

✎ 정답 및 해설 80쪽

필수 예제 1 방정식의 실근의 개수

▶ 평가원

1 (1 2 3)

곡선 $y=x^3-3x^2+2x-3$과 직선 $y=2x+k$가 서로 다른 두 점에서만 만나도록 하는 모든 실수 k의 값의 곱을 구하시오.

2 (1 2 3)

방정식 $x^4-8x^2+5-k=0$이 서로 다른 네 실근을 갖도록 하는 정수 k의 개수는?

① 11   ② 12   ③ 13
④ 14   ⑤ 15

3 (1 2 3)

두 곡선 $y=x^4+2x+k$, $y=6x^2+10x-5$가 서로 만나지 않도록 하는 자연수 k의 최솟값은?

① 18   ② 19   ③ 20
④ 21   ⑤ 22

4 (1 2 3)

함수 $f(x)=x^3-3x^2+k$의 극솟값이 -5일 때, 방정식 $f(x)=0$의 서로 다른 실근의 개수를 구하시오.

(단, k는 실수이다.)

5 123

방정식 $\frac{2}{3}x^3+x^2-4x+k=0$이 서로 다른 두 개의 양의 실근과 한 개의 음의 실근을 갖도록 하는 모든 정수 k의 값의 합을 구하시오.

6 123

방정식 $3x^4+k=4x^3+12x^2-2$가 양의 실근과 음의 실근만을 각각 한 개씩 갖도록 하는 정수 k의 최댓값은?

① -5 ② -4 ③ -3
④ -2 ⑤ -1

7 123

두 함수
$$f(x)=2x^3-3x^2-20x+5,\ g(x)=x^3+4x+a$$
에 대하여 방정식 $f(x)=g(x)$가 서로 다른 두 개의 음의 실근과 한 개의 양의 실근을 갖도록 하는 정수 a의 개수는?

① 25   ② 27   ③ 29
④ 31   ⑤ 33

8 123

방정식 $x^3-4x^2+3=\frac{1}{2}x^2+k$가 오직 하나의 양의 실근을 갖도록 하는 정수 k의 최솟값을 구하시오.

필수 예제 **3** 부등식이 성립할 조건; 실수 전체

9 ①②③

모든 실수 x에 대하여 부등식 $\dfrac{1}{4}x^4 - 2x^2 + 1 \geq k$가 성립하도록 하는 실수 k의 최댓값은?

① -4 ② -3 ③ -2
④ -1 ⑤ 0

11 ①②③

곡선 $y = -x^4 + 2x^2 + 8x$가 곡선 $y = \dfrac{8}{3}x^3 + k$보다 항상 아래쪽에 있도록 하는 정수 k의 최솟값을 구하시오.

10 ①②③

모든 실수 x에 대하여 부등식

$$x^4 + 2x^3 + k \geq -\dfrac{1}{2}x^4 + 12x^2 + 24x + 10$$

이 성립하도록 하는 실수 k의 최솟값은?

① 60 ② 62 ③ 64
④ 66 ⑤ 68

12 ①②③

두 함수

$$f(x) = x^4 - 3x^3 + 12x + k, \ g(x) = x^3 + 2x^2 + 1$$

에 대하여 함수 $y = f(x)$의 그래프가 함수 $y = g(x)$의 그래프보다 항상 위쪽에 있도록 하는 정수 k의 최솟값을 구하시오.

필수 예제 **4** 부등식이 성립할 조건; 구간

13 ①②③

$x \geq -1$일 때, 부등식 $-x^3 + \dfrac{9}{2}x^2 + 2 \leq k$가 항상 성립하도록 하는 실수 k의 최솟값은?

① $\dfrac{31}{2}$　　　② $\dfrac{33}{2}$　　　③ $\dfrac{35}{2}$

④ $\dfrac{37}{2}$　　　⑤ $\dfrac{39}{2}$

14 ①②③

$1 < x < 4$일 때, 부등식 $x^3 - 6x^2 + 3 \geq k$가 항상 성립하도록 하는 실수 k의 최댓값은?

① -29　　　② -27　　　③ -25

④ -23　　　⑤ -21

15 ①②③

두 함수
$$f(x) = 2x^3 - x^2 + k, \; g(x) = 2x^2 + 12x$$
에 대하여 $x > 0$일 때, 부등식 $f(x) \geq g(x)$가 항상 성립하도록 하는 실수 k의 값의 범위는?

① $k \leq 15$　　　② $k \geq 15$　　　③ $k \leq 20$

④ $k \geq 20$　　　⑤ $k \leq 25$

속도와 가속도

16 [1][2][3]

수직선 위를 움직이는 점 P의 시각 t $(t \geq 0)$에서의 위치 x가

$$x = 2t^3 - 4t^2 + 7t$$

이다. 점 P의 속도가 15일 때, 점 P의 가속도를 구하시오.

▶ 수능

17 [1][2][3]

수직선 위를 움직이는 점 P의 시각 t $(t \geq 0)$에서의 위치 x가

$$x = -\frac{1}{3}t^3 + 3t^2 + k \ (k\text{는 상수})$$

이다. 점 P의 가속도가 0일 때 점 P의 위치는 40이다. k의 값을 구하시오.

▶ 평가원

18 [1][2][3]

수직선 위를 움직이는 점 P의 시각 t $(t > 0)$에서의 위치 x가

$$x = t^3 - 12t + k \ (k\text{는 상수})$$

이다. 점 P의 운동 방향이 원점에서 바뀔 때, k의 값은?

① 10   ② 12   ③ 14

④ 16   ⑤ 18

19 [1][2][3]

수직선 위를 움직이는 점 P의 시각 t $(t \geq 0)$에서의 위치 x가

$$x = t^3 - \frac{15}{2}t^2 + 12t + 1$$

일 때, 점 P가 출발한 후 두 번째로 운동 방향을 바꾸는 순간 점 P의 가속도는?

① 5   ② 6   ③ 7

④ 8   ⑤ 9

20 ①②③

원점을 출발하여 수직선 위를 움직이는 점 P의 시각 t $(t \geq 0)$ 에서의 속도 $v(t)$의 그래프가 그림과 같다. 〈보기〉에서 옳은 것만을 있는 대로 고른 것은?

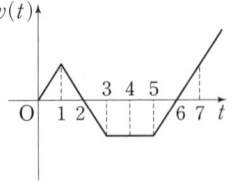

─〈보기〉─

ㄱ. $t=2$일 때, 점 P의 위치는 원점이다.

ㄴ. $3<t<5$일 때, 점 P의 가속도는 일정하다.

ㄷ. $0<t<7$에서 점 P는 운동 방향을 두 번 바꾼다.

① ㄱ   ② ㄴ   ③ ㄱ, ㄷ
④ ㄴ, ㄷ   ⑤ ㄱ, ㄴ, ㄷ

21 ①②③

원점을 출발하여 수직선 위를 움직이는 점 P의 시각 t $(t \geq 0)$ 에서의 속도 $v(t)$의 그래프가 그림과 같다. 〈보기〉에서 옳은 것만을 있는 대로 고른 것은?

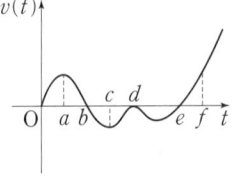

(단, $v'(a)=v'(c)=v'(d)=0$)

─〈보기〉─

ㄱ. $t=a$와 $t=c$에서의 점 P의 운동 방향은 반대이다.

ㄴ. $t=b$에서의 점 P의 가속도는 $t=d$에서의 점 P의 가속도보다 크다.

ㄷ. $0<t<f$에서 점 P의 운동 방향은 두 번 바뀐다.

① ㄱ   ② ㄴ   ③ ㄱ, ㄷ
④ ㄴ, ㄷ   ⑤ ㄱ, ㄴ, ㄷ

22 ①②③

원점을 출발하여 수직선 위를 움직이는 점 P의 시각 t $(t \geq 0)$ 에서의 위치 $x(t)$의 그래프가 그림과 같다. 〈보기〉에서 옳은 것만을 있는 대로 고른 것은?

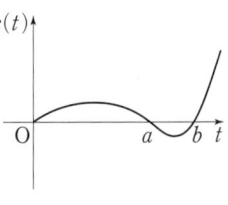

─〈보기〉─

ㄱ. $t=b$일 때, 점 P의 위치는 원점이다.

ㄴ. $t=a$일 때, 점 P는 운동 방향을 바꾼다.

ㄷ. $0<t<a$에서 점 P는 운동 방향을 바꾸지 않는다.

① ㄱ   ② ㄷ   ③ ㄱ, ㄴ
④ ㄴ, ㄷ   ⑤ ㄱ, ㄴ, ㄷ

23 ①②③

원점을 출발하여 수직선 위를 움직이는 점 P의 시각 t $(t \geq 0)$ 에서의 위치 $x(t)$의 그래프가 그림과 같다. 점 P가 출발한 후 원점을 두 번째로 지날 때의 속도는? (단, 함수 $x(t)$는 양의 실수 전체의 집합에서 미분가능하다.)

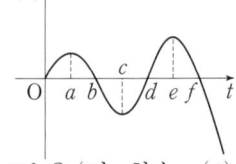

① $x(b)$ ② $x(d)$ ③ $x'(b)$
④ $x'(c)$ ⑤ $x'(d)$

01 부정적분

정답 및 해설 84쪽

필수예제 1 부정적분과 미분의 관계

1 1 2 3

함수 $f(x)=\int\left\{\dfrac{d}{dx}\left(\dfrac{1}{3}x^3-2x^2\right)\right\}dx$에 대하여

$f(1)=\dfrac{2}{3}$일 때, $f(2)$의 값은?

① -9 ② -7 ③ -5

④ -3 ⑤ -1

2 1 2 3

함수 $f(x)=\dfrac{d}{dx}\int(2x^3+ax^2+b)\,dx$에 대하여

곡선 $y=f(x)$ 위의 점 $(1, 4)$에서의 접선의 기울기가 4
일 때, $f(3)$의 값을 구하시오. (단, a, b는 상수이다.)

3 1 2 3

함수 $f(x)=x^2+ax$에 대하여 함수 $g(x)$가

$$g(x)=\frac{d}{dx}\int f(x)\,dx+\int\left\{\frac{d}{dx}f(x)\right\}dx$$

일 때, $g(2)=g'(2)=4$이다. $g(1)$의 값은?

                                             (단, a는 상수이다.)

① 1   ② 2   ③ 3

④ 4   ⑤ 5

4 1 2 3

함수 $f(x)=\int\left\{\dfrac{d}{dx}(x^2+ax)\right\}dx$가 다음 조건을 만족
시킨다.

(가) 모든 실수 x에 대하여 $f(2+x)=f(2-x)$이다.
(나) 함수 $f(x)$의 최솟값은 -9이다.

$f(-2)$의 값을 구하시오. (단, a는 상수이다.)

5 (1 2 3)

함수 $f(x)$가

$$f(x)=\int (x+1)^3\,dx-\int (x^3+1)\,dx$$

이고 $f(2)=14$일 때, $f(-1)$의 값은?

① $\dfrac{1}{2}$ ② 1 ③ $\dfrac{3}{2}$

④ 2 ⑤ $\dfrac{5}{2}$

7 (1 2 3)

함수 $f(x)$가

$$f(x)=\int \frac{x^6}{x^2-1}\,dx+\int \frac{1}{1-x^2}\,dx$$

이고 $f(0)=2$일 때, $f(-2)$의 값은?

① $-\dfrac{26}{3}$ ② $-\dfrac{133}{15}$ ③ $-\dfrac{136}{15}$

④ $-\dfrac{139}{15}$ ⑤ $-\dfrac{142}{15}$

6 (1 2 3)

함수 $f(x)$가

$$f(x)=\int \frac{x^3-1}{x+1}\,dx+\int \frac{x^2-x}{x+1}\,dx$$

이고 $f(0)=3$일 때, $f(3)$의 값은?

① 5 ② 6 ③ 7

④ 8 ⑤ 9

8 (1 2 3)

2 이상의 자연수 n에 대하여 함수 $f(x)$가

$$f(x)=\int (x-1)(x^{n-1}+x^{n-2}+x^{n-3}+\cdots+x+1)\,dx$$

이고 $f(0)=1$, $f(1)=\dfrac{1}{4}$일 때, $f(2)$의 값을 구하시오.

▶ 평가원

필수 예제 3 도함수가 주어진 경우의 부정적분

9 `1 2 3`

함수 $f(x)$가

$$f'(x)=x^3+x,\ f(0)=3$$

을 만족시킬 때, $f(2)$의 값을 구하시오.

10 `1 2 3`

함수 $f(x)$가

$$f'(x)=3x^2+k,\ f(-1)=f(2)=4$$

를 만족시킬 때, $f(1)$의 값은? (단, k는 상수이다.)

① -2 ② -1 ③ 0

④ 1 ⑤ 2

▶ 교육청

11 `1 2 3`

실수 전체의 집합에서 미분가능한 함수 $F(x)$의 도함수 $f(x)$가

$$f(x)=\begin{cases} -2x & (x<0) \\ k(2x-x^2) & (x\geq 0) \end{cases}$$

이다. $F(2)-F(-3)=21$일 때, 상수 k의 값을 구하시오.

12 `1 2 3`

함수 $f(x)$가 다음 조건을 만족시킬 때, $f(1)$의 값은?

(가) $\displaystyle\lim_{h\to 0}\frac{f(x+h)-f(x)}{h}=x^2+ax$ (단, a는 상수)

(나) $\displaystyle\lim_{x\to 3}\frac{f(x)}{x-3}=-3$

① 7 ② $\dfrac{22}{3}$ ③ $\dfrac{23}{3}$

④ 8 ⑤ $\dfrac{25}{3}$

필수예제 4 함수와 그 부정적분 사이의 관계식

13 ①②③

다항함수 $f(x)$에 대하여

$$\int f(x)\,dx = xf(x) - 2x^3 + 4x^2$$

이 성립하고 $f(2)=0$일 때, $f(3)$의 값은?

① 1   ② 3   ③ 5

④ 7   ⑤ 9

14 ①②③

다항함수 $f(x)$에 대하여

$$\int f(x)\,dx = xf(x) + ax^4 - 2x^3$$

이 성립하고 $f(2)=f'(2)=0$일 때, $f(-2)$의 값을 구하시오. (단, a는 상수이다.)

15 ①②③

다항함수 $f(x)$의 한 부정적분 $F(x)$가 모든 실수 x에 대하여

$$F(x) = (x-1)f(x) - \frac{1}{4}x^4 + ax$$

를 만족시킨다. $f(0)=1$일 때, $f(-1)$의 값은?

(단, a는 상수이다.)

① $\dfrac{1}{6}$ ② $\dfrac{1}{3}$ ③ $\dfrac{1}{2}$

④ $\dfrac{2}{3}$ ⑤ $\dfrac{5}{6}$

16 ①②③

다항함수 $f(x)$의 한 부정적분 $F(x)$가 모든 실수 x에 대하여

$$F(x) = xf(x) - x^4 + ax^3 - 2x^2$$

을 만족시킨다. 함수 $f(x)$가 실수 전체의 집합에서 증가하도록 하는 정수 a의 개수는?

① 3   ② 4   ③ 5

④ 6   ⑤ 7

17 ⟨1 2 3⟩

함수 $f(x)$에 대하여 $f'(x)=ax^2-4$이고, 함수 $f(x)$는 $x=-1$에서 극댓값 3을 갖는다. 함수 $f(x)$의 극솟값을 m이라 할 때, $a+m$의 값은? (단, a는 상수이다.)

① $\dfrac{1}{3}$ ② $\dfrac{2}{3}$ ③ 1

④ $\dfrac{4}{3}$ ⑤ $\dfrac{5}{3}$

18 ⟨1 2 3⟩

최고차항의 계수가 1인 사차함수 $f(x)$의 도함수 $f'(x)$에 대하여 함수 $y=f'(x)$의 그래프가 그림과 같다. 함수 $f(x)$의 극댓값이 24일 때, 함수 $f(x)$의 극솟값은?

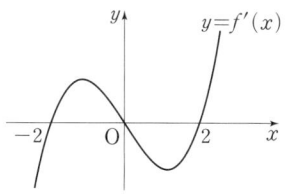

① 6   ② 7   ③ 8

④ 9   ⑤ 10

19 ⟨1 2 3⟩

최고차항의 계수가 1인 사차함수 $f(x)$가 다음 조건을 만족시킬 때, 닫힌구간 $[0, 3]$에서 함수 $f(x)$의 최댓값을 구하시오.

> (가) 모든 실수 x에 대하여 $f(1+x)=f(1-x)$이다.
> (나) 함수 $f(x)$는 $x=0$에서 극솟값 6을 갖는다.

O2 정적분

정답 및 해설 88쪽

필수예제 1 정적분의 계산

▶ 평가원

1 ① ② ③

$\int_0^2 (3x^2+6x)\,dx$의 값은?

① 20   ② 22   ③ 24

④ 26   ⑤ 28

2 ① ② ③

$\int_{-1}^2 (t+1)(3t-2)\,dt$의 값은?

① $\dfrac{1}{2}$ ② $\dfrac{3}{2}$ ③ $\dfrac{5}{2}$

④ $\dfrac{7}{2}$ ⑤ $\dfrac{9}{2}$

3 ① ② ③

함수 $y=x^2$의 그래프를 x축의 방향으로 k만큼 평행이동한 그래프를 나타내는 함수를 $y=f(x)$라 하자.
$\int_0^3 f(x)\,dx=9$를 만족시키는 양수 k의 값을 구하시오.

4 ① ② ③

실수 전체의 집합에서 연속인 함수 $f(x)$에 대하여 $f(x)$의 부정적분 $F(x)$, $G(x)$가 다음 조건을 만족시킬 때, $\int_0^2 f(x)\,dx$의 값은?

> (가) $F(1)=G(1)-3$
> (나) $F(0)=1$, $G(2)=7$

① 1   ② 2   ③ 3

④ 4   ⑤ 5

필수 예제 2 정적분의 성질

5 (1 2 3)

$\int_1^2 (2x-1)^2\, dx + \int_1^2 (x+2)^2\, dx$의 값은?

① 10

② $\dfrac{35}{3}$

③ $\dfrac{40}{3}$

④ 15

⑤ $\dfrac{50}{3}$

6 (1 2 3)

$\int_{-1}^3 \dfrac{x^3+4x^2+4x}{x+2}\, dx + \int_3^2 \dfrac{x^3+4x^2+4x}{x+2}\, dx$의 값을 구하시오.

7 (1 2 3)

다항함수 $f(x)$에 대하여

$$\int_{-1}^2 f(x)\, dx = 3, \quad \int_{-1}^5 f(x)\, dx = 7,$$

$$\int_3^5 f(x)\, dx = 2$$

일 때, $\int_2^3 f(x)\, dx$의 값은?

① 1

② 2

③ 3

④ 4

⑤ 5

8 (1 2 3)

두 다항함수 $f(x)$, $g(x)$가

$$\int_{-1}^1 \{2f(x)+g(x)\}\, dx = 12,$$

$$\int_{-1}^1 \{f(x)+2g(x)\}\, dx = 9$$

를 만족시킬 때, $\int_{-1}^1 \{3f(x)-2g(x)\}\, dx$의 값은?

① 8

② 9

③ 10

④ 11

⑤ 12

9 ①②③

함수 $f(x)=\begin{cases} 2x+2 & (x\leq 1) \\ -x+5 & (x>1) \end{cases}$ 에 대하여

$\displaystyle\int_{-1}^{5} f(x)\,dx$의 값은?

① 10   ② 12   ③ 14

④ 16   ⑤ 18

10 ①②③

실수 전체의 집합에서 연속인 함수

$$f(x)=\begin{cases} x^2+3x+2 & (x\leq 0) \\ -\dfrac{1}{2}x+k & (x>0) \end{cases}$$

에 대하여 $\displaystyle\int_{-2}^{2} f(x)\,dx$의 값은?

① $\dfrac{11}{3}$ ② 4   ③ $\dfrac{13}{3}$

④ $\dfrac{14}{3}$ ⑤ 5

11 ①②③

실수 전체의 집합에서 연속인 함수 $f(x)$에 대하여

$$f'(x)=\begin{cases} -1 & (x<1) \\ 2x-3 & (x>1) \end{cases}$$

이고 $f(2)=0$일 때, $\displaystyle\int_{0}^{2} f(x)\,dx$의 값은?

① $\dfrac{1}{6}$ ② $\dfrac{1}{3}$ ③ $\dfrac{1}{2}$

④ $\dfrac{2}{3}$ ⑤ $\dfrac{5}{6}$

필수예제 4 절댓값 기호를 포함한 함수의 정적분

12 $\boxed{1\ 2\ 3}$

$\displaystyle\int_{-1}^{3} |x^2-x-2|\,dx$의 값은?

① $\dfrac{11}{3}$ ② $\dfrac{13}{3}$ ③ 5

④ $\dfrac{17}{3}$ ⑤ $\dfrac{19}{3}$

13 $\boxed{1\ 2\ 3}$

$\displaystyle\int_{0}^{3} (|2x-4|+k)\,dx=23$일 때, 상수 k의 값을 구하시오.

14 $\boxed{1\ 2\ 3}$

$\displaystyle\int_{-2}^{2} |x^3-3x^2+4|\,dx=\dfrac{q}{p}$일 때, $p+q$의 값을 구하시오.

(단, p와 q는 서로소인 자연수이다.)

15 $\boxed{1\ 2\ 3}$

삼차함수 $y=f(x)$의 그래프가 그림과 같다.

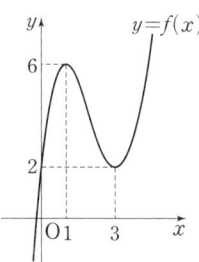

$f(0)=f(3)=2$, $f(1)=6$이고

$f'(1)=f'(3)=0$일 때, $\displaystyle\int_{0}^{3} |f'(x)|\,dx$의 값은?

① 6 ② 7 ③ 8

④ 9 ⑤ 10

16 (1 2 3)

$\displaystyle\int_{-1}^{1} (x^4 - 3x^3 + 3x + 2)\,dx$의 값은?

① $\dfrac{22}{5}$ ② $\dfrac{24}{5}$ ③ $\dfrac{26}{5}$

④ $\dfrac{28}{5}$ ⑤ 6

17 (1 2 3)

$\displaystyle\int_{-a}^{a} (x^2 - 4x - 1)\,dx = 12$를 만족시키는 양수 a의 값은?

① 1   ② 2   ③ 3

④ 4   ⑤ 5

18 (1 2 3)

최고차항의 계수가 1인 이차함수 $f(x)$가

$$\int_{-2}^{2} f(x)\,dx = 2\int_{0}^{2} f(x)\,dx$$

를 만족시키고 $f(2) = 8$일 때, $f(3)$의 값을 구하시오.

19 (1 2 3)

다항함수 $f(x)$가 모든 실수 x에 대하여 $f(-x) = f(x)$를 만족시키고

$$\int_{-2}^{2} (x+3)f(x)\,dx = 24$$

일 때, $\displaystyle\int_{0}^{2} f(x)\,dx$의 값은?

① 2   ② 4   ③ 6

④ 8   ⑤ 10

20 ①②③

실수 전체의 집합에서 연속인 함수 $f(x)$가 모든 실수 x에 대하여 $f(x+4)=f(x)$를 만족시키고

$$\int_{-2}^{6} f(x)\,dx=6$$일 때, $\int_{-6}^{14} f(x)\,dx$의 값은?

① 11   ② 12   ③ 13

④ 14   ⑤ 15

21 ①②③

실수 전체의 집합에서 연속인 함수 $f(x)$가 모든 실수 x에 대하여

$$f(-x)=f(x),\ f(x+4)=f(x)$$

를 만족시킨다.

$$\int_{-4}^{6} f(x)\,dx=k\int_{-2}^{2} f(x)\,dx$$

일 때, 상수 k의 값은?

① $\dfrac{3}{2}$ ② 2   ③ $\dfrac{5}{2}$

④ 3   ⑤ $\dfrac{7}{2}$

22 ①②③

실수 전체의 집합에서 연속인 함수 $f(x)$가 다음 조건을 만족시킨다.

> (가) $-1\le x\le1$일 때, $f(x)=|x|$이다.
> (나) 모든 실수 x에 대하여 $f(x+2)=f(x)$이다.

$\displaystyle\int_{-2}^{8} f(x)\,dx$의 값을 구하시오.

정답 및 해설 91쪽

필수 예제 7 정적분으로 정의된 함수; 적분 구간이 상수인 경우

▸ 평가원

23 1 2 3

함수 $f(x)$가 모든 실수 x에 대하여

$$f(x)=4x^3+x\int_0^1 f(t)\,dt$$

를 만족시킬 때, $f(1)$의 값은?

① 6　② 7　③ 8　④ 9　⑤ 10

24 1 2 3

함수 $f(x)$가 모든 실수 x에 대하여

$$f(x)=2x^3+x\int_0^2 f'(t)\,dt$$

를 만족시킬 때, $f(-2)$의 값을 구하시오.

25 1 2 3

함수 $f(x)$가 모든 실수 x에 대하여

$$f(x)=-3x^2+\int_0^2 (x-1)f(t)\,dt$$

를 만족시킬 때, $f(-2)$의 값은?

① 11　② 12　③ 13　④ 14　⑤ 15

26 1 2 3

함수 $f(x)$가 모든 실수 x에 대하여

$$f(x)=4x^3-x\int_0^1 f(t)\,dt+a$$

를 만족시킨다. $f'(1)=10$일 때, $f(2)$의 값을 구하시오. (단, a는 상수이다.)

필수 예제 8	정적분으로 정의된 함수; 적분 구간에 변수 x가 있는 경우

27 (1 2 3)

함수 $f(x)$가 모든 실수 x에 대하여

$$f(x)=\int_1^x (t^2-1)(t-2)\,dt$$

를 만족시킬 때, $f'(4)$의 값을 구하시오.

29 (1 2 3)

함수 $f(x)=x^3+ax-2$가

$$\int_2^x \left\{\frac{d}{dt}f(t)\right\}dt=\frac{d}{dx}\int_2^x f(t)\,dt$$

를 만족시킬 때, 상수 a의 값은?

① -9 ② -7 ③ -5

④ -3 ⑤ -1

28 (1 2 3)

다항함수 $f(x)$가 모든 실수 x에 대하여

$$\int_a^x f(t)\,dt=x^3-8$$

을 만족시킬 때, $f(a)$의 값을 구하시오.

(단, a는 실수이다.)

30 (1 2 3)

다항함수 $f(x)$가 모든 실수 x에 대하여

$$\int_1^x f(t)\,dt=x^4+ax^2+3$$

을 만족시킬 때, 곡선 $y=f(x)$ 위의 점 $(1,\ f(1))$에서의 접선의 방정식을 $y=px+q$라 하자. $p+q$의 값은?

(단, u, p, q는 상수이다.)

① -5 ② -4 ③ -3

④ -2 ⑤ -1

정적분으로 정의된 함수;
적분 구간과 피적분함수에 변수 x가 있는 경우

31 〔1 2 3〕

다항함수 $f(x)$의 한 부정적분을 $F(x)$라 하자.

$F(x) = \displaystyle\int_2^x x(3t^2 - 1)\,dt$일 때, $f(1)$의 값은?

① -4 ② -2 ③ 0

④ 2 ⑤ 4

32 〔1 2 3〕

다항함수 $f(x)$가 모든 실수 x에 대하여

$$\int_0^x (t-x)f(t)\,dt = \frac{1}{2}x^4 - 2x^3$$

을 만족시킬 때, $\displaystyle\int_0^1 f(x)\,dx$의 값은?

① 2 ② 4 ③ 6

④ 8 ⑤ 10

33 〔1 2 3〕

다항함수 $f(x)$가 모든 실수 x에 대하여

$$\int_{-1}^x (x-t)f(t)\,dt = \frac{1}{4}x^4 - x^2 - x - \frac{1}{4}$$

을 만족시킬 때, $f(3)$의 값을 구하시오.

34 〔1 2 3〕

다항함수 $f(x)$가 모든 실수 x에 대하여

$$\int_1^x (x-t)f(t)\,dt = 2x^3 + ax^2 + bx$$

를 만족시킬 때, $f(2)$의 값은? (단, a, b는 상수이다.)

① 12 ② 14 ③ 16

④ 18 ⑤ 20

필수 예제 10 정적분으로 정의된 함수의 극대·극소

35 ①②③

함수 $f(x) = \int_{-1}^{x} t(t-2)\,dt$의 극솟값은?

① $-\dfrac{4}{3}$ ② $-\dfrac{2}{3}$ ③ 0

④ $\dfrac{2}{3}$ ⑤ $\dfrac{4}{3}$

36 ①②③

함수 $f(x) = \int_{0}^{x} (t^2 + at + 2)\,dt$에 대하여 $f'(2) = 0$일 때, 함수 $f(x)$의 극댓값은?

① $\dfrac{1}{6}$ ② $\dfrac{1}{3}$ ③ $\dfrac{1}{2}$

④ $\dfrac{2}{3}$ ⑤ $\dfrac{5}{6}$

37 ①②③

함수 $f(x) = \int_{a}^{x} 3(t+1)(t-3)\,dt$의 극솟값이 0일 때, 함수 $f(x)$의 극댓값은? (단, $a < 0$)

① 16 ② 20 ③ 24
④ 28 ⑤ 32

38 ①②③

최고차항의 계수가 양수인 이차함수 $f(x)$에 대하여 함수 $g(x)$를

$$g(x) = \int_{-1}^{x} f(t)\,dt$$

라 하자. $g'(1) = g'(3) = 0$이고 함수 $g(x)$의 극댓값과 극솟값의 차가 4일 때, $f(4)$의 값을 구하시오.

39 ①②③

닫힌구간 $[-1, 3]$에서 함수

$$f(x)=\int_0^x (3t^2-3t-6)\,dt$$

의 최댓값과 최솟값의 합은?

① $-\dfrac{19}{2}$ ② $-\dfrac{17}{2}$ ③ $-\dfrac{15}{2}$

④ $-\dfrac{13}{2}$ ⑤ $-\dfrac{11}{2}$

41 ①②③

닫힌구간 $[-2, 2]$에서 함수 $f(x)=\displaystyle\int_a^x (3t-t^2)\,dt$의

최솟값이 $-\dfrac{26}{3}$일 때, $|f(2)|=\dfrac{q}{p}$이다. $p+q$의 값을

구하시오.

(단, a는 실수이고, p와 q는 서로소인 자연수이다.)

40 ①②③

닫힌구간 $[-3, 3]$에서 함수

$$f(x)=\int_{-2}^x (2t^3-6t-4)\,dt$$

의 최솟값은?

① -32 ② -28 ③ -24

④ -20 ⑤ -16

42 ①②③

닫힌구간 $[0, 6]$에서 연속인 함수

$$f(x)=\int_{-1}^x (|t-1|-2)\,dt$$

의 최댓값과 최솟값의 합은?

① $-\dfrac{9}{2}$ ② -4 ③ $-\dfrac{7}{2}$

④ -3 ⑤ $-\dfrac{5}{2}$

43 ⟨ 1 2 3 ⟩

$\lim\limits_{h \to 0} \dfrac{1}{h} \displaystyle\int_{1-h}^{1+h} (2x^2 + 4x - 3)\, dx$의 값은?

① 2   ② 4   ③ 6

④ 8   ⑤ 10

45 ⟨ 1 2 3 ⟩

함수 $f(x) = x^3 + 1$에 대하여 $\lim\limits_{x \to 1} \dfrac{1}{x-1} \displaystyle\int_{1}^{x^2} f(t)\, dt$의

값을 구하시오.

44 ⟨ 1 2 3 ⟩

함수 $f(x) = x^3 + ax^2 + 3$에 대하여

$$\lim\limits_{x \to 2} \dfrac{1}{x-2} \displaystyle\int_{2}^{x} f(t)\, dt = 3$$

일 때, 상수 a의 값은?

① -5 ② -4 ③ -3

④ -2 ⑤ -1

46 ⟨ 1 2 3 ⟩

최고차항의 계수가 3인 이차함수 $f(x)$가 다음 조건을 만족시킨다.

(가) $\lim\limits_{h \to 0} \dfrac{f(1+h) - f(1)}{h} = 4$

(나) $\lim\limits_{h \to 0} \dfrac{1}{h} \displaystyle\int_{1}^{1+h} f(x)\, dx = 2$

$f(2)$의 값을 구하시오.

○3 정적분의 활용

✎ 정답 및 해설 96쪽

필수 예제 1 **곡선과 x축 사이의 넓이**

▶ 평가원

1 (1 2 3)

곡선 $y=x^3-2x^2$과 x축으로 둘러싸인 부분의 넓이는?

① $\dfrac{7}{6}$ ② $\dfrac{4}{3}$ ③ $\dfrac{3}{2}$

④ $\dfrac{5}{3}$ ⑤ $\dfrac{11}{6}$

2 (1 2 3)

곡선 $y=x^4-2x^2+1$과 x축으로 둘러싸인 부분의 넓이는?

① $\dfrac{4}{5}$ ② $\dfrac{14}{15}$ ③ $\dfrac{16}{15}$

④ $\dfrac{6}{5}$ ⑤ $\dfrac{4}{3}$

3 (1 2 3)

그림과 같이 두 곡선 $y=3x^2$, $y=4-x^2$과 x축으로 둘러싸인 부분의 넓이는?

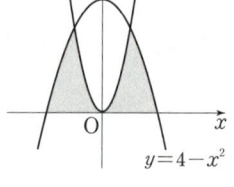

① $\dfrac{10}{3}$ ② 4

③ $\dfrac{14}{3}$ ④ $\dfrac{16}{3}$

⑤ 6

4 (1 2 3)

실수 전체의 집합에서 연속인 함수 $f(x)$가

$$f(x)=\begin{cases} x^3+1 & (x\le0) \\ x^2-2x+k & (x>0) \end{cases}$$

일 때, 함수 $y=f(x)$의 그래프와 x축으로 둘러싸인 부분의 넓이는? (단, k는 상수이다.)

① $\dfrac{11}{12}$ ② $\dfrac{13}{12}$ ③ $\dfrac{5}{4}$

④ $\dfrac{17}{12}$ ⑤ $\dfrac{19}{12}$

필수예제 2 곡선과 직선 사이의 넓이

▸ 수능

5 ①②③

곡선 $y=-2x^2+3x$와 직선 $y=x$로 둘러싸인 부분의 넓이가 $\dfrac{q}{p}$일 때, $p+q$의 값을 구하시오.

(단, p와 q는 서로소인 자연수이다.)

6 ①②③

곡선 $y=(x-1)^3+2$와 직선 $y=3$ 및 y축으로 둘러싸인 부분의 넓이는?

① $\dfrac{5}{4}$ ② $\dfrac{3}{2}$ ③ $\dfrac{7}{4}$

④ 2   ⑤ $\dfrac{9}{4}$

7 ①②③

함수 $f(x)=x^2-4x+4$에 대하여 두 함수 $y=f(x)$, $y=f'(x)$의 그래프로 둘러싸인 부분의 넓이는?

① 1   ② $\dfrac{7}{6}$ ③ $\dfrac{4}{3}$

④ $\dfrac{3}{2}$ ⑤ $\dfrac{5}{3}$

8 ①②③

그림과 같이 최고차항의 계수가 양수인 삼차함수 $y=f(x)$의 그래프와 직선 $y=2x+4$가 서로 다른 세 점에서 만나고 세 점의 x좌표가 각각 -1, 0, 2이다.

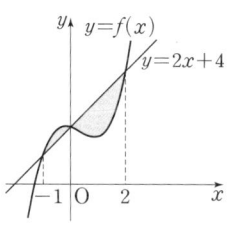

곡선 $y=f(x)$와 직선 $y=2x+4$로 둘러싸인 부분의 넓이가 $\dfrac{37}{2}$일 때, $f(3)$의 값을 구하시오.

필수예제 3 두 곡선 사이의 넓이

9 (1 2 3)

두 곡선 $y=x^2-3x$, $y=-x^2-x+12$로 둘러싸인 부분의 넓이는?

① $\dfrac{119}{3}$　　② $\dfrac{121}{3}$　　③ 41

④ $\dfrac{125}{3}$　　⑤ $\dfrac{127}{3}$

10 (1 2 3)

두 곡선 $y=2x^3-5x^2+7$, $y=x^2+2x+1$로 둘러싸인 부분의 넓이는?

① 12　　② 13　　③ 14

④ 15　　⑤ 16

11 (1 2 3)

함수 $f(x)=\begin{cases} -x^2-4x & (x\leq 0) \\ 3x & (x>0) \end{cases}$ 에 대하여 두 곡선

$y=f(x)$, $y=x^2$으로 둘러싸인 부분의 넓이는?

① $\dfrac{41}{6}$　　② $\dfrac{43}{6}$　　③ $\dfrac{15}{2}$

④ $\dfrac{47}{6}$　　⑤ $\dfrac{49}{6}$

12 (1 2 3)

삼차함수 $y=f(x)$와 이차함수 $y=g(x)$의 그래프가 그림과 같다. $f(3)-g(3)=48$일 때, 두 곡선 $y=f(x)$, $y=g(x)$로 둘러싸인 부분의 넓이를 구하시오. (단, 두 함수 $f(x)$, $g(x)$의 최고차항의 계수는 양수이고, 두 곡선 $y=f(x)$, $y=g(x)$는 점 $(1, f(1))$에서 접한다.)

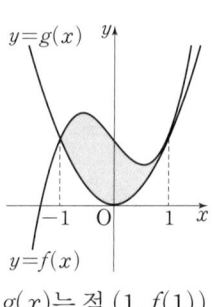

13

곡선 $y=x^2-2x+3$ 위의 점 $(2, 3)$에서의 접선을 l이라 할 때, 곡선 $y=x^2-2x+3$과 직선 l 및 y축으로 둘러싸인 부분의 넓이는?

① $\dfrac{4}{3}$ ② 2   ③ $\dfrac{8}{3}$

④ $\dfrac{10}{3}$ ⑤ 4

15

그림과 같이 함수 $f(x)=x^3+ax^2+b$에 대하여 곡선 $y=f(x)$와 직선 $y=4x-4$가 점 $(2, 4)$에서 접한다. 곡선 $y=f(x)$와 직선 $y=4x-4$로 둘러싸인 부분의 넓이는?

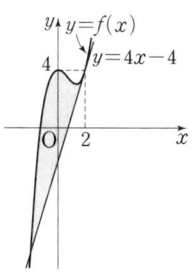

(단, a, b는 상수이다.)

① 20   ② $\dfrac{64}{3}$ ③ $\dfrac{68}{3}$

④ 24   ⑤ $\dfrac{76}{3}$

14

함수 $f(x)=x^3-2x+1$에 대하여 곡선 $y=f(x)$ 위의 점 $(1, 0)$에서의 접선과 곡선 $y=f(x)$로 둘러싸인 부분의 넓이는?

① $\dfrac{27}{4}$ ② $\dfrac{29}{4}$ ③ $\dfrac{31}{4}$

④ $\dfrac{33}{4}$ ⑤ $\dfrac{35}{4}$

16

그림과 같이 함수 $f(x)=-x^2+4$에 대하여 점 $(0, 5)$에서 곡선 $y=f(x)$에 그은 접선을 l이라 하고, 곡선 $y=f(x)$와 직선 l 및 y축으로 둘러싸인 부분의 넓이를 S_1, 곡선 $y=f(x)$와 직선 l 및 x축으로 둘러싸인 부분의 넓이를 S_2라 하자. S_1+S_2의 값은?

(단, 직선 l의 기울기는 음수이다.)

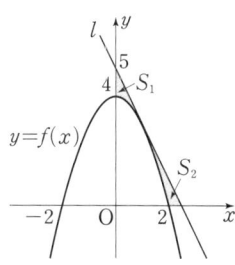

① $\dfrac{7}{12}$ ② $\dfrac{2}{3}$ ③ $\dfrac{3}{4}$

④ $\dfrac{5}{6}$ ⑤ $\dfrac{11}{12}$

필수 예제 5 **절댓값 기호를 포함한 함수의 그래프로 둘러싸인 부분의 넓이**

17

함수 $y=\left|\dfrac{1}{2}x^2-2x\right|$의 그래프와 x축으로 둘러싸인 부분의 넓이는?

① $\dfrac{10}{3}$ ② 4   ③ $\dfrac{14}{3}$

④ $\dfrac{16}{3}$ ⑤ 6

18 1 2 3

함수 $y=x|x-2|$의 그래프와 직선 $y=3$ 및 y축으로 둘러싸인 부분의 넓이는?

① $\dfrac{11}{3}$ ② $\dfrac{13}{3}$ ③ 5

④ $\dfrac{17}{3}$ ⑤ $\dfrac{19}{3}$

19 1 2 3

함수 $y=|x^2-4|$의 그래프와 직선 $y=3x$로 둘러싸인 부분의 넓이는 $\dfrac{q}{p}$이다. $p+q$의 값을 구하시오.

(단, p와 q는 서로소인 자연수이다.)

20 1 2 3

그림과 같이 함수 $f(x)=x^3-ax$에 대하여 곡선 $y=f(x)$와 직선 $y=2$가 서로 다른 두 점에서 만날 때, 함수 $y=|f(x)|$의 그래프와 x축으로 둘러싸인 부분의 넓이는? (단, $a>0$)

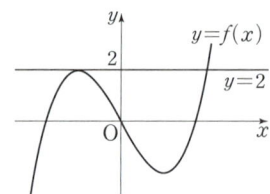

① 4   ② $\dfrac{9}{2}$ ③ 5

④ $\dfrac{11}{2}$ ⑤ 6

21 ①②③

그림과 같이 함수 $f(x)=x(x-1)(x-a)$ $(a>1)$에 대하여 $0 \le x \le 1$에서 곡선 $y=f(x)$와 x축으로 둘러싸인 부분의 넓이를 S_1, $1 \le x \le a$에서 곡선 $y=f(x)$와 x축으로 둘러싸인 부분의 넓이를 S_2라 하자. $S_1=S_2$일 때, $f(3)$의 값은?

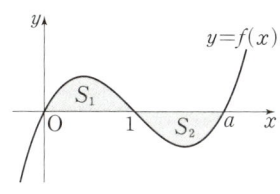

① 5 ② 6 ③ 7
④ 8 ⑤ 9

22 ①②③

그림과 같이 곡선 $y=-x^2+6x$와 직선 $y=mx$로 둘러싸인 부분의 넓이를 A, 곡선 $y=-x^2+6x$와 두 직선 $y=mx$, $x=6$으로 둘러싸인 부분의 넓이를 B라 하자. $A=B$일 때, 상수 m의 값은? (단, $0<m<6$)

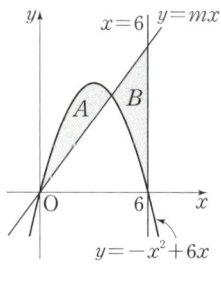

① $\dfrac{5}{3}$ ② 2 ③ $\dfrac{7}{3}$
④ $\dfrac{8}{3}$ ⑤ 3

23 ①②③

그림과 같이 점 $(4, 0)$을 지나고 기울기가 양수인 직선을 l이라 하고, 함수 $f(x)=x^2-5x+4$에 대하여 곡선 $y=f(x)$와 직선 l 및 y축으로 둘러싸인 부분의 넓이를 A, 곡선 $y=f(x)$와 직선 l로 둘러싸인 부분의 넓이를 B라 하자. $A=B$일 때, 직선 l의 기울기는?

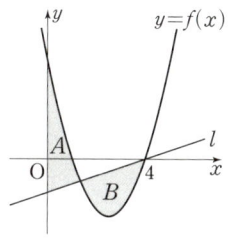

① $\dfrac{1}{6}$ ② $\dfrac{1}{4}$ ③ $\dfrac{1}{3}$
④ $\dfrac{5}{12}$ ⑤ $\dfrac{1}{2}$

필수
예제 7 둘러싸인 부분의 넓이를 이등분하는 경우

24 ①②③

그림과 같이 좌표평면 위의 네 점 A$(-2, 0)$, B$(2, 0)$, C$(2, 4)$, D$(-2, 4)$를 꼭짓점으로 하는 정사각형 ABCD의 넓이가 곡선 $y=a(x^2-4)$에 의하여 이등분될 때, 음수 a의 값은? (단, 곡선 $y=a(x^2-4)$와 정사각형 ABCD는 두 점 A, B에서만 만난다.)

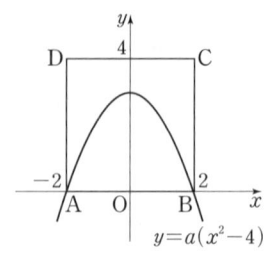

① -1　　　　② $-\dfrac{7}{8}$　　　　③ $-\dfrac{3}{4}$

④ $-\dfrac{5}{8}$　　　　⑤ $-\dfrac{1}{2}$

25 ①②③

그림과 같이 함수 $f(x)=x^2-4x+k$에 대하여 곡선 $y=f(x)$와 x축 및 y축으로 둘러싸인 부분의 넓이를 A, 곡선 $y=f(x)$와 x축으로 둘러싸인 부분의 넓이를 B라 하자.

$B=2A$일 때, $f(1)$의 값은? (단, $0<k<4$)

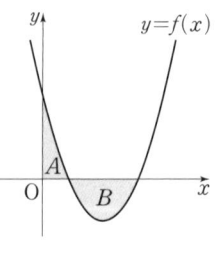

① $-\dfrac{2}{3}$　　　　② $-\dfrac{1}{3}$　　　　③ 0

④ $\dfrac{1}{3}$　　　　⑤ $\dfrac{2}{3}$

26 ①②③

그림과 같이 양수 k에 대하여 곡선 $y=x^2-1$과 직선 $y=k$로 둘러싸인 부분의 넓이가 x축에 의하여 이등분될 때, $(k+1)^3$의 값을 구하시오.

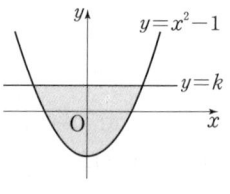

27 ①②③

원점에서 곡선 $y=x^2+1$에 그은 두 접선과 곡선 $y=x^2+1$로 둘러싸인 부분을 직선 $y=k$가 이등분할 때, k^2의 값은? (단, $k>0$)

① $\dfrac{1}{2}$　　　　② $\dfrac{2}{3}$　　　　③ $\dfrac{3}{4}$

④ $\dfrac{4}{5}$　　　　⑤ $\dfrac{5}{6}$

필수 예제 8 역함수의 그래프와 넓이

28 [1][2][3]

함수 $f(x)=x^3-3x^2+3x$의 역함수를 $g(x)$라 할 때, 두 곡선 $y=f(x)$, $y=g(x)$로 둘러싸인 부분의 넓이는?

① $\dfrac{2}{3}$ ② $\dfrac{3}{4}$ ③ $\dfrac{5}{6}$

④ $\dfrac{11}{12}$ ⑤ 1

29 [1][2][3]

함수 $f(x)=x^3+x$의 역함수를 $g(x)$라 할 때, $\displaystyle\int_2^{10} g(x)\,dx$의 값은?

① $\dfrac{51}{4}$ ② $\dfrac{53}{4}$ ③ $\dfrac{55}{4}$

④ $\dfrac{57}{4}$ ⑤ $\dfrac{59}{4}$

30 [1][2][3]

실수 전체의 집합에서 연속인 함수 $f(x)$에 대하여 함수 $f(x)$의 역함수 $g(x)$가 존재한다. $f(1)=1$, $f(3)=3$이고, $1\le x\le3$에서 $f(x)\le x$이다. $1\le x\le3$에서 두 곡선 $y=f(x)$, $y=g(x)$로 둘러싸인 부분의 넓이가 $\dfrac{4}{3}$일 때, $\displaystyle\int_1^3 f(x)\,dx$의 값은?

① $\dfrac{7}{3}$ ② $\dfrac{8}{3}$ ③ 3

④ $\dfrac{10}{3}$ ⑤ $\dfrac{11}{3}$

31 [1][2][3]

함수
$$f(x)=\frac{1}{2}x^3+\frac{1}{2}x \;(x\ge0)$$
의 역함수를 $g(x)$라 하자.
그림과 같이 두 곡선 $y=f(x)$, $y=g(x)$와 두 직선 $x=5$, $y=5$로 둘러싸인 부분의 넓이는?

① $\dfrac{41}{4}$ ② $\dfrac{43}{4}$ ③ $\dfrac{45}{4}$

④ $\dfrac{47}{4}$ ⑤ $\dfrac{49}{4}$

32 ①②③

원점을 출발하여 수직선 위를 움직이는 점 P의 시각
t $(t \geq 0)$에서의 속도 $v(t)$가

$$v(t) = t + |t - 2|$$

이다. 점 P가 시각 $t = 0$에서 $t = 4$까지 움직인 거리는?

① 8   ② 9   ③ 10

④ 11   ⑤ 12

33 ①②③

원점을 출발하여 수직선 위를 움직이는 점 P의 시각
t $(t \geq 0)$에서의 속도 $v(t)$가

$$v(t) = -t^2 + at$$

이다. 점 P가 출발한 후 시각 $t = 2$에서 처음으로 운동
방향이 바뀌었을 때, 점 P가 시각 $t = 0$에서 $t = 4$까지
움직인 거리는? (단, $a > 0$)

① 6   ② 7   ③ 8

④ 9   ⑤ 10

▶ 평가원
34 ①②③

수직선 위를 움직이는 점 P의 시각 t $(t > 0)$에서의 속도
$v(t)$가

$$v(t) = -4t^3 + 12t^2$$

이다. 시각 $t = k$에서 점 P의 가속도가 12일 때, 시각
$t = 3k$에서 $t = 4k$까지 점 P가 움직인 거리는?

(단, k는 상수이다.)

① 23   ② 25   ③ 27

④ 29   ⑤ 31

▶ 평가원
35 ①②③

시각 $t = 0$일 때 동시에 원점을 출발하여 수직선 위를 움
직이는 두 점 P, Q의 시각 t $(t \geq 0)$에서의 속도가 각각

$$v_1(t) = 3t^2 + t, \ v_2(t) = 2t^2 + 3t$$

이다. 출발한 후 두 점 P, Q의 속도가 같아지는 순간 두
점 P, Q 사이의 거리를 a라 할 때, $9a$의 값을 구하시오.

필수예제 10 속도의 그래프와 거리

36 ⟨1 2 3⟩

원점을 출발하여 수직선 위를 움직이는 점 P의 시각
t $(0 \leq t \leq 6)$에서의 속도 $v(t)$의 그래프가 그림과 같다.
점 P가 시각 $t=0$에서 $t=6$까지 움직인 거리는?

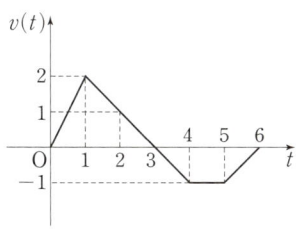

① 2   ② 3   ③ 4

④ 5   ⑤ 6

37 ⟨1 2 3⟩

원점을 출발하여 수직선 위를 움직이는 점 P의 시각
t $(0 \leq t \leq 6)$에서의 속도 $v(t)$의 그래프가 그림과 같다.
시각 $t=6$에서의 점 P의 위치가 2일 때, 점 P가 시각
$t=1$에서 $t=4$까지 움직인 거리는? (단, $a>0$)

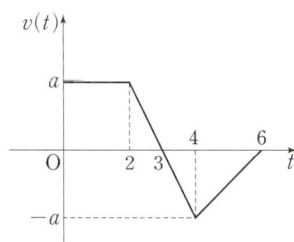

① 2   ② $\dfrac{8}{3}$ ③ $\dfrac{10}{3}$

④ 4   ⑤ $\dfrac{14}{3}$

38 ⟨1 2 3⟩

원점을 출발하여 수직선 위를 움직이는 점 P의 시각
t $(0 \leq t \leq 5)$에서의 속도 $v(t)$의 그래프가 그림과 같다.
점 P가 원점으로부터 가장 멀리 떨어져 있을 때, 원점과
점 P 사이의 거리는?

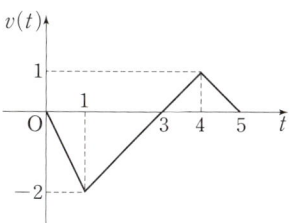

① 1   ② $\dfrac{3}{2}$ ③ 2

④ $\dfrac{5}{2}$ ⑤ 3

memo

메가스터디 **수능 수학**

memo

메가스터디 **수능 수학**

메가스터디 수능 수학

KICK

메가스터디BOOKS

내용 문의 02-6984-6901 | **구입 문의** 02-6984-6868,9 | www.megastudybooks.com

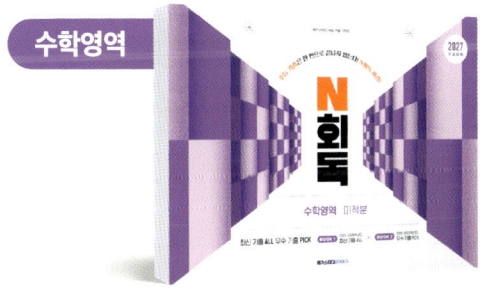

수능 수학, 개념부터 달라야 한다!

메가스터디 수능 수학 KICK

별책 워크북
본책의 필수 예제와
1:1 매칭

★★★
메가스터디 수학
김기현 쌤
집필 & 강의

확률과 통계 미적분 수학II 수학I

수능 첫 수업에 최적화된 수능 개념서

STEP 1		STEP 2		STEP 3
수능 필수 개념을 체계적으로 정리 & 확인	>	수능에 자주 출제되는 **3점, 쉬운 4점 문제 중심**	>	단원 마무리로 내신과 **수능 실전 대비**

수능 2점 난이도 문제로
개념을 확실히 이해하고,
수능 IDEA에서 문제 풀이 팁과
추가 개념, 원리까지 학습

수능 빈출 유형을 분석한 필수 예제와
그에 따른 유제를 바로 제시하여
해당 유형을 완벽히 체화

STEP2보다 난도가 높은 문제,
두 가지 이상의 개념을 이용하는
어려운 3점 또는 쉬운 4점
수준 문제로 실전 대비

수학 II

빠른 정답

I. 함수의 극한과 연속

01 함수의 극한

개념 Check 11~15쪽

1 (1) 2 (2) 1 (3) 1 (4) 1   **2** 3

3 (1) 3 (2) 5 (3) $\dfrac{2}{3}$ **4** (1) 4 (2) $\dfrac{3}{2}$ (3) $-\dfrac{1}{2}$ (4) -7

5 -1 **6** 0

필수 예제 16~26쪽

1 ④	1-1 ④	2 ②	2-1 ⑤
3 ④	3-1 ①	4 ②	4-1 30
5 5	5-1 ③	6 ⑤	6-1 2
7 ③	7-1 5	8 4	8-1 ①
9 5	9-1 ①	10 27	10-1 ②
11 ③	11-1 ②		

단원 마무리 27~29쪽

1 ②	2 ③	3 ①	4 3
5 ⑤	6 ④	7 ④	8 ①
9 ①	10 ③	11 ②	12 ②

02 함수의 연속

개념 Check 30쪽

1 (1) 연속 (2) 불연속

필수 예제 34~37쪽

1 ③	1-1 ④	2 ④	2-1 ②
3 ②	3-1 ③	4 ③	4-1 ③

단원 마무리 38~39쪽

1 ④	2 ④	3 ④	4 ①
5 ②	6 ④	7 ⑤	8 ④

II. 미분

01 미분계수와 도함수

개념 Check 42~46쪽

1 2   **2** -2 **3** 미분가능하다.

4 (1) $y'=10x^9$ (2) $y'=0$

5 (1) $y'=6x$ (2) $y'=3x^2+2x-1$

    (3) $y'=9x^2-2x+3$

필수 예제 48~55쪽

1 1	1-1 ④	2 ①	2-1 9
3 ④	3-1 4	4 ⑤	4-1 ②
5 ①	5-1 6	6 ④	6-1 ③
7 1	7-1 ②	8 6	8-1 ①

단원 마무리 56~59쪽

1 ②	2 4	3 ①	4 ⑤
5 6	6 25	7 13	8 ①
9 6	10 6	11 ①	12 ③
13 13	14 10		

02 접선의 방정식

개념 Check 60~61쪽

1 $y=4x-13$ **2** $y=x-3$ **3** $y=5x+2$

필수 예제 65~70쪽

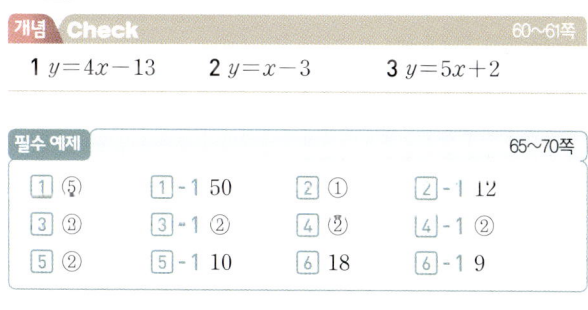

1 ⑤	1-1 50	2 ①	2-1 12
3 ②	3-1 ②	4 ②	4-1 ②
5 ②	5-1 10	6 18	6-1 9

단원 마무리 71~73쪽

1 13	2 ②	3 ④	4 7
5 ④	6 16	7 ②	8 95
9 ⑤	10 5		

03 함수의 그래프

개념 Check 75~80쪽

1 4   **2** -3 **3** 20   **4** 4

5 -2 **6** 5

O2 정적분

1 ①	2 ⑤	3 3	4 ③
5 ⑤	6 6	7 ②	8 ④
9 ②	10 ①	11 ②	
12 ⑤	13 6	14 29	15 ③
16 ①	17 ③	18 13	19 ②
20 ⑤	21 ③	22 5	
23 ①	24 16	25 ②	26 30
27 30	28 12	29 ④	30 ②
31 ①	32 ②	33 25	34 ③
35 ③	36 ⑤	37 ⑤	38 9
39 ④	40 ⑤	41 19	42 ③
43 ③	44 ④	45 4	46 9

O3 정적분의 활용

1 ②	2 ③	3 ④	4 ②
5 4	6 ④	7 ③	8 82
9 ④	10 ⑤	11 ②	12 4
13 ③	14 ①	15 ②	16 ⑤
17 ④	18 ⑤	19 67	20 ②
21 ②	22 ②	23 ③	
24 ③	25 ②	26 4	27 ②
28 ⑤	29 ①	30 ④	31 ③
32 ⑤	33 ③	34 ③	35 12
36 ④	37 ④	38 ⑤	

메가스터디 수능 수학

메가스터디 수능 수학 KICK

수학 II

Workbook 빠른 정답

I. 함수의 극한과 연속

01 함수의 극한
3~13쪽

1 ⑤	2 ①	3 ④	4 ③
5 ②	6 ③	7 ④	
8 ②	9 ③	10 ③	11 ③
12 ③	13 ④	14 ④	15 ②
16 ④	17 49	18 3	19 ③
20 ③	21 ④	22 3	23 1
24 ③	25 ④	26 ④	
27 ②	28 ③	29 49	
30 ⑤	31 ①	32 ④	33 ④
34 ⑤	35 17	36 ②	37 ④
38 ①	39 ③	40 ④	41 ⑤

02 함수의 연속
14~17쪽

1 ⑤	2 ③	3 ④	
4 ⑤	5 ⑤	6 ③	7 ②
8 ③	9 ④	10 ③	11 48
12 ③	13 ②	14 ②	15 ①

II. 미분

01 미분계수와 도함수
18~25쪽

1 ②	2 11	3 ①	4 ②
5 ①	6 10	7 ②	8 1
9 ④	10 18	11 ①	12 8
13 34	14 ⑤	15 ③	16 2
17 ③	18 ②	19 4	
20 6	21 2	22 ③	23 ③
24 6	25 13	26 ③	
27 5	28 8	29 16	30 1

02 접선의 방정식
26~31쪽

1 ②	2 ⑤	3 ①	4 ①
5 28	6 ①	7 12	8 ①
9 ④	10 ①	11 16	12 12
13 ②	14 ②	15 ④	16 7
17 64	18 15	19 ④	
20 ①	21 81	22 ③	23 49

03 함수의 그래프
32~44쪽

1 6	2 ③	3 3	4 ②
5 7	6 ②	7 ②	8 ①
9 ②	10 ⑤	11 11	
12 9	13 ②	14 1	15 7
16 38	17 ①	18 ④	19 ⑤
20 ②	21 4	22 118	
23 6	24 ③	25 2	
26 ②	27 5	28 ④	29 ③
30 ⑤	31 ③	32 ③	33 7
34 ⑤	35 8	36 ④	37 ③
38 ①	39 ①	40 ①	
41 ②	42 ⑤	43 27	44 11
45 21	46 27	47 ②	

04 방정식과 부등식에의 활용
45~50쪽

1 21	2 ⑤	3 ③	4 1
5 3	6 ③	7 ②	8 4
9 ②	10 ④	11 7	12 11
13 ①	14 ①	15 ④	
16 16	17 22	18 ④	19 ⑤
20 ④	21 ③	22 ①	23 ⑤

III. 적분

01 부정적분
51~55쪽

1 ④	2 48	3 ②	4 7
5 ①	6 ⑤	7 ③	8 3
9 9	10 ③	11 9	12 ②
13 ④	14 16	15 ①	16 ③
17 ⑤	18 ③	19 15	

필수 예제

1 ③	1-1 ③	2 ②	2-1 ③
3 ③	3-1 3	4 11	4-1 ④
5 ⑤	5-1 29	6 ③	6-1 16
7 ①	7-1 ①	8 ④	8-1 3
9 8	9-1 ①	10 ③	10-1 ①
11 ④	11-1 ④	12 ③	12-1 5
13 3	13-1 5		

단원 마무리 94~97쪽

1 ①	2 ①	3 4	4 ②
5 32	6 ④	7 ②	8 2
9 ④	10 ②	11 ①	12 ④
13 ②	14 13	15 32	

○4 방정식과 부등식에의 활용

개념 Check 98~102쪽

1 3 2 (1) 6 (2) 6

필수 예제 103~108쪽

1 ③	1-1 ④	2 6	2-1 10
3 ③	3-1 9	4 ③	4-1 7
5 ①	5-1 ②	6 ⑤	6-1 ③

단원 마무리 109~111쪽

1 25	2 ①	3 13	4 116
5 ①	6 29	7 ①	8 ③
9 ②	10 ③	11 27	

Ⅲ. 적분

○1 부정적분

개념 Check 115~116쪽

1 (1) x^2+2x (2) x^2+2x+C

2 (1) $\frac{1}{3}x^3+C$ (2) $\frac{1}{10}x^{10}+C$

3 (1) $\frac{1}{3}x^3-\frac{1}{2}x^2+2x+C$ (2) $\frac{1}{4}x^4+2x^2+C$

필수 예제 117~121쪽

1 32	1-1 ②	2 ④	2-1 ②
3 ⑤	3-1 ①	4 ①	4-1 4
5 4	5-1 ⑤		

단원 마무리 122~123쪽

1 ③	2 ②	3 90	4 ②
5 ⑤	6 ①	7 ③	8 ④

○2 정적분

개념 Check 125~130쪽

1 (1) $\frac{8}{3}$ (2) 8   2 (1) 0 (2) 24

3 (1) $\frac{5}{2}$ (2) $\frac{25}{4}$ 4 (1) $\frac{212}{15}$ (2) 0

5 9   6 (1) $2x^3$ (2) $4x+4$

7 (1) -1 (2) 10

필수 예제 132~143쪽

1 ③	1-1 ①	2 ②	2-1 ⑤
3 ③	3-1 ③	4 ③	4-1 ②
5 ②	5-1 6	6 8	6-1 10
7 4	7-1 ④	8 ①	8-1 ①
9 30	9-1 ②	10 ②	10-1 ①
11 ④	11-1 ⑤	12 ④	12-1 ②

단원 마무리 144~147쪽

1 ①	2 10	3 ⑤	4 9
5 ④	6 ②	7 6	8 ④
9 ②	10 ③	11 ⑤	12 ②
13 ①	14 3	15 10	16 ⑤

○3 정적분의 활용

개념 Check 148~152쪽

1 $\frac{4}{3}$ 2 $\frac{9}{2}$ 3 $\frac{1}{3}$

4 (1) -2 (2) 0 (3) 4

필수 예제 153~162쪽

1 ②	1-1 2	2 36	2-1 ⑤
3 ②	3-1 ④	4 ⑤	4-1 ④
5 ④	5-1 ①	6 ④	6-1 ⑤
7 ①	7-1 ③	8 ④	8-1 5
9 ③	9-1 ③	10 ⑤	10-1 ①

단원 마무리 163~166쪽

1 ③	2 10	3 ④	4 ③
5 ①	6 9	7 ①	8 ②
9 ⑤	10 ②	11 ①	12 5
13 16	14 14	15 6	

메가스터디 수능 수학

KICK

수학 Ⅱ

정답 및 해설

I. 함수의 극한과 연속

01 함수의 극한

1 (1) 2 (2) 1 (3) 1 (4) 1   **2** 3

3 (1) 3 (2) 5 (3) $\dfrac{2}{3}$ **4** (1) 4 (2) $\dfrac{3}{2}$ (3) $-\dfrac{1}{2}$ (4) -7

5 -1 **6** 0

---

1 답 (1) 2 (2) 1 (3) 1 (4) 1

(1) x의 값이 -2보다 크면서 -2에 한없이 가까워질 때, $f(x)$의 값은 2에 한없이 가까워지므로
$$\lim_{x \to -2+} f(x) = 2$$

(2) x의 값이 -1보다 작으면서 -1에 한없이 가까워질 때, $f(x)$의 값은 1에 한없이 가까워지므로
$$\lim_{x \to -1-} f(x) = 1$$

(3) x의 값이 0보다 작으면서 0에 한없이 가까워질 때, $f(x)$의 값은 1에 한없이 가까워지므로
$$\lim_{x \to 0-} f(x) = 1$$

(4) x의 값이 2보다 작으면서 2에 한없이 가까워질 때, $f(x)$의 값은 1에 한없이 가까워지므로
$$\lim_{x \to 2-} f(x) = 1$$

2 답 3

$$\lim_{x \to 1} \frac{3f(x) - 2g(x)}{\{f(x)\}^2} = \frac{3\lim\limits_{x \to 1} f(x) - 2\lim\limits_{x \to 1} g(x)}{\left\{\lim\limits_{x \to 1} f(x)\right\}^2}$$
$$= \frac{3 \times 2 - 2 \times (-3)}{2^2} = 3$$

3 답 (1) 3 (2) 5 (3) $\dfrac{2}{3}$

(1) $\lim\limits_{x \to 1} (x+2) = 1+2 = 3$

(2) $\lim\limits_{x \to -1} (x^2 - 3x + 1) = (-1)^2 - 3 \times (-1) + 1 = 5$

(3) $\lim\limits_{x \to 2} \dfrac{x^3 - 6}{x+1} = \dfrac{2^3 - 6}{2+1} = \dfrac{2}{3}$

4 답 (1) 4 (2) $\dfrac{3}{2}$ (3) $-\dfrac{1}{2}$ (4) -7

(1) $\lim\limits_{x \to 2} \dfrac{x^2 - 4}{x-2} = \lim\limits_{x \to 2} \dfrac{(x+2)(x-2)}{x-2} = \lim\limits_{x \to 2} (x+2) = 2+2 = 4$

(2) $\lim\limits_{x \to \infty} \dfrac{3x^2 + 1}{2x^2 + 5} = \lim\limits_{x \to \infty} \dfrac{3 + \dfrac{1}{x^2}}{2 + \dfrac{5}{x^2}} = \dfrac{3+0}{2+0} = \dfrac{3}{2}$

(3) $\lim\limits_{x \to \infty} (\sqrt{x^2 - x} - x)$
$$= \lim_{x \to \infty} \frac{(\sqrt{x^2-x} - x)(\sqrt{x^2-x} + x)}{\sqrt{x^2-x} + x}$$
$$= \lim_{x \to \infty} \frac{-x}{\sqrt{x^2-x} + x} = \lim_{x \to \infty} \frac{-1}{\sqrt{1 - \dfrac{1}{x}} + 1}$$
$$= \frac{-1}{\sqrt{1-0} + 1} = -\frac{1}{2}$$

(4) $\lim\limits_{x \to \infty} x\left(2 - \dfrac{2x+1}{x-3}\right) = \lim\limits_{x \to \infty} \left\{x \times \dfrac{2x-6-(2x+1)}{x-3}\right\}$
$$= \lim_{x \to \infty} \frac{-7x}{x-3} = \lim_{x \to \infty} \frac{-7}{1 - \dfrac{3}{x}}$$
$$= \frac{-7}{1-0} = -7$$

5 답 -1

$x \to 1$일 때, (분모) $\to 0$이고 극한값이 존재하므로
(분자) $\to 0$이다.
즉, $\lim\limits_{x \to 1} (x^2 + ax) = 0$이므로 $1 + a = 0$ $\therefore a = -1$

6 답 0

$\lim\limits_{x \to 0} x^2 = 0$, $\lim\limits_{x \to 0} 2x^2 = 0$이므로 함수의 극한의 대소 관계에 의하여 $\lim\limits_{x \to 0} f(x) = 0$

1 ④	1-1 ④	2 ②	2-1 ⑤
3 ④	3-1 ①	4 ②	4-1 30
5 5	5-1 ③	6 ⑤	6-1 2
7 ③	7-1 5	8 4	8-1 ①
9 5	9-1 ①	10 27	10-1 ②
11 ③	11-1 ②		

1 답 ④

$\lim\limits_{x \to -1+} f(x) = 1$, $\lim\limits_{x \to 1-} f(x) = 2$
$\therefore \lim\limits_{x \to -1+} f(x) + \lim\limits_{x \to 1-} f(x) = 1 + 2 = 3$

1-1 답 ④

$\lim\limits_{x \to 1-} f(x) = 3$, $\lim\limits_{x \to 2} f(x) = 1$
$\therefore \lim\limits_{x \to 1-} f(x) + \lim\limits_{x \to 2} f(x) = 3 + 1 = 4$

2 답 ②

$\lim\limits_{x \to 1+} f(x) = \lim\limits_{x \to 1+} (x+k) = 1 + k$
$\lim\limits_{x \to 1-} f(x) = \lim\limits_{x \to 1-} (x^2 + 3x - 4) = 1 + 3 - 4 = 0$
$\lim\limits_{x \to 1} f(x)$의 값이 존재하려면 $\lim\limits_{x \to 1+} f(x) = \lim\limits_{x \to 1-} f(x)$이어야 하므로 $1 + k = 0$ $\therefore k = -1$

$\boxed{2}$ -1 답 ⑤

$\lim\limits_{x \to 2+} f(x) = \lim\limits_{x \to 2+} (ax+3) = 2a+3$

$\lim\limits_{x \to 2-} f(x) = \lim\limits_{x \to 2-} (x^2-3x+a) = 4-6+a = a-2$

$\lim\limits_{x \to 2} f(x)$의 값이 존재하려면 $\lim\limits_{x \to 2+} f(x) = \lim\limits_{x \to 2-} f(x)$이어야

하므로 $2a+3 = a-2$ $\therefore a = -5$

$\boxed{3}$ 답 ④

$-x = t$라 하면

$x \to -1+$일 때, $t \to 1-$이므로

$\lim\limits_{x \to -1+} f(-x) = \lim\limits_{t \to 1-} f(t) = -1$

$x \to 1-$일 때, $t \to -1+$이므로

$\lim\limits_{x \to 1-} f(-x) = \lim\limits_{t \to -1+} f(t) = 2$

$\therefore \lim\limits_{x \to -1+} f(-x) + \lim\limits_{x \to 1-} f(-x) = -1+2 = 1$

$\boxed{3}$ -1 답 ①

$\lim\limits_{x \to -1+} f(1+x)$에서 $1+x = t$라 하면

$x \to -1+$일 때, $t \to 0+$이므로

$\lim\limits_{x \to -1+} f(1+x) = \lim\limits_{t \to 0+} f(t) = -1$

$\lim\limits_{x \to 1-} f(1-x)$에서 $1-x = s$라 하면

$x \to 1-$일 때, $s \to 0+$이므로

$\lim\limits_{x \to 1-} f(1-x) = \lim\limits_{s \to 0+} f(s) = -1$

$\therefore \lim\limits_{x \to -1+} f(1+x) + \lim\limits_{x \to 1-} f(1-x) = -1 + (-1) = -2$

$\boxed{4}$ 답 ②

$\lim\limits_{x \to 1} \dfrac{f(x)+3g(x)}{f(x)-2g(x)} = \dfrac{\lim\limits_{x \to 1} f(x) + 3\lim\limits_{x \to 1} g(x)}{\lim\limits_{x \to 1} f(x) - 2\lim\limits_{x \to 1} g(x)} = \dfrac{3+3a}{3-2a}$

즉, $\dfrac{3+3a}{3-2a} = 3$이므로 $3+3a = 9-6a$, $9a = 6$

$\therefore a = \dfrac{2}{3}$

$\boxed{4}$ -1 답 30

$\lim\limits_{x \to 1} (2x^2+1)f(x) = \lim\limits_{x \to 1} \left\{ (x+1)f(x) \times \dfrac{2x^2+1}{x+1} \right\}$

$= \lim\limits_{x \to 1} (x+1)f(x) \times \lim\limits_{x \to 1} \dfrac{2x^2+1}{x+1}$

$= 1 \times \dfrac{2+1}{1+1} = \dfrac{3}{2}$

따라서 $a = \dfrac{3}{2}$이므로

$20a = 20 \times \dfrac{3}{2} = 30$

$\boxed{5}$ 답 5

$\lim\limits_{x \to 2} \dfrac{2x^2-3x-2}{x-2} = \lim\limits_{x \to 2} \dfrac{(x-2)(2x+1)}{x-2}$

$= \lim\limits_{x \to 2} (2x+1) = 4+1 = 5$

$\boxed{5}$ -1 답 ③

$\lim\limits_{x \to 1} \dfrac{x-1}{\sqrt{x^2+8}-3} = \lim\limits_{x \to 1} \dfrac{(x-1)(\sqrt{x^2+8}+3)}{(\sqrt{x^2+8}-3)(\sqrt{x^2+8}+3)}$

$= \lim\limits_{x \to 1} \dfrac{(x-1)(\sqrt{x^2+8}+3)}{x^2-1}$

$= \lim\limits_{x \to 1} \dfrac{(x-1)(\sqrt{x^2+8}+3)}{(x-1)(x+1)}$

$= \lim\limits_{x \to 1} \dfrac{\sqrt{x^2+8}+3}{x+1} = \dfrac{\sqrt{1+8}+3}{1+1} = 3$

$\boxed{6}$ 답 ⑤

$\lim\limits_{x \to \infty} \dfrac{3x^2-4x+1}{x^2+2x+1} = \lim\limits_{x \to \infty} \dfrac{3-\dfrac{4}{x}+\dfrac{1}{x^2}}{1+\dfrac{2}{x}+\dfrac{1}{x^2}} = \dfrac{3-0+0}{1+0+0} = 3$

$\boxed{6}$ -1 답 2

$\lim\limits_{x \to \infty} \dfrac{4x-1}{\sqrt{x^2+2x}+x} = \lim\limits_{x \to \infty} \dfrac{4-\dfrac{1}{x}}{\sqrt{1+\dfrac{2}{x}}+1} = \dfrac{4-0}{\sqrt{1+0}+1} = 2$

$\boxed{7}$ 답 ③

$\lim\limits_{x \to \infty} \dfrac{1}{\sqrt{4x^2+2x}-2x}$

$= \lim\limits_{x \to \infty} \dfrac{\sqrt{4x^2+2x}+2x}{(\sqrt{4x^2+2x}-2x)(\sqrt{4x^2+2x}+2x)}$

$= \lim\limits_{x \to \infty} \dfrac{\sqrt{4x^2+2x}+2x}{2x} = \lim\limits_{x \to \infty} \dfrac{\sqrt{4+\dfrac{2}{x}}+2}{2} = \dfrac{\sqrt{4+0}+2}{2} = 2$

$\boxed{7}$ -1 답 5

$x = -t$라 하면 $x \to -\infty$일 때 $t \to \infty$이므로

$\lim\limits_{x \to -\infty} (\sqrt{x^2-7x+2} - \sqrt{x^2+3x+1})$

$= \lim\limits_{t \to \infty} (\sqrt{t^2+7t+2} - \sqrt{t^2-3t+1})$

$= \lim\limits_{t \to \infty} \dfrac{(\sqrt{t^2+7t+2}-\sqrt{t^2-3t+1})(\sqrt{t^2+7t+2}+\sqrt{t^2-3t+1})}{\sqrt{t^2+7t+2}+\sqrt{t^2-3t+1}}$

$= \lim\limits_{t \to \infty} \dfrac{10t+1}{\sqrt{t^2+7t+2}+\sqrt{t^2-3t+1}}$

$= \lim\limits_{t \to \infty} \dfrac{10+\dfrac{1}{t}}{\sqrt{1+\dfrac{7}{t}+\dfrac{2}{t^2}}+\sqrt{1-\dfrac{3}{t}+\dfrac{1}{t^2}}}$

$= \dfrac{10+0}{\sqrt{1+0+0}+\sqrt{1-0+0}} = 5$

$\boxed{8}$ 답 4

$\lim\limits_{x \to 0} \dfrac{4}{x} \left(\dfrac{1}{x+2} - \dfrac{1}{5x+2} \right) = \lim\limits_{x \to 0} \left\{ \dfrac{4}{x} \times \dfrac{5x+2-(x+2)}{(x+2)(5x+2)} \right\}$

$= \lim\limits_{x \to 0} \dfrac{16}{(x+2)(5x+2)}$

$= \dfrac{16}{(0+2) \times (0+2)} = 4$

$$\lim_{x \to 2} \frac{1}{x-2}\left(\frac{1}{x+1}-\frac{1}{3}\right) = \lim_{x \to 2}\left\{\frac{1}{x-2} \times \frac{3-(x+1)}{3(x+1)}\right\}$$
$$= \lim_{x \to 2}\frac{-(x-2)}{3(x-2)(x+1)}$$
$$= \lim_{x \to 2}\frac{-1}{3(x+1)}$$
$$= \frac{-1}{3 \times (2+1)} = -\frac{1}{9}$$

9 답 5

$x \to -1$일 때, (분모) $\to 0$이고 극한값이 존재하므로 (분자) $\to 0$이다.

즉, $\lim\limits_{x \to -1}(x^2+4x+a)=0$이므로

$1-4+a=0$ ∴ $a=3$

∴ $\lim\limits_{x \to -1}\dfrac{x^2+4x+3}{x+1}=\lim\limits_{x \to -1}\dfrac{(x+3)(x+1)}{x+1}$
$=\lim\limits_{x \to -1}(x+3)=2$

따라서 $b=2$이므로 $a+b=3+2=5$

9 -1 답 ①

$x \to 1$일 때, (분자) $\to 0$이고 0이 아닌 극한값이 존재하므로 (분모) $\to 0$이다.

즉, $\lim\limits_{x \to 1}(2x^2+ax+1)=0$이므로

$2+a+1=0$ ∴ $a=-3$

∴ $\lim\limits_{x \to 1}\dfrac{x-1}{2x^2-3x+1}=\lim\limits_{x \to 1}\dfrac{x-1}{(2x-1)(x-1)}$
$=\lim\limits_{x \to 1}\dfrac{1}{2x-1}=1$

따라서 $b=1$이므로 $a+b=-3+1=-2$

10 답 27

$x \to 5$일 때, (분모) $\to 0$이고 극한값이 존재하므로 (분자) $\to 0$이다.

즉, $\lim\limits_{x \to 5}\{f(x)-x\}=0$이므로 $f(5)-5=0$

이때 $g(x)=f(x)-x$라 하면 $g(5)=0$이고, $g(x)$는 최고차항의 계수가 1인 이차함수이므로

$g(x)=(x-5)(x+a)$ (a는 상수)

라 할 수 있다.

∴ $\lim\limits_{x \to 5}\dfrac{g(x)}{x-5}=\lim\limits_{x \to 5}\dfrac{(x-5)(x+a)}{x-5}$
$=\lim\limits_{x \to 5}(x+a)=5+a$

즉, $5+a=8$이므로 $a=3$

따라서 $g(x)=(x-5)(x+3)$이므로

$f(x)=(x-5)(x+3)+x$

∴ $f(7)=(7-5)\times(7+3)+7=27$

10 -1 답 ②

$\lim\limits_{x \to \infty}\dfrac{f(x)}{x^2+3x+1}=2$이므로 $f(x)$는 최고차항의 계수가 2인 이차함수이다.

$\lim\limits_{x \to 2}\dfrac{f(x)}{x^2-x-2}=1$에서 $x \to 2$일 때, (분모) $\to 0$이고 극한값이 존재하므로 (분자) $\to 0$이다.

즉, $\lim\limits_{x \to 2}f(x)=0$에서 $f(2)=0$이므로

$f(x)=2(x-2)(x+a)$ (a는 상수)라 하면

$\lim\limits_{x \to 2}\dfrac{f(x)}{x^2-x-2}=\lim\limits_{x \to 2}\dfrac{2(x-2)(x+a)}{(x-2)(x+1)}$
$=\lim\limits_{x \to 2}\dfrac{2(x+a)}{x+1}=\dfrac{4+2a}{3}$

즉, $\dfrac{4+2a}{3}=1$이므로 $a=-\dfrac{1}{2}$

따라서 $f(x)=2(x-2)\left(x-\dfrac{1}{2}\right)$이므로

$f(1)=2 \times (1-2) \times \left(1-\dfrac{1}{2}\right)=-1$

11 답 ③

점 $P(t, t+1)$을 지나고 기울기가 -1인 직선의 방정식은

$y-(t+1)=-(x-t)$ ∴ $y=-x+2t+1$

∴ $Q(0, 2t+1)$

이때 $A(-1, 0)$이므로

$\overline{AP}^2=\{t-(-1)\}^2+\{(t+1)-0\}^2=2t^2+4t+2$

$\overline{AQ}^2=\{0-(-1)\}^2+\{(2t+1)-0\}^2=4t^2+4t+2$

∴ $\lim\limits_{t \to \infty}\dfrac{\overline{AQ}^2}{\overline{AP}^2}=\lim\limits_{t \to \infty}\dfrac{4t^2+4t+2}{2t^2+4t+2}$
$=\lim\limits_{t \to \infty}\dfrac{4+\dfrac{4}{t}+\dfrac{2}{t^2}}{2+\dfrac{4}{t}+\dfrac{2}{t^2}}$
$=\dfrac{4+0+0}{2+0+0}=2$

11 -1 답 ②

원 C의 반지름의 길이를 r라 하면 삼각형 OBA의 넓이는

$\dfrac{1}{2} \times \overline{OA} \times \overline{OB}=\dfrac{1}{2} \times r \times (\overline{OA}+\overline{OB}+\overline{AB})$

$\dfrac{1}{2} \times 3 \times t=\dfrac{1}{2} \times r \times (3+t+\sqrt{t^2+9})$

∴ $r=\dfrac{3t}{3+t+\sqrt{t^2+9}}$

따라서 원 C의 넓이 $S(t)$는

$S(t)=\pi r^2=\dfrac{9t^2}{(3+t+\sqrt{t^2+9})^2}\pi$이므로

$\lim\limits_{t \to 0+}\dfrac{S(t)}{t^2}=\lim\limits_{t \to 0+}\dfrac{9}{(3+t+\sqrt{t^2+9})^2}\pi$
$=\dfrac{9}{(3+3)^2}\pi=\dfrac{\pi}{4}$

1 ②	2 ③	3 ①	4 3
5 ⑤	6 ④	7 ④	8 ①
9 ①	10 ③	11 ②	12 ②

1 답 ②

$f(0)=0$, $\displaystyle\lim_{x\to-1+}f(x)=-1$

$\therefore f(0)+\displaystyle\lim_{x\to-1+}f(x)=0+(-1)=-1$

2 답 ③

$\displaystyle\lim_{x\to-1-}f(g(x))$에서 $g(x)=t$라 하면

$x\to-1$일 때, $t\to1-$이므로

$\displaystyle\lim_{x\to-1-}f(g(x))=\lim_{t\to1-}f(t)=1$

$\displaystyle\lim_{x\to1+}g(f(x))$에서 $f(x)=s$라 하면

$x\to1+$일 때, $s=-1$이므로

$\displaystyle\lim_{x\to1+}g(f(x))=g(-1)=-1$

$\therefore \displaystyle\lim_{x\to-1-}f(g(x))+\lim_{x\to1+}g(f(x))=1+(-1)=0$

3 답 ①

$\displaystyle\lim_{x\to2}\frac{f(x-2)}{x-2}=3$에서 $x-2=t$라 하면

$\displaystyle\lim_{x\to2}\frac{f(x-2)}{x-2}=\lim_{t\to0}\frac{f(t)}{t}=3$

$\therefore \displaystyle\lim_{x\to0}\frac{3f(x)+2x}{2f(x)+5x}=\lim_{x\to0}\frac{3\times\dfrac{f(x)}{x}+2}{2\times\dfrac{f(x)}{x}+5}=\frac{3\times3+2}{2\times3+5}=1$

4 답 3

$\displaystyle\lim_{x\to3}\frac{x^3-27}{(x^2-9)f(x)}=\lim_{x\to3}\frac{(x-3)(x^2+3x+9)}{(x-3)(x+3)f(x)}$

$\qquad=\displaystyle\lim_{x\to3}\frac{x^2+3x+9}{(x+3)f(x)}=\frac{9+9+9}{6f(3)}=\frac{9}{2f(3)}$

즉, $\dfrac{9}{2f(3)}=\dfrac{3}{2}$이므로 $f(3)=3$

5 답 ⑤

$\displaystyle\lim_{x\to\infty}\left(ax+b-\frac{2x^3+3x}{x^2-1}\right)$

$=\displaystyle\lim_{x\to\infty}\frac{(ax+b)(x^2-1)-(2x^3+3x)}{x^2-1}$

$=\displaystyle\lim_{x\to\infty}\frac{(a-2)x^3+bx^2-(a+3)x-b}{x^2-1}$

이 식의 극한값이 존재하므로 $a-2=0$ $\therefore a=2$

$\therefore \displaystyle\lim_{x\to\infty}\frac{bx^2-5x-b}{x^2-1}=\lim_{x\to\infty}\frac{b-\dfrac{5}{x}-\dfrac{b}{x^2}}{1-\dfrac{1}{x^2}}=b$

따라서 $b=5$이므로 $a+b=2+5=7$

6 답 ④

$\displaystyle\lim_{x\to\infty}(\sqrt{4x^2-x+2}-ax)$

$=\displaystyle\lim_{x\to\infty}\frac{(\sqrt{4x^2-x+2}-ax)(\sqrt{4x^2-x+2}+ax)}{\sqrt{4x^2-x+2}+ax}$

$=\displaystyle\lim_{x\to\infty}\frac{(4-a^2)x^2-x+2}{\sqrt{4x^2-x+2}+ax}$

이 식의 극한값이 존재하므로

$4-a^2=0$ $\therefore a=2$ ($\because a>0$)

$\therefore \displaystyle\lim_{x\to\infty}\frac{-x+2}{\sqrt{4x^2-x+2}+2x}=\lim_{x\to\infty}\frac{-1+\dfrac{2}{x}}{\sqrt{4-\dfrac{1}{x}+\dfrac{2}{x^2}}+2}=-\frac{1}{4}$

따라서 $b=-\dfrac{1}{4}$이므로

$ab=2\times\left(-\dfrac{1}{4}\right)=-\dfrac{1}{2}$

7 답 ④

$x\to2$일 때, (분모) $\to0$이고 극한값이 존재하므로

(분자) $\to0$이다.

즉, $\displaystyle\lim_{x\to2}(a\sqrt{x+7}-b)=0$이므로 $3a-b=0$ $\therefore b=3a$

$\therefore \displaystyle\lim_{x\to2}\frac{a\sqrt{x+7}-3a}{x-2}=\lim_{x\to2}\frac{a(\sqrt{x+7}-3)(\sqrt{x+7}+3)}{(x-2)(\sqrt{x+7}+3)}$

$\qquad=\displaystyle\lim_{x\to2}\frac{a(x-2)}{(x-2)(\sqrt{x+7}+3)}$

$\qquad=\displaystyle\lim_{x\to2}\frac{a}{\sqrt{x+7}+3}=\frac{a}{\sqrt{2+7}+3}=\frac{a}{6}$

즉, $\dfrac{a}{6}=2$이므로 $a=12$, $b=36$

$\therefore a+b=12+36=48$

8 답 ①

$\displaystyle\lim_{x\to\infty}\frac{f(x)-3x^2}{x+1}=a$이므로 $f(x)$는 이차항의 계수가 3이고,

일차항의 계수가 a인 이차함수이다.

$\displaystyle\lim_{x\to1}\frac{f(x)}{x-1}=7$에서 $x\to1$일 때, (분모) $\to0$이고 극한값이

존재하므로 (분자) $\to0$이다.

즉, $\displaystyle\lim_{x\to1}f(x)=0$이므로 $f(1)=0$

이때 $f(x)=3x^2+ax+b$ (b는 상수)라 하면

$f(1)=0$에서 $3+a+b=0$ $\therefore b=-3-a$

따라서 $f(x)=3x^2+ax-3-a$이므로

$\displaystyle\lim_{x\to1}\frac{f(x)}{x-1}=\lim_{x\to1}\frac{3x^2+ax-3-a}{x-1}$

$\qquad=\displaystyle\lim_{x\to1}\frac{(x-1)(3x+3+a)}{x-1}$

$\qquad=\displaystyle\lim_{x\to1}(3x+3+a)=6+a$

즉, $6+a=7$이므로 $a=1$

9 답 ①

$\lim\limits_{x \to -3} \dfrac{f(x)}{x^2-9}=5$에서 $x \to -3$일 때, (분모) $\to 0$이고 극한값

이 존재하므로 (분자) $\to 0$이다.

$\lim\limits_{x \to -3} f(x)=0$이므로 $f(-3)=0$

$\lim\limits_{x \to 2} \dfrac{x^2-x-2}{f(x)}=a$에서 $x \to 2$일 때, (분자) $\to 0$이고 0이 아

닌 극한값이 존재하므로 (분모) $\to 0$이다.

$\lim\limits_{x \to 2} f(x)=0$이므로 $f(2)=0$

$f(x)=k(x+3)(x-2)$ (k는 0이 아닌 상수)라 하면

$\lim\limits_{x \to -3} \dfrac{f(x)}{x^2-9}=\lim\limits_{x \to -3} \dfrac{k(x+3)(x-2)}{(x+3)(x-3)}=\lim\limits_{x \to -3} \dfrac{k(x-2)}{x-3}=\dfrac{5}{6}k$

즉, $\dfrac{5}{6}k=5$이므로 $k=6$

따라서 $f(x)=6(x+3)(x-2)$이므로

$\lim\limits_{x \to 2} \dfrac{x^2-x-2}{f(x)}=\lim\limits_{x \to 2} \dfrac{(x+1)(x-2)}{6(x+3)(x-2)}$

$=\lim\limits_{x \to 2} \dfrac{x+1}{6(x+3)}=\dfrac{3}{6 \times 5}=\dfrac{1}{10}$

$\therefore a=\dfrac{1}{10}$

10 답 ③

함수 $y=\left|-\dfrac{1}{x}+1\right|$의 그래프는

함수 $y=-\dfrac{1}{x}+1$의 그래프에서

$y \geq 0$인 부분은 그대로 두고,

$y < 0$인 부분은 x축에 대하여 대

칭이동한 것이므로 오른쪽 그림

과 같다.

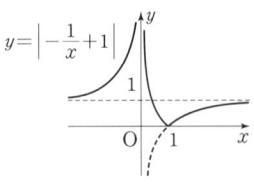

이때 직선 $y=t$가 함수 $y=\left|-\dfrac{1}{x}+1\right|$의 그래프와 만나는 점의

개수 $f(t)$와 그 그래프는 다음과 같다.

$f(t)=\begin{cases} 0 & (t<0) \\ 1 & (t=0) \\ 2 & (0<t<1), \\ 1 & (t=1) \\ 2 & (t>1) \end{cases}$

$\therefore \lim\limits_{t \to 1} f(t)=2$

11 답 ②

$\lim\limits_{x \to 0} \dfrac{f(x)}{x}=1$에서 $x \to 0$일 때, (분모) $\to 0$이고 극한값이

존재하므로 (분자) $\to 0$이다.

$\lim\limits_{x \to 0} f(x)=0$이므로 $f(0)=0$

$\lim\limits_{x \to 1} \dfrac{f(x)}{x-1}=1$에서 $x \to 1$일 때, (분모) $\to 0$이고 극한값이

존재하므로 (분자) $\to 0$이다.

$\lim\limits_{x \to 1} f(x)=0$이므로 $f(1)=0$

$f(x)=x(x-1)(ax+b)$ (a, b는 상수이고, $a \neq 0$)이라 하면

$\lim\limits_{x \to 0} \dfrac{f(x)}{x}=1$에서

$\lim\limits_{x \to 0} \dfrac{f(x)}{x}=\lim\limits_{x \to 0} \dfrac{x(x-1)(ax+b)}{x}$

$=\lim\limits_{x \to 0} (x-1)(ax+b)=-b$

$\therefore b=-1$

$f(x)=x(x-1)(ax-1)$이므로

$\lim\limits_{x \to 1} \dfrac{f(x)}{x-1}=1$에서

$\lim\limits_{x \to 1} \dfrac{f(x)}{x-1}=\lim\limits_{x \to 1} \dfrac{x(x-1)(ax-1)}{x-1}$

$=\lim\limits_{x \to 1} \{x(ax-1)\}=a-1$

즉, $a-1=1$이므로 $a=2$

따라서 $f(x)=x(x-1)(2x-1)$이므로

$f(2)=2 \times (2-1) \times (4-1)=6$

12 답 ②

점 $P(a, a)$를 지나고 x축에 평행한 직선의 방정식은 $y=a$이

므로 직선 $y=a$가 함수 $y=f(x)$의 그래프와 만나는 점 A의

x좌표는 $a=\sqrt{x+2}$에서 $x=a^2-2$

$\therefore A(a^2-2, a)$

직선 $y=a$가 함수 $y=g(x)$의 그래프와 만나는 점 B의 x좌표

는 $a=-\sqrt{x-2}+2$에서 $a-2=-\sqrt{x-2}$

$a^2-4a+4=x-2$ $\therefore x=a^2-4a+6$

$\therefore B(a^2-4a+6, a)$

점 B를 지나고 y축에 평행한 직선 $x=a^2-4a+6$이 함수

$y=h(x)$의 그래프와 만나는 점 C의 y좌표는

$y=a^2-4a+6$

$\therefore C(a^2-4a+6, a^2-4a+6)$

따라서

$\overline{AB}=(a^2-4a+6)-(a^2-2)=-4a+8$,

$\overline{BC}=(a^2-4a+6)-a=a^2-5a+6$

이므로

$\lim\limits_{a \to 2-} \dfrac{\overline{BC}}{\overline{AB}}=\lim\limits_{a \to 2-} \dfrac{a^2-5a+6}{-4a+8}=\lim\limits_{a \to 2-} \dfrac{(a-2)(a-3)}{-4(a-2)}$

$=\lim\limits_{a \to 2-} \dfrac{a-3}{-4}=\dfrac{1}{4}$

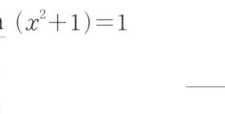

O2 함수의 연속

개념 Check 30쪽

1 (1) 연속 (2) 불연속

---

1 답 (1) 연속 (2) 불연속

(1) (i) $f(0)=1$

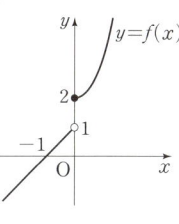

(ii) $\lim\limits_{x\to 0+}f(x)=\lim\limits_{x\to 0+}(1-x)=1$

$\lim\limits_{x\to 0-}f(x)=\lim\limits_{x\to 0-}(x^2+1)=1$

$\therefore \lim\limits_{x\to 0}f(x)=1$

(iii) $\lim\limits_{x\to 0}f(x)=f(0)$

따라서 함수 $f(x)$는 $x=0$에서 연속이다.

(2) (i) $f(0)=2$

(ii) $\lim\limits_{x\to 0+}f(x)=\lim\limits_{x\to 0+}(x^3+2)=2$

$\lim\limits_{x\to 0-}f(x)=\lim\limits_{x\to 0-}(x+1)=1$

$\therefore \lim\limits_{x\to 0+}f(x)\neq\lim\limits_{x\to 0-}f(x)$

즉, 극한값 $\lim\limits_{x\to 0}f(x)$가 존재하지

않는다.

따라서 함수 $f(x)$는 $x=0$에서 불연속이다.

필수 예제 34~37쪽

1 ③	1-1 ④	2 ④	2-1 ②
3 ②	3-1 ③	4 ③	4-1 ③

1 답 ③

ㄱ. $\lim\limits_{x\to 0+}f(x)=2$ (참)

ㄴ. $\lim\limits_{x\to 2-}f(x)=0$ (거짓)

ㄷ. (i) $f(1)=0$

(ii) $\lim\limits_{x\to 1+}f(x)=1$, $\lim\limits_{x\to 1-}f(x)=1$

$\therefore \lim\limits_{x\to 1}f(x)=1$

(iii) $\lim\limits_{x\to 1}f(x)\neq f(1)$

즉, 함수 $f(x)$는 $x=1$에서 불연속이다. (참)

따라서 옳은 것은 ㄱ, ㄷ이다.

1-1 답 ④

ㄱ. $\lim\limits_{x\to -1+}f(x)=-1$, $\lim\limits_{x\to -1-}f(x)=0$

$\therefore \lim\limits_{x\to -1+}f(x)\neq\lim\limits_{x\to -1-}f(x)$

즉, $x=-1$에서 함수 $f(x)$의 극한값이 존재하지 않는다.

(거짓)

ㄴ. (i) $f(0)=1$

(ii) $\lim\limits_{x\to 0-}f(x)=-1$, $\lim\limits_{x\to 0+}f(x)=-1$

$\therefore \lim\limits_{x\to 0}f(x)=-1$

(iii) $\lim\limits_{x\to 0}f(x)\neq f(0)$

즉, 함수 $f(x)$는 $x=0$에서 불연속이다. (참)

ㄷ. 함수 $y=f(x)$의 그래프가 $x=-1$, $x=0$, $x=1$에서 끊어져 있으므로 함수 $f(x)$가 불연속인 x의 값의 개수는 3이다. (참)

따라서 옳은 것은 ㄴ, ㄷ이다.

2 답 ④

함수 $f(x)$가 실수 전체의 집합에서 연속이므로 $x=-1$에서도 연속이다.

즉, $\lim\limits_{x\to -1+}f(x)=\lim\limits_{x\to -1-}f(x)=f(-1)$이므로

$\lim\limits_{x\to -1+}f(x)=\lim\limits_{x\to -1+}(x^2-5x-a)=1+5-a=6-a$,

$\lim\limits_{x\to -1-}f(x)=\lim\limits_{x\to -1-}(2x+a)=a-2$,

$f(-1)=a-2$

에서 $6-a=a-2$ $\therefore a=4$

2-1 답 ②

함수 $f(x)$가 $x=1$에서 연속이므로 $\lim\limits_{x\to 1}f(x)=f(1)$

$\lim\limits_{x\to 1}\dfrac{x^2+ax+3}{x-1}=b$에서 $x\to 1$일 때, (분모) $\to 0$이고 극한값이 존재하므로 (분자) $\to 0$이다.

즉, $\lim\limits_{x\to 1}(x^2+ax+3)=0$이므로

$1+a+3=0$ $\therefore a=-4$

$\therefore \lim\limits_{x\to 1}\dfrac{x^2-4x+3}{x-1}=\lim\limits_{x\to 1}\dfrac{(x-1)(x-3)}{x-1}$

$=\lim\limits_{x\to 1}(x-3)=-2$

따라서 $b=-2$이므로 $a+b=-4+(-2)=-6$

3 답 ②

$x\neq 1$일 때, $f(x)=\dfrac{x^2-3x+2}{x-1}$

함수 $f(x)$가 모든 실수에서 연속이므로 $x=1$에서도 연속이다.

즉, $\lim\limits_{x\to 1}f(x)=f(1)$이므로

$f(1)=\lim\limits_{x\to 1}\dfrac{x^2-3x+2}{x-1}=\lim\limits_{x\to 1}\dfrac{(x-1)(x-2)}{x-1}$

$=\lim\limits_{x\to 1}(x-2)=1-2=-1$

3-1 답 ③

$x\neq 2$일 때, $f(x)=\dfrac{x^3+x^2-2x-8}{x-2}$

함수 $f(x)$가 실수 전체의 집합에서 연속이므로 $x=2$에서도 연속이다.

즉, $\lim\limits_{x\to 2}f(x)=f(2)$이므로

$f(2)=\lim\limits_{x\to 2}\dfrac{x^3+x^2-2x-8}{x-2}$

$=\lim\limits_{x\to 2}\dfrac{(x-2)(x^2+3x+4)}{x-2}$

$=\lim\limits_{x\to 2}(x^2+3x+4)=4+6+4=14$

함수 $f(x)$는 $x=1$에서 불연속이고, 함수 $g(x)$는 실수 전체의 집합에서 연속이므로 함수 $f(x)g(x)$가 실수 전체의 집합에서 연속이 되려면 $x=1$에서 연속이어야 한다.

즉, $\lim\limits_{x \to 1+} f(x)g(x) = \lim\limits_{x \to 1-} f(x)g(x) = f(1)g(1)$이므로

$\lim\limits_{x \to 1+} f(x)g(x) = -2(3+a) = -2a-6$,

$\lim\limits_{x \to 1-} f(x)g(x) = 2(3+a) = 2a+6$,

$f(1)g(1) = -2(3+a) = -2a-6$

에서 $-2a-6 = 2a+6$

$\therefore a = -3$

4-1 답 ③

ㄱ. $\lim\limits_{x \to 1+} f(x) = \lim\limits_{x \to 1+} (-x+2) = -1+2 = 1$ (참)

ㄴ. $a=0$이면 $f(x) = \begin{cases} 0 & (x \le 1) \\ -x+2 & (x > 1) \end{cases}$

   (ⅰ) $f(1) = 0$

   (ⅱ) $\lim\limits_{x \to 1+} f(x) = \lim\limits_{x \to 1+} (-x+2) = -1+2 = 1$

   $\lim\limits_{x \to 1-} f(x) = \lim\limits_{x \to 1-} 0 = 0$

   $\therefore \lim\limits_{x \to 1+} f(x) \ne \lim\limits_{x \to 1-} f(x)$

   즉, 극한값 $\lim\limits_{x \to 1} f(x)$가 존재하지 않는다.

   따라서 함수 $f(x)$는 $x=1$에서 불연속이다. (거짓)

ㄷ. 함수 $y = x-1$은 실수 전체의 집합에서 연속이고, 함수 $y = f(x)$는 $x=1$에서 불연속일 수 있으므로 함수 $y = (x-1)f(x)$가 실수 전체의 집합에서 연속이려면 $x=1$에서 연속이어야 한다.

   $g(x) = (x-1)f(x)$라 하자.

   (ⅰ) $g(1) = (1-1)f(1) = 0 \times a = 0$

   (ⅱ) $\lim\limits_{x \to 1+} g(x) = \lim\limits_{x \to 1+} (x-1)f(x)$

   $= \lim\limits_{x \to 1+} (x-1)(-x+2)$

   $= 0 \times 1 = 0$

   $\lim\limits_{x \to 1-} g(x) = \lim\limits_{x \to 1-} (x-1)f(x)$

   $= \lim\limits_{x \to 1-} a(x-1)$

   $= a \times 0 = 0$

   $\therefore \lim\limits_{x \to 1} g(x) = 0$

   (ⅲ) $\lim\limits_{x \to 1} g(x) = g(1)$

   따라서 함수 $y = g(x)$, 즉 $y = (x-1)f(x)$는 $x=1$에서 연속이므로 함수 $y = (x-1)f(x)$는 실수 전체의 집합에서 연속이다. (참)

따라서 옳은 것은 ㄱ, ㄷ이다.

단원 마무리 38~39쪽

1 ④	2 ④	3 ④	4 ①
5 ②	6 ④	7 ⑤	8 ④

1 답 ④

ㄱ. $\lim\limits_{x \to 1+} f(x) = 3$, $\lim\limits_{x \to 1-} f(x) = 2$

   즉, $\lim\limits_{x \to 1+} f(x) \ne \lim\limits_{x \to 1-} f(x)$이므로 $x=1$에서 함수 $f(x)$의 극한값이 존재하지 않는다. (거짓)

ㄴ. 함수 $f(x)$는 $x=3$에서 연속이므로

   $\lim\limits_{x \to 3} f(x) = f(3)$ (참)

ㄷ. $g(x) = (x-2)f(x)$라 하면

   (ⅰ) $g(2) = (2-2)f(2) = 0 \times 2 = 0$

   (ⅱ) $\lim\limits_{x \to 2+} g(x) = \lim\limits_{x \to 2+} (x-2)f(x) = 0 \times 4 = 0$

   $\lim\limits_{x \to 2-} g(x) = \lim\limits_{x \to 2-} (x-2)f(x) = 0 \times 4 = 0$

   $\therefore \lim\limits_{x \to 2} g(x) = 0$

   (ⅲ) $\lim\limits_{x \to 2} g(x) = g(2)$

   즉, 함수 $g(x)$는 $x=2$에서 연속이다. (참)

따라서 옳은 것은 ㄴ, ㄷ이다.

2 답 ④

함수 $f(x)$가 실수 전체의 집합에서 연속이 되려면 $x=-1$, $x=1$에서 연속이어야 한다.

$\lim\limits_{x \to 1+} f(x) = \lim\limits_{x \to 1-} f(x) = f(-1)$이어야 하므로

$\lim\limits_{x \to 1+} f(x) = \lim\limits_{x \to 1+} (x^2+4x-3) = 1-4-3 = -6$,

$\lim\limits_{x \to 1-} f(x) = \lim\limits_{x \to 1-} (ax+b) = -a+b$,

$f(-1) = -a+b$

에서 $-a+b = -6$ ...... ㉠

$\lim\limits_{x \to 1+} f(x) = \lim\limits_{x \to 1-} f(x) = f(1)$이어야 하므로

$\lim\limits_{x \to 1+} f(x) = \lim\limits_{x \to 1+} (ax+b) = a+b$,

$\lim\limits_{x \to 1-} f(x) = \lim\limits_{x \to 1-} (x^2+4x-3) = 1+4-3 = 2$,

$f(1) = a+b$

에서 $a+b = 2$ ...... ㉡

㉠, ㉡을 연립하여 풀면 $a=4$, $b=-2$

$\therefore ab = 4 \times (-2) = -8$

3 답 ④

$x \ne 3$일 때, $f(x) = \dfrac{x^3-3x^2+ax+3}{x-3}$

함수 $f(x)$가 실수 전체의 집합에서 연속이므로 $x=3$에서도 연속이다.

$\lim\limits_{x \to 3} f(x) = f(3)$이므로

$\lim\limits_{x \to 3} \dfrac{x^3-3x^2+ax+3}{x-3} = f(3)$ ...... ㉠

㉠에서 $x \to 3$일 때, (분모) $\to 0$이고 극한값이 존재하므로 (분자) $\to 0$이다.

즉, $\lim\limits_{x \to 3} (x^3-3x^2+ax+3) = 0$이므로

$27-27+3a+3 = 0$ $\therefore a = -1$

㉠에서

$$f(3)=\lim_{x\to3}\frac{x^3-3x^2-x+3}{x-3}=\lim_{x\to3}\frac{(x-3)(x^2-1)}{x-3}$$
$$=\lim_{x\to3}(x^2-1)=9-1=8$$
$$\therefore a+f(3)=-1+8=7$$

4 답 ①

함수 $y=f(x-k)$의 그래프는
함수 $y=f(x)$의 그래프를 x축의 방
향으로 $k\,(k>0)$만큼 평행이동한
것이므로 오른쪽 그림과 같고,

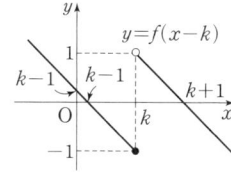

$$f(x-k)=\begin{cases}-(x-k)-1 & (x\le k)\\-(x-k)+1 & (x>k)\end{cases}$$
$$=\begin{cases}-x+k-1 & (x\le k)\\-x+k+1 & (x>k)\end{cases}$$

즉, 함수 $f(x)$는 $x=0$에서 불연속이고, 함수 $f(x-k)$는
$x=k$에서 불연속이므로 함수 $f(x)f(x-k)$가 실수 전체의 집
합에서 연속이 되려면 $x=0$, $x=k$에서 연속이어야 한다.

(i) $x=0$에서 연속이 되는 경우
$$\lim_{x\to0+}f(x)f(x-k)=\lim_{x\to0-}f(x)f(x-k)=f(0)f(0-k)$$
이어야 하므로
$$\lim_{x\to0+}f(x)f(x-k)=1\times(k-1)=k-1,$$
$$\lim_{x\to0-}f(x)f(x-k)=-1\times(k-1)=-k+1,$$
$$f(0)f(0-k)=-1\times(k-1)=-k+1$$
에서 $k-1=-k+1$ $\quad\therefore k=1$

(ii) $x=k$에서 연속이 되는 경우
$$\lim_{x\to k+}f(x)f(x-k)=\lim_{x\to k-}f(x)f(x-k)=f(k)f(0)$$
이어야 하므로
$$\lim_{x\to k+}f(x)f(x-k)=(-k+1)\times1=-k+1,$$
$$\lim_{x\to k-}f(x)f(x-k)=(-k+1)\times(-1)=k-1,$$
$$f(k)f(0)=(-k+1)\times(-1)=k-1$$
에서 $-k+1=k-1$ $\quad\therefore k=1$

(i), (ii)에서 양수 k의 값은 1이다.

5 답 ②

함수 $f(x)$는 실수 전체의 집합에서 연속이고, 함수 $g(x)$는
$x=-1$, $x=1$에서 불연속이므로 함수 $f(x)g(x)$가 실수 전체의
집합에서 연속이 되려면 $x=-1$, $x=1$에서 연속이어야 한다.
$f(x)=x^2+ax+b\,(a,\,b$는 상수$)$라 하자.

(i) $x=-1$에서 연속이 되는 경우
$$\lim_{x\to-1+}f(x)g(x)=\lim_{x\to-1-}f(x)g(x)=f(-1)g(-1)$$
이어야 하므로
$$\lim_{x\to-1+}f(x)g(x)=(1-a+b)\times(-1)=-1+a-b,$$
$$\lim_{x\to-1-}f(x)g(x)=(1-a+b)\times2=2-2a+2b,$$
$$f(-1)g(-1)=(1-a+b)\times2=2-2a+2b$$
에서 $-1+a-b=2-2a+2b$
$$\therefore a-b=1 \qquad\cdots\cdots\ \text{㉠}$$

(ii) $x=1$에서 연속이 되는 경우
$$\lim_{x\to1+}f(x)g(x)=\lim_{x\to1-}f(x)g(x)=f(1)g(1)$$
이어야 하므로
$$\lim_{x\to1+}f(x)g(x)=(1+a+b)\times2=2+2a+2b,$$
$$\lim_{x\to1-}f(x)g(x)=(1+a+b)\times3=3+3a+3b,$$
$$f(1)g(1)=2+2a+2b=(1+a+b)\times2$$
에서 $2+2a+2b=3+3a+3b$
$$\therefore a+b=-1 \qquad\cdots\cdots\ \text{㉡}$$
㉠, ㉡을 연립하여 풀면 $a=0$, $b=-1$
따라서 $f(x)=x^2-1$이므로 $f(2)=4-1=3$

6 답 ④

두 함수 $f(x)$, $g(x)$가 모두 실수 전체의 집합에서 연속이므로
함수 $\dfrac{f(x)}{g(x)}$가 실수 전체의 집합에서 연속이 되려면 $g(x)\ne0$,
즉 $3x^2+2ax+3a\ne0$이어야 한다.
이차방정식 $3x^2+2ax+3a=0$의 판별식을 D라 하면
$$\frac{D}{4}=a^2-3\times3a<0,\ a^2-9a<0$$
$$a(a-9)<0 \qquad\therefore 0<a<9$$
따라서 정수 a의 개수는 $1,\,2,\,3,\,\cdots,\,8$의 8이다.

7 답 ⑤

ㄱ. $\lim\limits_{x\to1}f(x)g(x)=0\times(-1)=0$ (거짓)

ㄴ. $f(1)g(1)=0\times(-1)=0$ (참)

ㄷ. (i) $f(1)g(1)=0\ (\because\ \text{ㄴ})$
　　(ii) $\lim\limits_{x\to1+}f(x)g(x)=1\times1=1$
　　　　$\lim\limits_{x\to1-}f(x)g(x)=0\ (\because\ \text{ㄱ})$
　　　　$\therefore \lim\limits_{x\to1+}f(x)g(x)\ne\lim\limits_{x\to1-}f(x)g(x)$
　　　　즉, 극한값 $\lim\limits_{x\to1}f(x)g(x)$가 존재하지 않는다.
　　따라서 함수 $f(x)g(x)$는 $x=1$에서 불연속이다. (참)
따라서 옳은 것은 ㄴ, ㄷ이다.

8 답 ④

함수 $\{f(x)\}^2$이 실수 전체의 집합에서 연속이 되려면 $x=a$에
서 연속이어야 한다.
즉, $\lim\limits_{x\to a+}\{f(x)\}^2=\lim\limits_{x\to a-}\{f(x)\}^2=\{f(a)\}^2$이어야 하므로
$$\lim_{x\to a+}\{f(x)\}^2=\lim_{x\to a+}(2x-a)^2=a^2,$$
$$\lim_{x\to a-}\{f(x)\}^2=\lim_{x\to a-}(-2x+6)^2=(-2a+6)^2,$$
$$\{f(a)\}^2=(2a-a)^2=a^2$$
에서 $a^2=(-2a+6)^2$
$$a^2-8a+12=0,\ (a-2)(a-6)=0$$
$$\therefore a=2\ \text{또는}\ a=6$$
따라서 모든 상수 a의 값의 합은 $2+6=8$

Ⅱ. 미분

01 미분계수와 도함수

개념 Check 42~46쪽

1 2   **2** -2 **3** 미분가능하다.
4 (1) $y'=10x^9$ (2) $y'=0$
5 (1) $y'=6x$ (2) $y'=3x^2+2x-1$
     (3) $y'=9x^2-2x+3$

---

1 답 2

$$\frac{\Delta y}{\Delta x}=\frac{f(2)-f(-1)}{2-(-1)}=\frac{5-(-1)}{3}=2$$

2 답 -2

$$f'(1)=\lim_{\Delta x \to 0}\frac{f(1+\Delta x)-f(1)}{\Delta x}$$
$$=\lim_{\Delta x \to 0}\frac{\{-(1+\Delta x)^2+2\}-(-1+2)}{\Delta x}$$
$$=\lim_{\Delta x \to 0}\frac{-(\Delta x)^2-2\Delta x}{\Delta x}=\lim_{\Delta x \to 0}(-\Delta x-2)=-2$$

다른 풀이

$$f'(1)=\lim_{x \to 1}\frac{f(x)-f(1)}{x-1}=\lim_{x \to 1}\frac{-x^2+2-1}{x-1}$$
$$=-\lim_{x \to 1}\frac{(x-1)(x+1)}{x-1}=-\lim_{x \to 1}(x+1)=-2$$

3 답 미분가능하다.

$$\lim_{\Delta x \to 0+}\frac{f(0+\Delta x)-f(0)}{\Delta x}=\lim_{\Delta x \to 0+}\frac{\{(\Delta x)^3+1\}-1}{\Delta x}$$
$$=\lim_{\Delta x \to 0+}\frac{(\Delta x)^3}{\Delta x}=\lim_{\Delta x \to 0+}(\Delta x)^2=0$$
$$\lim_{\Delta x \to 0-}\frac{f(0+\Delta x)-f(0)}{\Delta x}=\lim_{\Delta x \to 0-}\frac{\{(\Delta x)^3+1\}-1}{\Delta x}$$
$$=\lim_{\Delta x \to 0-}\frac{(\Delta x)^3}{\Delta x}=\lim_{\Delta x \to 0-}(\Delta x)^2=0$$
$$\therefore \lim_{\Delta x \to 0+}\frac{f(0+\Delta x)-f(0)}{\Delta x}=\lim_{\Delta x \to 0-}\frac{f(0+\Delta x)-f(0)}{\Delta x}$$
따라서 미분계수 $f'(0)$이 존재하므로 함수 $f(x)$는 $x=0$에서 미분가능하다.

4 답 (1) $y'=10x^9$ (2) $y'=0$
(1) $y'=(x^{10})'=10x^{10-1}=10x^9$
(2) $y'=(100)'=0$

5 답 (1) $y'=6x$ (2) $y'=3x^2+2x-1$
     (3) $y'=9x^2-2x+3$

(1) $y'=(3x^2)'=3(x^2)'=3 \times 2x=6x$
(2) $y'=(x^3+x^2-x)'=(x^3)'+(x^2)'-(x)'=3x^2+2x-1$
(3) $y'=\{(x^2+1)(3x-1)\}'$
$\quad =(x^2+1)'(3x-1)+(x^2+1)(3x-1)'$
$\quad =2x(3x-1)+(x^2+1)\times 3=9x^2-2x+3$

필수 예제 48~55쪽

1 1	1-1 ④	2 ①	2-1 9
3 ④	3-1 4	4 ⑤	4-1 ②
5 ①	5-1 6	6 ④	6-1 ③
7 1	7-1 ②	8 6	8-1 ①

1 답 1

함수 $f(x)=x^2+3x$에서 x의 값이 0에서 2까지 변할 때의 평균변화율은

$$\frac{\Delta y}{\Delta x}=\frac{f(2)-f(0)}{2-0}=\frac{10-0}{2}=5$$

함수 $f(x)$의 $x=a$에서의 미분계수는

$$f'(a)=\lim_{h \to 0}\frac{f(a+h)-f(a)}{h}$$
$$=\lim_{h \to 0}\frac{\{(a+h)^2+3(a+h)\}-(a^2+3a)}{h}$$
$$=\lim_{h \to 0}\frac{2ah+h^2+3h}{h}$$
$$=\lim_{h \to 0}(2a+h+3)=2a+3$$

따라서 $2a+3=5$이므로 $a=1$

다른 풀이

$f(x)=x^2+3x$에서 미분법을 이용하면 $f'(x)=2x+3$이므로 함수 $f(x)$의 $x=a$에서의 미분계수는 $f'(a)=2a+3$이다.

1-1 답 ④

함수 $f(x)=x^3+ax$에서 x의 값이 -2에서 0까지 변할 때의 평균변화율은

$$\frac{\Delta y}{\Delta x}=\frac{f(0)-f(-2)}{0-(-2)}=\frac{0-(-8-2a)}{2}=a+4$$

즉, $a+4=1$이므로 $a=-3$
따라서 $f(x)=x^3-3x$이므로

$$f'(2)=\lim_{h \to 0}\frac{f(2+h)-f(2)}{h}$$
$$=\lim_{h \to 0}\frac{\{(2+h)^3-3(2+h)\}-(8-6)}{h}$$
$$=\lim_{h \to 0}\frac{h^3+6h^2+9h}{h}$$
$$=\lim_{h \to 0}(h^2+6h+9)=9$$

다른 풀이

$f(x)=x^3-3x$에서 미분법을 이용하면 $f'(x)=3x^2-3$이므로 $f'(2)=9$이다.

$\boxed{2}$ 답 ①

$$\lim_{h \to 0} \frac{f(1+2h)-f(1)}{4h} = \lim_{h \to 0} \frac{f(1+2h)-f(1)}{2h} \times \frac{1}{2}$$
$$= \frac{1}{2}f'(1) = \frac{1}{2} \times 2 = 1$$

$\boxed{2}$-1 답 9

$$\lim_{h \to 0} \frac{f(2+2h)-f(2-h)}{h}$$
$$= \lim_{h \to 0} \frac{f(2+2h)-f(2)+f(2)-f(2-h)}{h}$$
$$= \lim_{h \to 0} \frac{\{f(2+2h)-f(2)\}-\{f(2-h)-f(2)\}}{h}$$
$$= \lim_{h \to 0} \frac{f(2+2h)-f(2)}{2h} \times 2 + \lim_{h \to 0} \frac{f(2-h)-f(2)}{-h}$$
$$= 2f'(2)+f'(2)=3f'(2)$$
$$= 3 \times 3 = 9$$

$\boxed{3}$ 답 ④

$$\lim_{x \to 1} \frac{f(x)-f(1)}{x^2-1} = \lim_{x \to 1} \frac{f(x)-f(1)}{(x-1)(x+1)}$$
$$= \lim_{x \to 1} \left\{ \frac{f(x)-f(1)}{x-1} \times \frac{1}{x+1} \right\}$$
$$= \frac{1}{2}f'(1) = \frac{1}{2} \times 2 = 1$$

$\boxed{3}$-1 답 4

$$\lim_{x \to 2} \frac{f(x^2)-f(4)}{x-2} = \lim_{x \to 2} \left\{ \frac{f(x^2)-f(4)}{(x-2)(x+2)} \times (x+2) \right\}$$
$$= \lim_{x \to 2} \left\{ \frac{f(x^2)-f(4)}{x^2-4} \times (x+2) \right\}$$
$$= 4f'(4) = 4 \times 1 = 4$$

$\boxed{4}$ 답 ⑤

$f(x)=2x^3+4x+5$에서
$f'(x)=6x^2+4$
$\therefore f'(1)=6+4=10$

$\boxed{4}$-1 답 ②

$f(x)=(x^3+1)(x+a)$에서
$f'(x)=(x^3+1)'(x+a)+(x^3+1)(x+a)'$
$\qquad =3x^2(x+a)+x^3+1$
$\qquad =4x^3+3ax^2+1$
이때 $f'(1)=2$이므로
$3a+5=2 \qquad \therefore a=-1$

$\boxed{5}$ 답 ①

$$\lim_{h \to 0} \frac{f(1+3h)-f(1)}{h} = \lim_{h \to 0} \frac{f(1+3h)-f(1)}{3h} \times 3 = 3f'(1)$$
$f(x)=x^2-5x+2$에서 $f'(x)=2x-5$이므로 $f'(1)=-3$
$$\therefore \lim_{h \to 0} \frac{f(1+3h)-f(1)}{h} = 3f'(1) = 3 \times (-3) = -9$$

$\boxed{5}$-1 답 6

$$\lim_{x \to 2} \frac{f(x)-f(2)}{x^2-4} = \lim_{x \to 2} \left\{ \frac{f(x)-f(2)}{x-2} \times \frac{1}{x+2} \right\} = \frac{1}{4}f'(2)$$
$f(x)=x^4-x^3+4x$에서 $f'(x)=4x^3-3x^2+4$이므로
$f'(2)=24$
$$\therefore \lim_{x \to 2} \frac{f(x)-f(2)}{x^2-4} = \frac{1}{4}f'(2) = \frac{1}{4} \times 24 = 6$$

$\boxed{6}$ 답 ④

$$\lim_{h \to 0} \frac{f(1+h)-f(1)}{h} = f'(1) = 6$$
$f(x)=2x^2+ax$에서 $f'(x)=4x+a$이므로
$f'(1)=4+a$
즉, $4+a=6$이므로 $a=2$

$\boxed{6}$-1 답 ③

$\lim\limits_{x \to 1} \dfrac{f(x)-3}{x-1}=6$에서 $x \to 1$일 때, (분모) $\to 0$이고 극한값이
존재하므로 (분자) $\to 0$이다.
즉, $\lim\limits_{x \to 1}\{f(x)-3\}=0$이므로 $f(1)=3$
$$\therefore \lim_{x \to 1} \frac{f(x)-3}{x-1} = \lim_{x \to 1} \frac{f(x)-f(1)}{x-1} = f'(1) = 6$$
$f(x)=x^3+ax+b$에서
$f(1)=3$이므로 $1+a+b=3$
$\therefore a+b=2 \qquad \cdots\cdots \ \unicode{x1D4F8}$
$f'(x)=3x^3+a$이므로 $f'(1)=3+a=6$에서 $a=3$
$a=3$을 $\unicode{x1D4F8}$에 대입하여 정리하면 $b=-1$
$\therefore ab=3 \times (-1) = -3$

$\boxed{7}$ 답 1

$f(x)=\begin{cases} ax^2+1 & (x \geq 1) \\ x+b & (x<1) \end{cases}$에서

$f'(x)=\begin{cases} 2ax & (x>1) \\ 1 & (x<1) \end{cases}$

함수 $f(x)$가 $x=1$에서 미분가능하므로
$x=1$에서 연속이다. 즉,
$a+1=1+b \qquad \therefore a=b \qquad \cdots\cdots \ \unicode{x1D4F8}$
$x=1$에서의 미분계수 $f'(1)$이 존재한다. 즉,
$2a=1 \qquad \therefore a=\dfrac{1}{2}$

$a=\dfrac{1}{2}$ 을 ㉠에 대입하면 $b=\dfrac{1}{2}$

$\therefore a+b=\dfrac{1}{2}+\dfrac{1}{2}=1$

다른 풀이

함수 $f(x)$가 $x=1$에서 미분가능하므로
$x=1$에서 연속이다.

즉, $\lim\limits_{x\to1+}f(x)=\lim\limits_{x\to1-}f(x)=f(1)$이므로

$a+1=1+b$

$\therefore a=b$ …… ㉠

$x=1$에서의 미분계수 $f'(1)$이 존재하므로

$$\lim_{x\to1+}\frac{f(x)-f(1)}{x-1}=\lim_{x\to1+}\frac{(ax^2+1)-(a+1)}{x-1}$$
$$=\lim_{x\to1+}\frac{a(x+1)(x-1)}{x-1}$$
$$=\lim_{x\to1+}a(x+1)=2a,$$

$$\lim_{x\to1-}\frac{f(x)-f(1)}{x-1}=\lim_{x\to1-}\frac{(x+b)-(a+1)}{x-1}$$
$$=\lim_{x\to1-}\frac{(x+a)-(a+1)}{x-1}\ (\because ㉠)$$
$$=\lim_{x\to1-}\frac{x-1}{x-1}=1$$

에서 $2a=1$ $\therefore a=\dfrac{1}{2}$

---

7 -1 **답** ②

$f(x)=\begin{cases}-x+1 & (x<0)\\ a(x-1)^2+b & (x\ge0)\end{cases}$ 에서

$f'(x)=\begin{cases}-1 & (x<0)\\ 2a(x-1) & (x>0)\end{cases}$

함수 $f(x)$가 $x=0$에서 미분가능하므로
$x=0$에서 연속이다. 즉,

$1=a+b$ …… ㉠

$x=0$에서의 미분계수 $f'(0)$이 존재한다. 즉,

$-2a=-1$ $\therefore a=\dfrac{1}{2}$

$a=\dfrac{1}{2}$ 을 ㉠에 대입하여 정리하면 $b=\dfrac{1}{2}$

따라서 $f(x)=\begin{cases}-x+1 & (x<0)\\ \dfrac{1}{2}(x-1)^2+\dfrac{1}{2} & (x\ge0)\end{cases}$ 이므로

$f(1)=\dfrac{1}{2}$

다른 풀이

함수 $f(x)$가 $x=0$에서 미분가능하므로
$x=0$에서 연속이다.

즉, $\lim\limits_{x\to0+}f(x)=\lim\limits_{x\to0-}f(x)=f(0)$이므로

$a+b=1$ …… ㉠

$x=0$에서의 미분계수 $f'(0)$이 존재하므로

$$\lim_{x\to0+}\frac{f(x)-f(0)}{x-0}=\lim_{x\to0+}\frac{\{a(x-1)^2+b\}-(a+b)}{x}$$
$$=\lim_{x\to0+}\frac{ax^2-2ax}{x}$$
$$=\lim_{x\to0+}\frac{ax(x-2)}{x}$$
$$=\lim_{x\to0+}a(x-2)=-2a,$$

$$\lim_{x\to0-}\frac{f(x)-f(0)}{x-0}=\lim_{x\to0-}\frac{(-x+1)-(a+b)}{x}$$
$$=\lim_{x\to0-}\frac{(-x+1)-1}{x}\ (\because ㉠)$$
$$=\lim_{x\to0-}\frac{-x}{x}=-1$$

에서 $-2a=-1$ $\therefore a=\dfrac{1}{2}$

---

8 **답** 6

$f(x)=x^2-xf'(1)$에서 $f'(1)$은 상수이므로
$f'(1)=a$ (a는 상수)라 하면

$f(x)=x^2-ax$

$\therefore f'(x)=2x-a$

$f'(1)=2-a$이므로 $2-a=a$에서 $a=1$

따라서 $f(x)=x^2-x$이므로 $f(3)=9-3=6$

---

8 -1 **답** ①

$f(x)=2x^2-x$에서 $f'(x)=4x-1$

$f(x)$와 $f'(x)$를 주어진 등식에 대입하면

$(2x^2-x)+2x^2=ax(4x-1)$

$(4-4a)x^2+(a-1)x=0$

위의 등식이 모든 실수 x에 대하여 성립하므로

$4-4a=0,\ a-1=0$ $\therefore a=1$

단원 마무리   56~59쪽

1 ②	2 4	3 ①	4 ⑤
5 6	6 25	7 13	8 ①
9 6	10 6	11 ①	12 ③
13 13	14 10		

---

1 **답** ②

$\lim\limits_{h\to0}\dfrac{f(3h-2)+1}{h}=6$에서 $h\to0$일 때, (분모) $\to0$이고
극한값이 존재하므로 (분자) $\to0$이다.

즉, $\lim\limits_{h\to0}\{f(3h-2)+1\}=0$이므로

$f(-2)=-1$

$$\therefore \lim_{h\to0}\frac{f(3h-2)+1}{h}=\lim_{h\to0}\frac{f(3h-2)-f(-2)}{h}$$
$$=\lim_{h\to0}\frac{f(-2+3h)-f(-2)}{3h}\times3$$
$$=3f'(-2)=6$$

따라서 $f'(-2)=2$이므로
$f(-2)f'(-2)=(-1)\times 2=-2$

2 답 4

$f'(2)=3$이므로

$\lim_{h\to 0}\dfrac{f(2+ah)-f(2+bh)}{h}$

$=\lim_{h\to 0}\dfrac{f(2+ah)-f(2)+f(2)-f(2+bh)}{h}$

$=\lim_{h\to 0}\dfrac{\{f(2+ah)-f(2)\}-\{f(2+bh)-f(2)\}}{h}$

$=\lim_{h\to 0}\dfrac{f(2+ah)-f(2)}{ah}\times a-\lim_{h\to 0}\dfrac{f(2+bh)-f(2)}{bh}\times b$

$=af'(2)-bf'(2)=(a-b)f'(2)$

$=3(a-b)=12$

$\therefore a-b=4$

3 답 ①

$\lim_{x\to 1}\dfrac{f(x)-f(1)}{x^3-1}=\lim_{x\to 1}\dfrac{f(x)-f(1)}{(x-1)(x^2+x+1)}$

$\qquad\qquad =\lim_{x\to 1}\left\{\dfrac{f(x)-f(1)}{x-1}\times\dfrac{1}{x^2+x+1}\right\}$

$\qquad\qquad =\dfrac{1}{3}f'(1)=\dfrac{1}{3}\times 1=\dfrac{1}{3}$

4 답 ⑤

$f(3)=2,\ f'(3)=4$이므로

$\lim_{x\to 3}\dfrac{2-f(x)}{x^2-2x-3}=\lim_{x\to 3}\dfrac{-\{f(x)-f(3)\}}{(x-3)(x+1)}$

$\qquad\qquad =\lim_{x\to 3}\left\{\dfrac{f(x)-f(3)}{x-3}\times\left(-\dfrac{1}{x+1}\right)\right\}$

$\qquad\qquad =f'(3)\times\left(-\dfrac{1}{4}\right)=4\times\left(-\dfrac{1}{4}\right)=-1$

5 답 6

$3f(1)=2f'(1)$에서 $f(1)=\dfrac{2}{3}f'(1)$이므로

$\lim_{x\to 1}\dfrac{f(x)-xf(1)}{x-1}=\lim_{x\to 1}\dfrac{f(x)-f(1)+f(1)-xf(1)}{x-1}$

$\qquad\qquad =\lim_{x\to 1}\left\{\dfrac{f(x)-f(1)}{x-1}-\dfrac{(x-1)f(1)}{x-1}\right\}$

$\qquad\qquad =\lim_{x\to 1}\dfrac{f(x)-f(1)}{x-1}-f(1)$

$\qquad\qquad =f'(1)-f(1)$

$\qquad\qquad =f'(1)-\dfrac{2}{3}f'(1)$

$\qquad\qquad =\dfrac{1}{3}f'(1)-2$

$\therefore f'(1)=6$

6 답 25

$f(x)=x^4-4x^3+ax-7$에서 $f'(x)=4x^3-12x^2+a$

이때 $f'(2)=-8$이므로

$32-48+a=-8$ $\therefore a=8$

따라서 $f(x)=x^4-4x^3+8x-7$이므로

$f(-2)=16+32-16-7=25$

7 답 13

$\lim_{h\to 0}\dfrac{f(2+h)-f(2-h)}{2h}$

$=\lim_{h\to 0}\dfrac{f(2+h)-f(2)+f(2)-f(2-h)}{2h}$

$=\lim_{h\to 0}\dfrac{\{f(2+h)-f(2)\}-\{f(2-h)-f(2)\}}{2h}$

$=\lim_{h\to 0}\dfrac{f(2+h)-f(2)}{h}\times\dfrac{1}{2}+\lim_{h\to 0}\dfrac{f(2-h)-f(2)}{-h}\times\dfrac{1}{2}$

$=\dfrac{1}{2}f'(2)+\dfrac{1}{2}f'(2)=f'(2)$

$f(x)=x^3+x-3$에서 $f'(x)=3x^2+1$이므로

$\lim_{h\to 0}\dfrac{f(2+h)-f(2-h)}{2h}=f'(2)=12+1=13$

8 답 ①

$\lim_{h\to 0}\dfrac{f(1-h^2)-f(1+3h)}{2h}$

$=\lim_{h\to 0}\dfrac{f(1-h^2)-f(1)+f(1)-f(1+3h)}{2h}$

$=\lim_{h\to 0}\dfrac{\{f(1-h^2)-f(1)\}-\{f(1+3h)-f(1)\}}{2h}$

$=\lim_{h\to 0}\dfrac{f(1-h^2)-f(1)}{-h^2}\times\left(-\dfrac{h}{2}\right)$

$\qquad\qquad -\lim_{h\to 0}\dfrac{f(1+3h)-f(1)}{3h}\times\dfrac{3}{2}$

$=f'(1)\times 0-\dfrac{3}{2}f'(1)=-\dfrac{3}{2}f'(1)$

$f(x)=x^3+3x-2$에서 $f'(x)=3x^2+3$이므로

$f'(1)=3+3=6$

$\therefore \lim_{h\to 0}\dfrac{f(1-h^2)-f(1+3h)}{2h}=-\dfrac{3}{2}f'(1)=-\dfrac{3}{2}\times 6=-9$

9 답 6

$\lim_{h\to 0}\dfrac{f(-1-h)-f(-1)}{3h}$

$=\lim_{h\to 0}\dfrac{f(-1-h)-f(-1)}{-h}\times\left(-\dfrac{1}{3}\right)$

$=-\dfrac{1}{3}f'(-1)=3$

에서 $f'(-1)=-9$

$f(x)=x^3+ax^2+1$에서 $f'(x)=3x^2+2ax$이므로

$f'(-1)=-2a+3$

즉, $-2a+3=-9$이므로 $a=6$

10 답 6

$\lim\limits_{x \to 1} \dfrac{f(x)}{x^3-1}=\dfrac{5}{3}$에서 $x \to 1$일 때, (분모) $\to 0$이고 극한값이 존재하므로 (분자) $\to 0$이다.

즉, $\lim\limits_{x \to 1} f(x)=0$이므로 $f(1)=0$

$$\begin{aligned}\lim_{x \to 1} \frac{f(x)}{x^3-1}&=\lim_{x \to 1}\frac{f(x)-f(1)}{(x-1)(x^2+x+1)} \ (\because f(1)=0)\\&=\lim_{x \to 1}\left\{\frac{f(x)-f(1)}{x-1}\times\frac{1}{x^2+x+1}\right\}\\&=\frac{1}{3}f'(1)=\frac{5}{3}\end{aligned}$$

에서 $f'(1)=5$

$f(x)=x^2+ax+b$에서 $f(1)=0$이므로

$1+a+b=0$ $\therefore a+b=-1$ ······ ㉠

$f'(x)=2x+a$이므로 $f'(1)=a+2=5$에서 $a=3$

$a=3$을 ㉠에 대입하여 정리하면 $b=-4$

따라서 $f(x)=x^2+3x-4$이므로 $f(2)=4+6-4=6$

11 답 ①

$f(x)=(x+a)|x-2|=\begin{cases}(x+a)(x-2) & (x \geq 2)\\-(x+a)(x-2) & (x<2)\end{cases}$에서

$f'(x)=\begin{cases}2x+a-2 & (x>2)\\-2x-a+2 & (x<2)\end{cases}$

함수 $f(x)$가 $x=2$에서 미분가능하므로

$x=2$에서의 미분계수 $f'(2)$가 존재한다. 즉,

$2+a=-2-a$ $\therefore a=-2$

따라서

$f(x)=\begin{cases}(x-2)^2 & (x \geq 2)\\-(x-2)^2 & (x<2)\end{cases}, f'(x)=\begin{cases}2(x-2) & (x>2)\\-2(x-2) & (x<2)\end{cases}$

이므로

$f(1)=-(1-2)^2=-1, f'(3)=2\times(3-2)=2$

$\therefore f(1)+f'(3)=-1+2=1$

다른 풀이

$f(x)=(x+a)|x-2|=\begin{cases}(x+a)(x-2) & (x \geq 2)\\-(x+a)(x-2) & (x<2)\end{cases}$

함수 $f(x)$가 $x=2$에서 미분가능하므로

$x=2$에서의 미분계수 $f'(2)$가 존재한다. 즉,

$$\begin{aligned}\lim_{x \to 2+}\frac{f(x)-f(2)}{x-2}&=\lim_{x \to 2+}\frac{(x+a)(x-2)}{x-2} \ (\because f(2)=0)\\&=\lim_{x \to 2+}(x+a)=2+a,\end{aligned}$$

$$\begin{aligned}\lim_{x \to 2-}\frac{f(x)-f(2)}{x-2}&=\lim_{x \to 2-}\frac{-(x+a)(x-2)}{x-2}\\&=\lim_{x \to 2-}(-x-a)=-2-a\end{aligned}$$

에서 $2+a=-2-a$ $\therefore a=-2$

12 답 ③

$f(x)=ax^2+bx$에서 $f'(x)=2ax+b$

$f(x)$와 $f'(x)$를 주어진 등식에 대입하면

$(ax^2+bx)+1=(2ax+b)^2$

$ax^2+bx+1=4a^2x^2+4abx+b^2$

$(4a^2-a)x^2+b(4a-1)x+b^2-1=0$

위의 등식이 모든 실수 x에 대하여 성립하므로

$4a^2-a=0, b(4a-1)=0, b^2-1=0$

$4a^2-a=0$에서 $a(4a-1)=0$

$\therefore a=\dfrac{1}{4}$ $(\because a>0)$

$b^2-1=0$에서 $b^2=1$

$\therefore b=1$ $(\because b>0)$

따라서 $f(x)=\dfrac{1}{4}x^2+x$이므로

$f(2)=1+2=3$

13 답 13

함수 $f(x)=x^3+ax$에서 x의 값이 1에서 3까지 변할 때의 평균변화율은

$$\frac{\Delta y}{\Delta x}=\frac{f(3)-f(1)}{3-1}=\frac{(27+3a)-(1+a)}{2}=13+a$$

$f'(a)$의 값은

$$\begin{aligned}f'(a)&=\lim_{h \to 0}\frac{f(a+h)-f(a)}{h}\\&=\lim_{h \to 0}\frac{\{(a+h)^3+a(a+h)\}-(a^3+a^2)}{h}\\&=\lim_{h \to 0}\frac{h(h^2+3ah+3a^2+a)}{h}\\&=\lim_{h \to 0}(h^2+3ah+3a^2+a)=3a^2+a\end{aligned}$$

따라서 $13+a=3a^2+a$이므로

$3a^2=13$

다른 풀이

$f(x)=x^3+ax$에서 미분법을 이용하면 $f'(x)=3x^2+a$이므로

$f'(a)=3a^2+a$이다.

14 답 10

$h(x)=f(x)g(x)$라 하면

$h(x)=(2x^2+5x+3)(x^3+2)$

$\begin{aligned}h'(x)&=(2x^2+5x+3)'(x^3+2)+(2x^2+5x+3)(x^3+2)'\\&=(4x+5)(x^3+2)+(2x^2+5x+3)\times3x^2\end{aligned}$

따라서 함수 $h(x)=f(x)g(x)$의 $x=0$에서의 미분계수는

$h'(0)=5\times2+3\times0=10$

02 접선의 방정식

1 $y=4x-13$ **2** $y=x-3$ **3** $y=5x+2$

---

1 답 $y=4x-13$

$f(x)=x^2-4x+3$이라 하면 $f'(x)=2x-4$

즉, 점 $(4, 3)$에서의 접선의 기울기는

$f'(4)=4$

따라서 접선의 방정식은

$y-3=4(x-4)$ ∴ $y=4x-13$

2 답 $y=x-3$

$f(x)=-2x^2+x-3$이라 하면 $f'(x)=-4x+1$

이때 접점의 좌표를 $(t, -2t^2+t-3)$이라 하면 이 점에서의 접선의 기울기가 1이므로 $f'(t)=1$에서

$-4t+1=1$ ∴ $t=0$

따라서 접점의 좌표는 $(0, -3)$이므로 접선의 방정식은

$y-(-3)=1\times(x-0)$ ∴ $y=x-3$

3 답 $y=5x+2$

$f(x)=x^3+2x$라 하면 $f'(x)=3x^2+2$

이때 접점의 좌표를 (t, t^3+2t)라 하면 이 점에서의 접선의 기울기는 $f'(t)=3t^2+2$이므로 접선의 방정식은

$y-(t^3+2t)=(3t^2+2)(x-t)$ ……㉠

접선 ㉠이 점 $(0, 2)$를 지나므로

$2-(t^3+2t)=(3t^2+2)(0-t)$

$t^3=-1$ ∴ $t=-1$

$t=-1$을 ㉠에 대입하면

$y-(-3)=5\{x-(-1)\}$ ∴ $y=5x+2$

다른 풀이

접점의 좌표를 (t, t^3+2t)라 하면

두 점 $(0, 2)$, (t, t^3+2t)를 지나는 직선의 기울기는

$\dfrac{(t^3+2t)-2}{t-0}=\dfrac{t^3+2t-2}{t}$ ……㉠

$x=t$에서의 미분계수는

$f'(t)=3t^2+2$ ……㉡

㉠=㉡에서

$\dfrac{t^3+2t-2}{t}=3t^2+2$, $t^3+2t-2=3t^3+2t$

$2t^3=-2$, $t^3=-1$ ∴ $t=-1$

---

1 ⑤	1-1 50	2 ①	2-1 12
3 ②	3-1 ②	4 ②	4-1 ②
5 ②	5-1 10	6 18	6-1 9

---

1 답 ⑤

$f(x)=x^3+ax^2+bx+3$이라 하면

$f'(x)=3x^2+2ax+b$

곡선 $y=f(x)$가 점 $(1, 5)$를 지나므로 $f(1)=5$에서

$1+a+b+3=5$ ∴ $a+b=1$ ……㉠

또한, 곡선 $y=f(x)$ 위의 점 $(1, 5)$에서의 접선의 기울기가 7이므로 $f'(1)=7$에서

$3+2a+b=7$ ∴ $2a+b=4$ ……㉡

㉠, ㉡을 연립하여 풀면 $a=3$, $b=-2$

∴ $a-b=3-(-2)=5$

1-1 답 50

$f(x)=x^4-4x^3+6x^2+4$에서

$f'(x)=4x^3-12x^2+12x$

함수 $y=f(x)$의 그래프가 점 (a, b)를 지나므로 $f(a)=b$에서

$a^4-4a^3+6a^2+4=b$ ……㉠

또한, 함수 $y=f(x)$의 그래프 위의 점 (a, b)에서의 접선의 기울기가 4이므로 $f'(a)=4$에서

$4a^3-12a^2+12a=4$, $a^3-3a^2+3a-1=0$

$(a-1)^3=0$ ∴ $a=1$

$a=1$을 ㉠에 대입하여 정리하면 $b=7$

∴ $a^2+b^2=1^2+7^2=50$

2 답 ①

$f(x)=x^3+6x^2-11x+7$이라 하면

$f'(x)=3x^2+12x-11$

즉, 점 $(1, 3)$에서의 접선의 기울기는

$f'(1)=3+12-11=4$

이므로 접선의 방정식은

$y-3=4(x-1)$ ∴ $y=4x-1$

따라서 $m=4$, $n=-1$이므로

$m-n=4-(-1)=5$

2-1 답 12

$f(x)=-2x^2+3x$라 하면 $f'(x)=-4x+3$

즉, 점 $(1, 1)$에서의 접선의 기울기는

$f'(1)=-4+3=-1$

이므로 접선의 방정식은

$y-1=-(x-1)$ ∴ $y=-x+2$ ……㉠

접선 ㉠이 점 $(-10, p)$를 지나므로

$p=-(-10)+2=12$

3 답 ②

$f(x)=4x^2-3x+a$라 하면 $f'(x)=8x-3$

이때 접점의 좌표를 $(t, 4t^2-3t+a)$라 하면 이 점에서의 접선의 기울기가 1이므로 $f'(t)=1$에서

$8t-3=1$ $\quad\therefore t=\dfrac{1}{2}$

즉, 접점의 좌표는 $\left(\dfrac{1}{2},\ a-\dfrac{1}{2}\right)$이므로 접선의 방정식은

$y-\left(a-\dfrac{1}{2}\right)=1\times\left(x-\dfrac{1}{2}\right)$ $\quad\therefore y=x-1+a$

따라서 $-1+a=-a$이므로 $a=\dfrac{1}{2}$

다른 풀이

점 $\left(\dfrac{1}{2},\ a-\dfrac{1}{2}\right)$이 접선 $y=x-a$ 위의 점이므로

$a-\dfrac{1}{2}=\dfrac{1}{2}-a$ $\quad\therefore a=\dfrac{1}{2}$

3-1 **답** ②

$f(x)=x^3+3x^2-3$이라 하면 $f'(x)=3x^2+6x$

이때 접점의 좌표를 $(t,\ t^3+3t^2-3)$이라 하면

직선 $y=-3x+5$에 평행한 접선의 기울기는 -3이므로

$f'(t)=-3$에서

$3t^2+6t=-3,\ (t+1)^2=0$ $\quad\therefore t=-1$

즉, 접점의 좌표는 $(-1,\ -1)$이므로 접선의 방정식은

$y-(-1)=-3\{x-(-1)\}$ $\quad\therefore y=-3x-4$

따라서 접선의 y절편은 -4이다.

4 **답** ②

$f(x)=x^2-5x+7$이라 하면 $f'(x)=2x-5$

이때 접점의 좌표를 $(t,\ t^2-5t+7)$이라 하면 이 점에서의 접선의 기울기는 $f'(t)=2t-5$이므로 접선의 방정식은

$y-(t^2-5t+7)=(2t-5)(x-t)$

이 접선이 점 $(2,\ 0)$을 지나므로

$0-(t^2-5t+7)=(2t-5)(2-t)$

$t^2-4t+3=0,\ (t-1)(t-3)=0$

$\therefore t=1$ 또는 $t=3$

따라서 $f'(1)=2-5=-3$ 또는 $f'(3)=6-5=1$이므로 두 접선의 기울기의 합은 $-3+1=-2$

4-1 **답** ②

$f(x)=x^2+2$라 하면 $f'(x)=2x$

이때 접점의 좌표를 $(t,\ t^2+2)$라 하면 이 점에서의 접선의 기울기는 $f'(t)=2t$이므로 접선의 방정식은

$y-(t^2+2)=2t(x-t)$ $\quad\cdots\cdots$ ㉠

접선 ㉠이 점 $(0,\ -2)$를 지나므로

$-2-(t^2+2)=2t(0-t)$

$t^2=4$ $\quad\therefore t=-2$ 또는 $t=2$

(i) $t=-2$를 ㉠에 대입하면

$\quad y-6=-4(x+2)$ $\quad\therefore y=-4x-2$

$\quad$ 즉, x절편은 $0=-4x-2$에서

$\quad 4x=-2$ $\quad\therefore x=-\dfrac{1}{2}$

(ii) $t=2$를 ㉠에 대입하면

$\quad y-6=4(x-2)$ $\quad\therefore y=4x-2$

$\quad$ 즉, x절편은 $0=4x-2$에서

$\quad 4x=2$ $\quad\therefore x=\dfrac{1}{2}$

(i), (ii)에서 두 접선의 x절편의 곱은

$-\dfrac{1}{2}\times\dfrac{1}{2}=-\dfrac{1}{4}$

5 **답** ②

$f(x)=x^2-x$라 하면 $f'(x)=2x-1$

곡선 $y=f(x)$의 접선 중에서 직선 $y=-x-2$와 평행한 접선의 접점의 좌표를 $(t,\ t^2-t)$라 하면 이 점에서의 접선의 기울기가 -1이므로 $f'(t)=-1$에서

$2t-1=-1$ $\quad\therefore t=0$

따라서 접점의 좌표는 $(0,\ 0)$이고,

점 $(0,\ 0)$과 직선 $y=-x-2$, 즉 $x+y+2=0$ 사이의 거리는

$\dfrac{|2|}{\sqrt{1^2+1^2}}=\sqrt{2}$

이므로 거리의 최솟값은 $\sqrt{2}$이다.

5-1 **답** 10

곡선 $y=-2x^2-3x+4$와 직선 $y=x+k$가 만나지 않으므로

방정식 $-2x^2-3x+4=x+k$, 즉

$2x^2+4x+k-4=0$ $\quad\cdots\cdots$ ㉠

이 실근을 갖지 않아야 한다.

이차방정식 ㉠의 판별식을 D라 하면

$\dfrac{D}{4}=2^2-2(k-4)<0$

$12-2k<0$ $\quad\therefore k>6$

한편, $f(x)=-2x^2-3x+4$라 하면 $f'(x)=-4x-3$

곡선 $y=f(x)$의 접선 중에서 직선 $y=x+k$와 평행한 접선의 접점의 좌표를 $(t,\ -2t^2-3t+4)$라 하면 이 점에서의 접선의 기울기가 1이므로 $f'(t)=1$에서

$-4t-3=1$ $\quad\therefore t=-1$

따라서 접점의 좌표는 $(-1,\ 5)$이고, 점 $(-1,\ 5)$와 직선 $y=x+k$, 즉 $x-y+k=0$ 사이의 거리가 $2\sqrt{2}$이므로

$\dfrac{|-1-5+k|}{\sqrt{1^2+(-1)^2}}=2\sqrt{2},\ |k-6|=4$

$k-6=\pm4$ $\quad\therefore k=10\ (\because k>6)$

6 **답** 18

$f(x)=-x^3+2x^2+4$라 하면 $f'(x)=-3x^2+4x$

점 $(2,\ 4)$에서의 접선의 기울기는

$f'(2)=-12+8=-4$

이므로 접선의 방정식은

$y-4=-4(x-2)$ $\quad\therefore y=-4x+12$

따라서 접선의 x절편이 3, y절편이 12이므로 도형의 넓이는
$$\frac{1}{2} \times 3 \times 12 = 18$$

6-1 답 9

$f(x) = x^2 - x + 3$이라 하면 $f'(x) = 2x - 1$
점 P$(1, 3)$에서의 접선 l의 기울기는
$$f'(1) = 2 - 1 = 1$$
이므로 접선 l의 방정식은
$$y - 3 = 1 \times (x - 1) \qquad \therefore y = x + 2$$
직선 l과 수직인 직선 m의 기울기는 -1이므로 직선 m의 방정식은
$$y - 3 = -(x - 1) \qquad \therefore y = -x + 4$$
따라서 두 직선 l, m의 x절편은 각각 -2, 4이므로 오른쪽 그림에서 도형의 넓이는
$$\frac{1}{2} \times (2 + 4) \times 3 = 9$$

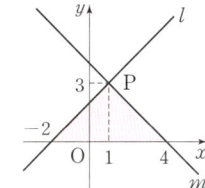

단원 마무리

71~73쪽

1 13	2 ②	3 ④	4 7
5 ④	6 16	7 ②	8 95
9 ⑤	10 5		

1 답 13

$f(x) = x^4 + ax^2 - 2x + b$라 하면
$$f'(x) = 4x^3 + 2ax - 2$$
곡선 $y = f(x)$가 점 $(1, 0)$을 지나므로 $f(1) = 0$에서
$$1 + a - 2 + b = 0 \qquad \therefore a + b = 1 \qquad \cdots\cdots \text{㉠}$$
또한, 점 $(1, 0)$에서의 접선이 직선 $y = \frac{1}{2}x$에 수직이므로 섬 $(1, 0)$에서의 접선의 기울기는 -2이다.
$f'(1) = -2$에서 $4 + 2a - 2 = -2$
$$\therefore a = -2$$
$a = -2$를 ㉠에 대입하여 정리하면 $b = 3$
$$\therefore a^2 + b^2 = (-2)^2 + 3^2 = 13$$

2 답 ②

$f(x) = x^3 - 2x^2 + k$라 하면 $f'(x) = 3x^2 - 4x$
즉, 점 $(2, k)$에서의 접선의 기울기는
$$f'(2) = 12 - 8 = 4$$
이므로 접선의 방정식은
$$y - k = 4(x - 2)$$
이 접선의 x절편이 3이므로 $x = 3$, $y = 0$을 대입하면
$$-k = 4 \qquad \therefore k = -4$$

3 답 ④

곡선 $y = f(x)$ 위의 점 $(2, 3)$에서의 접선의 기울기가 3이므로
$$f(2) = 3, \ f'(2) = 3$$
$g(x) = x^2 f(x)$에서 $g'(x) = 2xf(x) + x^2 f'(x)$이므로
$$g'(2) = 4f(2) + 4f'(2) = 4 \times 3 + 4 \times 3 = 24$$
따라서 곡선 $y = g(x)$ 위의 점 $(2, g(2))$, 즉 $(2, 12)$에서의 접선의 방정식은
$$y - 12 = 24(x - 2) \qquad \therefore y = 24x - 36$$
따라서 접선의 y절편은 -36이다.

4 답 7

$f(x) = -x^3 + 3x^2 + 2$라 하면 $f'(x) = -3x^2 + 6x$
이때 곡선 $y = f(x)$에 접하는 접선이 직선 $x + 3y + 4 = 0$,
즉 $y = -\frac{1}{3}x - \frac{4}{3}$에 수직이므로 접선의 기울기는 3이다.
접점의 좌표를 $(t, -t^3 + 3t^2 + 2)$라 하면 이 점에서의 접선의 기울기가 3이므로 $f'(t) = 3$에서
$$-3t^2 + 6t = 3, \ (t - 1)^2 = 0 \qquad \therefore t = 1$$
즉, 접점의 좌표는 $(1, 4)$이므로 접선의 방정식은
$$y - 4 = 3(x - 1) \qquad \therefore y = 3x + 1$$
이 직선이 점 $(2, p)$를 지나므로
$$p = 6 + 1 = 7$$

5 답 ④

$f(x) = x^3 - x + 2$라 하면 $f'(x) = 3x^2 - 1$
$$\therefore f'(1) = 3 - 1 = 2$$
$g(x) = -3x^2 + 4x$라 하면 $g'(x) = -6x + 4$
이때 곡선 $y = g(x)$의 접점의 좌표를 $(t, -3t^2 + 4t)$라 하면 이 점에서의 접선의 기울기가 $f'(1) = 2$이므로 $g'(t) = 2$에서
$$-6t + 4 = 2 \qquad \therefore t = \frac{1}{3}$$
즉, 곡신 $y = g(x)$의 접섬의 좌표는 $\left(\frac{1}{3}, 1\right)$이므로 접선의 방정식은
$$y - 1 = 2\left(x - \frac{1}{3}\right) \qquad \therefore y = 2x + \frac{1}{3}$$
따라서 $m = 2$, $n = \frac{1}{3}$이므로 $mn = 2 \times \frac{1}{3} = \frac{2}{3}$

6 답 16

$f(x) = x^2 - 2x + 4$라 하면 $f'(x) = 2x - 2$
이때 접점의 좌표를 $(t, t^2 - 2t + 4)$라 하면 이 점에서의 접선의 기울기는 $f'(t) = 2t - 2$이므로 접선의 방정식은
$$y - (t^2 - 2t + 4) = (2t - 2)(x - t)$$
이 접선이 원점을 지나므로
$$0 - (t^2 - 2t + 4) = (2t - 2)(0 - t)$$
$$t^2 = 4 \qquad \therefore t = -2 \text{ 또는 } t = 2$$

즉, 두 접점을 P(2, 4), Q(-2, 12)라 하면 두 점 P, Q를 지나는 직선의 방정식은

$$y-4=\frac{12-4}{-2-2}(x-2) \qquad \therefore y=-2x+8$$

따라서 오른쪽 그림에서 삼각형 OPQ의 넓이는 밑변의 길이가 8인 두 삼각형의 넓이의 합으로 구할 수 있으므로

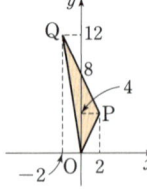

$$\frac{1}{2}\times 8\times 2+\frac{1}{2}\times 8\times 2=16$$

7 답 ②

$f(x)=x^2-7x+16$이라 하면 $f'(x)=2x-7$

두 점 A(0, -3), B(3, 0)을 지나는 직선의 방정식은

$$\frac{x}{3}+\frac{y}{-3}=1 \qquad \therefore x-y-3=0$$

곡선 $y=f(x)$의 접선 중에서 직선 $x-y-3=0$과 평행한 접선의 접점의 좌표를 $(t, t^2-7t+16)$이라 하면 이 점에서의 접선의 기울기가 1이므로 $f'(t)=1$에서

$$2t-7=1 \qquad \therefore t=4$$

즉, 접점의 좌표는 (4, 4)이고,

점 (4, 4)와 직선 $x-y-3=0$ 사이의 거리는

$$\frac{|4-4-3|}{\sqrt{1^2+(-1)^2}}=\frac{3\sqrt{2}}{2}$$

또한, $\overline{AB}=\sqrt{(3-0)^2+\{0-(-3)\}^2}=3\sqrt{2}$이므로

삼각형 ABP의 넓이의 최솟값은

$$\frac{1}{2}\times 3\sqrt{2}\times\frac{3\sqrt{2}}{2}=\frac{9}{2}$$

8 답 95

$f(x)=x^3-6x^2+5x+1$이라 하면

$$f'(x)=3x^2-12x+5=3(x-2)^2-7$$

이므로 $f'(x)$는 $x=2$에서 최솟값 -7을 갖는다.

즉, 접선의 기울기의 최솟값은 -7이고, 이때의 접점의 좌표는 (2, -5)이므로 접선의 방정식은

$$y-(-5)=-7(x-2) \qquad \therefore y=-7x+9$$

접선의 x절편이 $\frac{9}{7}$, y절편이 9이므로 도형의 넓이는

$$\frac{1}{2}\times\frac{9}{7}\times 9=\frac{81}{14}$$

따라서 $p=14$, $q=81$이므로

$$p+q=14+81=95$$

9 답 ⑤

$g'(x)=f(x)$이므로 곡선 $y=g(x)$ 위의 점 $(2, g(2))$에서의 접선의 기울기는

$$g'(2)=f(2)=(2-3)^2=1$$

또한, 곡선 $y=g(x)$ 위의 점 $(2, g(2))$에서의 접선의 y절편이 -5이므로 접선의 방정식은 $y=x-5$

따라서 접선의 x절편은 5이다.

10 답 5

$f(x)=\frac{1}{3}x^3+\frac{11}{3}$이라 하면 $f'(x)=x^2$

곡선 $y=f(x)$의 접선 중에서 직선 $x-y-10=0$과 평행한 접선의 접점의 좌표를 $\left(t, \frac{1}{3}t^3+\frac{11}{3}\right)$ $(t>0)$이라 하면 이 점에서의 접선의 기울기가 1이므로 $f'(t)=1$에서

$$t^2=1 \qquad \therefore t=1 \;(\because t>0)$$

따라서 점 P의 좌표는 (1, 4)이므로

$$a=1, b=4$$

$$\therefore a+b=1+4=5$$

03 함수의 그래프

개념 Check 75~80쪽

1 4	2 −3	3 20	4 4
5 −2	6 5		

1 답 4

$f(x)=x^3-12x+6$에서

$f'(x)=3x^2-12=3(x+2)(x-2)$

$f'(x)=0$에서 $x=-2$ 또는 $x=2$

함수 $f(x)$의 증가와 감소를 표로 나타내면 다음과 같다.

x	$\cdots$	-2	$\cdots$	2	$\cdots$
$f'(x)$	$+$	0	$-$	0	$+$
$f(x)$	↗	22	↘	-10	↗

따라서 함수 $f(x)$는 닫힌구간 $[-2, 2]$, 즉 $-2 \le x \le 2$에서 감소하므로

$a=-2$, $b=2$

$\therefore b-a=2-(-2)=4$

2 답 −3

$f(x)=x^3+ax+1$에서

$f'(x)=3x^2+a$

함수 $f(x)$가 $x=-1$에서 미분가능하고 극값을 가지므로 $f'(-1)=0$이다.

즉, $3+a=0$이므로 $a=-3$이다.

3 답 20

$f(x)=x^3+3x^2-9x-1$에서

$f'(x)=3x^2+6x-9=3(x+3)(x-1)$

$f'(x)=0$에서 $x=-3$ 또는 $x=1$

함수 $f(x)$의 증가와 감소를 표로 나타내면 다음과 같다.

x	$\cdots$	-3	$\cdots$	1	$\cdots$
$f'(x)$	$+$	0	$-$	0	$+$
$f(x)$	↗	26	↘	-6	↗

따라서 함수 $f(x)$는 $x=-3$에서 극대이고 극댓값은 $f(-3)=26$, $x=1$에서 극소이고 극솟값은 $f(1)=-6$이므로 그 합은

$26+(-6)=20$

4 답 4

$f(x)=x^3+ax^2+3x$에서

$f'(x)=3x^2+2ax+3$

삼차함수 $f(x)$가 극값을 가지려면 이차방정식 $f'(x)=0$, 즉 $3x^2+2ax+3=0$이 서로 다른 두 실근을 가져야 한다.

이차방정식 $3x^2+2ax+3=0$의 판별식을 D라 하면

$\dfrac{D}{4}=a^2-3\times 3>0$, $a^2-9>0$

$(a+3)(a-3)>0$ $\therefore a<-3$ 또는 $a>3$

따라서 자연수 a의 최솟값은 4이다.

5 답 −2

$f(x)=x^4-4ax^3+9x^2$에서

$f'(x)=4x^3-12ax^2+18x=2x(2x^2-6ax+9)$

사차함수 $f(x)$가 극댓값과 극솟값을 모두 가지려면 삼차방정식 $f'(x)=0$, 즉 $2x(2x^2-6ax+9)=0$이 서로 다른 세 실근을 가져야 한다.

이때 삼차방정식 $2x(2x^2-6ax+9)=0$의 한 근이 $x=0$이므로 이차방정식 $2x^2-6ax+9=0$이 0이 아닌 서로 다른 두 실근을 가져야 한다.

$0-0+9 \ne 0$이므로 $x=0$은 이차방정식 $2x^2-6ax+9=0$의 근이 아니다.

또한, 이차방정식 $2x^2-6ax+9=0$의 판별식을 D라 하면

$\dfrac{D}{4}=(-3a)^2-2\times 9>0$, $9a^2-18>0$

$(a+\sqrt{2})(a-\sqrt{2})>0$ $\therefore a<-\sqrt{2}$ 또는 $a>\sqrt{2}$

따라서 음의 정수 a의 최댓값은 -2이다.

6 답 5

$f(x)=x^3-6x^2+9x+1$에서

$f'(x)=3x^2-12x+9=3(x-1)(x-3)$

$f'(x)=0$에서 $x=1$ 또는 $x=3$

닫힌구간 $[0, 3]$에서 함수 $f(x)$의 증가와 감소를 표로 나타내면 다음과 같다.

x	0	$\cdots$	1	$\cdots$	3
$f'(x)$		$+$	0	$-$	0
$f(x)$	1	↗	5	↘	1

따라서 함수 $f(x)$는 $x=1$에서 최대이고 최댓값은 $f(1)=5$, $x=0$ 또는 $x=3$에서 최소이고 최솟값은 $f(0)=f(3)=1$이므로 그 곱은

$5\times 1=5$

필수 예제 81~93쪽

1 ③	1-1 ③	2 ②	2-1 ③
3 ③	3-1 3	4 11	4-1 ④
5 ⑤	5-1 29	6 ③	6-1 16
7 ①	7-1 ①	8 ③	8-1 3
9 8	9-1 ①	10 ③	10-1 ①
11 ④	11-1 ④	12 ③	12-1 5
13 3	13-1 5		

[1] 답 ③

$f(x)=3x^3-x+5$에서

$f'(x)=9x^2-1=9\left(x+\dfrac{1}{3}\right)\left(x-\dfrac{1}{3}\right)$

$f'(x)=0$에서 $x=-\dfrac{1}{3}$ 또는 $x=\dfrac{1}{3}$

함수 $f(x)$의 증가와 감소를 표로 나타내면 다음과 같다.

x	$\cdots$	$-\dfrac{1}{3}$	$\cdots$	$\dfrac{1}{3}$	$\cdots$
$f'(x)$	$+$	0	$-$	0	$+$
$f(x)$	$\nearrow$	$\dfrac{47}{9}$	$\searrow$	$\dfrac{43}{9}$	$\nearrow$

따라서 함수 $f(x)$는 닫힌구간 $\left[-\dfrac{1}{3},\ \dfrac{1}{3}\right]$에서 감소하므로

양수 a의 최댓값은 $\dfrac{1}{3}$이다.

[1]-1 답 ③

$f(x)=-x^3+kx^2+6x+2$에서

$f'(x)=-3x^2+2kx+6$ $\cdots\cdots$ ㉠

함수 $f(x)$가 증가하는 구간이 $[-2,\ 1]$이므로

$f'(x)\geq0$인 x의 값의 범위가 $-2\leq x\leq1$이다.

즉, 이차부등식 $f'(x)\geq0$의 해가 $-2\leq x\leq1$이므로

$f'(x)=-3(x+2)(x-1)=-3x^2-3x+6$

㉠에서 $2k=-3$ $\quad\therefore k=-\dfrac{3}{2}$

다른 풀이

이차방정식 $f'(x)=0$, 즉 $-3x^2+2kx+6=0$의 두 근이 -2, 1이므로 이차방정식의 근과 계수의 관계에 의하여

$-2+1=-\dfrac{2k}{-3}$ $\quad\therefore k=-\dfrac{3}{2}$

[2] 답 ②

$f(x)=x^3+2x^2+ax+1$에서

$f'(x)=3x^2+4x+a$

함수 $f(x)$가 실수 전체의 집합에서 증가하려면 모든 실수 x에 대하여 $f'(x)\geq0$이어야 한다.

이차방정식 $f'(x)=0$, 즉 $3x^2+4x+a=0$의 판별식을 D라 하면

$\dfrac{D}{4}=2^2-3a\leq0$ $\quad\therefore a\geq\dfrac{4}{3}$

따라서 실수 a의 최솟값은 $\dfrac{4}{3}$이다.

[2]-1 답 ③

함수 $f(x)$의 역함수가 존재하려면 $f(x)$가 일대일대응이어야 하므로 $f(x)$가 실수 전체의 집합에서 증가 또는 감소해야 한다.

그런데 함수 $f(x)$의 최고차항의 계수가 음수이므로 $f(x)$가 실수 전체의 집합에서 감소해야 한다.

$f(x)=-x^3+kx^2-3x+2$에서

$f'(x)=-3x^2+2kx-3$

모든 실수 x에 대하여 $f'(x)\leq0$이어야 하므로 이차방정식 $f'(x)=0$, 즉 $-3x^2+2kx-3=0$의 판별식을 D라 하면

$\dfrac{D}{4}=k^2-(-3)\times(-3)\leq0$, $k^2-9\leq0$

$(k+3)(k-3)\leq0$ $\quad\therefore -3\leq k\leq3$

따라서 실수 k의 최댓값은 3이다.

[3] 답 ③

$f(x)=x^3+6x^2+kx+1$에서

$f'(x)=3x^2+12x+k$

함수 $f(x)$가 열린구간 $(-3,\ 0)$에서 감소하려면 이 구간에서 $f'(x)\leq0$이어야 한다.

즉, 오른쪽 그림과 같이

$f'(-3)\leq0$, $f'(0)\leq0$

이어야 하므로

$f'(-3)\leq0$에서 $k-9\leq0$

$\therefore k\leq9$ $\cdots\cdots$ ㉠

$f'(0)\leq0$에서

$k\leq0$ $\cdots\cdots$ ㉡

㉠, ㉡의 공통부분을 구하면 $k\leq0$

따라서 실수 k의 최댓값은 0이다.

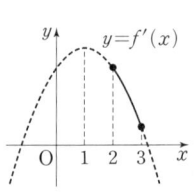

[3]-1 답 3

$f(x)=-x^3+3x^2+(10-a^2)x$에서

$f'(x)=-3x^2+6x+10-a^2$

함수 $f(x)$가 $2<x<3$에서 증가하려면 이 구간에서 $f'(x)\geq0$이어야 한다.

즉, 오른쪽 그림과 같이

$f'(2)\geq0$, $f'(3)\geq0$

이어야 하므로

$f'(2)\geq0$에서

$10-a^2\geq0$, $(a+\sqrt{10})(a-\sqrt{10})\leq0$

$\therefore -\sqrt{10}\leq a\leq\sqrt{10}$ $\cdots\cdots$ ㉠

$f'(3)\geq0$에서

$1-a^2\geq0$, $(a+1)(a-1)\leq0$

$\therefore -1\leq a\leq1$ $\cdots\cdots$ ㉡

㉠, ㉡의 공통부분을 구하면 $-1\leq a\leq1$

따라서 정수 a의 개수는 -1, 0, 1의 3이다.

[4] 답 11

$f(x)=x^3-3x+12$에서

$f'(x)=3x^2-3=3(x+1)(x-1)$

$f'(x)=0$에서 $x=-1$ 또는 $x=1$

함수 $f(x)$의 증가와 감소를 표로 나타내면 다음과 같다.

x	$\cdots$	-1	$\cdots$	1	$\cdots$
$f'(x)$	$+$	0	$-$	0	$+$
$f(x)$	↗	14	↘	10	↗

즉, 함수 $f(x)$는 $x=1$에서 극소이고 극솟값은 $f(1)=10$이다.
따라서 $a=1$, $f(a)=f(1)=10$이므로
$a+f(a)=1+10=11$

4 -1 답 ④

$f(x)=3x^4-8x^3-6x^2+24x-2$에서
$f'(x)=12x^3-24x^2-12x+24$
$\qquad =12(x+1)(x-1)(x-2)$
$f'(x)=0$에서 $x=-1$ 또는 $x=1$ 또는 $x=2$
함수 $f(x)$의 증가와 감소를 표로 나타내면 다음과 같다.

x	$\cdots$	-1	$\cdots$	1	$\cdots$	2	$\cdots$
$f'(x)$	$-$	0	$+$	0	$-$	0	$+$
$f(x)$	↘	-21	↗	11	↘	6	↗

따라서 함수 $f(x)$는 $x=1$에서 극대이고 극댓값은 $f(1)=11$,
$x=-1$, $x=2$에서 극소이고 극솟값은 $f(-1)=-21$,
$f(2)=6$이므로 모든 극값의 합은
$11+(-21)+6=-4$

5 답 ⑤

$f(x)=x^3-3x+a$에서
$f'(x)=3x^2-3=3(x+1)(x-1)$
$f'(x)=0$에서 $x=-1$ 또는 $x=1$
함수 $f(x)$의 증가와 감소를 표로 나타내면 다음과 같다.

x	$\cdots$	-1	$\cdots$	1	$\cdots$
$f'(x)$	$+$	0	$-$	0	$+$
$f(x)$	↗	$a+2$	↘	$a-2$	↗

따라서 함수 $f(x)$는 $x=-1$에서 극대이고 극댓값은
$f(-1)=a+2$이므로 $a+2=7$에서
$a=5$

5 -1 답 29

$f(x)=-x^3+ax^2+bx+2$에서
$f'(x)=-3x^2+2ax+b$
함수 $f(x)$가 $x=-1$에서 극솟값 -3을 가지므로
$f'(-1)=0$, $f(-1)=-3$
$f'(-1)=0$에서 $-3-2a+b=0$
$\therefore 2a-b=-3$ ...... ㉠
$f(-1)=-3$에서 $1+a-b+2=-3$
$\therefore a-b=-6$ ...... ㉡
㉠, ㉡을 연립하여 풀면 $a=3$, $b=9$

즉, $f(x)=-x^3+3x^2+9x+2$이므로
$f'(x)=-3x^2+6x+9=-3(x+1)(x-3)$
$f'(x)=0$에서 $x=-1$ 또는 $x=3$
함수 $f(x)$의 증가와 감소를 표로 나타내면 다음과 같다.

x	$\cdots$	-1	$\cdots$	3	$\cdots$
$f'(x)$	$-$	0	$+$	0	$-$
$f(x)$	↘	-3	↗	29	↘

따라서 함수 $f(x)$는 $x=3$에서 극대이고 극댓값은 $f(3)=29$
이다.

6 답 ③

주어진 함수 $y=f'(x)$의 그래프에서 $f'(x)=0$인 x의 값은
-1, 2이므로 함수 $f(x)$의 증가와 감소를 표로 나타내면 다음
과 같다.

x	$\cdots$	-1	$\cdots$	2	$\cdots$
$f'(x)$	$+$	0	$-$	0	$+$
$f(x)$	↗	극대	↘	극소	↗

즉, 함수 $f(x)$는 $x=-1$에서 극대이고 $x=2$에서 극소이다.
$f(x)=x^3+ax^2+bx+c$에서
$f'(x)=3x^2+2ax+b$
이때 $f'(-1)=0$, $f'(2)=0$이므로
$f'(-1)=0$에서 $3-2a+b=0$
$\therefore 2a-b=3$ ...... ㉠
$f'(2)=0$에서 $12+4a+b=0$
$\therefore 4a+b=-12$ ...... ㉡
㉠, ㉡을 연립하여 풀면
$a=-\dfrac{3}{2}$, $b=-6$
$\therefore f(x)=x^3-\dfrac{3}{2}x^2-6x+c$
이때 함수 $f(x)$이 극댓값이 4이므로 $f(-1)=4$에서
$-1-\dfrac{3}{2}+6+c=4$ $\quad \therefore c=\dfrac{1}{2}$
따라서 $f(x)=x^3-\dfrac{3}{2}x^2-6x+\dfrac{1}{2}$이므로 함수 $f(x)$의 극솟값은
$f(2)=8-6-12+\dfrac{1}{2}=-\dfrac{19}{2}$

다른 풀이
$f(x)=x^3+ax^2+bx+c$에서
$f'(x)=3x^2+2ax+b$ ...... ㉠
주어진 함수 $y=f'(x)$의 그래프에서
$f'(-1)=0$, $f'(2)=0$이므로
$f'(x)=3(x+1)(x-2)=3x^2-3x-6$ ...... ㉡
㉠, ㉡에서
$2a=-3$, $b=-6$
$\therefore a=-\dfrac{3}{2}$, $b=-6$

6 -1 답 16

주어진 함수 $y=f'(x)$의 그래프에서 $f'(x)=0$인 x의 값은 -2, 2이므로 함수 $f(x)$의 증가와 감소를 표로 나타내면 다음과 같다.

x	$\cdots$	-2	$\cdots$	2	$\cdots$
$f'(x)$	$-$	0	$+$	0	$-$
$f(x)$	$\searrow$	극소	$\nearrow$	극대	$\searrow$

즉, 함수 $f(x)$는 $x=2$에서 극대이고 $x=-2$에서 극소이다.
$f(x)=-x^3+ax^2+bx+c$에서
$f'(x)=-3x^2+2ax+b$
이때 $f'(-2)=0$, $f'(2)=0$이므로
$f'(-2)=0$에서 $-12-4a+b=0$
$\therefore 4a-b=-12$ $\cdots\cdots$ ㉠
$f'(2)=0$에서 $-12+4a+b=0$
$\therefore 4a+b=12$ $\cdots\cdots$ ㉡
㉠, ㉡을 연립하여 풀면 $a=0$, $b=12$
$\therefore f(x)=-x^3+12x+c$
이때 함수 $f(x)$의 모든 극값의 합이 8이므로
$f(-2)+f(2)=8$에서
$(8-24+c)+(-8+24+c)=8$ $\therefore c=4$
$\therefore a+b+c=0+12+4=16$

다른 풀이

$f(x)=-x^3+ax^2+bx+c$에서
$f'(x)=-3x^2+2ax+b$ $\cdots\cdots$ ㉠
주어진 함수 $y=f'(x)$의 그래프에서
$f'(-2)=0$, $f'(2)=0$이므로
$f'(x)=-3(x+2)(x-2)=-3x^2+12$ $\cdots\cdots$ ㉡
㉠, ㉡에서
$2a=0$, $b=12$ $\therefore a=0$, $b=12$

7 답 ①

$f(x)=x^3+ax^2+(a^2-4a)x+3$에서
$f'(x)=3x^2+2ax+a^2-4a$
삼차함수 $f(x)$가 극값을 가지려면 이차방정식 $f'(x)=0$, 즉 $3x^2+2ax+a^2-4a=0$이 서로 다른 두 실근을 가져야 한다.
이차방정식 $3x^2+2ax+a^2-4a=0$의 판별식을 D라 하면
$\dfrac{D}{4}=a^2-3(a^2-4a)>0$, $2a^2-12a<0$
$2a(a-6)<0$ $\therefore 0<a<6$
따라서 모든 정수 a의 개수는 1, 2, 3, 4, 5의 5이다.

7 -1 답 ①

$f(x)=(2x+1)(x^2+x+a)$에서
$f'(x)=2(x^2+x+a)+(2x+1)(2x+1)$
$\quad\quad =6x^2+6x+2a+1$

삼차함수 $f(x)$가 극값을 갖지 않으려면 이차방정식 $f'(x)=0$, 즉 $6x^2+6x+2a+1=0$이 중근 또는 서로 다른 두 허근을 가져야 한다.
이차방정식 $6x^2+6x+2a+1=0$의 판별식을 D라 하면
$\dfrac{D}{4}=3^2-6(2a+1)\le 0$
$\therefore a\ge \dfrac{1}{4}$

따라서 실수 a의 최솟값은 $\dfrac{1}{4}$이다.

8 답 ③

$f(x)=\dfrac{1}{3}x^3-x^2+ax+1$에서
$f'(x)=x^2-2x+a$
삼차함수 $f(x)$가 열린구간 $(0, 2)$에서 극솟값을 가지려면 이차방정식 $f'(x)=0$, 즉 $x^2-2x+a=0$이 서로 다른 두 실근을 갖고, 두 근 중 큰 값이 열린구간 $(0, 2)$에 존재해야 한다.
(i) 이차방정식 $x^2-2x+a=0$의 판별식을 D라 하면
$\dfrac{D}{4}=(-1)^2-a>0$
$\therefore a<1$ $\cdots\cdots$ ㉠
(ii) 이차방정식 $x^2-2x+a=0$의 두 실근을 α, β $(\alpha<\beta)$라 하면 $0<\beta<2$이어야 하므로 오른쪽 그림에서
$f'(2)=4-4+a>0$
$\therefore a>0$ $\cdots\cdots$ ㉡

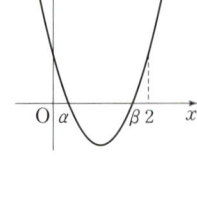

㉠, ㉡의 공통부분을 구하면
$0<a<1$

8 -1 답 3

$f(x)=-x^3+kx^2+(k+1)x-1$에서
$f'(x)=-3x^2+2kx+k+1$
삼차함수 $f(x)$가 $-1<x<0$에서 극솟값, $x>2$에서 극댓값을 가지려면 이차방정식 $f'(x)=0$, 즉 $-3x^2+2kx+k+1=0$이 $-1<x<0$에서 실근 한 개, $x>2$에서 실근 한 개를 가져야 한다.
오른쪽 그림에서
(i) $f'(-1)=-3-2k+k+1<0$
$\quad \therefore k>-2$ $\cdots\cdots$ ㉠
(ii) $f'(0)=k+1>0$
$\quad \therefore k>-1$ $\cdots\cdots$ ㉡
(iii) $f'(2)=-12+4k+k+1>0$
$\quad \therefore k>\dfrac{11}{5}$ $\cdots\cdots$ ㉢

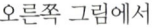

㉠, ㉡, ㉢의 공통부분을 구하면
$k>\dfrac{11}{5}$
따라서 정수 k의 최솟값은 3이다.

9 답 8

$f(x)=x^4+ax^3+2ax^2+3$에서
$f'(x)=4x^3+3ax^2+4ax$
$\qquad =x(4x^2+3ax+4a)$

사차함수 $f(x)$의 최고차항의 계수가 양수이므로 함수 $f(x)$가 극 댓값을 가지려면 삼차방정식 $f'(x)=0$, 즉
$x(4x^2+3ax+4a)=0$이 서로 다른 세 실근을 가져야 한다.
이때 삼차방정식 $x(4x^2+3ax+4a)=0$의 한 근이 $x=0$이므로 이차방정식 $4x^2+3ax+4a=0$이 0이 아닌 서로 다른 두 실 근을 가져야 한다.
$x=0$은 이차방정식 $4x^2+3ax+4a=0$의 근이 아니어야 하므로
$0+0+4a\neq0$ $\quad\therefore a\neq0$ $\qquad\cdots\cdots\,\bigcirc$
또한, 이차방정식 $4x^2+3ax+4a=0$의 판별식을 D라 하면
$D=(3a)^2-4\times4\times4a>0$, $a(9a-64)>0$
$\therefore a<0$ 또는 $a>\dfrac{64}{9}$ $\qquad\cdots\cdots\,\bigcirc\!\!\!\bigcirc$
$\bigcirc$, $\bigcirc\!\!\!\bigcirc$의 공통부분을 구하면
$a<0$ 또는 $a>\dfrac{64}{9}$
따라서 자연수 a의 최솟값은 8이다.

9 -1 답 ①

$f(x)=-x^4+6x^3+ax^2$에서
$f'(x)=-4x^3+18x^2+2ax$
$\qquad =-2x(2x^2-9x-a)$

사차함수 $f(x)$의 최고차항의 계수가 음수이므로 함수 $f(x)$가 극솟값을 갖지 않으려면 삼차방정식 $f'(x)=0$, 즉
$-2x(2x^2-9x-a)=0$이 한 실근과 서로 다른 두 허근 또는 한 실근과 중근 또는 삼중근을 가져야 한다.
이때 삼차방정식 $-2x(2x^2-9x-a)=0$의 한 근이 $x=0$이므로 이차방정식 $2x^2-9x-a=0$이 서로 다른 두 허근 또는 0이 아닌 중근 또는 0을 근으로 가져야 한다.
이차방정식 $2x^2-9x-a=0$의 판별식을 D라 하면 이차방정식 $2x^2-9x-a=0$이

(i) 서로 다른 두 허근을 갖는 경우
$\quad D=(-9)^2-4\times2\times(-a)<0$
$\quad 81+8a<0$ $\quad\therefore a<-\dfrac{81}{8}$

(ii) 0이 아닌 중근을 갖는 경우
$\quad D=81+8a=0$
$\quad\therefore a=-\dfrac{81}{8}$

(iii) 0을 근으로 갖는 경우
$\quad 0-0-a=0$ $\quad\therefore a=0$

(i), (ii), (iii)에서 실수 a의 값의 범위는
$a=0$ 또는 $a\leq-\dfrac{81}{8}$
따라서 음의 실수 a의 최댓값은 $-\dfrac{81}{8}$이다.

10 답 ③

$f(x)=x^3-3x+5$에서
$f'(x)=3x^2-3=3(x+1)(x-1)$
$f'(x)=0$에서 $x=-1$ 또는 $x=1$
닫힌구간 $[-1, 3]$에서 함수 $f(x)$의 증가와 감소를 표로 나타 내면 다음과 같다.

x	-1	$\cdots$	1	$\cdots$	3
$f'(x)$	0	$-$	0	$+$	
$f(x)$	7	$\searrow$	3	$\nearrow$	23

따라서 함수 $f(x)$는 $x=1$에서 최소이고 최솟값은
$f(1)=3$

10 -1 답 ①

$f(x)=x^4-2x^2+3$에서
$f'(x)=4x^3-4x=4x(x+1)(x-1)$
$f'(x)=0$에서 $x=-1$ 또는 $x=0$ 또는 $x=1$
$x\geq-2$에서 함수 $f(x)$의 증가와 감소를 표로 나타내면 다음 과 같다.

x	-2	$\cdots$	-1	$\cdots$	0	$\cdots$	1	$\cdots$
$f'(x)$		$-$	0	$+$	0	$-$	0	$+$
$f(x)$	11	$\searrow$	2	$\nearrow$	3	$\searrow$	2	$\nearrow$

즉, 닫힌구간 $[-2, a]$에서 함수 $f(x)$가 최솟값 2를 가지려면
$a\geq-1$이어야 한다.
따라서 실수 a의 최솟값은 -1이다.

11 답 ④

$f(x)=x^3-6x^2+9x+a$에서
$f'(x)=3x^2-12x+9=3(x-1)(x-3)$
$f'(x)=0$에서 $x=1$ 또는 $x=3$
닫힌구간 $[0, 3]$에서 함수 $f(x)$의 증가와 감소를 표로 나타내 면 다음과 같다.

x	0	$\cdots$	1	$\cdots$	3
$f'(x)$		$+$	0	$-$	0
$f(x)$	a	$\nearrow$	$a+4$	$\searrow$	a

따라서 닫힌구간 $[0, 3]$에서 함수 $f(x)$는 $x=1$에서 최대이고 최댓값은 $f(1)=a+4$이므로
$a+4=12$ $\quad\therefore a=8$

11 -1 답 ④

$f(x)=x^3-3x^2+a$에서
$f'(x)=3x^2-6x=3x(x-2)$
$f'(x)=0$에서 $x=0$ 또는 $x=2$

닫힌구간 $[1, 4]$에서 함수 $f(x)$의 증가와 감소를 표로 나타내면 다음과 같다.

x	1	$\cdots$	2	$\cdots$	4
$f'(x)$		$-$	0	$+$	
$f(x)$	$a-2$	$\searrow$	$a-4$	$\nearrow$	$a+16$

즉, 닫힌구간 $[1, 4]$에서 함수 $f(x)$는
$x=4$에서 최대이고 최댓값은 $f(4)=a+16$,
$x=2$에서 최소이고 최솟값은 $f(2)=a-4$이므로
$M=a+16$, $m=a-4$
이때 $M+m=20$이므로
$(a+16)+(a-4)=20$ $\therefore a=4$

12 답 ③

점 D의 x좌표를 t $(0<t<2\sqrt{3})$이라 하면
$D(t, -t^2+12)$
$\overline{AB}=-t^2+12$, $\overline{AD}=2t$이므로 직사각형 ABCD의 넓이를 $S(t)$라 하면
$S(t)=2t(-t^2+12)=-2t^3+24t$
$S'(t)=-6t^2+24=-6(t+2)(t-2)$
$S'(t)=0$에서 $t=2$ $(\because 0<t<2\sqrt{3})$
$0<t<2\sqrt{3}$에서 함수 $S(t)$의 증가와 감소를 표로 나타내면 다음과 같다.

t	(0)	$\cdots$	2	$\cdots$	$(2\sqrt{3})$
$S'(t)$		$+$	0	$-$	
$S(t)$		$\nearrow$	32	$\searrow$	

즉, $0<t<2\sqrt{3}$에서 함수 $S(t)$는 $t=2$에서 극대이면서 최대이고 최댓값은 32이다.
따라서 직사각형 ABCD의 넓이의 최댓값은 32이다.

12 -1 답 5

곡선 $y=x^2$ 위의 점 P의 x좌표를 t라 하면 $P(t, t^2)$이므로
점 $P(t, t^2)$과 점 $(3, 0)$ 사이의 거리는
$\sqrt{(t-3)^2+(t^2)^2}=\sqrt{t^4+t^2-6t+9}$
이때 $f(t)=t^4+t^2-6t+9$라 하면
$f'(t)=4t^3+2t-6=2(2t^3+t-3)$
$\qquad =2(t-1)(2t^2+2t+3)$
$f'(t)=0$에서 $t=1$ $(\because 2t^2+2t+3>0)$
함수 $f(t)$의 증가와 감소를 표로 나타내면 다음과 같다.

t	$\cdots$	1	$\cdots$
$f'(t)$	$-$	0	$+$
$f(t)$	$\searrow$	5	$\nearrow$

즉, 함수 $f(t)$는 $t=1$에서 극소이면서 최소이고 최솟값은 5이다.
따라서 구하는 거리의 최솟값 d는 $d=\sqrt{5}$이므로
$d^2=(\sqrt{5})^2=5$

13 답 3

$g(x)=x^3+3x^2+k$라 하면
$g'(x)=3x^2+6x=3x(x+2)$
$g'(x)=0$에서 $x=-2$ 또는 $x=0$
함수 $g(x)$의 증가와 감소를 표로 나타내면 다음과 같다.

x	$\cdots$	-2	$\cdots$	0	$\cdots$
$g'(x)$	$+$	0	$-$	0	$+$
$g(x)$	$\nearrow$	$k+4$	$\searrow$	k	$\nearrow$

즉, 함수 $y=g(x)$의 그래프의 개형은 오른쪽 그림과 같다.

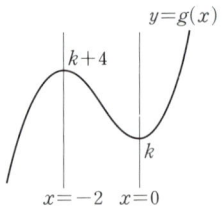

이때 함수 $y=|g(x)|$의 그래프는 함수 $y=g(x)$의 그래프의 $y<0$인 부분을 x축에 대하여 대칭이동한 것이므로 함수 $|g(x)|$, 즉 $f(x)$의 미분가능하지 않은 점의 개수가 3이 되려면 $k<0<k+4$이어야 한다.
$\therefore -4<k<0$
따라서 정수 k의 개수는 -3, -2, -1의 3이다.

13 -1 답 5

$f(x)=x^4-4x-2$에서
$f'(x)=4x^3-4=4(x-1)(x^2+x+1)$
$f'(x)=0$에서 $x=1$ $(\because x^2+x+1>0)$
함수 $f(x)$의 증가와 감소를 표로 나타내면 다음과 같다.

x	$\cdots$	1	$\cdots$
$f'(x)$	$-$	0	$+$
$f(x)$	$\searrow$	-5	$\nearrow$

즉, 함수 $y=f(x)$의 그래프의 개형은 오른쪽 그림과 같다.

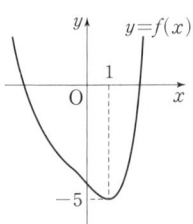

이때 함수 $g(x)=|f(x)+k|$의 그래프는 함수 $y=f(x)$의 그래프를 y축의 방향으로 k만큼 평행이동한 후 $y<0$인 부분을 x축에 대하여 대칭이동한 것이므로 함수 $g(x)$가 모든 실수 x에 대하여 미분가능하려면 $k\geq5$이어야 한다.
따라서 실수 k의 최솟값은 5이다.

단원 마무리 94~97쪽

1 ①	2 ①	3 4	4 ②
5 32	6 ④	7 ②	8 2
9 ④	10 ②	11 ①	12 ④
13 ②	14 13	15 32	

1 답 ①

$f(x)=-x^3+\dfrac{3}{2}ax^2+6a^2x+1$에서

$f'(x)=-3x^2+3ax+6a^2$

이때 함수 $f(x)$가 증가하는 구간이 $[-2,\ 4]$이고, 감소하는 구간이 $(-\infty,\ -2]$, $[4,\ \infty)$이므로 이차방정식 $f'(x)=0$, 즉 $-3x^2+3ax+6a^2=0$의 두 근이 -2, 4이다.

따라서 이차방정식의 근과 계수의 관계에 의하여

$-2+4=-\dfrac{3a}{-3}$ $\therefore a=2$

2 답 ①

$f(x)=x^3+kx^2+(6-k)x$에서

$f'(x)=3x^2+2kx+6-k$

이때 $(x_1-x_2)\{f(x_1)-f(x_2)\}>0$에서

$x_1>x_2$이면 $f(x_1)>f(x_2)$,

$x_1<x_2$이면 $f(x_1)<f(x_2)$

이므로 함수 $f(x)$는 실수 전체의 집합에서 증가한다.

모든 실수 x에 대하여 $f'(x)\geq0$이어야 하므로 이차방정식 $f'(x)=0$, 즉 $3x^2+2kx+6-k=0$의 판별식을 D라 하면

$\dfrac{D}{4}=k^2-3(6-k)\leq0$, $k^2+3k-18\leq0$

$(k+6)(k-3)\leq0$ $\therefore -6\leq k\leq3$

따라서 정수 k의 값은 -6, -5, -4, $\cdots$, 3이므로 그 합은

$-6+(-5)+(-4)+\cdots+3=-15$

3 답 4

$f(x)=-x^3+2x^2+ax-2$에서

$f'(x)=-3x^2+4x+a$

함수 $f(x)$가 $1\leq x\leq2$에서 일대일함수가 되려면 이 구간에서 $f'(x)\geq0$ 또는 $f'(x)\leq0$이어야 한다.

(i) $f'(x)\geq0$인 경우

　$f'(1)\geq0$에서 $a+1\geq0$

　$\therefore a\geq-1$ $\cdots\cdots$ ㉠

　$f'(2)\geq0$에서 $a-4\geq0$

　$\therefore a\geq4$ $\cdots\cdots$ ㉡

　㉠, ㉡의 공통부분을 구하면

　$a\geq4$

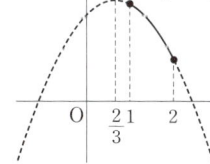

(ii) $f'(x)\leq0$인 경우

　$f'(1)\leq0$에서 $a+1\leq0$

　$\therefore a\leq-1$ $\cdots\cdots$ ㉢

　$f'(2)\leq0$에서 $a-4\leq0$

　$\therefore a\leq4$ $\cdots\cdots$ ㉣

　㉢, ㉣의 공통부분을 구하면

　$a\leq-1$

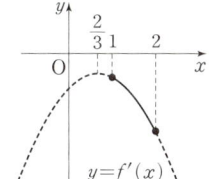

(i), (ii)에서 양수 a의 값의 범위는

$a\geq4$

따라서 양수 a의 최솟값은 4이다.

4 답 ②

$g(x)=(x^2+1)f(x)$에서

$g'(x)=2xf(x)+(x^2+1)f'(x)$

함수 $g(x)$가 $x=2$에서 극댓값 5를 가지므로

$g(2)=5$, $g'(2)=0$

$g(2)=5$에서 $g(2)=5f(2)=5$

$\therefore f(2)=1$

$g'(2)=0$에서 $g'(2)=4f(2)+5f'(2)=0$

$4+5f'(2)=0$ $\therefore f'(2)=-\dfrac{4}{5}$

5 답 32

$f(x)=x^3+ax^2+bx+1$에서

$f'(x)=3x^2+2ax+b$

함수 $y=f(x)$의 그래프가 점 $(1,\ f(1))$에서 x축에 접하므로

$f'(1)=0$, $f(1)=0$

$f'(1)=0$에서 $3+2a+b=0$

$\therefore 2a+b=-3$ $\cdots\cdots$ ㉠

$f(1)=0$에서 $1+a+b+1=0$

$\therefore a+b=-2$ $\cdots\cdots$ ㉡

㉠, ㉡을 연립하여 풀면 $a=-1$, $b=-1$

즉, $f(x)=x^3-x^2-x+1$이므로

$f'(x)=3x^2-2x-1=(3x+1)(x-1)$

$f'(x)=0$에서 $x=-\dfrac{1}{3}$ 또는 $x=1$

함수 $f(x)$의 증가와 감소를 표로 나타내면 다음과 같다.

x	$\cdots$	$-\dfrac{1}{3}$	$\cdots$	1	$\cdots$
$f'(x)$	$+$	0	$-$	0	$+$
$f(x)$	↗	$\dfrac{32}{27}$	↘	0	↗

따라서 함수 $f(x)$는 $x=-\dfrac{1}{3}$에서 극대이고 극댓값은

$f\left(-\dfrac{1}{3}\right)=\dfrac{32}{27}$이므로 $M=\dfrac{32}{27}$

$\therefore 27M=27\times\dfrac{32}{27}=32$

6 답 ④

$h(x)=f(x)-g(x)$에서 $h'(x)=f'(x)-g'(x)$

이때 주어진 두 함수 $y=f'(x)$, $y=g'(x)$의 그래프에서 $h'(x)=0$, 즉 $f'(x)=g'(x)$인 x의 값은 0, 4이므로 함수 $h(x)$의 증가와 감소를 표로 나타내면 다음과 같다.

x	$\cdots$	0	$\cdots$	4	$\cdots$
$h'(x)$	$+$	0	$-$	0	$+$
$h(x)$	↗	극대	↘	극소	↗

따라서 함수 $h(x)$는 $x=4$에서 극소이므로

$p=4$

7 답 ②

주어진 함수 $y=f'(x)$의 그래프에서 $f'(x)=0$인 x의 값은
-1, 1이므로
$f'(x)=3(x+1)(x-1)=3x^2-3$
$g(x)=f(x)+kx$에서
$g'(x)=f'(x)+k=3x^2+k-3$
삼차함수 $g(x)$의 극값이 존재하려면 이차방정식 $g'(x)=0$,
즉 $3x^2+k-3=0$이 서로 다른 두 실근을 가져야 한다.
이차방정식 $3x^2+k-3=0$의 판별식을 D라 하면
$D=0^2-4\times3\times(k-3)>0$
$\therefore k<3$
따라서 정수 k의 최댓값은 2이다.

8 답 2

$f(x)=\dfrac{4}{3}x^3+(3m-2)x^2+(1-m)x-1$에서
$f'(x)=4x^2+2(3m-2)x+1-m$
삼차함수 $f(x)$가 $-1<x<1$에서 극값을 한 개만 가지려면 이
차방정식 $f'(x)=0$, 즉 $4x^2+2(3m-2)x+1-m=0$이 서로
다른 두 실근을 갖고, 두 근 중 한 근만 열린구간 $(-1, 1)$에
존재해야 한다.
함수 $y=f'(x)$의 그래프의 개형은 다음과 같이 두 가지 경우
가 가능하다.

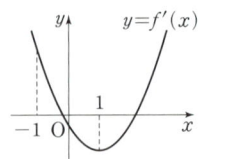 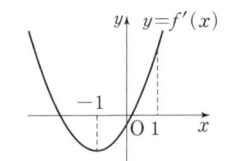

즉, $f'(-1)f'(1)<0$이어야 하므로
$(9-7m)(5m+1)<0$
$\therefore m<-\dfrac{1}{5}$ 또는 $m>\dfrac{9}{7}$
따라서 자연수 m의 최솟값은 2이다.

9 답 ④

$f(x)=x^4-\dfrac{4}{3}ax^3-8x^2+16ax+1$에서
$f'(x)=4x^3-4ax^2-16x+16a$
$\qquad=4(x+2)(x-2)(x-a)$
사차함수 $f(x)$의 최고차항의 계수가 양수이므로 함수 $f(x)$가
오직 하나의 극값을 가지려면 극댓값을 갖지 않아야 한다.
즉, 삼차방정식 $f'(x)=4(x+2)(x-2)(x-a)=0$이 한 실
근과 서로 다른 두 허근 또는 한 실근과 중근 또는 삼중근을
가져야 한다.
이때 삼차방정식 $4(x+2)(x-2)(x-a)=0$의 서로 다른 두
근이 $x=-2$, $x=2$이므로 삼차방정식
$4(x+2)(x-2)(x-a)=0$은 한 실근과 중근을 가져야 한다.

즉, 일차방정식 $x-a=0$이 -2, 2 중 하나를 실근으로 가져야
하므로
(i) $x-a=0$이 $x=-2$를 근으로 가질 때
$\quad a=-2$
(ii) $x-a=0$이 $x=2$를 근으로 가질 때
$\quad a=2$
(i), (ii)에서 실수 a의 값은 -2, 2이므로 그 곱은
$-2\times2=-4$

10 답 ②

조건 (가)에 의하여 최고차항의 계
수가 양수인 삼차함수 $f(x)$는
$x=1$에서 극대이고 $x=3$에서 극
소이다.
즉, $f(3)<f(4)$, $f(2)>f(3)$이므
로 조건 (나)에 의하여
$-f(3)+f(4)=f(2)-f(3)+\dfrac{2}{3}$
$f(4)=f(2)+\dfrac{2}{3}=\dfrac{1}{3}+\dfrac{2}{3}=1\left(\because f(2)=\dfrac{1}{3}\right)$
따라서 닫힌구간 $[2, 4]$에서 함수 $f(x)$의 최댓값은 1이다.

11 답 ①

$f(x)=ax^3-3ax+b$에서
$f'(x)=3ax^2-3a=3a(x+1)(x-1)$
$f'(x)=0$에서 $x=-1$ 또는 $x=1$
닫힌구간 $[-2, 3]$에서 함수 $f(x)$의 증가와 감소를 표로 나타
내면 다음과 같다.

x	-2	$\cdots$	-1	$\cdots$	1	$\cdots$	3
$f'(x)$		$+$	0	$-$	0	$+$	
$f(x)$	$-2a+b$	$\nearrow$	$2a+b$	$\searrow$	$-2a+b$	$\nearrow$	$18a+b$

닫힌구간 $[-2, 3]$에서 함수 $f(x)$는 $x=3$에서 최대이고 최댓
값은 $f(3)=18a+b$, $x=-2$ 또는 $x=1$에서 최소이고 최솟
값은 $f(-2)=f(1)=-2a+b$이다.
즉, $18a+b=8$, $-2a+b=-12$이므로 두 식을 연립하여 풀면
$a=1$, $b=-10$
따라서 $f(x)=x^3-3x-10$이므로
$f(2)=8-6-10=-8$

12 답 ④

$f(x)=x^2-3x$라 하면 $f'(x)=2x-3$
곡선 $y=f(x)$ 위의 점 $P(t, t^2-3t)$에서의 접선의 기울기는
$f'(t)=2t-3$이므로 이 접선에 수직인 직선의 기울기는
$-\dfrac{1}{2t-3}$이다.
$t\ne\dfrac{3}{2}$일 때, 점 P를 지나고 점 P에서의 접선에 수직인 직선의
방정식은

$$y-(t^2-3t)=-\frac{1}{2t-3}(x-t) \quad \cdots\cdots \text{㉠}$$

직선 ㉠의 x절편 $f(t)$는 ㉠에 $y=0$을 대입하면
$$(t^2-3t)(2t-3)=x-t, \ x=2t^3-9t^2+10t$$
$$\therefore f(t)=2t^3-9t^2+10t$$
즉,
$$g(t)=f(t)+t^2=(2t^3-9t^2+10t)+t^2=2t^3-8t^2+10t$$
이므로
$$g'(t)=6t^2-16t+10=2(t-1)(3t-5)$$
$g'(t)=0$에서 $t=1$ 또는 $t=\dfrac{5}{3}$

구간 $\left[1, \dfrac{3}{2}\right), \left(\dfrac{3}{2}, 2\right]$에서 함수 $g(t)$의 증가와 감소를 표로 나타내면 다음과 같다.

t	1	$\cdots$	$\left(\dfrac{3}{2}\right)$	$\cdots$	$\dfrac{5}{3}$	$\cdots$	2
$g'(t)$	0	$-$		$-$	0	$+$	
$g(t)$	4	$\searrow$		$\searrow$	$\dfrac{100}{27}$	$\nearrow$	4

따라서 함수 $g(t)$는 $t=\dfrac{5}{3}$에서 최소이므로 $\alpha=\dfrac{5}{3}$이다.

13 답 ②

$f(x)=\dfrac{1}{4}x^4-x^3+1$에서
$$f'(x)=x^3-3x^2=x^2(x-3)$$
$f'(x)=0$에서 $x=0$ 또는 $x=3$
함수 $f(x)$의 증가와 감소를 표로 나타내면 다음과 같다.

x	$\cdots$	0	$\cdots$	3	$\cdots$
$f'(x)$	$-$	0	$-$	0	$+$
$f(x)$	$\searrow$	1	$\searrow$	$-\dfrac{23}{4}$	$\nearrow$

즉, 함수 $y=f(x)$의 그래프의 개형은 오른쪽 그림과 같다.

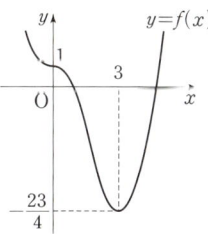

이때 함수 $g(x)=|f(x)-a|$이 그래프는 함수 $y=f(x)$의 그래프를 y축의 방향으로 $-a$만큼 평행이동한 후 $y<0$인 부분을 x축에 대하여 대칭이동한 것이므로 함수 $g(x)$가 오직 한 점에서만 미분가능하지 않으려면 $a=1$이어야 한다.

따라서 함수 $y=g(x)$의 그래프의 개형은 오른쪽 그림과 같으므로 함수 $g(x)$는 $x=3$에서 극대이고 극댓값 m은
$$m=g(3)=|f(3)-1|$$
$$=\left|-\frac{23}{4}-1\right|=\frac{27}{4}$$
$$\therefore a+m=1+\frac{27}{4}=\frac{31}{4}$$

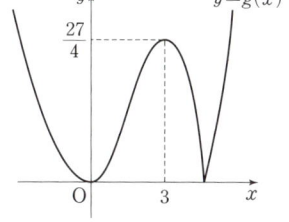

14 답 13

$f(x)=x^3-(a+2)x^2+ax$에서
$$f'(x)=3x^2-2(a+2)x+a$$
점 $(t, f(t))$에서의 접선의 기울기는
$$f'(t)=3t^2-2(a+2)t+a$$
이므로 접선의 방정식은
$$y-\{t^3-(a+2)t^2+at\}=\{3t^2-2(a+2)t+a\}(x-t)$$
$$\cdots\cdots \text{㉠}$$

접선 ㉠의 y절편 $g(t)$는 ㉠에 $x=0$을 대입하면
$$y-\{t^3-(a+2)t^2+at\}=\{3t^2-2(a+2)t+a\}\times(-t)$$
$$\therefore y=-2t^3+(a+2)t^2$$
즉, $g(t)=-2t^3+(a+2)t^2$이므로
$$g'(t)=-6t^2+2(a+2)t$$
이때 함수 $g(t)$가 열린구간 $(0, 5)$에서 증가하므로 이 구간에서 $g'(t)\geq0$이어야 한다.
즉, 오른쪽 그림과 같이
$g'(0)\geq0, \ g'(5)\geq0$이어야 한다.
$g'(0)\geq0$에서 $0\geq0$이므로 항상 성립한다.
$g'(5)\geq0$에서 $-130+10a\geq0$
$$\therefore a\geq13$$
따라서 a의 최솟값은 13이다.

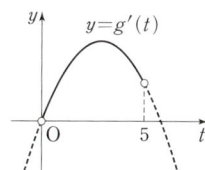

15 답 32

조건 (가)에 의하여 함수 $y=f(x)$의 그래프는 원점에 대하여 대칭이므로 $f(x)=ax^3+bx$ ($a\neq0$이고, a, b는 정수)라 할 수 있다.
조건 (나)에서 $f(1)=5$이므로
$$a+b=5 \quad \cdots\cdots \text{㉠}$$
$f'(x)=3ax^2+b$이고, 조건 (다)에서 $1<f'(1)<7$이므로
$$1<3a+b<7 \quad \cdots\cdots \text{㉡}$$
㉠에서 $b=5-a$이므로 이를 ㉡에 대입하면
$$1<2a+5<7, \ -4<2a<2 \quad \therefore -2<a<1$$
$$\therefore a=-1 \ (\because a\text{는 정수이고, } a\neq0)$$
$a=-1$을 ㉠에 대입하여 정리하면 $b=6$
$$\therefore f(x)=-x^3+6x,$$
$$f'(x)=-3x^2+6=-3(x+\sqrt{2})(x-\sqrt{2})$$
$f'(x)=0$에서 $x=-\sqrt{2}$ 또는 $x=\sqrt{2}$
함수 $f(x)$의 증가와 감소를 표로 나타내면 다음과 같다.

x	$\cdots$	$-\sqrt{2}$	$\cdots$	$\sqrt{2}$	$\cdots$
$f'(x)$	$-$	0	$+$	0	$-$
$f(x)$	$\searrow$	$-4\sqrt{2}$	$\nearrow$	$4\sqrt{2}$	$\searrow$

따라서 함수 $f(x)$는 $x=\sqrt{2}$에서 극대이고 극댓값 m은
$$m=f(\sqrt{2})=4\sqrt{2}$$이므로
$$m^2=(4\sqrt{2})^2=32$$

04 방정식과 부등식에의 활용

개념 Check   98~102쪽

1 3   **2** (1) 6 (2) 6

1 답 3

$f(x)=x^3-6x^2+9x-1$이라 하면
$f'(x)=3x^2-12x+9=3(x-1)(x-3)$
$f'(x)=0$에서 $x=1$ 또는 $x=3$
함수 $f(x)$의 증가와 감소를 표로 나타내면 다음과 같다.

x	$\cdots$	1	$\cdots$	3	$\cdots$
$f'(x)$	$+$	0	$-$	0	$+$
$f(x)$	↗	3	↘	-1	↗

따라서 함수 $y=f(x)$의 그래프의 개형은 오른쪽 그림과 같고, x축과 서로 다른 세 점에서 만나므로 주어진 방정식의 서로 다른 실근의 개수는 3이다.

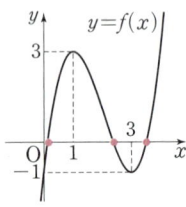

2 답 (1) 6 (2) 6

(1) 점 P의 시각 t에서의 속도를 v라 하면

$$v=\frac{dx}{dt}=3t^2+3$$

따라서 $t=1$에서의 점 P의 속도는
$v=3+3=6$

(2) 점 P의 시각 t에서의 가속도를 a라 하면

$$a=\frac{dv}{dt}=6t$$

따라서 $t=1$에서의 점 P의 가속도는
$a=6$

필수 예제   103~108쪽

1 ③	1-1 ④	2 6	2-1 10
3 ③	3-1 9	4 ③	4-1 7
5 ①	5-1 ②	6 ⑤	6-1 ③

1 답 ③

$2x^3+3x^2-12x-k=0$에서 $2x^3+3x^2-12x=k$
$f(x)=2x^3+3x^2-12x$라 하면
$f'(x)=6x^2+6x-12=6(x+2)(x-1)$
$f'(x)=0$에서 $x=-2$ 또는 $x=1$
함수 $f(x)$의 증가와 감소를 표로 나타내면 다음과 같다.

x	$\cdots$	-2	$\cdots$	1	$\cdots$
$f'(x)$	$+$	0	$-$	0	$+$
$f(x)$	↗	20	↘	-7	↗

즉, 함수 $y=f(x)$의 그래프의 개형은 오른쪽 그림과 같으므로 주어진 방정식이 서로 다른 세 실근을 가지려면 함수 $y=f(x)$의 그래프와 직선 $y=k$가 서로 다른 세 점에서 만나야 한다.
$\therefore -7<k<20$
따라서 정수 k의 최솟값은 -6이다.

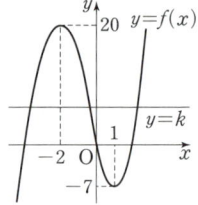

다른 풀이

$f(x)=2x^3+3x^2-12x-k$라 하면
$f'(x)=6x^2+6x-12=6(x+2)(x-1)$
$f'(x)=0$에서 $x=-2$ 또는 $x=1$
함수 $f(x)$의 증가와 감소를 표로 나타내면 다음과 같다.

x	$\cdots$	-2	$\cdots$	1	$\cdots$
$f'(x)$	$+$	0	$-$	0	$+$
$f(x)$	↗	$20-k$	↘	$-7-k$	↗

즉, 함수 $f(x)$의 극댓값은 $20-k$, 극솟값은 $-7-k$이다.
삼차방정식 $f(x)=0$이 서로 다른 세 실근을 가지려면
(극댓값)×(극솟값)<0이어야 하므로
$(20-k)(-7-k)<0$
$(k+7)(k-20)<0$
$\therefore -7<k<20$

1-1 답 ④

$f(x)=x^3-3x^2-9x$라 하면
$f'(x)=3x^2-6x-9=3(x+1)(x-3)$
$f'(x)=0$에서 $x=-1$ 또는 $x=3$
함수 $f(x)$의 증가와 감소를 표로 나타내면 다음과 같다.

x	$\cdots$	-1	$\cdots$	3	$\cdots$
$f'(x)$	$+$	0	$-$	0	$+$
$f(x)$	↗	5	↘	-27	↗

즉, 함수 $y=f(x)$의 그래프의 개형은 오른쪽 그림과 같으므로 함수 $y=f(x)$의 그래프와 직선 $y=k$가 서로 다른 두 점에서 만나려면
$k=-27$ 또는 $k=5$
따라서 모든 실수 k의 값의 합은
$-27+5=-22$

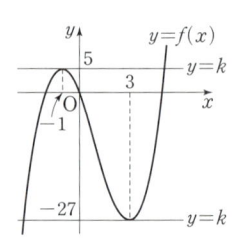

다른 풀이

$x^3-3x^2-9x=k$에서
$x^3-3x^2-9x-k=0$
$f(x)=x^3-3x^2-9x-k$라 하면
$f'(x)=3x^2-6x-9=3(x+1)(x-3)$
$f'(x)=0$에서 $x=-1$ 또는 $x=3$
함수 $f(x)$의 증가와 감소를 표로 나타내면 다음과 같다.

x	$\cdots$	-1	$\cdots$	3	$\cdots$
$f'(x)$	$+$	0	$-$	0	$+$
$f(x)$	$\nearrow$	$5-k$	$\searrow$	$-27-k$	$\nearrow$

즉, 함수 $f(x)$의 극댓값은 $5-k$, 극솟값은 $-27-k$이다.
삼차방정식 $f(x)=0$이 서로 다른 두 실근을 가지려면
(극댓값)×(극솟값)$=0$이어야 하므로
$(5-k)(-27-k)=0$, $(k+27)(k-5)=0$
$\therefore k=-27$ 또는 $k=5$

[2] 답 6

$x^3-\dfrac{9}{2}x^2-12x+k=0$에서 $-x^3+\dfrac{9}{2}x^2+12x=k$

$f(x)=-x^3+\dfrac{9}{2}x^2+12x$라 하면

$f'(x)=-3x^2+9x+12=-3(x+1)(x-4)$
$f'(x)=0$에서 $x=-1$ 또는 $x=4$
함수 $f(x)$의 증가와 감소를 표로 나타내면 다음과 같다.

x	$\cdots$	-1	$\cdots$	4	$\cdots$
$f'(x)$	$-$	0	$+$	0	$-$
$f(x)$	$\searrow$	$-\dfrac{13}{2}$	$\nearrow$	56	$\searrow$

즉, 함수 $y=f(x)$의 그래프의 개형
은 오른쪽 그림과 같으므로 주어진
방정식이 서로 다른 두 개의 음의
실근과 한 개의 양의 실근을 가지려
면 함수 $y=f(x)$의 그래프와 직선
$y=k$의 교점의 x좌표가 두 개는 음
수이고 한 개는 양수이어야 한다.

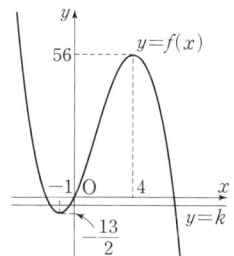

$\therefore -\dfrac{13}{2}<k<0$

따라서 정수 k의 개수는 -6, -5, -4, -3, -2, -1의 6이다.

[2]-1 답 10

$f(x)=g(x)$에서
$3x^4-2x^2+24x-2=8x^3+4x^2+k$
$\therefore 3x^4-8x^3-6x^2+24x-2=k$
$h(x)=3x^4-8x^3-6x^2+24x-2$라 하면
$h'(x)=12x^3-24x^2-12x+24$
$\qquad =12(x+1)(x-1)(x-2)$
$h'(x)=0$에서 $x=-1$ 또는 $x=1$ 또는 $x=2$
함수 $h(x)$의 증가와 감소를 표로 나타내면 다음과 같다.

x	$\cdots$	-1	$\cdots$	1	$\cdots$	2	$\cdots$
$h'(x)$	$-$	0	$+$	0	$-$	0	$+$
$h(x)$	$\searrow$	-21	$\nearrow$	11	$\searrow$	6	$\nearrow$

즉, 함수 $y=h(x)$의 그래프의 개형은
오른쪽 그림과 같으므로 주어진 방정식
이 서로 다른 세 개의 양의 실근과 한
개의 음의 실근을 가지려면 함수
$y=h(x)$의 그래프와 직선
$y=k$의 교점의 x좌표가 세 개는 양수이
고 한 개는 음수이어야 한다.

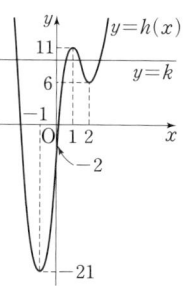

$\therefore 6<k<11$
따라서 정수 k의 최댓값은 10이다.

[3] 답 ③

$f(x)=x^4-2x^2+4-k$라 하면
$f'(x)=4x^3-4x=4x(x+1)(x-1)$
$f'(x)=0$에서 $x=-1$ 또는 $x=0$ 또는 $x=1$
함수 $f(x)$의 증가와 감소를 표로 나타내면 다음과 같다.

x	$\cdots$	-1	$\cdots$	0	$\cdots$	1	$\cdots$
$f'(x)$	$-$	0	$+$	0	$-$	0	$+$
$f(x)$	$\searrow$	$3-k$	$\nearrow$	$4-k$	$\searrow$	$3-k$	$\nearrow$

즉, 함수 $f(x)$의 최솟값은 $3-k$이므로 모든 실수 x에 대하여
부등식 $f(x)\geq0$이 성립하려면
$3-k\geq0$ $\quad\therefore k\leq3$
따라서 실수 k의 최댓값은 3이다.

[3]-1 답 9

$f(x)=x^4-x^3+k$, $g(x)=\dfrac{1}{4}x^4+3x^2$이라 하자.

곡선 $y=f(x)$가 곡선 $y=g(x)$보다 항상 위쪽에 있으려면 모
든 실수 x에 대하여 $f(x)>g(x)$, 즉 $f(x)-g(x)>0$이어야
한다.

$h(x)=f(x)-g(x)$

$\qquad =x^4-x^3+k-\left(\dfrac{1}{4}x^4+3x^2\right)$

$\qquad =\dfrac{3}{4}x^4-x^3-3x^2+k$

라 하면
$h'(x)=3x^3-3x^2-6x=3x(x+1)(x-2)$
$h'(x)=0$에서 $x=-1$ 또는 $x=0$ 또는 $x=2$
함수 $h(x)$의 증가와 감소를 표로 나타내면 다음과 같다.

x	$\cdots$	-1	$\cdots$	0	$\cdots$	2	$\cdots$
$h'(x)$	$-$	0	$+$	0	$-$	0	$+$
$h(x)$	$\searrow$	$k-\dfrac{5}{4}$	$\nearrow$	k	$\searrow$	$k-8$	$\nearrow$

즉, 함수 $h(x)$의 최솟값은 $k-8$이므로 모든 실수 x에 대하여
부등식 $h(x)>0$이 성립하려면
$k-8>0$ $\quad\therefore k>8$
따라서 정수 k의 최솟값은 9이다.

4 답 ③

$x^3-6x^2+9x \geq k$에서 $x^3-6x^2+9x-k \geq 0$

$f(x)=x^3-6x^2+9x-k$라 하면

$f'(x)=3x^2-12x+9=3(x-1)(x-3)$

$f'(x)=0$에서 $x=1$ 또는 $x=3$

$x \geq 2$에서 함수 $f(x)$의 증가와 감소를 표로 나타내면 다음과 같다.

x	2	$\cdots$	3	$\cdots$
$f'(x)$		$-$	0	$+$
$f(x)$	$2-k$	$\searrow$	$-k$	$\nearrow$

즉, $x \geq 2$에서 함수 $f(x)$의 최솟값은 $-k$이므로 $x \geq 2$일 때 부등식 $f(x) \geq 0$이 항상 성립하려면

$-k \geq 0$ $\therefore k \leq 0$

따라서 실수 k의 최댓값은 0이다.

4 -1 답 7

$f(x)=-x^3+\dfrac{3}{2}x^2+6x+k$라 하면

$f'(x)=-3x^2+3x+6=-3(x+1)(x-2)$

$-1<x<1$일 때 $f'(x)>0$이므로 함수 $f(x)$는 열린구간 $(-1, 1)$에서 증가한다.

즉, $-1<x<1$일 때 부등식 $f(x)>0$이 항상 성립하려면 $f(-1) \geq 0$이어야 하므로

$1+\dfrac{3}{2}-6+k \geq 0$ $\therefore k \geq \dfrac{7}{2}$

따라서 실수 k의 최솟값 m은 $m=\dfrac{7}{2}$이므로 $2m=2 \times \dfrac{7}{2}=7$

5 답 ①

점 P의 시각 t $(t \geq 0)$에서의 속도를 v, 가속도를 a라 하면

$v=\dfrac{dx}{dt}=3t^2-12t$, $a=\dfrac{dv}{dt}=6t-12$

이때 점 P의 가속도가 0인 시각은 $a=0$에서

$6t-12=0$ $\therefore t=2$

따라서 $t=2$에서의 점 P의 속도는 $v=12-24=-12$

5 -1 답 ②

점 P의 시각 t $(t \geq 0)$에서의 속도를 v라 하면

$v=\dfrac{dx}{dt}=t^2-8t+12$

이때 점 P가 운동 방향을 바꾸는 순간의 속도는 0이므로

$v=0$에서 $t^2-8t+12=0$, $(t-2)(t-6)=0$

$\therefore t=2$ 또는 $t=6$

따라서 점 P는 출발한 후 $t=2$에서 처음으로 운동 방향을 바꾸므로 그 순간 점 P의 위치는

$x=\dfrac{8}{3}-16+24=\dfrac{32}{3}$

6 답 ⑤

ㄱ. $v(2)=0$이므로 $t=2$에서의 점 P의 속도는 0이다. (참)

ㄴ. 점 P의 시각 t에서의 가속도는 $v'(t)$이고, $v'(1)=0$이므로 $t=1$에서의 점 P의 가속도는 0이다. (참)

ㄷ. $v(2)=v(4)=0$이고, $t=2$와 $t=4$의 좌우에서 속도 $v(t)$의 부호가 바뀌므로 $0<t<5$에서 점 P는 운동 방향을 두 번 바꾼다. (참)

따라서 옳은 것은 ㄱ, ㄴ, ㄷ이다.

6 -1 답 ③

ㄱ. $t=b$일 때, $x(b)=0$이므로 점 P의 위치는 원점이다. (참)

ㄴ. 점 P의 시각 t에서의 속도는 $x'(t)$이고 $x'(a)=0$이므로 $t=a$일 때 점 P의 속도는 0이다. (참)

ㄷ. $t=c$의 좌우에서 접선의 기울기의 부호가 바뀌지 않으므로 $t=c$일 때 점 P는 운동 방향을 바꾸지 않는다. (거짓)

따라서 옳은 것은 ㄱ, ㄴ이다.

단원 마무리 109~111쪽

1 25	2 ①	3 13	4 116
5 ①	6 29	7 ①	8 ③
9 ②	10 ③	11 27	

1 답 25

$f(x)=x^3-3x^2+6$이라 하면

$f'(x)=3x^2-6x=3x(x-2)$

$f'(x)=0$에서 $x=0$ 또는 $x=2$

함수 $f(x)$의 증가와 감소를 표로 나타내면 다음과 같다.

x	$\cdots$	0	$\cdots$	2	$\cdots$
$f'(x)$	$+$	0	$-$	0	$+$
$f(x)$	$\nearrow$	6	$\searrow$	2	$\nearrow$

즉, 함수 $y=f(x)$의 그래프의 개형은 오른쪽 그림과 같으므로 함수 $y=f(x)$의 그래프와 직선 $y=m$이 한 점에서만 만나려면 $m<2$ 또는 $m>6$

따라서 한 자리 자연수 m의 값은 1, 7, 8, 9이므로 그 합은

$1+7+8+9=25$

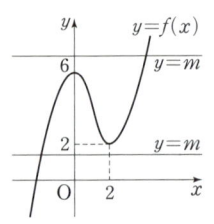

다른 풀이

$x^3-3x^2+6=m$에서 $x^3-3x^2+6-m=0$

$f(x)=x^3-3x^2+6-m$이라 하면

$f'(x)=3x^2-6x=3x(x-2)$

$f'(x)=0$에서 $x=0$ 또는 $x=2$

함수 $f(x)$의 증가와 감소를 표로 나타내면 다음과 같다.

x	$\cdots$	0	$\cdots$	2	$\cdots$
$f'(x)$	$+$	0	$-$	0	$+$
$f(x)$	↗	$6-m$	↘	$2-m$	↗

즉, 함수 $f(x)$의 극댓값은 $6-m$, 극솟값은 $2-m$이다.
삼차방정식 $f(x)=0$이 한 개의 실근을 가지려면
(극댓값)×(극솟값)>0이어야 하므로
$(6-m)(2-m)>0$, $(m-2)(m-6)>0$
$\therefore m<2$ 또는 $m>6$

2 답 ①

$f(x)=x^3-3k^2x-2$라 하면
$f'(x)=3x^2-3k^2=3(x+k)(x-k)$
$f'(x)=0$에서 $x=-k$ 또는 $x=k$
$k>0$일 때, 함수 $f(x)$의 증가와 감소를 표로 나타내면 다음과 같다.

x	$\cdots$	$-k$	$\cdots$	k	$\cdots$
$f'(x)$	$+$	0	$-$	0	$+$
$f(x)$	↗	$2k^3-2$	↘	$-2k^3-2$	↗

즉, 함수 $f(x)$의 극댓값은 $2k^3-2$, 극솟값은 $-2k^3-2$이다.
삼차방정식 $f(x)=0$이 서로 다른 두 실근을 가지려면
(극댓값)×(극솟값)=0이어야 하므로
$(2k^3-2)(-2k^3-2)=0$, $-4(k^3-1)(k^3+1)=0$
$(k-1)(k^2+k+1)(k+1)(k^2-k+1)=0$
$\therefore k=1$ ($\because k>0$)

3 답 13

$\dfrac{3}{4}x^4-x^3-3x^2+2+k=0$에서

$-\dfrac{3}{4}x^4+x^3+3x^2-2=k$

$f(x)=-\dfrac{3}{4}x^4+x^3+3x^2-2$라 하면

$f'(x)=-3x^3+3x^2+6x=-3x(x+1)(x-2)$
$f'(x)=0$에서 $x=-1$ 또는 $x=0$ 또는 $x=2$
함수 $f(x)$의 증가와 감소를 표로 나타내면 다음과 같다.

x	$\cdots$	-1	$\cdots$	0	$\cdots$	2	$\cdots$
$f'(x)$	$+$	0	$-$	0	$+$	0	$-$
$f(x)$	↗	$-\dfrac{3}{4}$	↘	-2	↗	6	↘

즉, 함수 $y=f(x)$의 그래프의 개형은 오른쪽 그림과 같으므로 주어진 방정식의 서로 다른 실근의 개수가 홀수가 되려면 함수 $y=f(x)$의 그래프와 직선 $y=k$의 서로 다른 교점의 개수가 홀수이어야 한다.

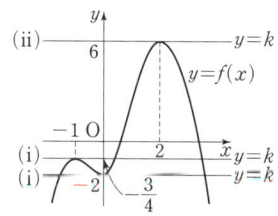

(i) $k=-2$ 또는 $k=-\dfrac{3}{4}$일 때

함수 $y=f(x)$의 그래프와 직선 $y=k$가 서로 다른 세 점에서 만난다.

(ii) $k=6$일 때

함수 $y=f(x)$의 그래프와 직선 $y=k$가 한 점에서 만난다.

(i), (ii)에서 모든 실수 k의 값의 합 m은

$m=-2+\left(-\dfrac{3}{4}\right)+6=\dfrac{13}{4}$ $\therefore 4m=4\times\dfrac{13}{4}=13$

4 답 116

$x^4-x^3-5x^2+k=\dfrac{1}{3}x^3-x^2-1$에서 $-x^4+\dfrac{4}{3}x^3+4x^2-1=k$

$f(x)=-x^4+\dfrac{4}{3}x^3+4x^2-1$이라 하면

$f'(x)=-4x^3+4x^2+8x=-4x(x+1)(x-2)$
$f'(x)=0$에서 $x=-1$ 또는 $x=0$ 또는 $x=2$
함수 $f(x)$의 증가와 감소를 표로 나타내면 다음과 같다.

x	$\cdots$	-1	$\cdots$	0	$\cdots$	2	$\cdots$
$f'(x)$	$+$	0	$-$	0	$+$	0	$-$
$f(x)$	↗	$\dfrac{2}{3}$	↘	-1	↗	$\dfrac{29}{3}$	↘

즉, 함수 $y=f(x)$의 그래프의 개형은 오른쪽 그림과 같으므로 주어진 방정식이 양의 실근만 가지려면 함수 $y=f(x)$의 그래프와 직선 $y=k$의 교점의 x좌표가 모두 양수이어야 한다.

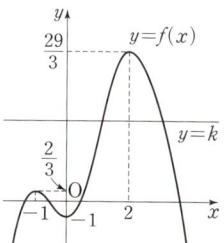

$\therefore \dfrac{2}{3}<k\leq\dfrac{29}{3}$

따라서 실수 k의 최댓값 M은 $M=\dfrac{29}{3}$이므로

$12M=12\times\dfrac{29}{3}=116$

5 답 ①

$f(x)=\begin{cases}x^3-\dfrac{9}{2}x^2+6x+3 & (x\geq0)\\ x^2+2x+3 & (x<0)\end{cases}$에서

$f'(x)=\begin{cases}3x^2-9x+6 & (x>0)\\ 2x+2 & (x<0)\end{cases}$

$=\begin{cases}3(x-1)(x-2) & (x>0)\\ 2(x+1) & (x<0)\end{cases}$

$f'(x)=0$에서 $x=-1$ 또는 $x=1$ 또는 $x=2$
함수 $f(x)$의 증가와 감소를 표로 나타내면 다음과 같다.

x	$\cdots$	-1	$\cdots$	0	$\cdots$	1	$\cdots$	2	$\cdots$
$f'(x)$	$-$	0	$+$		$+$	0	$-$	0	$+$
$f(x)$	↘	2	↗	3	↗	$\dfrac{11}{2}$	↘	5	↗

즉, 함수 $f(x)$의 최솟값은 2이므로 실수 전체의 집합에서 부등식 $f(x) \geq k$가 성립하려면
$$k \leq 2$$
따라서 실수 k의 최댓값은 2이다.

6 답 29

$f(x) = x^3 + 3x^2 + k$라 하면
$$f'(x) = 3x^2 + 6x = 3x(x+2)$$
$f'(x) = 0$에서 $x = -2$ 또는 $x = 0$
닫힌구간 $[-3, 2]$에서 함수 $f(x)$의 증가와 감소를 표로 나타내면 다음과 같다.

x	-3	$\cdots$	-2	$\cdots$	0	$\cdots$	2
$f'(x)$		$+$	0	$-$	0	$+$	
$f(x)$	k	$\nearrow$	$k+4$	$\searrow$	k	$\nearrow$	$k+20$

닫힌구간 $[-3, 2]$에서 함수 $f(x)$의 최댓값은 $k+20$, 최솟값은 k이므로 부등식 $|f(x)| < 25$, 즉 $-25 < f(x) < 25$를 만족시키려면
$$k > -25, \quad k+20 < 25$$
$$\therefore -25 < k < 5$$
따라서 정수 k의 개수는 $-24, -23, -22, \cdots, 4$의 29이다.

7 답 ①

$x^3 - 3x^2 \geq kx - 4$에서 $f(x) = x^3 - 3x^2$이라 하면
$$f'(x) = 3x^2 - 6x = 3x(x-2)$$
$f'(x) = 0$에서 $x = 0$ 또는 $x = 2$
$x \geq 0$에서 함수 $f(x)$의 증가와 감소를 표로 나타내면 다음과 같다.

x	0	$\cdots$	2	$\cdots$
$f'(x)$	0	$-$	0	$+$
$f(x)$	0	$\searrow$	-4	$\nearrow$

따라서 $x \geq 0$에서 함수 $y = f(x)$의 그래프는 오른쪽 그림과 같고, 직선 $y = kx - 4$는 항상 점 $(0, -4)$를 지나므로 부등식 $f(x) \geq kx - 4$가 항상 성립하려면
$$k \leq 0$$

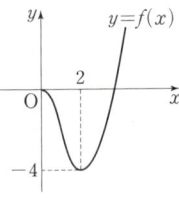

8 답 ③

점 P의 시각 t $(t \geq 0)$에서의 속도를 v, 가속도를 a라 하면
$$v = \frac{dx}{dt} = t^2 - 10t + 10, \quad a = \frac{dv}{dt} = 2t - 10$$
이때 $v = t^2 - 10t + 10 = (t-5)^2 - 15$이므로 점 P의 속도가 최소일 때의 시각은 $t = 5$이다.
따라서 $t = 5$에서의 점 P의 가속도는
$$a = 10 - 10 = 0$$

9 답 ②

주어진 위치 $x(t)$의 그래프에서 $x(t) = 0$이 되는 t의 값은 0, 2, 5이므로
$$x(t) = kt(t-2)(t-5) = k(t^3 - 7t^2 + 10t) \ (k > 0)$$
이라 할 수 있다.
점 P의 시각 t $(t \geq 0)$에서의 속도를 $v(t)$, 가속도를 $a(t)$라 하면
$$v(t) = \frac{d}{dt}x(t) = k(3t^2 - 14t + 10)$$
$$a(t) = \frac{d}{dt}v(t) = k(6t - 14)$$
이때 점 P의 가속도가 0인 시각은 $a(t) = 0$에서
$$k(6t - 14) = 0 \qquad \therefore t = \frac{7}{3} \ (\because k > 0)$$

10 답 ③

$2x^3 + 6x^2 + a = 0$에서 $-2x^3 - 6x^2 = a$
$f(x) = -2x^3 - 6x^2$이라 하면
$$f'(x) = -6x^2 - 12x = -6x(x+2)$$
$f'(x) = 0$에서 $x = -2$ 또는 $x = 0$
함수 $f(x)$의 증가와 감소를 표로 나타내면 다음과 같다.

x	$\cdots$	-2	$\cdots$	0	$\cdots$
$f'(x)$	$-$	0	$+$	0	$-$
$f(x)$	$\searrow$	-8	$\nearrow$	0	$\searrow$

즉, 함수 $y = f(x)$의 그래프의 개형은 오른쪽 그림과 같으므로 주어진 방정식이 $-2 \leq x \leq 2$에서 서로 다른 두 실근을 가지려면 함수 $y = f(x)$의 그래프와 직선 $y = a$가 $-2 \leq x \leq 2$에서 서로 다른 두 점에서 만나야 한다.
$$\therefore -8 \leq a < 0$$

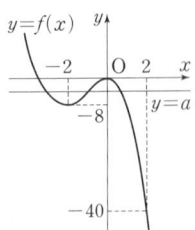

따라서 정수 a의 개수는 $-8, -7, -6, \cdots, -1$의 8이다.

11 답 27

두 점 P, Q의 시각 t $(t \geq 0)$에서의 속도를 각각 v_1, v_2라 하면
$$v_1 = \frac{dx_1}{dt} = 3t^2 - 4t + 3, \quad v_2 = \frac{dx_2}{dt} = 2t + 12$$
이때 두 점 P, Q의 속도가 같아지는 순간은 $v_1 = v_2$에서
$$3t^2 - 4t + 3 = 2t + 12, \quad 3t^2 - 6t - 9 = 0$$
$$(t+1)(t-3) = 0 \qquad \therefore t = 3 \ (\because t \geq 0)$$
$t = 3$에서의 점 P의 위치는
$$x_1 = 27 - 18 + 9 = 18$$
$t = 3$에서의 점 Q의 위치는
$$x_2 = 9 + 36 = 45$$
따라서 두 점 P, Q 사이의 거리는
$$|18 - 45| = 27$$

Ⅲ. 적분

01 부정적분

개념 **Check** 115~116쪽

1 (1) x^2+2x (2) x^2+2x+C

2 (1) $\dfrac{1}{3}x^3+C$ (2) $\dfrac{1}{10}x^{10}+C$

3 (1) $\dfrac{1}{3}x^3-\dfrac{1}{2}x^2+2x+C$ (2) $\dfrac{1}{4}x^4+2x^2+C$

1 답 (1) x^2+2x (2) x^2+2x+C

(1) $\dfrac{d}{dx}\left\{\displaystyle\int f(x)\,dx\right\}=f(x)=x^2+2x$

(2) $\displaystyle\int\left\{\dfrac{d}{dx}f(x)\right\}dx=f(x)+C=x^2+2x+C$

2 답 (1) $\dfrac{1}{3}x^3+C$ (2) $\dfrac{1}{10}x^{10}+C$

(1) $\displaystyle\int x^2\,dx=\dfrac{1}{2+1}x^{2+1}+C=\dfrac{1}{3}x^3+C$

(2) $\displaystyle\int x^9\,dx=\dfrac{1}{9+1}x^{9+1}+C=\dfrac{1}{10}x^{10}+C$

3 답 (1) $\dfrac{1}{3}x^3-\dfrac{1}{2}x^2+2x+C$ (2) $\dfrac{1}{4}x^4+2x^2+C$

(1) $\displaystyle\int(x^2-x+2)\,dx$

$=\displaystyle\int x^2\,dx-\int x\,dx+2\int dx$

$=\left(\dfrac{1}{3}x^3+C_1\right)-\left(\dfrac{1}{2}x^2+C_2\right)+2(x+C_3)$

$=\dfrac{1}{3}x^3-\dfrac{1}{2}x^2+2x+C$

(2) $\displaystyle\int(x^3+4x)\,dx=\int x^3\,dx+4\int x\,dx$

$\qquad\qquad=\left(\dfrac{1}{4}x^4+C_1\right)+4\left(\dfrac{1}{2}x^2+C_2\right)$

$\qquad\qquad=\dfrac{1}{4}x^4+2x^2+C$

필수 예제 117~121쪽

① 32	①-1 ②	② ④	②-1 ②
③ ⑤	③-1 ①	④ ①	④-1 4
⑤ 4	⑤-1 ⑤		

1 답 32

$f(x)=\dfrac{d}{dx}\displaystyle\int\{x^3-f(x)\}\,dx=x^3-f(x)$

이므로 $2f(x)=x^3$

따라서 $f(x)=\dfrac{1}{2}x^3$이므로

$f(4)=32$

1 -1 답 ②

$g(x)=\displaystyle\int\left\{\dfrac{d}{dx}f(x)\right\}dx=f(x)+C=3x^2+2x+C$

모든 실수 x에 대하여 $f(x)-g(x)=4$이므로

$(3x^2+2x)-(3x^2+2x+C)=4$　　∴ $C=-4$

따라서 $g(x)=3x^2+2x-4$이므로

$g(2)=12+4-4=12$

2 답 ④

$f(x)=\displaystyle\int\left(\dfrac{1}{2}x^3+2x+1\right)dx-\int\left(\dfrac{1}{2}x^3+x\right)dx$

$\qquad=\displaystyle\int\left\{\left(\dfrac{1}{2}x^3+2x+1\right)-\left(\dfrac{1}{2}x^3+x\right)\right\}dx$

$\qquad=\displaystyle\int(x+1)\,dx=\dfrac{1}{2}x^2+x+C$

이때 $f(0)=1$이므로 $C=1$

따라서 $f(x)=\dfrac{1}{2}x^2+x+1$이므로

$f(4)=8+4+1=13$

2 -1 답 ②

$f(x)=\displaystyle\int\dfrac{x^3}{x-2}\,dx+\int\dfrac{8}{2-x}\,dx$

$\qquad=\displaystyle\int\left(\dfrac{x^3}{x-2}-\dfrac{8}{x-2}\right)dx$

$\qquad=\displaystyle\int\dfrac{x^3-8}{x-2}\,dx$

$\qquad=\displaystyle\int\dfrac{(x-2)(x^2+2x+4)}{x-2}\,dx$

$\qquad=\displaystyle\int(x^2+2x+4)\,dx$

$\qquad=\dfrac{1}{3}x^3+x^2+4x+C$

이때 $f(0)=3$이므로 $C=3$

따라서 $f(x)=\dfrac{1}{3}x^3+x^2+4x+3$이므로

$f(3)=9+9+12+3=33$

3 답 ⑤

$f(x)=\displaystyle\int f'(x)\,dx=\int(3x^2-2x)\,dx$

$\qquad=x^3-x^2+C$

이때 $f(1)=1$이므로

$1-1+C=1$　　∴ $C=1$

따라서 $f(x)=x^3-x^2+1$이므로

$f(2)=8-4+1=5$

3 -1 답 ①

$f(x)=\displaystyle\int f'(x)\,dx=\int(3x^2-6x)\,dx$

$\qquad=x^3-3x^2+C$

곡선 $y=f(x)$가 원점을 지나므로 $f(0)=0$에서
$C=0$
따라서 $f(x)=x^3-3x^2$이므로
$f(2)=8-12=-4$

[4] 답 ①

$F'(x)=f(x)$이므로 $F(x)=xf(x)+4x^3-x^2$의 양변을 x에
대하여 미분하면
$f(x)=\{f(x)+xf'(x)\}+12x^2-2x$
$xf'(x)=-12x^2+2x$
$\therefore f'(x)=-12x+2$
$\therefore f(x)=\int f'(x)\,dx=\int (-12x+2)\,dx$
$\qquad\qquad =-6x^2+2x+C$
이때 $f(0)=5$이므로 $C=5$
따라서 $f(x)=-6x^2+2x+5$이므로
$f(1)=-6+2+5=1$

[4] -1 답 4

$\int f(x)\,dx=(x-2)f(x)-\dfrac{3}{4}x^4+3x^3-3x^2$의 양변을 x에
대하여 미분하면
$f(x)=\{f(x)+(x-2)f'(x)\}-3x^3+9x^2-6x$
$(x-2)f'(x)=3x^3-9x^2+6x=3x(x-1)(x-2)$
$\therefore f'(x)=3x(x-1)=3x^2-3x$
$\therefore f(x)=\int f'(x)\,dx=\int (3x^2-3x)\,dx=x^3-\dfrac{3}{2}x^2+C$
이때 $f(0)=2$이므로 $C=2$
따라서 $f(x)=x^3-\dfrac{3}{2}x^2+2$이므로
$f(2)=8-6+2=4$

[5] 답 4

함수 $f(x)$가 $x=1$에서 극솟값 3을 가지므로
$f'(1)=0,\ f(1)=3$
$f'(1)=0$에서
$3+a=0$ $\qquad\therefore a=-3$
즉, $f'(x)=3x^2-3$이므로
$f(x)=\int f'(x)\,dx=\int (3x^2-3)\,dx=x^3-3x+C$
$f(1)=3$에서
$1-3+C=3$ $\qquad\therefore C=5$
$\therefore f(x)=x^3-3x+5$
한편, $f'(x)=3x^2-3=3(x+1)(x-1)$이므로
$f'(x)=0$에서 $x=-1$ 또는 $x=1$

함수 $f(x)$의 증가와 감소를 표로 나타내면 다음과 같다.

x	$\cdots$	-1	$\cdots$	1	$\cdots$
$f'(x)$	$+$	0	$-$	0	$+$
$f(x)$	↗	극대	↘	극소	↗

즉, 함수 $f(x)$는 $x=-1$에서 극대이고, 극댓값은
$f(-1)=-1+3+5=7$
$\therefore M=7$
$\therefore a+M=-3+7=4$

[5] -1 답 ⑤

주어진 함수 $y=f'(x)$의 그래프에서
$f'(-1)=0,\ f'(3)=0$이므로
$f'(x)=a(x+1)(x-3)=a(x^2-2x-3)\ (a>0)$
이라 할 수 있다.
또한, $f'(0)=-3$이므로
$-3a=-3$ $\qquad\therefore a=1$
$\therefore f'(x)=x^2-2x-3$
$\therefore f(x)=\int f'(x)\,dx=\int (x^2-2x-3)\,dx$
$\qquad\qquad =\dfrac{1}{3}x^3-x^2-3x+C$
이때 함수 $y=f(x)$의 그래프가 원점을 지나므로 $f(0)=0$에서
$C=0$
$\therefore f(x)=\dfrac{1}{3}x^3-x^2-3x$

주어진 함수 $y=f'(x)$의 그래프를 이용하여 함수 $f(x)$의 증
가와 감소를 표로 나타내면 다음과 같다.

x	$\cdots$	-1	$\cdots$	3	$\cdots$
$f'(x)$	$+$	0	$-$	0	$+$
$f(x)$	↗	극대	↘	극소	↗

즉, 함수 $f(x)$는 $x=-1$에서 극대, $x=3$에서 극소이므로 함
수 $f(x)$의 극솟값은
$f(3)=9-9-9=-9$

<table>
<tr><td>단원 마무리</td><td></td><td></td><td>122~123쪽</td></tr>
</table>

1 ③	2 ②	3 90	4 ②
5 ⑤	6 ①	7 ③	8 ④

1 답 ③

$f(x)=\int \left\{\dfrac{d}{dx}(2x^3+ax^2)\right\}dx=2x^3+ax^2+C$이므로
$f'(x)=6x^2+2ax$
이때 $f'(1)=0$이므로
$6+2a=0$ $\qquad\therefore a=-3$
$\therefore f(x)=2x^3-3x^2+C$

$f(1)=0$이므로

$2-3+C=0$ $\qquad \therefore C=1$

따라서 $f(x)=2x^3-3x^2+1$이므로

$f(2)=16-12+1=5$

2 답 ②

$f(x)=\dfrac{d}{dx}\displaystyle\int (x^3-3x)\,dx+\int\left\{\dfrac{d}{dx}(x^3-3x)\right\}dx$

$\qquad =(x^3-3x)+(x^3-3x+C)$

$\qquad =2x^3-6x+C$

이때 $f(0)=4$이므로 $C=4$

$\therefore f(x)=2x^3-6x+4$

즉, 방정식 $f(x)=0$에서

$2x^3-6x+4=0,\ 2(x+2)(x-1)^2=0$

$\therefore x=-2$ 또는 $x=1$

따라서 방정식 $f(x)=0$의 서로 다른 모든 실근의 합은

$-2+1=-1$

3 답 90

$f(x)=\displaystyle\int \dfrac{x^2-1}{x+1}\,dx+\int \dfrac{x^3+1}{x+1}\,dx$

$\qquad =\displaystyle\int \left(\dfrac{x^2-1}{x+1}+\dfrac{x^3+1}{x+1}\right)dx$

$\qquad =\displaystyle\int \dfrac{x^3+x^2}{x+1}\,dx$

$\qquad =\displaystyle\int \dfrac{x^2(x+1)}{x+1}\,dx$

$\qquad =\displaystyle\int x^2\,dx=\dfrac{1}{3}x^3+C$

이때 $f(1)=\dfrac{4}{3}$이므로

$\dfrac{1}{3}+C=\dfrac{4}{3}$ $\qquad \therefore C=1$

따라서 $f(x)=\dfrac{1}{3}x^3+1,\ f'(x)=x^2$이므로

$f(3)f'(3)=(9+1)\times 9=90$

다른 풀이

$f(x)=\displaystyle\int \dfrac{x^2-1}{x+1}\,dx+\int \dfrac{x^3+1}{x+1}\,dx$

$\qquad =\displaystyle\int \dfrac{(x+1)(x-1)}{x+1}\,dx+\int \dfrac{(x+1)(x^2-x+1)}{x+1}\,dx$

$\qquad =\displaystyle\int (x-1)\,dx+\int (x^2-x+1)\,dx$

$\qquad =\displaystyle\int \{(x-1)+(x^2-x+1)\}\,dx$

$\qquad =\displaystyle\int x^2\,dx=\dfrac{1}{3}x^3+C$

4 답 ②

조건 (가)에 의하여 $f'(x)=x^3-3x^2+k$이므로

$f(x)=\displaystyle\int f'(x)\,dx=\int (x^3-3x^2+k)\,dx$

$\qquad =\dfrac{1}{4}x^4-x^3+kx+C$

조건 (나)에 의하여 $f'(1)=-1,\ f(1)=1$이므로

$f'(1)=-1$에서

$1-3+k=-1$ $\qquad \therefore k=1$

$f(1)=1$에서

$\dfrac{1}{4}-1+1+C=1$ $\qquad \therefore C=\dfrac{3}{4}$

따라서 $f(x)=\dfrac{1}{4}x^4-x^3+x+\dfrac{3}{4}$이므로 곡선 $y=f(x)$가 y축

과 만나는 점의 y좌표는

$f(0)=\dfrac{3}{4}$

5 답 ⑤

$F(x)-xf(x)=x^4-3x^2$ $\qquad\cdots\cdots$ ㉠

$F'(x)=f(x)$이므로 ㉠의 양변을 x에 대하여 미분하면

$f(x)-\{f(x)+xf'(x)\}=4x^3-6x$

$xf'(x)=-4x^3+6x$

$\therefore f'(x)=-4x^2+6$

$\therefore f(x)=\displaystyle\int f'(x)\,dx=\int (-4x^2+6)\,dx$

$\qquad =-\dfrac{4}{3}x^3+6x+C$ $\qquad\cdots\cdots$ ㉡

$F(1)=1$이므로 ㉠의 양변에 $x=1$을 대입하면

$F(1)-f(1)=1-3,\ 1-f(1)=-2$

$\therefore f(1)=3$

㉡에 $x=1$을 대입하면

$-\dfrac{4}{3}+6+C=3$ $\qquad \therefore C=-\dfrac{5}{3}$

따라서 $f(x)=-\dfrac{4}{3}x^3+6x-\dfrac{5}{3}$이므로

$f(2)=-\dfrac{32}{3}+12-\dfrac{5}{3}=-\dfrac{1}{3}$

6 답 ①

조건 (가)에서 $f'(x)=x^2-x-2$이므로

$f(x)=\displaystyle\int f'(x)\,dx=\int (x^2-x-2)\,dx$

$\qquad =\dfrac{1}{3}x^3-\dfrac{1}{2}x^2-2x+C$

한편, $f'(x)=x^2-x-2=(x+1)(x-2)$이므로

$f'(x)=0$에서 $x=-1$ 또는 $x=2$

함수 $f(x)$의 증가와 감소를 표로 나타내면 다음과 같다.

x	$\cdots$	-1	$\cdots$	2	$\cdots$
$f'(x)$	$+$	0	$-$	0	$+$
$f(x)$	↗	극대	↘	극소	↗

즉, 함수 $f(x)$는 $x=-1$에서 극대이고 $x=2$에서 극소이다.

조건 (나)에 의하여 $f(2)=\dfrac{2}{3}$이므로

$\dfrac{8}{3}-2-4+C=\dfrac{2}{3}$ $\quad\therefore C=4$

따라서 $f(x)=\dfrac{1}{3}x^3-\dfrac{1}{2}x^2-2x+4$이므로 함수 $f(x)$의 극댓

값은

$f(-1)=-\dfrac{1}{3}-\dfrac{1}{2}+2+4=\dfrac{31}{6}$

7 답 ③

$f(x)=\displaystyle\int f'(x)\,dx=\int(2x+4)\,dx$

$\qquad=x^2+4x+C$

$f(-1)+f(1)=0$이므로

$(1-4+C)+(1+4+C)=0$

$2+2C=0$ $\quad\therefore C=-1$

따라서 $f(x)=x^2+4x-1$이므로

$f(2)=4+8-1=11$

8 답 ④

$f'(-1)=f'(1)=0$이므로

$f'(x)=a(x+1)(x-1)=a(x^2-1)\ (a>0)$

이라 할 수 있다.

$\therefore f(x)=\displaystyle\int f'(x)\,dx=\int a(x^2-1)\,dx$

$\qquad\quad=a\left(\dfrac{1}{3}x^3-x\right)+C$

주어진 함수 $y=f'(x)$의 그래프를 이용하여 함수 $f(x)$의 증
가와 감소를 표로 나타내면 다음과 같다.

x	$\cdots$	-1	$\cdots$	1	$\cdots$
$f'(x)$	$+$	0	$-$	0	$+$
$f(x)$	↗	극대	↘	극소	↗

즉, 함수 $f(x)$는 $x=-1$에서 극대, $x=1$에서 극소이므로

$f(-1)=4$에서 $\dfrac{2}{3}a+C=4$ $\quad\cdots\cdots\ ㉠$

$f(1)=0$에서 $-\dfrac{2}{3}a+C=0$ $\quad\cdots\cdots\ ㉡$

㉠, ㉡을 연립하여 풀면

$a=3,\ C=2$

따라서 $f(x)=x^3-3x+2$이므로

$f(3)=27-9+2=20$

 정적분

125~130쪽

개념 Check

1 (1) $\dfrac{8}{3}$ (2) 8 **2** (1) 0 (2) 24

3 (1) $\dfrac{5}{2}$ (2) $\dfrac{25}{4}$ **4** (1) $\dfrac{212}{15}$ (2) 0

5 9 **6** (1) $2x^3$ (2) $4x+4$

7 (1) -1 (2) 10

---

1 답 (1) $\dfrac{8}{3}$ (2) 8

(1) $\displaystyle\int_0^2 x^2\,dx=\left[\dfrac{1}{3}x^3\right]_0^2=\dfrac{8}{3}-0=\dfrac{8}{3}$

(2) $\displaystyle\int_1^3 (x+2)\,dx=\left[\dfrac{1}{2}x^2+2x\right]_1^3=\left(\dfrac{9}{2}+6\right)-\left(\dfrac{1}{2}+2\right)=8$

2 답 (1) 0 (2) 24

(1) $\displaystyle\int_0^0 2x\,dx=0$

(2) $\displaystyle\int_3^0 (-3x^2+1)\,dx=-\int_0^3 (-3x^2+1)\,dx$

$\qquad\qquad\qquad\qquad=-\left[-x^3+x\right]_0^3$

$\qquad\qquad\qquad\qquad=-\{(-27+3)-0\}=24$

3 답 (1) $\dfrac{5}{2}$ (2) $\dfrac{25}{4}$

(1) $\displaystyle\int_1^2 (x^2+3x)\,dx-\int_1^2 (x^2-2x+5)\,dx$

$\quad=\displaystyle\int_1^2 \{(x^2+3x)-(x^2-2x+5)\}\,dx$

$\quad=\displaystyle\int_1^2 (5x-5)\,dx=\left[\dfrac{5}{2}x^2-5x\right]_1^2$

$\quad=(10-10)-\left(\dfrac{5}{2}-5\right)=\dfrac{5}{2}$

(2) $\displaystyle\int_{-2}^1 (x^3-2)\,dx+\int_1^3 (x^3-2)\,dx=\int_{-2}^3 (x^3-2)\,dx$

$\qquad\qquad\qquad\qquad\qquad\quad=\left[\dfrac{1}{4}x^4-2x\right]_{-2}^3$

$\qquad\qquad\qquad\qquad\qquad\quad=\left(\dfrac{81}{4}-6\right)-(4+4)$

$\qquad\qquad\qquad\qquad\qquad\quad=\dfrac{25}{4}$

4 답 (1) $\dfrac{212}{15}$ (2) 0

(1) $\displaystyle\int_{-2}^2 (x^4-2x^2+3)\,dx=2\int_0^2 (x^4-2x^2+3)\,dx$

$\qquad\qquad\qquad\qquad\qquad=2\left[\dfrac{1}{5}x^5-\dfrac{2}{3}x^3+3x\right]_0^2$

$\qquad\qquad\qquad\qquad\qquad=2\left\{\left(\dfrac{32}{5}-\dfrac{16}{3}+6\right)-0\right\}=\dfrac{212}{15}$

(2) $\displaystyle\int_{-3}^3 (x^3+x)\,dx=0$

5 답 9

$f(x+2)=f(x)$에서 $f(x)$는 주기함수이므로

$$\int_{-4}^{-2} f(x)\,dx = \int_{-2}^{0} f(x)\,dx = \int_{0}^{2} f(x)\,dx$$

$$\therefore \int_{-4}^{2} f(x)\,dx = \int_{-4}^{-2} f(x)\,dx + \int_{-2}^{0} f(x)\,dx + \int_{0}^{2} f(x)\,dx$$

$$= 3\int_{0}^{2} f(x)\,dx = 3\times 3 = 9$$

6 답 (1) $2x^3$ (2) $4x+4$

(1) $\dfrac{d}{dx}\displaystyle\int_{0}^{x} 2t^3\,dt = 2x^3$

(2) $\dfrac{d}{dx}\displaystyle\int_{x}^{x+2} (t^2-3)\,dt = \{(x+2)^2-3\}-(x^2-3)$

$$= 4x+4$$

7 답 (1) -1 (2) 10

(1) $f(t)=t-2$로 놓고 함수 $f(t)$의 한 부정적분을 $F(t)$라 하면

$$\lim_{x\to 1}\frac{1}{x-1}\int_{1}^{x} f(t)\,dt = \lim_{x\to 1}\frac{1}{x-1}\Big[F(t)\Big]_{1}^{x}$$

$$= \lim_{x\to 1}\frac{F(x)-F(1)}{x-1}$$

$$= F'(1)=f(1)=1-2=-1$$

(2) $f(t)=2t^2+t$로 놓고 함수 $f(t)$의 한 부정적분을 $F(t)$라 하면

$$\lim_{x\to 0}\frac{1}{x}\int_{2}^{x+2} f(t)\,dt = \lim_{x\to 0}\frac{1}{x}\Big[F(t)\Big]_{2}^{x+2}$$

$$= \lim_{x\to 0}\frac{F(x+2)-F(2)}{x}$$

$$= F'(2)=f(2)=8+2=10$$

필수 예제   132~143쪽

1 ③	1-1 ①	2 ②	2-1 ⑤
3 ③	3-1 ③	4 ③	4-1 ②
5 ②	5-1 6	6 8	6-1 10
7 4	7-1 ④	8 ①	8-1 ①
9 30	9-1 ②	10 ②	10-1 ③
11 ④	11-1 ⑤	12 ④	12-1 ②

1 답 ③

$$\int_{0}^{2} (6x^2-x)\,dx = \Big[2x^3-\frac{1}{2}x^2\Big]_{0}^{2} = (16-2)-0=14$$

1-1 답 ①

$$\int_{0}^{a} (3x^2-4)\,dx = \Big[x^3-4x\Big]_{0}^{a} = a^3-4a$$

즉, $a^3-4a=0$이므로

$$a(a+2)(a-2)=0 \qquad \therefore a=2 \ (\because a>0)$$

2 답 ②

$$\int_{-1}^{2} (x+1)^2\,dx + \int_{-1}^{2} (3-2x)\,dx$$

$$= \int_{-1}^{2} \{(x+1)^2+(3-2x)\}\,dx$$

$$= \int_{-1}^{2} (x^2+4)\,dx = \Big[\frac{1}{3}x^3+4x\Big]_{-1}^{2}$$

$$= \Big(\frac{8}{3}+8\Big)-\Big(-\frac{1}{3}-4\Big)=15$$

2-1 답 ⑤

$$\int_{0}^{2} (x-1)^3\,dx + \int_{2}^{1} (x-1)^3\,dx$$

$$= \int_{0}^{1} (x-1)^3\,dx = \int_{0}^{1} (x^3-3x^2+3x-1)\,dx$$

$$= \Big[\frac{1}{4}x^4-x^3+\frac{3}{2}x^2-x\Big]_{0}^{1}$$

$$= \Big(\frac{1}{4}-1+\frac{3}{2}-1\Big)-0=-\frac{1}{4}$$

3 답 ③

$$\int_{-1}^{3} f(x)\,dx = \int_{-1}^{1} f(x)\,dx + \int_{1}^{3} f(x)\,dx$$

$$= \int_{-1}^{1} (-2x+2)\,dx + \int_{1}^{3} (x-1)^2\,dx$$

$$= \int_{-1}^{1} (-2x+2)\,dx + \int_{1}^{3} (x^2-2x+1)\,dx$$

$$= \Big[-x^2+2x\Big]_{-1}^{1} + \Big[\frac{1}{3}x^3-x^2+x\Big]_{1}^{3}$$

$$= \{(-1+2)-(-1-2)\}$$
$$\qquad\qquad + \Big\{(9-9+3)-\Big(\frac{1}{3}-1+1\Big)\Big\}$$

$$= \frac{20}{3}$$

3-1 답 ③

$$\int_{-2}^{2} f(x)\,dx = \int_{-2}^{0} f(x)\,dx + \int_{0}^{2} f(x)\,dx$$

$$= \int_{-2}^{0} (x^2+3x)\,dx + \int_{0}^{2} mx\,dx$$

$$= \Big[\frac{1}{3}x^3+\frac{3}{2}x^2\Big]_{-2}^{0} + \Big[\frac{m}{2}x^2\Big]_{0}^{2}$$

$$= \Big\{0-\Big(-\frac{8}{3}+6\Big)\Big\}+(2m-0)=2m-\frac{10}{3}$$

즉, $2m-\dfrac{10}{3}=2$이므로

$$m=\frac{8}{3}$$

따라서 $f(x)=\begin{cases} x^2+3x & (x\le 0) \\ \dfrac{8}{3}x & (x>0) \end{cases}$ 이므로

$$f(3)=\frac{8}{3}\times 3 = 8$$

4 답 ③

$|x^2-2x|=\begin{cases} x^2-2x & (x\le 0 \text{ 또는 } x\ge 2) \\ -x^2+2x & (0<x<2) \end{cases}$ 이므로

$\displaystyle\int_0^3 |x^2-2x|\,dx$

$=\displaystyle\int_0^2 (-x^2+2x)\,dx+\int_2^3 (x^2-2x)\,dx$

$=\left[-\dfrac{1}{3}x^3+x^2\right]_0^2+\left[\dfrac{1}{3}x^3-x^2\right]_2^3$

$=\left\{\left(-\dfrac{8}{3}+4\right)-0\right\}+\left\{(9-9)-\left(\dfrac{8}{3}-4\right)\right\}=\dfrac{8}{3}$

4 -1 답 ②

$x^2-2|x|+3=\begin{cases} x^2+2x+3 & (x\le 0) \\ x^2-2x+3 & (x>0) \end{cases}$ 이므로

$\displaystyle\int_{-1}^2 (x^2-2|x|+3)\,dx$

$=\displaystyle\int_{-1}^0 (x^2+2x+3)\,dx+\int_0^2 (x^2-2x+3)\,dx$

$=\left[\dfrac{1}{3}x^3+x^2+3x\right]_{-1}^0+\left[\dfrac{1}{3}x^3-x^2+3x\right]_0^2$

$=\left\{0-\left(-\dfrac{1}{3}+1-3\right)\right\}+\left\{\left(\dfrac{8}{3}-4+6\right)-0\right\}=7$

5 답 ②

$\displaystyle\int_{-1}^1 (x+1)^3\,dx-\int_{-1}^1 (x+1)^2\,dx$

$=\displaystyle\int_{-1}^1 \{(x+1)^3-(x+1)^2\}\,dx$

$=\displaystyle\int_{-1}^1 (x^3+2x^2+x)\,dx$

$=\displaystyle\int_{-1}^1 (x^3+x)\,dx+\int_{-1}^1 2x^2\,dx$

$=0+2\displaystyle\int_0^1 2x^2\,dx=2\left[\dfrac{2}{3}x^3\right]_0^1$

$=2\times\left(\dfrac{2}{3}-0\right)=\dfrac{4}{3}$

5 -1 답 6

$\displaystyle\int_{-2}^2 (4x^3+ax^2+2x+1)\,dx$

$=\displaystyle\int_{-2}^2 (4x^3+2x)\,dx+\int_{-2}^2 (ax^2+1)\,dx$

$=0+2\displaystyle\int_0^2 (ax^2+1)\,dx$

$=2\left[\dfrac{a}{3}x^3+x\right]_0^2=2\left\{\left(\dfrac{8}{3}a+2\right)-0\right\}=\dfrac{16}{3}a+4$

즉, $\dfrac{16}{3}a+4=36$이므로

$a=6$

6 답 8

$f(x+1)=f(x)$에서 $f(x)$는 주기함수이므로

$\displaystyle\int_{-1}^0 f(x)\,dx=\int_0^1 f(x)\,dx=\int_1^2 f(x)\,dx$

$=\displaystyle\int_2^3 f(x)\,dx=\int_3^4 f(x)\,dx$

이때

$\displaystyle\int_{-1}^1 f(x)\,dx=\int_{-1}^0 f(x)\,dx+\int_0^1 f(x)\,dx=2\int_0^1 f(x)\,dx$

이므로 $2\displaystyle\int_0^1 f(x)\,dx=4$ $\therefore \displaystyle\int_0^1 f(x)\,dx=2$

$\therefore \displaystyle\int_0^4 f(x)\,dx$

$=\displaystyle\int_0^1 f(x)\,dx+\int_1^2 f(x)\,dx+\int_2^3 f(x)\,dx+\int_3^4 f(x)\,dx$

$=4\displaystyle\int_0^1 f(x)\,dx=4\times 2=8$

6 -1 답 10

조건 (가)에 의하여 함수 $f(x)$는 $-1\le x\le 1$인 모든 실수 x에 대하여 $f(-x)=f(x)$를 만족시키므로

$\displaystyle\int_{-1}^1 f(x)\,dx=2\int_0^1 f(x)\,dx$

조건 (나)에서 $f(x)$는 주기함수이므로

$\displaystyle\int_{-1}^1 f(x)\,dx=\int_1^3 f(x)\,dx=\int_3^5 f(x)\,dx$

$\therefore \displaystyle\int_0^5 f(x)\,dx=\int_0^1 f(x)\,dx+\int_1^3 f(x)\,dx+\int_3^5 f(x)\,dx$

$=\displaystyle\int_0^1 f(x)\,dx+2\int_{-1}^1 f(x)\,dx$

$=\displaystyle\int_0^1 f(x)\,dx+2\times 2\int_0^1 f(x)\,dx$

$=5\displaystyle\int_0^1 f(x)\,dx=5\int_0^1 (3-3x^2)\,dx$

$=5\left[3x-x^3\right]_0^1=5\times\{(3-1)-0\}=10$

7 답 4

$\displaystyle\int_0^2 f(t)\,dt=k$ (k는 상수)로 놓으면 $f(x)=3x^2+k$

즉,

$k=\displaystyle\int_0^2 f(t)\,dt=\int_0^2 (3t^2+k)\,dt$

$=\left[t^3+kt\right]_0^2=8+2k$

이므로 $k=-8$

따라서 $f(x)=3x^2-8$이므로

$f(2)=12-8=4$

7 -1 답 ④

$$f(x)=x^3+2\int_0^1 (x+1)f(t)\,dt$$
$$=x^3+2(x+1)\int_0^1 f(t)\,dt$$

$\int_0^1 f(t)\,dt=k$ (k는 상수)로 놓으면

$$f(x)=x^3+2k(x+1)=x^3+2kx+2k$$

즉,

$$k=\int_0^1 f(t)\,dt=\int_0^1 (t^3+2kt+2k)\,dt$$
$$=\left[\frac{1}{4}t^4+kt^2+2kt\right]_0^1=\frac{1}{4}+3k$$

이므로 $k=-\dfrac{1}{8}$

따라서 $f(x)=x^3-\dfrac{1}{4}(x+1)$이므로

$$f(3)=27-1=26$$

8 답 ①

주어진 등식의 양변을 x에 대하여 미분하면

$$f(x)=4x^3+3ax^2$$

주어진 등식의 양변에 $x=-1$을 대입하면

$$0=1-a-3 \qquad \therefore a=-2$$

따라서 $f(x)=4x^3-6x^2$이므로

$$f(1)=4-6=-2$$

8 -1 답 ①

$f(x)=\int_0^x (at^2+2t)\,dt$의 양변을 x에 대하여 미분하면

$$f'(x)=ax^2+2x$$

이때 $f'(2)=6$이므로 $4a+4=6 \qquad \therefore a=\dfrac{1}{2}$

$$\therefore f(2)=\int_0^2 \left(\frac{1}{2}t^2+2t\right)dt=\left[\frac{1}{6}t^3+t^2\right]_0^2$$
$$=\left(\frac{4}{3}+4\right)-0=\frac{16}{3}$$

9 답 30

$$\int_1^x (x-t)f(t)\,dt=x\int_1^x f(t)\,dt-\int_1^x tf(t)\,dt$$

이므로 주어진 등식은

$$x\int_1^x f(t)\,dt-\int_1^x tf(t)\,dt=2x^3-3x^2+1$$

위의 등식의 양변을 x에 대하여 미분하면

$$\int_1^x f(t)\,dt+xf(x)-xf(x)=6x^2-6x$$
$$\therefore \int_1^x f(t)\,dt=6x^2-6x$$

위의 등식의 양변을 x에 대하여 미분하면

$$f(x)=12x-6 \qquad \therefore f(3)=36-6=30$$

9 -1 답 ②

$$\int_1^x (x-t)f(t)\,dt=x\int_1^x f(t)\,dt-\int_1^x tf(t)\,dt$$

이므로 주어진 등식은

$$x\int_1^x f(t)\,dt-\int_1^x tf(t)\,dt=4x^3+ax^2-2x+b$$

위의 등식의 양변을 x에 대하여 미분하면

$$\int_1^x f(t)\,dt+xf(x)-xf(x)=12x^2+2ax-2$$
$$\therefore \int_1^x f(t)\,dt=12x^2+2ax-2 \qquad \cdots\cdots \text{㉠}$$

㉠의 양변을 x에 대하여 미분하면

$$f(x)=24x+2a$$

㉠의 양변에 $x=1$을 대입하면

$$0=12+2a-2 \qquad \therefore a=-5$$

한편, 주어진 등식의 양변에 $x=1$을 대입하면

$$0=4+a-2+b \qquad \therefore a+b=-2 \qquad \cdots\cdots \text{㉡}$$

$a=-5$를 ㉡에 대입하여 정리하면 $b=3$

따라서 $f(x)=24x-10$이므로

$$f(b)=f(3)=72-10=62$$

10 답 ②

$f(x)=\int_0^x (t^2-4)\,dt$의 양변을 x에 대하여 미분하면

$$f'(x)=x^2-4=(x+2)(x-2)$$
$$f'(x)=0$$에서 $x=-2$ 또는 $x=2$

함수 $f(x)$의 증가와 감소를 표로 나타내면 다음과 같다.

x	$\cdots$	-2	$\cdots$	2	$\cdots$
$f'(x)$	$+$	0	$-$	0	$+$
$f(x)$	↗	극대	↘	극소	↗

즉, 함수 $f(x)$는 $x=-2$에서 극대, $r=2$에서 극소이고

$$f(-2)=\int_0^{-2}(t^3-4)\,dt=\left[\frac{1}{3}t^3-4t\right]_0^{-2}$$
$$=\left(-\frac{8}{3}+8\right)-0=\frac{16}{3},$$
$$f(2)=\int_0^2 (t^2-4)\,dt=\left[\frac{1}{3}t^3-4t\right]_0^2$$
$$=\left(\frac{8}{3}-8\right)-0=-\frac{16}{3}$$

이므로 극댓값은 $\dfrac{16}{3}$, 극솟값은 $-\dfrac{16}{3}$이다.

따라서 함수 $f(x)$의 극댓값과 극솟값의 차는

$$\frac{16}{3}-\left(-\frac{16}{3}\right)=\frac{32}{3}$$

다른 풀이

$$\int_0^x (t^2-4)\,dt=\left[\frac{1}{3}t^3-4t\right]_0^x$$
$$=\frac{1}{3}x^3-4x$$

이므로 $f(x)$는
$$f(x) = \frac{1}{3}x^3 - 4x$$
양변을 x에 대하여 미분하면
$$f'(x) = x^2 - 4 = (x+2)(x-2)$$
$f'(x) = 0$에서 $x = -2$ 또는 $x = 2$
함수 $f(x)$의 증가와 감소를 표로 나타내면 다음과 같다.

x	$\cdots$	-2	$\cdots$	2	$\cdots$
$f'(x)$	$+$	0	$-$	0	$+$
$f(x)$	↗	극대	↘	극소	↗

즉, 함수 $f(x)$는 $x = -2$에서 극대이고 극댓값은
$$f(-2) = -\frac{8}{3} + 8 = \frac{16}{3}$$
$x = 2$에서 극소이고 극솟값은
$$f(2) = \frac{8}{3} - 8 = -\frac{16}{3}$$

10 -1 답 ③

$f(x) = \displaystyle\int_{-2}^{x} (t^2 - t + a)\, dt$의 양변을 x에 대하여 미분하면
$$f'(x) = x^2 - x + a$$
이때 $f'(-1) = 0$이므로
$$1 + 1 + a = 0 \qquad \therefore a = -2$$
즉, $f'(x) = x^2 - x - 2 = (x+1)(x-2)$이므로
$f'(x) = 0$에서 $x = -1$ 또는 $x = 2$
함수 $f(x)$의 증가와 감소를 표로 나타내면 다음과 같다.

x	$\cdots$	-1	$\cdots$	2	$\cdots$
$f'(x)$	$+$	0	$-$	0	$+$
$f(x)$	↗	극대	↘	극소	↗

따라서 함수 $f(x)$는 $x = 2$에서 극소이고
$$
\begin{aligned}
f(2) &= \int_{-2}^{2} (t^2 - t - 2)\, dt \\
&= \int_{-2}^{2} (t^2 - 2)\, dt + \int_{-2}^{2} (-t)\, dt \\
&= 2\int_{0}^{2} (t^2 - 2)\, dt + 0 \\
&= 2\left[\frac{1}{3}t^3 - 2t \right]_{0}^{2} \\
&= 2 \times \left\{ \left(\frac{8}{3} - 4 \right) - 0 \right\} = -\frac{8}{3}
\end{aligned}
$$
이므로 극솟값은 $-\dfrac{8}{3}$이다.

11 답 ④

$f(x) = \displaystyle\int_{1}^{x} (t^2 - 3t)\, dt$의 양변을 x에 대하여 미분하면
$$f'(x) = x^2 - 3x = x(x-3)$$
$f'(x) = 0$에서 $x = 3$ ($\because 1 \le x \le 4$)

$1 \le x \le 4$에서 함수 $f(x)$의 증가와 감소를 표로 나타내면 다음과 같다.

x	1	$\cdots$	3	$\cdots$	4
$f'(x)$		$-$	0	$+$	
$f(x)$		↘	극소	↗	

따라서 $1 \le x \le 4$에서 함수 $f(x)$는 $x = 3$에서 극소이면서 최소이고
$$
\begin{aligned}
f(3) &= \int_{1}^{3} (t^2 - 3t)\, dt = \left[\frac{1}{3}t^3 - \frac{3}{2}t^2 \right]_{1}^{3} \\
&= \left(9 - \frac{27}{2} \right) - \left(\frac{1}{3} - \frac{3}{2} \right) = -\frac{10}{3}
\end{aligned}
$$
이므로 최솟값은 $-\dfrac{10}{3}$이다.

11 -1 답 ⑤

$f(x) = \displaystyle\int_{0}^{x} (-t^2 + 5t - 4)\, dt$의 양변을 x에 대하여 미분하면
$$f'(x) = -x^2 + 5x - 4 = -(x-1)(x-4)$$
$f'(x) = 0$에서 $x = 1$ ($\because 0 \le x \le 3$)
닫힌구간 $[0, 3]$에서 함수 $f(x)$의 증가와 감소를 표로 나타내면 다음과 같다.

x	0	$\cdots$	1	$\cdots$	3
$f'(x)$		$-$	0	$+$	
$f(x)$		↘	극소	↗	

이때
$$f(0) = \int_{0}^{0} (-t^2 + 5t - 4)\, dt = 0,$$
$$
\begin{aligned}
f(1) &= \int_{0}^{1} (-t^2 + 5t - 4)\, dt = \left[-\frac{1}{3}t^3 + \frac{5}{2}t^2 - 4t \right]_{0}^{1} \\
&= \left(-\frac{1}{3} + \frac{5}{2} - 4 \right) - 0 = -\frac{11}{6},
\end{aligned}
$$
$$
\begin{aligned}
f(3) &= \int_{0}^{3} (-t^2 + 5t - 4)\, dt = \left[-\frac{1}{3}t^3 + \frac{5}{2}t^2 - 4t \right]_{0}^{3} \\
&= \left(-9 + \frac{45}{2} - 12 \right) - 0 = \frac{3}{2}
\end{aligned}
$$
이므로 닫힌구간 $[0, 3]$에서 함수 $f(x)$의 최댓값은 $\dfrac{3}{2}$, 최솟값은 $-\dfrac{11}{6}$이다.
따라서 함수 $f(x)$의 최댓값과 최솟값의 차는
$$\frac{3}{2} - \left(-\frac{11}{6} \right) = \frac{10}{3}$$

다른 풀이

$$
\begin{aligned}
\int_{0}^{x} (-t^2 + 5t - 4)\, dt &= \left[-\frac{1}{3}t^3 + \frac{5}{2}t^2 - 4t \right]_{0}^{x} \\
&= -\frac{1}{3}x^3 + \frac{5}{2}x^2 - 4x
\end{aligned}
$$

이므로 $f(x)$는

$$f(x)=-\frac{1}{3}x^3+\frac{5}{2}x^2-4x$$

양변을 x에 대하여 미분하면

$$f'(x)=-x^2+5x-4$$
$$=-(x-1)(x-4)$$

$f'(x)=0$에서 $x=1$ ($\because 0\le x\le 3$)

닫힌구간 $[0, 3]$에서 함수 $f(x)$의 증가와 감소를 표로 나타내면 다음과 같다.

x	0	$\cdots$	1	$\cdots$	3
$f'(x)$		$-$	0	$+$	
$f(x)$		$\searrow$	극소	$\nearrow$	

이때

$f(0)=0$,

$f(1)=-\dfrac{1}{3}+\dfrac{5}{2}-4=-\dfrac{11}{6}$,

$f(3)=-9+\dfrac{45}{2}-12=\dfrac{3}{2}$

이므로 닫힌구간 $[0, 3]$에서 함수 $f(x)$의 최댓값은 $\dfrac{3}{2}$,

최솟값은 $-\dfrac{11}{6}$이다.

---

12 답 ④

$f(x)=x^2+3$으로 놓고 함수 $f(x)$의 한 부정적분을 $F(x)$라 하면

$$\lim_{h\to 0}\frac{1}{h}\int_1^{1+2h}f(x)\,dx=\lim_{h\to 0}\frac{1}{h}\Big[F(x)\Big]_1^{1+2h}$$
$$=\lim_{h\to 0}\frac{F(1+2h)-F(1)}{h}$$
$$=\lim_{h\to 0}\left\{\frac{F(1+2h)-F(1)}{2h}\times 2\right\}$$
$$=2F'(1)=2f(1)$$
$$=2\times(1+3)$$
$$=8$$

---

12 -1 답 ②

$f(t)=2t^3+5t$로 놓고 함수 $f(t)$의 한 부정적분을 $F(t)$라 하면

$$\lim_{x\to 1}\frac{1}{x^2-1}\int_1^x f(t)\,dt=\lim_{x\to 1}\frac{1}{x^2-1}\Big[F(t)\Big]_1^x$$
$$=\lim_{x\to 1}\frac{F(x)-F(1)}{x^2-1}$$
$$=\lim_{x\to 1}\left\{\frac{F(x)-F(1)}{x-1}\times\frac{1}{x+1}\right\}$$
$$=\frac{1}{2}F'(1)=\frac{1}{2}f(1)$$
$$=\frac{1}{2}\times(2+5)=\frac{7}{2}$$

---

1 ①	2 10	3 ⑤	4 9
5 ④	6 ②	7 6	8 ④
9 ②	10 ③	11 ⑤	12 ②
13 ①	14 3	15 10	16 ⑤

1 답 ①

$$\int_0^2 f(x)\,dx=\int_0^2 (3x^2+ax+1)\,dx$$
$$=\left[x^3+\frac{a}{2}x^2+x\right]_0^2=2a+10$$

즉, $2a+10=0$이므로 $a=-5$

2 답 10

$\displaystyle\int_0^2 f(x)\,dx=A$, $\displaystyle\int_0^2 g(x)\,dx=B$라 하자.

$\displaystyle\int_0^2 \{f(x)+g(x)\}\,dx=12$에서

$$\int_0^2 f(x)\,dx+\int_0^2 g(x)\,dx=12$$

$\therefore A+B=12$ …… ㉠

$\displaystyle\int_2^0 \{2f(x)-g(x)\}\,dx=6$에서 $-\displaystyle\int_0^2\{2f(x)-g(x)\}\,dx=6$

$$-2\int_0^2 f(x)\,dx+\int_0^2 g(x)\,dx=6$$

$\therefore -2A+B=6$ …… ㉡

㉠, ㉡을 연립하여 풀면 $A=2$, $B=10$

$\therefore \displaystyle\int_0^2 g(x)\,dx=10$

3 답 ⑤

함수 $f(x)$가 실수 전체의 집합에서 연속이므로 $x=1$에서도 연속이다.

즉, $\displaystyle\lim_{x\to 1+}f(x)=\lim_{x\to 1-}f(x)=f(1)$이므로

$\displaystyle\lim_{x\to 1+}f(x)=\lim_{x\to 1+}(-x+k)=-1+k$,

$\displaystyle\lim_{x\to 1-}f(x)=\lim_{x\to 1-}(3x^2+x)=4$,

$f(1)=-1+k$

에서 $-1+k=4$ $\therefore k=5$

따라서 $f(x)=\begin{cases} 3x^2+x & (x<1) \\ -x+5 & (x\ge 1) \end{cases}$ 이므로

$$\int_0^3 f(x)\,dx=\int_0^1 f(x)\,dx+\int_1^3 f(x)\,dx$$
$$=\int_0^1 (3x^2+x)\,dx+\int_1^3 (-x+5)\,dx$$
$$=\left[x^3+\frac{1}{2}x^2\right]_0^1+\left[-\frac{1}{2}x^2+5x\right]_1^3$$
$$=\left\{\left(1+\frac{1}{2}\right)-0\right\}+\left\{\left(-\frac{9}{2}+15\right)-\left(-\frac{1}{2}+5\right)\right\}$$
$$=\frac{15}{2}$$

4 답 9

조건 (가)에 의하여
$$f(x)=a(x-1)^2-3 \; (a>0)$$
이라 할 수 있다.
이때 $f'(x)=2a(x-1)$이므로
$$|f'(x)|=\begin{cases} -2a(x-1) & (x\leq 1) \\ 2a(x-1) & (x>1) \end{cases}$$
즉, 조건 (나)에 의하여
$$\int_0^2 |f'(x)|\,dx=\int_0^1 \{-2a(x-1)\}\,dx+\int_1^2 2a(x-1)\,dx$$
$$=-2a\int_0^1 (x-1)\,dx+2a\int_1^2 (x-1)\,dx$$
$$=-2a\left[\frac{1}{2}x^2-x\right]_0^1+2a\left[\frac{1}{2}x^2-x\right]_1^2$$
$$=-2a\times\left\{\left(\frac{1}{2}-1\right)-0\right\}$$
$$\qquad\qquad +2a\times\left\{(2-2)-\left(\frac{1}{2}-1\right)\right\}$$
$$=2a=6$$
$$\therefore\; a=3$$
따라서 $f(x)=3(x-1)^2-3$이므로
$$f(3)=3\times(3-1)^2-3=9$$

다른 풀이 1

조건 (가)에 의하여
$$f(x)=a(x-1)^2-3 \; (a>0) \qquad\qquad \cdots\cdots \text{㉠}$$
이라 할 수 있고, 이차함수 $f(x)$가 $x=1$에서 최소이므로 함수 $f(x)$는 구간 $(-\infty,\,1]$에서 감소하고, 구간 $[1,\,\infty)$에서 증가한다.

즉, $|f'(x)|=\begin{cases} -f'(x) & (x\leq 1) \\ f'(x) & (x>1) \end{cases}$ 이므로 조건 (나)에 의하여

$$\int_0^2 |f'(x)|\,dx=\int_0^1 \{-f'(x)\}\,dx+\int_1^2 f'(x)\,dx$$
$$=\left[-f(x)\right]_0^1+\left[f(x)\right]_1^2$$
$$=\{-f(1)-\{-f(0)\}\}+\{f(2)-f(1)\}$$
$$=f(2)-2f(1)+f(0)=6 \qquad \cdots\cdots \text{㉡}$$
또한, 이차함수 $y=f(x)$의 그래프는 직선 $x=1$에 대하여 대칭이므로 $f(0)=f(2)$이고, $f(1)=-3$이므로 ㉡에서
$$\int_0^2 |f'(x)|\,dx=f(2)-2f(1)+f(0)$$
$$=2f(0)-2f(1)$$
$$=2f(0)+6=6$$
$$\therefore\; f(0)=0$$
따라서 ㉠에서 $f(0)=a-3=0$이므로 $a=3$

다른 풀이 2

조건 (가)에 의하여 $f(x)=a(x-1)^2-3 \; (a>0)$이라 할 수 있으므로
$$f'(x)=2a(x-1)=0\text{에서 } x=1$$

즉, 함수 $y=|f'(x)|$의 그래프는 오른쪽 그림과 같다.

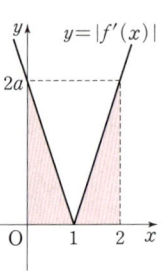

이때 $\int_0^2 |f'(x)|\,dx$의 값은 밑변의 길이가 1이고 높이가 $2a$인 직각삼각형의 넓이의 2배와 같고, 조건 (나)에 의하여
$$\int_0^2 |f'(x)|\,dx=2\times\left(\frac{1}{2}\times 1\times 2a\right)$$
$$=2a=6$$
$$\therefore\; a=3$$

5 답 ④

$f(x)=2x^3+3x^2+ax$에서 $f'(x)=6x^2+6x+a$이므로
$$f'(-1)=6-6+a=a$$
$$\int_{-1}^1 f(x)\,dx=\int_{-1}^1 (2x^3+3x^2+ax)\,dx$$
$$=\int_{-1}^1 (2x^3+ax)\,dx+\int_{-1}^1 3x^2\,dx$$
$$=0+2\int_0^1 3x^2\,dx=2\left[x^3\right]_0^1=2$$
이므로 $\int_{-1}^1 f(x)\,dx=f'(-1)$에서 $2=a$
따라서 $f(x)=2x^3+3x^2+2x$이므로
$$f(1)=2+3+2=7$$

6 답 ②

조건 (가)에 의하여
$$\int_{-1}^1 f(x)\,dx=\int_{-1}^3 f(x)\,dx+\int_3^1 f(x)\,dx$$
$$=\int_{-1}^3 f(x)\,dx-\int_1^3 f(x)\,dx=10-6=4$$
조건 (나)에서 $f(-x)=f(x)$이므로
$$\int_{-1}^1 f(x)\,dx=2\int_0^1 f(x)\,dx=4 \qquad \therefore\; \int_0^1 f(x)\,dx=2$$
조건 (다)에서 $f(x)$는 주기함수이므로
$$\int_{-3}^0 f(x)\,dx=\int_0^3 f(x)\,dx,$$
$$\int_0^1 f(x)\,dx=\int_3^4 f(x)\,dx$$
$$\therefore\; \int_{-3}^4 f(x)\,dx=\int_{-3}^0 f(x)\,dx+\int_0^3 f(x)\,dx+\int_3^4 f(x)\,dx$$
$$=\int_0^3 f(x)\,dx+\int_0^3 f(x)\,dx+\int_0^1 f(x)\,dx$$
$$=2\int_0^3 f(x)\,dx+\int_0^1 f(x)\,dx$$
$$=2\left\{\int_0^1 f(x)\,dx+\int_1^3 f(x)\,dx\right\}+\int_0^1 f(x)\,dx$$
$$=3\int_0^1 f(x)\,dx+2\int_1^3 f(x)\,dx$$
$$=3\times 2+2\times 6=18$$

7 답 6

조건 (가)에 의하여

$$g(x)=\begin{cases} f(x) & (-1\le x\le 1) \\ -f(x-2)+2 & (1<x\le 3) \end{cases}$$

$$=\begin{cases} x^2 & (-1\le x\le 1) \\ -(x-2)^2+2 & (1<x\le 3) \end{cases}$$

조건 (나)에서 $g(x)$는 주기함수이므로

$$\int_{-1}^{1} g(x)\,dx=\int_{3}^{5} g(x)\,dx,$$

$$\int_{1}^{2} g(x)\,dx=\int_{5}^{6} g(x)\,dx$$

$$\therefore \int_{0}^{6} g(x)\,dx$$

$$=\int_{0}^{1} g(x)\,dx+\int_{1}^{3} g(x)\,dx+\int_{3}^{5} g(x)\,dx+\int_{5}^{6} g(x)\,dx$$

$$=\int_{0}^{1} g(x)\,dx+\int_{1}^{3} g(x)\,dx+\int_{-1}^{1} g(x)\,dx+\int_{1}^{2} g(x)\,dx$$

$$=\int_{0}^{1} x^2\,dx+\int_{1}^{3} (-x^2+4x-2)\,dx+\int_{-1}^{1} x^2\,dx$$
$$\qquad\qquad +\int_{1}^{2} (-x^2+4x-2)\,dx$$

$$=\left[\frac{1}{3}x^3\right]_{0}^{1}+\left[-\frac{1}{3}x^3+2x^2-2x\right]_{1}^{3}+\left[\frac{1}{3}x^3\right]_{-1}^{1}$$
$$\qquad\qquad +\left[-\frac{1}{3}x^3+2x^2-2x\right]_{1}^{2}$$

$$=\frac{1}{3}+\frac{10}{3}+\frac{2}{3}+\frac{5}{3}=6$$

8 답 ④

$\int_{-1}^{1} tf(t)\,dt=k$ (k는 상수)로 놓으면

$$f(x)=4x^2+ax+k$$

이때 방정식 $f(x)=0$, 즉 $4x^2+ax+k=0$의 두 실근의 합이 $\frac{3}{4}$이므로 이차방정식의 근과 계수의 관계에 의하여

$$-\frac{a}{4}=\frac{3}{4} \qquad \therefore a=-3$$

즉, $f(x)=4x^2-3x+k$이므로

$$k=\int_{-1}^{1} tf(t)\,dt=\int_{-1}^{1} t(4t^2-3t+k)\,dt$$

$$=\int_{-1}^{1} (4t^3-3t^2+kt)\,dt$$

$$=\int_{-1}^{1} (4t^3+kt)\,dt-\int_{-1}^{1} 3t^2\,dt$$

$$=0-2\int_{0}^{1} 3t^2\,dt=-2\left[t^3\right]_{0}^{1}=-2$$

$$\therefore f(x)=4x^2-3x-2$$

따라서 방정식 $f(x)=0$, 즉 $4x^2-3x-2=0$에서 이차방정식의 근과 계수의 관계에 의하여 두 실근의 곱은 $-\frac{1}{2}$이다.

9 답 ②

주어진 등식의 양변을 x에 대하여 미분하면

$$f(x)=3x^2+\int_{0}^{2} f(t)\,dt \qquad \cdots\cdots \text{㉠}$$

주어진 등식의 양변에 $x=2$를 대입하면

$$\int_{0}^{2} f(t)\,dt=8+2\int_{0}^{2} f(t)\,dt \qquad \therefore \int_{0}^{2} f(t)\,dt=-8$$

$\int_{0}^{2} f(t)\,dt=-8$을 ㉠에 대입하면 $f(x)=3x^2-8$

$$\therefore f(3)=27-8=19$$

10 답 ③

$$\int_{0}^{x} (x-t)f(t)\,dt=x\int_{0}^{x} f(t)\,dt-\int_{0}^{x} tf(t)\,dt$$

이므로 조건 (가)에서

$$x\int_{0}^{x} f(t)\,dt-\int_{0}^{x} tf(t)\,dt=\frac{1}{2}x^4+x^3+ax^2$$

위의 등식의 양변을 x에 대하여 미분하면

$$\int_{0}^{x} f(t)\,dt+xf(x)-xf(x)=2x^3+3x^2+2ax$$

$$\therefore \int_{0}^{x} f(t)\,dt=2x^3+3x^2+2ax$$

위의 등식의 양변을 x에 대하여 미분하면

$$f(x)=6x^2+6x+2a=6\left(x+\frac{1}{2}\right)^2-\frac{3}{2}+2a$$

따라서 함수 $f(x)$는 $x=-\frac{1}{2}$에서 최솟값 $-\frac{3}{2}+2a$를 가지므로 조건 (나)에 의하여

$$-\frac{3}{2}+2a=0 \qquad \therefore a=\frac{3}{4}$$

11 답 ⑤

주어진 등식의 양변을 x에 대하여 미분하면

$$x^3+9x=6x^2-f'(x)$$

$$\therefore f'(x)=-x^3+6x^2-9x=-x(x-3)^2$$

$f'(x)=0$에서 $x=0$ 또는 $x=3$

함수 $f(x)$의 증가와 감소를 표로 나타내면 다음과 같다.

x	$\cdots$	0	$\cdots$	3	$\cdots$
$f'(x)$	$+$	0	$-$	0	$-$
$f(x)$	↗	극대	↘		↘

따라서 함수 $f(x)$는 $x=0$에서 극대이고

$$f(x)=2x^3-\int_{1}^{x} (t^3+9t)\,dt$$

이므로 극댓값은

$$f(0)=-\int_{1}^{0} (t^3+9t)\,dt=\int_{0}^{1} (t^3+9t)\,dt$$

$$=\left[\frac{1}{4}t^4+\frac{9}{2}t^2\right]_{0}^{1}=\left(\frac{1}{4}+\frac{9}{2}\right)-0=\frac{19}{4}$$

12 답 ②

함수 $y=f(x)$의 그래프의 개형은 다음 그림과 같다.

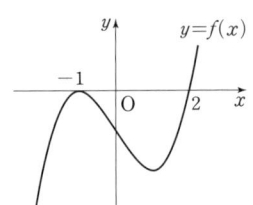

$g(x)=\int_{-1}^{x} f(t)\,dt$의 양변을 x에 대하여 미분하면

$g'(x)=f(x)$

$g'(x)=0$, 즉 $f(x)=0$에서 $x=-1$ 또는 $x=2$

위의 함수 $y=f(x)$의 그래프의 개형을 이용하여 함수 $g(x)$의 증가와 감소를 표로 나타내면 다음과 같다.

x	$\cdots$	-1	$\cdots$	2	$\cdots$
$g'(x)$	$-$	0	$-$	0	$+$
$g(x)$	$\searrow$		$\searrow$	극소	$\nearrow$

즉, 함수 $g(x)$는 $x=2$에서 극소이면서 최소이고

$$g(2)=\int_{-1}^{2} \frac{4}{3}(t+1)^2(t-2)\,dt$$

$$=\frac{4}{3}\int_{-1}^{2}(t^3-3t-2)\,dt$$

$$=\frac{4}{3}\left[\frac{1}{4}t^4-\frac{3}{2}t^2-2t\right]_{-1}^{2}$$

$$=\frac{4}{3}\times\left\{(4-6-4)-\left(\frac{1}{4}-\frac{3}{2}+2\right)\right\}$$

$$=-9$$

이므로 최솟값은 -9이다.

이때 $g(x)=\int_{-1}^{x} f(t)\,dt$의 양변에

$x=-1$을 대입하면 $g(-1)=0$이므로

함수 $y=g(x)$의 그래프의 개형은 오른쪽 그림과 같다.

따라서 방정식 $g(x)=k$가 서로 다른 두 실근을 갖도록 하는 실수 k의 값의 범위는 $k>-9$이므로 정수 k의 최솟값은 -8이다.

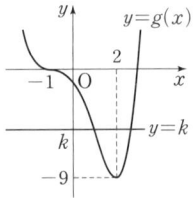

13 답 ①

$F(x)=\int_{-2}^{x} f(t)\,dt$의 양변을 x에 대하여 미분하면

$F'(x)=f(x)$

주어진 함수 $y=F(x)$의 그래프에 의하여 함수 $F(x)$의 최고 차항의 계수가 양수이고, $F'(0)=F'(2)=0$이므로

$F'(x)=f(x)=ax(x-2)\ (a>0)$

이라 할 수 있다.

이때 함수 $F(x)$의 극솟값이 4이므로 $F(2)=4$에서

$$F(2)=\int_{-2}^{2} at(t-2)\,dt=\int_{-2}^{2}(at^2-2at)\,dt$$

$$=\int_{-2}^{2} at^2\,dt+\int_{-2}^{2}(-2at)\,dt$$

$$=2\int_{0}^{2} at^2\,dt+0=2\left[\frac{a}{3}t^3\right]_{0}^{2}$$

$$=\frac{16}{3}a=4$$

$$\therefore\ a=\frac{3}{4}$$

$$\therefore\ f(x)=\frac{3}{4}x(x-2)$$

$$F(0)=\int_{-2}^{0} f(t)\,dt=\int_{-2}^{0}\frac{3}{4}t(t-2)\,dt$$

$$=\frac{3}{4}\int_{-2}^{0}(t^2-2t)\,dt=\frac{3}{4}\left[\frac{1}{3}t^3-t^2\right]_{-2}^{0}$$

$$=\frac{3}{4}\times\left\{0-\left(-\frac{8}{3}-4\right)\right\}=5,$$

$$F(2)=4,$$

$$F(3)=\int_{-2}^{3} f(t)\,dt=\int_{-2}^{3}\frac{3}{4}t(t-2)\,dt$$

$$=\frac{3}{4}\int_{-2}^{3}(t^2-2t)\,dt=\frac{3}{4}\left[\frac{1}{3}t^3-t^2\right]_{-2}^{3}$$

$$=\frac{3}{4}\times\left\{(9-9)-\left(-\frac{8}{3}-4\right)\right\}=5$$

이므로 닫힌구간 $[0,\ 3]$에서 함수 $F(x)$의 최댓값은 5, 최솟값은 4이다.

따라서 함수 $F(x)$의 최댓값과 최솟값의 합은

$5+4=9$

14 답 3

함수 $f(x)$의 한 부정적분을 $F(x)$라 하면

$$\lim_{x\to a}\frac{1}{x-a}\int_{a}^{x} f(t)\,dt=\lim_{x\to a}\frac{1}{x-a}\left[F(t)\right]_{a}^{x}$$

$$=\lim_{x\to a}\frac{F(x)-F(a)}{x-a}$$

$$=F'(a)=f(a)$$

즉, $f(a)=6$이므로

$a^3-2a^2-a=6$, $a^3-2a^2-a-6=0$

$(a-3)(a^2+a+2)=0$

$\therefore\ a=3\ (\because\ a$는 실수$)$

15 답 10

$$x+|x-3|=\begin{cases} x-(x-3) & (x\le 3) \\ x+(x-3) & (x>3) \end{cases}$$

$$=\begin{cases} 3 & (x\le 3) \\ 2x-3 & (x>3) \end{cases}$$

이므로

$$\int_1^4 (x+|x-3|)\,dx = \int_1^3 3\,dx + \int_3^4 (2x-3)\,dx$$
$$= \Big[3x\Big]_1^3 + \Big[x^2-3x\Big]_3^4$$
$$= (9-3) + \{(16-12)-(9-9)\}$$
$$= 10$$

16 답 ⑤

$$\int_1^x \left\{\frac{d}{dt}f(t)\right\}dt = \int_1^x f'(t)\,dt$$

이므로 주어진 등식은

$$\int_1^x f'(t)\,dt = x^3+ax^2-2 \quad \cdots\cdots \text{㉠}$$

㉠의 양변을 x에 대하여 미분하면

$$f'(x) = 3x^2+2ax$$

㉠의 양변에 $x=1$을 대입하면

$$0 = 1+a-2 \qquad \therefore a=1$$

따라서 $f'(x)=3x^2+2x$이므로

$$f'(a) = f'(1) = 3+2 = 5$$

03 정적분의 활용

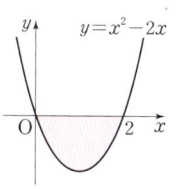

148~152쪽

개념 Check

1 $\dfrac{4}{3}$ 2 $\dfrac{9}{2}$ 3 $\dfrac{1}{3}$

4 (1) -2 (2) 0 (3) 4

1 답 $\dfrac{4}{3}$

곡선 $y=x^2-2x$와 x축의 교점의 x좌표는

$x^2-2x=0$에서

$x(x-2)=0$

$\therefore x=0$ 또는 $x=2$

닫힌구간 $[0,\,2]$에서 $y\leq 0$이므로 구하는 넓이를 S라 하면

$$S=\int_0^2 (-x^2+2x)\,dx = \Big[-\frac{1}{3}x^3+x^2\Big]_0^2 = \frac{4}{3}$$

2 답 $\dfrac{9}{2}$

곡선 $y=-x^2+x+3$과 직선 $y=1$
의 교점의 x좌표는

$-x^2+x+3=1$에서

$x^2-x-2=0$

$(x+1)(x-2)=0$

$\therefore x=-1$ 또는 $x=2$

닫힌구간 $[-1,\,2]$에서 $-x^2+x+3\geq 1$이므로 구하는 넓이를 S라 하면

$$S=\int_{-1}^2 \{(-x^2+x+3)-1\}\,dx = \int_{-1}^2 (-x^2+x+2)\,dx$$
$$= \Big[-\frac{1}{3}x^3+\frac{1}{2}x^2+2x\Big]_{-1}^2 = \frac{9}{2}$$

3 답 $\dfrac{1}{3}$

두 곡선 $y=f(x)$, $y=g(x)$는 직선
$y=x$에 대하여 대칭이므로 두 곡선
으로 둘러싸인 부분의 넓이는 곡선
$y=f(x)$와 직선 $y=x$로 둘러싸인
부분의 넓이의 2배이다.

곡선 $y=f(x)$와 직선 $y=x$의 교점
의 x좌표는

$x^2=x$에서 $x^2-x=0$, $x(x-1)=0$

$\therefore x=0$ 또는 $x=1$

따라서 구하는 넓이를 S라 하면

$$S=2\int_0^1 (x-x^2)\,dx = 2\Big[\frac{1}{2}x^2-\frac{1}{3}x^3\Big]_0^1$$
$$= 2\times\frac{1}{6} = \frac{1}{3}$$

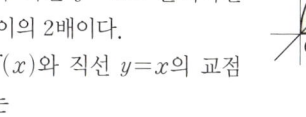

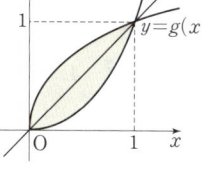

4 답 (1) -2 (2) 0 (3) 4

(1) $0+\displaystyle\int_0^2 (t-2)\,dt=\left[\dfrac{1}{2}t^2-2t\right]_0^2=-2$

(2) $\displaystyle\int_0^4 (t-2)\,dt=\left[\dfrac{1}{2}t^2-2t\right]_0^4=0$

(3) $0\leq t\leq 2$일 때 $v(t)\leq 0$,

$2\leq t\leq 4$일 때 $v(t)\geq 0$이므로 시각

$t=0$에서 $t=4$까지 점 P가 움직인

거리는

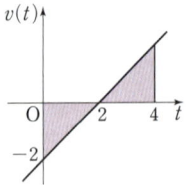

$\displaystyle\int_0^4 |t-2|\,dt$

$=\displaystyle\int_0^2 (-t+2)\,dt+\int_2^4 (t-2)\,dt$

$=\left[-\dfrac{1}{2}t^2+2t\right]_0^2+\left[\dfrac{1}{2}t^2-2t\right]_2^4=2+2=4$

필수 예제			153~162쪽
① ②	①-1 2	② 36	②-1 ⑤
③ ②	③-1 ④	④ ⑤	④-1 ④
⑤ ④	⑤-1 ①	⑥ ④	⑥-1 ⑤
⑦ ①	⑦-1 ③	⑧ ④	⑧-1 5
⑨ ③	⑨-1 ③	⑩ ⑤	⑩-1 ①

---

① 답 ②

곡선 $y=x^3-x$와 x축의 교점의

x좌표는 $x^3-x=0$에서

$x(x+1)(x-1)=0$

$\therefore\ x=-1$ 또는 $x=0$ 또는 $x=1$

닫힌구간 $[-1,\ 0]$에서 $y\geq 0$, 닫힌구간 $[0,\ 1]$에서 $y\leq 0$이므로 구하는 넓이를 S라 하면

$S=\displaystyle\int_{-1}^0 (x^3-x)\,dx+\int_0^1 (-x^3+x)\,dx$

$=\left[\dfrac{1}{4}x^4-\dfrac{1}{2}x^2\right]_{-1}^0+\left[-\dfrac{1}{4}x^4+\dfrac{1}{2}x^2\right]_0^1=\dfrac{1}{4}+\dfrac{1}{4}=\dfrac{1}{2}$

---

①-1 답 2

곡선 $y=x^2-4x+3$과 x축의 교점의

x좌표는 $x^2-4x+3=0$에서

$(x-1)(x-3)=0$

$\therefore\ x=1$ 또는 $x=3$

닫힌구간 $[2,\ 3]$에서 $y\leq 0$, 닫힌구간 $[3,\ 4]$에서 $y\geq 0$이므로 구하는 넓이를 S라 하면

$S=\displaystyle\int_2^3 (-x^2+4x-3)\,dx+\int_3^4 (x^2-4x+3)\,dx$

$=\left[-\dfrac{1}{3}x^3+2x^2-3x\right]_2^3+\left[\dfrac{1}{3}x^3-2x^2+3x\right]_3^4=\dfrac{2}{3}+\dfrac{4}{3}=2$

---

② 답 36

곡선 $y=x^2-7x+10$과 직선

$y=-x+10$의 교점의 x좌표는

$x^2-7x+10=-x+10$에서

$x^2-6x=0,\ x(x-6)=0$

$\therefore\ x=0$ 또는 $x=6$

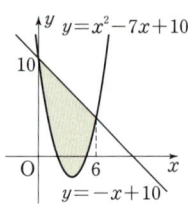

닫힌구간 $[0,\ 6]$에서

$x^2-7x+10\leq -x+10$이므로 구하는 넓이를 S라 하면

$S=\displaystyle\int_0^6 \{(-x+10)-(x^2-7x+10)\}\,dx$

$=\displaystyle\int_0^6 (-x^2+6x)\,dx=\left[-\dfrac{1}{3}x^3+3x^2\right]_0^6=36$

---

②-1 답 ⑤

곡선 $y=x^3-3x^2+1$과 직선

$y=4x+1$의 교점의 x좌표는

$x^3-3x^2+1=4x+1$에서

$x^3-3x^2-4x=0$

$x(x+1)(x-4)=0$

$\therefore\ x=-1$ 또는 $x=0$ 또는 $x=4$

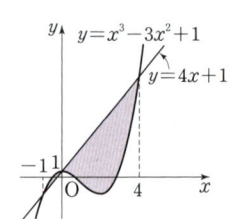

닫힌구간 $[-1,\ 0]$에서 $x^3-3x^2+1\geq 4x+1$,

닫힌구간 $[0,\ 4]$에서 $x^3-3x^2+1\leq 4x+1$이므로 구하는 넓이를 S라 하면

$S=\displaystyle\int_{-1}^0 \{(x^3-3x^2+1)-(4x+1)\}\,dx$

$\qquad\qquad +\displaystyle\int_0^4 \{(4x+1)-(x^3-3x^2+1)\}\,dx$

$=\displaystyle\int_{-1}^0 (x^3-3x^2-4x)\,dx+\int_0^4 (-x^3+3x^2+4x)\,dx$

$=\left[\dfrac{1}{4}x^4-x^3-2x^2\right]_{-1}^0+\left[-\dfrac{1}{4}x^4+x^3+2x^2\right]_0^4$

$=\dfrac{3}{4}+32=\dfrac{131}{4}$

---

③ 답 ②

두 곡선 $y=x^2-2x,\ y=-(x-2)^2$의

교점의 x좌표는

$x^2-2x=-(x-2)^2$에서

$2x^2-6x+4=0$

$2(x-1)(x-2)=0$

$\therefore\ x=1$ 또는 $x=2$

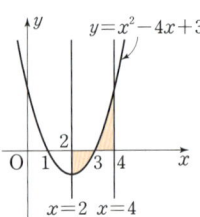

닫힌구간 $[1,\ 2]$에서 $x^2-2x\leq -(x-2)^2$이므로 구하는 넓이를 S라 하면

$S=\displaystyle\int_1^2 \{-(x-2)^2-(x^2-2x)\}\,dx$

$=\displaystyle\int_1^2 (-2x^2+6x-4)\,dx$

$=\left[-\dfrac{2}{3}x^3+3x^2-4x\right]_1^2=\dfrac{1}{3}$

3-1 답 ④

두 곡선 $y=x^3$, $y=-x^2+2x$의
교점의 x좌표는 $x^3=-x^2+2x$에서
$x^3+x^2-2x=0$, $x(x+2)(x-1)=0$
$\therefore x=-2$ 또는 $x=0$ 또는 $x=1$
닫힌구간 $[-2, 0]$에서
$x^3 \geq -x^2+2x$, 닫힌구간 $[0, 1]$에서
$x^3 \leq -x^2+2x$이므로 구하는 넓이를
S라 하면

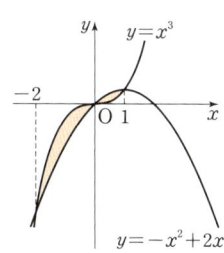

$$S=\int_{-2}^{0}\{x^3-(-x^2+2x)\}dx+\int_{0}^{1}\{(-x^2+2x)-x^3\}dx$$

$$=\int_{-2}^{0}(x^3+x^2-2x)\,dx+\int_{0}^{1}(-x^3-x^2+2x)\,dx$$

$$=\left[\frac{1}{4}x^4+\frac{1}{3}x^3-x^2\right]_{-2}^{0}+\left[-\frac{1}{4}x^4-\frac{1}{3}x^3+x^2\right]_{0}^{1}$$

$$=\frac{8}{3}+\frac{5}{12}=\frac{37}{12}$$

4 답 ⑤

$f(x)=x^3-4x^2+2x$라 하면 $f'(x)=3x^2-8x+2$
즉, 점 $(0, 0)$에서의 접선의 기울기는
$f'(0)=2$이므로 접선 l의 방정식은
$y=2x$
곡선 $y=x^3-4x^2+2x$와 직선 $y=2x$의
교점의 x좌표는 $x^3-4x^2+2x=2x$에서
$x^3-4x^2=0$, $x^2(x-4)=0$
$\therefore x=0$ 또는 $x=4$
따라서 구하는 넓이를 S라 하면

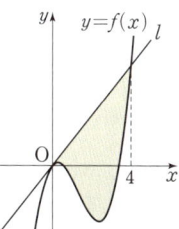

$$S=\int_{0}^{4}\{2x-(x^3-4x^2+2x)\}dx=\int_{0}^{4}(-x^3+4x^2)\,dx$$

$$=\left[-\frac{1}{4}x^4+\frac{4}{3}x^3\right]_{0}^{4}=\frac{64}{3}$$

4-1 답 ④

$f(x)=-x^2+5x-4$라 하면
$f(x)=-(x-1)(x-4)$, $f'(x)=-2x+5$
이때 접점의 좌표를
$(t, -t^2+5t-4)$ $(t>0)$이라 하면 이 점
에서의 접선의 기울기는 $f'(t)=-2t+5$
이므로 접선 l의 방정식은
$y-(-t^2+5t-4)=(-2t+5)(x-t)$
$\cdots\cdots\ \bigcirc$

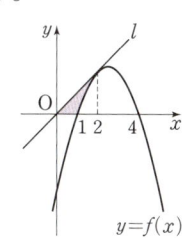

이 접선이 점 $(0, 0)$을 지나므로
$0-(-t^2+5t-4)=(-2t+5)(0-t)$
$t^2=4$ $\therefore t=2\ (\because t>0)$
$t=2$를 $\bigcirc$에 대입하면 $y=x$

따라서 구하는 넓이를 S라 하면

$$S=\int_{0}^{1}x\,dx+\int_{1}^{2}\{x-(-x^2+5x-4)\}dx$$

$$=\int_{0}^{1}x\,dx+\int_{1}^{2}(x^2-4x+4)\,dx$$

$$=\left[\frac{1}{2}x^2\right]_{0}^{1}+\left[\frac{1}{3}x^3-2x^2+4x\right]_{1}^{2}$$

$$=\frac{1}{2}+\frac{1}{3}=\frac{5}{6}$$

5 답 ④

$y=|x^2+x-2|$
$=\begin{cases} x^2+x-2 & (x\leq-2 \text{ 또는 } x\geq1) \\ -x^2-x+2 & (-2<x<1) \end{cases}$

따라서 구하는 넓이를 S라 하면

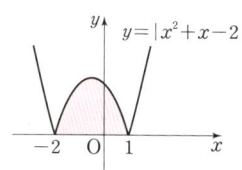

$$S=\int_{-2}^{1}(-x^2-x+2)\,dx$$

$$=\left[-\frac{1}{3}x^3-\frac{1}{2}x^2+2x\right]_{-2}^{1}=\frac{9}{2}$$

5-1 답 ①

$y=|x^2-x|=\begin{cases} x^2-x & (x\leq0 \text{ 또는 } x\geq1) \\ -x^2+x & (0<x<1) \end{cases}$

함수 $y=|x^2-x|$의 그래프와 직선
$y=2$의 교점의 x좌표는
$x^2-x=2$에서
$x^2-x-2=0$, $(x+1)(x-2)=0$
$\therefore x=-1$ 또는 $x=2$
따라서 구하는 넓이를 S라 하면

$$S=\int_{-1}^{2}\{2-(x^2-x)\}dx-2\int_{0}^{1}(-x^2+x)\,dx$$

$$=\int_{-1}^{2}(-x^2+x+2)\,dx-2\int_{0}^{1}(-x^2+x)\,dx$$

$$=\left[-\frac{1}{3}x^3+\frac{1}{2}x^2+2x\right]_{-1}^{2}-2\left[-\frac{1}{3}x^3+\frac{1}{2}x^2\right]_{0}^{1}$$

$$=\frac{9}{2}-2\times\frac{1}{6}=\frac{25}{6}$$

6 답 ④

$k>2$이고 $S_1=S_2$이므로

$$\int_{0}^{k}f(x)\,dx=0, \int_{0}^{k}(x^2-2x)\,dx=0$$

$$\left[\frac{1}{3}x^3-x^2\right]_{0}^{k}=0, \frac{1}{3}k^3-k^2=0$$

$$\frac{1}{3}k^2(k-3)=0 \qquad \therefore k=3\ (\because k>2)$$

6-1 답 ⑤

두 곡선 $y=f(x)$, $y=g(x)$로 둘러싸인 두 부분의 넓이가 같
으므로

$$\int_0^3 \{f(x)-g(x)\}\,dx=0$$

$$\int_0^3 \{x(x-3)^2-ax(3-x)\}\,dx=0$$

$$\int_0^3 \{x^3+(a-6)x^2+(9-3a)x\}\,dx=0$$

$$\left[\frac{1}{4}x^4+\frac{a-6}{3}x^3+\frac{9-3a}{2}x^2\right]_0^3=0$$

$$-\frac{9}{2}a+\frac{27}{4}=0 \qquad \therefore a=\frac{3}{2}$$

따라서 $g(x)=\dfrac{3}{2}x(3-x)$이므로

$$g(2)=\frac{3}{2}\times2\times(3-2)=3$$

다른 풀이

오른쪽 그림과 같이 두 곡선
$y=f(x)$, $y=g(x)$의 교점의 x좌표를
k $(0<k<3)$라 하고, 닫힌구간
$[0,k]$에서 두 곡선 $y=f(x)$,
$y=g(x)$로 둘러싸인 부분의 넓이를
A, 닫힌구간 $[k,3]$에서 두 곡선
$y=f(x)$, $y=g(x)$로 둘러싸인 부분
의 넓이를 B, 두 곡선 $y=f(x)$, $y=g(x)$와 x축으로 둘러싸
인 부분의 넓이를 C라 하자.

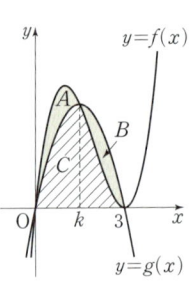

이때 $A=B$이므로 $A+C=B+C$

$$A+C=\int_0^3 x(x-3)^2\,dx=\int_0^3 (x^3-6x^2+9x)\,dx$$
$$=\left[\frac{1}{4}x^4-2x^3+\frac{9}{2}x^2\right]_0^3=\frac{27}{4},$$

$$B+C=\int_0^3 ax(3-x)\,dx=a\int_0^3 (3x-x^2)\,dx$$
$$=a\left[\frac{3}{2}x^2-\frac{1}{3}x^3\right]_0^3=\frac{9}{2}a$$

이므로 $\dfrac{27}{4}=\dfrac{9}{2}a \qquad \therefore a=\dfrac{3}{2}$

7 답 ①

곡선 $y=x^2-5x$와 직선 $y=x$의 교점
의 x좌표는
$x^2-5x=x$에서
$x^2-6x=0$, $x(x-6)=0$
$\therefore x=0$ 또는 $x=6$
곡선 $y=x^2-5x$와 직선 $y=x$로 둘러
싸인 부분의 넓이를 S_1, $0\le x\le k$에서
곡선 $y=x^2-5x$와 두 직선 $y=x$, $x=k$ $(0<k<6)$으로 둘러
싸인 부분의 넓이를 S_2라 하면

$$S_1=\int_0^6 \{x-(x^2-5x)\}\,dx=\int_0^6 (-x^2+6x)\,dx$$
$$=\left[-\frac{1}{3}x^3+3x^2\right]_0^6=36$$

$$S_2=\int_0^k \{x-(x^2-5x)\}\,dx=\int_0^k (-x^2+6x)\,dx$$
$$=\left[-\frac{1}{3}x^3+3x^2\right]_0^k=-\frac{1}{3}k^3+3k^2$$

이때 $S_1=2S_2$이므로

$$36=2\left(-\frac{1}{3}k^3+3k^2\right),\quad k^3-9k^2+54=0$$

$$(k-3)(k^2-6k-18)=0 \qquad \therefore k=3\ (\because 0<k<6)$$

7 -1 답 ③

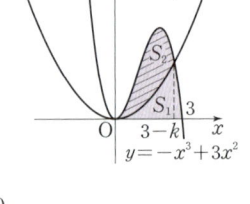

곡선 $y=-x^3+3x^2$과 x축의 교점의
x좌표는 $-x^3+3x^2=0$에서
$-x^2(x-3)=0$
$\therefore x=0$ 또는 $x=3$
두 곡선 $y=-x^3+3x^2$, $y=kx^2$의
교점의 x좌표는 $-x^3+3x^2=kx^2$에서
$x^3+(k-3)x^2=0$, $x^2(x+k-3)=0$
$\therefore x=0$ 또는 $x=3-k$
곡선 $y=-x^3+3x^2$과 x축으로 둘러싸인 부분의 넓이를 S_1,
두 곡선 $y=-x^3+3x^2$, $y=kx^2$으로 둘러싸인 부분의 넓이를
S_2라 하면

$$S_1=\int_0^3 (-x^3+3x^2)\,dx=\left[-\frac{1}{4}x^4+x^3\right]_0^3=\frac{27}{4}$$

$$S_2=\int_0^{3-k} \{(-x^3+3x^2)-kx^2\}\,dx$$
$$=\int_0^{3-k} \{-x^3+(3-k)x^2\}\,dx$$
$$=\left[-\frac{1}{4}x^4+\frac{3-k}{3}x^3\right]_0^{3-k}=\frac{1}{12}(3-k)^4$$

이때 $S_1=2S_2$이므로

$$\frac{27}{4}=\frac{1}{6}(3-k)^4 \qquad \therefore (3-k)^4=\frac{81}{2}$$

8 답 ④

두 곡선 $y=f(x)$, $y=g(x)$는 직선
$y=x$에 대하여 대칭이므로 두 곡선으
로 둘러싸인 부분의 넓이는 곡선
$y=f(x)$와 직선 $y=x$로 둘러싸인 부
분의 넓이의 2배이다.

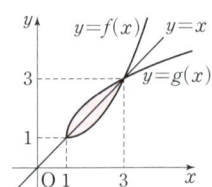

곡선 $y=f(x)$와 직선 $y=x$의 교점의
x좌표는 $\dfrac{1}{2}x^2-x+\dfrac{3}{2}=x$에서

$$\frac{1}{2}x^2-2x+\frac{3}{2}=0,\quad \frac{1}{2}(x-1)(x-3)=0$$

$\therefore x=1$ 또는 $x=3$
따라서 구하는 넓이를 S라 하면

$$S=2\int_1^3 \left\{x-\left(\frac{1}{2}x^2-x+\frac{3}{2}\right)\right\}dx=2\int_1^3 \left(-\frac{1}{2}x^2+2x-\frac{3}{2}\right)dx$$
$$=2\left[-\frac{1}{6}x^3+x^2-\frac{3}{2}x\right]_1^3=2\times\frac{2}{3}=\frac{4}{3}$$

$\boxed{8}$ -1 **답** 5

$f(x)=x^3-4x^2+6x$에서

$f'(x)=3x^2-8x+6=3\left(x-\dfrac{4}{3}\right)^2+\dfrac{2}{3}>0$이고,

$f(1)=3$, $f(2)=4$이므로 곡선 $y=f(x)$는 실수 전체의 집합에서 증가하고, 두 점 $(1, 3)$, $(2, 4)$를 지난다.

곡선 $y=g(x)$는 곡선 $y=f(x)$와 직선 $y=x$에 대하여 대칭이므로 오른쪽 그림과 같다.

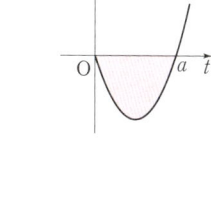

$\displaystyle\int_1^2 f(x)\,dx=S_1$, $\displaystyle\int_3^4 g(x)\,dx=S_2$,

빗금 친 부분의 넓이를 S_3이라 하면

$S_2=S_3$이므로

$\displaystyle\int_1^2 f(x)\,dx+\int_3^4 g(x)\,dx=S_1+S_2=S_1+S_3$

$\qquad\qquad\qquad\qquad\qquad =2\times 4-1\times 3=5$

$\boxed{9}$ **답** ③

점 P가 움직이는 방향이 바뀔 때의 시각을 $t=k\,(k>0)$이라 하면 속도는 0이므로 $v(k)=0$에서

$k^2-ak=0$, $k(k-a)=0$ $\qquad\therefore k=a\,(\because k>0)$

$0\leq t\leq a$일 때 $v(t)\leq 0$이므로 점 P가 시각 $t=0$에서 $t=a$까지 움직인 거리는

$\displaystyle\int_0^a |t^2-at|\,dt=\int_0^a (-t^2+at)\,dt$

$\qquad\qquad\qquad =\left[-\dfrac{1}{3}t^3+\dfrac{a}{2}t^2\right]_0^a$

$\qquad\qquad\qquad =-\dfrac{1}{3}a^3+\dfrac{1}{2}a^3=\dfrac{1}{6}a^3$

즉, $\dfrac{1}{6}a^3=\dfrac{9}{2}$이므로

$a^3=27$ $\qquad\therefore a=3$

$\boxed{9}$ -1 **답** ③

점 P기 원점을 출발한 후 다시 원점을 지나는 시각을 $t=k\,(k>0)$이라 하면 시각 $t=0$에서 $t=k$까지 점 P의 위치의 변화량은 0이므로

$\displaystyle\int_0^k t(2-t)\,dt=0$, $\int_0^k (2t-t^2)\,dt=0$, $\left[t^2-\dfrac{1}{3}t^3\right]_0^k=0$

$k^2-\dfrac{1}{3}k^3=0$, $k^2(3-k)=0$ $\qquad\therefore k=3\,(\because k>0)$

$0\leq t\leq 2$일 때 $v(t)\geq 0$, $2\leq t\leq 3$일 때 $v(t)\leq 0$이므로 점 P가 시각 $t=0$에서 $t=3$까지 움직인 거리는

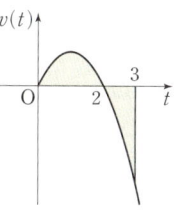

$\displaystyle\int_0^3 |t(2-t)|\,dt$

$=\displaystyle\int_0^2 (2t-t^2)\,dt+\int_2^3 (-2t+t^2)\,dt$

$=\left[t^2-\dfrac{1}{3}t^3\right]_0^2+\left[-t^2+\dfrac{1}{3}t^3\right]_2^3=\dfrac{4}{3}+\dfrac{4}{3}=\dfrac{8}{3}$

$\boxed{10}$ **답** ⑤

$\displaystyle\int_3^6 |v(t)|\,dt=\int_3^4 v(t)\,dt+\int_4^6 \{-v(t)\}\,dt$

$\qquad\qquad\quad =\dfrac{1}{2}\times 1\times 1+\dfrac{1}{2}\times 2\times 2=\dfrac{5}{2}$

$\boxed{10}$ -1 **답** ①

시각 $t=6$에서의 점 P의 위치는

$5+\displaystyle\int_0^6 v(t)\,dt=5+\int_0^3 v(t)\,dt+\int_3^6 v(t)\,dt$

$\qquad\qquad\qquad =5+\dfrac{1}{2}\times(3+1)\times 2-\dfrac{1}{2}\times 3\times 2=6$

단원 마무리 163~166쪽

1 ③	2 10	3 ④	4 ③
5 ①	6 9	7 ①	8 ②
9 ⑤	10 ②	11 ①	12 5
13 16	14 14	15 6	

1 **답** ③

곡선 $y=-\dfrac{1}{2}x^2+ax$와 x축의 교점의

x좌표는 $-\dfrac{1}{2}x^2+ax=0$에서

$-\dfrac{1}{2}x(x-2a)=0$

$\therefore x=0$ 또는 $x=2a\,(a>0)$

닫힌구간 $[0, 2a]$에서 $y\geq 0$이므로 구하는 넓이를 S라 하면

$S=\displaystyle\int_0^{2a}\left(-\dfrac{1}{2}x^2+ax\right)dx=\left[-\dfrac{1}{6}x^3+\dfrac{a}{2}x^2\right]_0^{2a}$

$\quad =-\dfrac{4}{3}a^3+2a^3=\dfrac{2}{3}a^3$

즉, $\dfrac{2}{3}a^3=18$이므로

$a^3=27$ $\qquad\therefore a=3\,(\because a>0)$

2 **답** 10

$f(x)=x^3-6x^2+9x+3$에서

$f'(x)=3x^2-12x+9=3(x-1)(x-3)$

$f'(x)=0$에서 $x=1$ 또는 $x=3$

함수 $f(x)$의 증가와 감소를 표로 나타내면 다음과 같다.

x	$\cdots$	1	$\cdots$	3	$\cdots$
$f'(x)$	$+$	0	$-$	0	$|$
$f(x)$	$\nearrow$	7	$\searrow$	3	$\nearrow$

즉, 함수 $f(x)$는 $x=1$, $x=3$에서 극값을 가지므로

$\alpha=1$, $\beta=3$

따라서 곡선 $y=f(x)$의 개형은 오른쪽
그림과 같다.

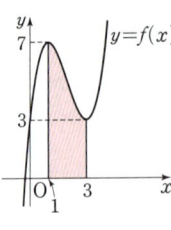

닫힌구간 $[1, 3]$에서 $f(x)\geq 0$이므로 구
하는 넓이를 S라 하면

$$S=\int_{1}^{3}(x^3-6x^2+9x+3)\,dx$$

$$=\left[\frac{1}{4}x^4-2x^3+\frac{9}{2}x^2+3x\right]_{1}^{3}=10$$

3 답 ④

$f(x-4)=(x-4)^2$
$\qquad\quad=x^2-8x+16$
이므로 두 곡선 $y=f(x)$,
$y=f(x-4)$의 교점의 x좌표는
$x^2=x^2-8x+16$에서
$8x-16=0$ $\quad\therefore x=2$

이때 두 곡선 $y=f(x)$, $y=f(x-4)$는 서로 직선 $x=2$에 대
하여 대칭이고, 닫힌구간 $[0, 2]$에서 $f(x)\geq 0$이므로 구하는
넓이를 S라 하면

$$S=2\int_{0}^{2}f(x)\,dx=2\int_{0}^{2}x^2\,dx$$

$$=2\left[\frac{1}{3}x^3\right]_{0}^{2}=2\times\frac{8}{3}=\frac{16}{3}$$

4 답 ③

곡선 $y=x^3-2x^2$과 직선 $y=4x-8$
의 교점의 x좌표는
$x^3-2x^2=4x-8$에서
$x^3-2x^2-4x+8=0$
$(x+2)(x-2)^2=0$
$\therefore x=-2$ 또는 $x=2$
닫힌구간 $[-2, 2]$에서 $x^3-2x^2\geq 4x-8$이므로 구하는 넓이
를 S라 하면

$$S=\int_{-2}^{2}\{(x^3-2x^2)-(4x-8)\}\,dx$$

$$=\int_{-2}^{2}(x^3-2x^2-4x+8)\,dx=2\int_{0}^{2}(-2x^2+8)\,dx$$

$$=2\left[-\frac{2}{3}x^3+8x\right]_{0}^{2}=2\times\frac{32}{3}=\frac{64}{3}$$

5 답 ①

곡선 $y=-x^2+3x$와 직선 $y=2x$의 교
점의 x좌표는 $-x^2+3x=2x$에서
$x^2-x=0$, $x(x-1)=0$
$\therefore x=0$ 또는 $x=1$
곡선 $y=-x^2+3x$와 직선 $y=x$의 교
점의 x좌표는
$-x^2+3x=x$에서

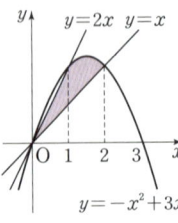

$x^2-2x=0$, $x(x-2)=0$
$\therefore x=0$ 또는 $x=2$
닫힌구간 $[0, 1]$에서 $2x\geq x$, 닫힌구간 $[1, 2]$에서
$-x^2+3x\geq x$이므로 구하는 넓이를 S라 하면

$$S=\int_{0}^{1}(2x-x)\,dx+\int_{1}^{2}\{(-x^2+3x)-x\}\,dx$$

$$=\int_{0}^{1}x\,dx+\int_{1}^{2}(-x^2+2x)\,dx$$

$$=\left[\frac{1}{2}x^2\right]_{0}^{1}+\left[-\frac{1}{3}x^3+x^2\right]_{1}^{2}$$

$$=\frac{1}{2}+\frac{2}{3}=\frac{7}{6}$$

6 답 9

두 곡선 $y=f(x)$, $y=g(x)$의 두 교점의 x좌표가 각각 -1, 2
이므로 방정식 $f(x)=g(x)$, 즉 $x^2+ax-1=-x^2-x+b$의
두 실근이 -1, 2이다.
$x^2+ax-1=-x^2-x+b$에서
$2x^2+(a+1)x-b-1=0$
이차방정식의 근과 계수의 관계에 의하여
$-1+2=-\dfrac{a+1}{2}$에서 $a=-3$
$-1\times 2=\dfrac{-b-1}{2}$에서 $b=3$
$\therefore f(x)=x^2-3x-1$, $g(x)=-x^2-x+3$
닫힌구간 $[-1, 2]$에서 $f(x)\leq g(x)$이므로 구하는 넓이를 S
라 하면

$$S=\int_{-1}^{2}\{g(x)-f(x)\}\,dx$$

$$=\int_{-1}^{2}\{(-x^2-x+3)-(x^2-3x-1)\}\,dx$$

$$=\int_{-1}^{2}(-2x^2+2x+4)\,dx$$

$$=\left[-\frac{2}{3}x^3+x^2+4x\right]_{-1}^{2}=9$$

7 답 ①

$f(x)=x^3+ax+b$에서 $f'(x)=3x^2+a$
$f(1)=-2$이므로
$1+a+b=-2$ $\quad\therefore a+b=-3$ $\quad\cdots\cdots$ ㉠
$f'(1)=-1$이므로
$3+a=-1$ $\quad\therefore a=-4$
$a=-4$를 ㉠에 대입하여 정리하면 $b=1$
$\therefore f(x)=x^3-4x+1$
이때 곡선 $y=f(x)$와 직선
$y=-x-1$의 교점의 x좌표는
$x^3-4x+1=-x-1$에서
$x^3-3x+2=0$, $(x+2)(x-1)^2=0$
$\therefore x=-2$ 또는 $x=1$

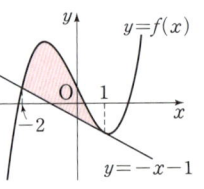

따라서 구하는 넓이를 S라 하면

$$S=\int_{-2}^{1}\{(x^3-4x+1)-(-x-1)\}\,dx$$

$$=\int_{-2}^{1}(x^3-3x+2)\,dx=\left[\frac{1}{4}x^4-\frac{3}{2}x^2+2x\right]_{-2}^{1}=\frac{27}{4}$$

8 답 ②

$S_1=S_2$이므로

$$\int_{0}^{2}\{(4-x^2)-a\}\,dx=0,\quad \int_{0}^{2}(-x^2+4-a)\,dx=0$$

$$\left[-\frac{1}{3}x^3+(4-a)x\right]_{0}^{2}=0,\quad -2a+\frac{16}{3}=0$$

$$\therefore a=\frac{8}{3}$$

다른 풀이

오른쪽 그림과 같이 곡선 $y=4-x^2$과
직선 $y=a$ 및 x축, y축으로 둘러싸
인 부분의 넓이를 S_3이라 하면
$S_1=S_2$이므로 $S_1+S_3=S_2+S_3$

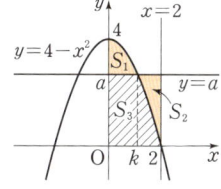

$$S_1+S_3=\int_{0}^{2}(4-x^2)\,dx$$

$$=\left[4x-\frac{1}{3}x^3\right]_{0}^{2}=\frac{16}{3},$$

$$S_2+S_3=2\times a=2a$$

이므로

$$\frac{16}{3}=2a \qquad \therefore a=\frac{8}{3}$$

9 답 ⑤

$f(x)=x^3+2$라 하면 $f'(x)=3x^2$
즉, 점 $(1, 3)$에서의 접선의 기울기는
$f'(1)=3$이므로 접선의 방정식은
$y-3=3(x-1)$ $\therefore y=3x$
두 직선 $y=3x$, $y=k$의 교점의 x좌표는

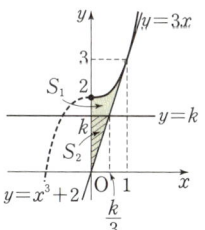

$3x=k$에서 $x=\dfrac{k}{3}$

곡선 $y=x^3+2$ $(x\geq0)$과 직선 $y=3x$
및 y축으로 둘러싸인 부분의 넓이를 S_1, 두 직선 $y=3x$, $y=k$
와 y축으로 둘러싸인 부분의 넓이를 S_2라 하면

$$S_1=\int_{0}^{1}\{(x^3+2)-3x\}\,dx=\int_{0}^{1}(x^3-3x+2)\,dx$$

$$=\left[\frac{1}{4}x^4-\frac{3}{2}x^2+2x\right]_{0}^{1}=\frac{3}{4}$$

$$S_2=\frac{1}{2}\times\frac{k}{3}\times k=\frac{k^2}{6}$$

이때 $S_1=2S_2$이므로

$$\frac{3}{4}=\frac{k^2}{3},\ k^2=\frac{9}{4} \qquad \therefore k=\frac{3}{2}\ (\because k>0)$$

10 답 ②

$S_1+S_2=\dfrac{1}{2}\times4\times4=8$이고, $S_1:S_2=7:5$이므로

$$S_1=8\times\frac{7}{12}=\frac{14}{3}$$

오른쪽 그림과 같이 곡선 $y=ax^2$과 직
선 $y=-x+4$의 교점의 x좌표를
$p\ (0<p<4)$라 하면
$ap^2=-p+4$ $\cdots\cdots$ ㉠
이때

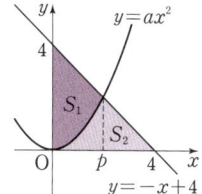

$$S_1=\int_{0}^{p}\{(-x+4)-ax^2\}\,dx$$

$$=\int_{0}^{p}(-ax^2-x+4)\,dx$$

$$=\left[-\frac{a}{3}x^3-\frac{1}{2}x^2+4x\right]_{0}^{p}=-\frac{1}{3}ap^3-\frac{1}{2}p^2+4p$$

$$=-\frac{1}{3}p(-p+4)-\frac{1}{2}p^2+4p\ (\because ㉠)$$

$$=-\frac{1}{6}p^2+\frac{8}{3}p$$

이므로 $-\dfrac{1}{6}p^2+\dfrac{8}{3}p=\dfrac{14}{3}$에서

$$p^2-16p+28=0,\ (p-2)(p-14)=0$$

$$\therefore p=2\ (\because 0<p<4)$$

$p=2$를 ㉠에 대입하여 정리하면 $a=\dfrac{1}{2}$

11 답 ①

$f(x)=x^3+x+a$에서 $f'(x)=3x^2+1>0$이고,
$f(0)=a$, $f(a)=a^3+2a$이므로 곡선 $y=f(x)$는 실수 전체의
집합에서 증가하고, 두 점 $(0, a)$, (a, a^3+2a)를 지난다.
곡선 $y=g(x)$는 곡선 $y=f(x)$와 직
선 $y=x$에 대하여 대칭이므로 오른쪽
그림과 같다.

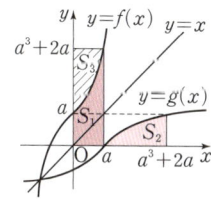

$$\int_{0}^{a}f(x)\,dx=S_1,\ \int_{a}^{a^3+2a}g(x)\,dx=S_2,$$

빗금 친 부분의 넓이를 S_3이라 하면
$S_2=S_3$이므로

$$\int_{0}^{a}f(x)\,dx+\int_{a}^{a^3+2a}g(x)\,dx=S_1+S_2=S_1+S_3$$

$$=a(a^3+2a)=a^4+2a^2$$

즉, $a^4+2a^2=3$이므로 $a^4+2a^2-3=0$

$$(a^2+3)(a+1)(a-1)=0 \qquad \therefore a=1\ (\because a>0)$$

따라서 $f(x)=x^3+x+1$이므로

$$f(2)=8+2+1=11$$

12 답 5

두 점 P, Q가 원점을 출발한 후 다시 만나는 시각을
$t=k\ (k>0)$이라 하자.

시각 $t=k$에서의 점 P의 위치는

$$0+\int_0^k (3t^2-6t)\,dt=\Big[\,t^3-3t^2\,\Big]_0^k=k^3-3k^2$$

시각 $t=k$에서의 점 Q의 위치는

$$0+\int_0^k (-4t+2)\,dt=\Big[-2t^2+2t\,\Big]_0^k=-2k^2+2k$$

즉, $k^3-3k^2=-2k^2+2k$에서

$$k^3-k^2-2k=0,\ k(k+1)(k-2)=0$$

$$\therefore k=2\ (\because k>0)$$

점 Q는 $0\le t\le\dfrac{1}{2}$일 때 $v_Q(t)\ge0$,

$\dfrac{1}{2}\le t\le2$일 때 $v_Q(t)\le0$이므로 점 Q가

시각 $t=0$에서 $t=2$까지 움직인 거리는

$$\int_0^2 |-4t+2|\,dt$$

$$=\int_0^{\frac{1}{2}} (-4t+2)\,dt+\int_{\frac{1}{2}}^2 (4t-2)\,dt$$

$$=\Big[-2t^2+2t\,\Big]_0^{\frac{1}{2}}+\Big[\,2t^2-2t\,\Big]_{\frac{1}{2}}^2$$

$$=\frac{1}{2}+\frac{9}{2}=5$$

다른 풀이

$$\int_0^2 |v_Q(t)|\,dt=\int_0^{\frac{1}{2}} v_Q(t)\,dt+\int_{\frac{1}{2}}^2 \{-v_Q(t)\}\,dt$$

$$=\frac{1}{2}\times\frac{1}{2}\times2+\frac{1}{2}\times\frac{3}{2}\times6=5$$

---

13 16

시각 $t=10$에서의 점 P의 위치가 10이므로

$$\int_0^{10} v(t)\,dt=\int_0^6 v(t)\,dt+\int_6^{10} v(t)\,dt$$

$$=\frac{1}{2}\times(6+3)\times a-\frac{1}{2}\times4\times a$$

$$=\frac{5}{2}a=10$$

에서 $a=4$

따라서 점 P가 시각 $t=2$에서 $t=7$까지 움직인 거리는

$$\int_2^7 |v(t)|\,dt=\int_2^6 v(t)\,dt+\int_6^7 \{-v(t)\}\,dt$$

$$=\frac{1}{2}\times(4+3)\times4+\frac{1}{2}\times1\times4=16$$

---

14 답 14

$$g(x)=|x-1|-1=\begin{cases} -x & (x\le1) \\ x-2 & (x>1) \end{cases}$$

두 함수 $y=f(x)$, $y=g(x)$의 그래프의 교점의 x좌표는

(i) $x\le1$일 때

$$\frac{1}{3}x(4-x)=-x에서\ x(4-x)=-3x$$

$$x^2-7x=0,\ x(x-7)=0$$

$$\therefore x=0\ (\because x\le1)$$

(ii) $x>1$일 때

$$\frac{1}{3}x(4-x)=x-2에서\ x(4-x)=3(x-2)$$

$$x^2-x-6=0,\ (x+2)(x-3)=0$$

$$\therefore x=3\ (\because x>1)$$

따라서 구하는 넓이 S는

$$S=\int_0^1 \left\{\frac{1}{3}x(4-x)-(-x)\right\}dx$$

$$\qquad+\int_1^3 \left\{\frac{1}{3}x(4-x)-(x-2)\right\}dx$$

$$=\int_0^1 \left(-\frac{1}{3}x^2+\frac{7}{3}x\right)dx+\int_1^3 \left(-\frac{1}{3}x^2+\frac{1}{3}x+2\right)dx$$

$$=\Big[-\frac{1}{9}x^3+\frac{7}{6}x^2\Big]_0^1+\Big[-\frac{1}{9}x^3+\frac{1}{6}x^2+2x\Big]_1^3$$

$$=\frac{19}{18}+\frac{22}{9}=\frac{7}{2}$$

$$\therefore 4S=4\times\frac{7}{2}=14$$

---

15 답 6

점 P의 시각 t에서의 위치를 $x(t)$라 하면

시각 $t=1$에서 점 P의 위치는 -3이므로

$$x(1)=0+\int_0^1 (3t^2-4t+k)\,dt=\Big[\,t^3-2t^2+kt\,\Big]_0^1$$

$$=-1+k=-3$$

에서 $k=-2$

$$\therefore v(t)=3t^2-4t-2$$

따라서 시각 $t=1$에서 $t=3$까지 점 P의 위치의 변화량은

$$\int_1^3 (3t^2-4t-2)\,dt=\Big[\,t^3-2t^2-2t\,\Big]_1^3=6$$

I. 함수의 극한과 연속

01 함수의 극한

3~13쪽

1 ⑤	2 ①	3 ④	4 ③
5 ②	6 ③	7 ④	
8 ②	9 ③	10 ③	11 ③
12 ③	13 ④	14 ④	15 ②
16 ④	17 49	18 3	19 ③
20 ③	21 ④	22 3	23 1
24 ③	25 ④	26 ④	
27 ②	28 ③	29 49	
30 ⑤	31 ①	32 ④	33 ④
34 ⑤	35 17	36 ②	37 ③
38 ①	39 ③	40 ④	41 ⑤

1 답 ⑤

$\lim\limits_{x \to 0+} f(x)=2$, $\lim\limits_{x \to 2-} f(x)=0$

$\therefore \lim\limits_{x \to 0+} f(x)+\lim\limits_{x \to 2-} f(x)=2+0=2$

2 답 ①

$\lim\limits_{x \to 1-} f(x)=1$, $\lim\limits_{x \to 2+} f(x)=2$

$\therefore \lim\limits_{x \to 1-} f(x)-\lim\limits_{x \to 2+} f(x)=1-2=-1$

3 답 ④

$f(-1)-1$, $\lim\limits_{x \to 1-} f(x)=0$

$\therefore f(-1)+\lim\limits_{x \to 1-} f(x)=1+0=1$

4 답 ③

$f(0)=0$, $\lim\limits_{x \to -1-} f(x)=2$, $\lim\limits_{x \to 1+} f(x)=-1$

$\therefore f(0)+\lim\limits_{x \to -1-} f(x)-\lim\limits_{x \to 1+} f(x)=0+2-(-1)=3$

5 답 ②

$\lim\limits_{x \to 2+} f(x)=\lim\limits_{x \to 2+} (x^2-3x+5)=4-6+5=3$

$\lim\limits_{x \to 2-} f(x)=\lim\limits_{x \to 2-} (2x+a)=4+a$

$\lim\limits_{x \to 2} f(x)$의 값이 존재하려면 $\lim\limits_{x \to 2+} f(x)=\lim\limits_{x \to 2-} f(x)$이어야 하므로

$4+a=3$ $\therefore a=-1$

6 답 ③

ㄱ. $\lim\limits_{x \to -1+} f(x)=\lim\limits_{x \to -1-} f(x)=0$이므로 $\lim\limits_{x \to -1} f(x)$의 값이 존재한다.

ㄴ. $\lim\limits_{x \to 0+} f(x)=\lim\limits_{x \to 0-} f(x)=1$이므로 $\lim\limits_{x \to 0} f(x)$의 값이 존재한다.

ㄷ. $\lim\limits_{x \to 1+} f(x)=1$, $\lim\limits_{x \to 1-} f(x)=0$에서 $\lim\limits_{x \to 1+} f(x) \neq \lim\limits_{x \to 1-} f(x)$이므로 $\lim\limits_{x \to 1} f(x)$의 값이 존재하지 않는다.

따라서 극한값이 존재하는 것은 ㄱ, ㄴ이다.

7 답 ④

$\lim\limits_{x \to -2+} f(x)=\lim\limits_{x \to -2+} (ax+b)=-2a+b$

$\lim\limits_{x \to -2-} f(x)=\lim\limits_{x \to -2-} (x^2-2x+2)=4+4+2=10$

$\lim\limits_{x \to -2} f(x)$의 값이 존재하려면 $\lim\limits_{x \to -2+} f(x)=\lim\limits_{x \to -2-} f(x)$이어야 하므로 $-2a+b=10$ ……㉠

$\lim\limits_{x \to 2+} f(x)=\lim\limits_{x \to 2+} (x^2-2x+2)=4-4+2=2$

$\lim\limits_{x \to 2-} f(x)=\lim\limits_{x \to 2-} (ax+b)=2a+b$

$\lim\limits_{x \to 2} f(x)$의 값이 존재하려면 $\lim\limits_{x \to 2+} f(x)=\lim\limits_{x \to 2-} f(x)$이어야 하므로 $2a+b=2$ ……㉡

㉠, ㉡을 연립하여 풀면 $a=-2$, $b=6$

$\therefore a+b=-2+6=4$

8 답 ②

$\lim\limits_{x \to 1+} f(x)=3$

$\lim\limits_{x \to 2+} f(5-x)$에서 $5-x=t$라 하면

$x \to 2+$일 때, $t \to 3-$이므로

$\lim\limits_{x \to 2+} f(5-x)=\lim\limits_{t \to 3-} f(t)=1$

$\therefore \lim\limits_{x \to 1+} f(x)+\lim\limits_{x \to 2+} f(5-x)=3+1=4$

9 답 ③

$\lim\limits_{x \to 0-} f(g(x))$에서 $g(x)=t$라 하면

$x \to 0-$일 때, $t=0$이므로

$\lim\limits_{x \to 0-} f(g(x))=f(0)=1$

$\lim\limits_{x \to 1+} g(f(x))$에서 $f(x)=s$라 하면

$x \to 1+$일 때, $s \to 0+$이므로

$\lim\limits_{x \to 1+} g(f(x))=\lim\limits_{s \to 0+} g(s)=2$

$\therefore \lim\limits_{x \to 0-} f(g(x))+\lim\limits_{x \to 1+} g(f(x))=1+2=3$

10 답 ③

$f(x)=t$라 하면

ㄱ. $x \to -1+$일 때, $t \to -2+$이므로
$\lim\limits_{x \to -1+} f(f(x))=\lim\limits_{t \to -2+} f(t)=0$ (참)

ㄴ. $x \to 0-$일 때, $t \to -1-$이므로
$\lim\limits_{x \to 0-} f(f(x))=\lim\limits_{t \to -1-} f(t)=-2$ (거짓)

ㄷ. $x \to 2-$일 때, $t \to 0+$이므로
$$\lim_{x \to 2-} f(f(x)) = \lim_{t \to 0+} f(t) = 1 \ (참)$$
따라서 옳은 것은 ㄱ, ㄷ이다.

11 답 ③

$\lim\limits_{t \to \infty} f\left(\dfrac{t-1}{t+1}\right)$에서 $\dfrac{t-1}{t+1} = s$라 하면

$$s = -\frac{2}{t+1} + 1$$

$t \to \infty$일 때, $s \to 1-$이므로

$$\lim_{t \to \infty} f\left(\frac{t-1}{t+1}\right) = \lim_{s \to 1-} f(s) = 2$$

$\lim\limits_{t \to -\infty} f\left(\dfrac{4t-1}{t+1}\right)$에서 $\dfrac{4t-1}{t+1} = k$라 하면

$$k = -\frac{5}{t+1} + 4$$

$t \to -\infty$일 때, $k \to 4+$이므로

$$\lim_{t \to -\infty} f\left(\frac{4t-1}{t+1}\right) = \lim_{k \to 4+} f(k) = 3$$

$$\therefore \lim_{t \to \infty} f\left(\frac{t-1}{t+1}\right) + \lim_{t \to -\infty} f\left(\frac{4t-1}{t+1}\right) = 2 + 3 = 5$$

12 답 ③

$$\lim_{x \to \infty} \frac{4f(x)+g(x)}{2f(x)-g(x)} = \lim_{x \to \infty} \frac{4 \times \dfrac{f(x)}{g(x)} + 1}{2 \times \dfrac{f(x)}{g(x)} - 1} = \frac{4 \times 2 + 1}{2 \times 2 - 1} = 3$$

13 답 ④

$3f(x) - 2g(x) = h(x)$라 하면 $g(x) = \dfrac{3f(x)-h(x)}{2}$이고,

$\lim\limits_{x \to 2} h(x) = -6$이므로

$$\lim_{x \to 2} g(x) = \lim_{x \to 2} \frac{3f(x)-h(x)}{2} = \frac{3 \times 2 - (-6)}{2} = 6$$

14 답 ④

$2x+1 = t$라 하면 $x = \dfrac{t-1}{2}$이므로

$$\lim_{x \to 0} \frac{4x+2+f(2x+1)}{x} = \lim_{t \to 1} \frac{2t+f(t)}{\dfrac{t-1}{2}}$$

$$= 2 \lim_{t \to 1} \frac{2(t-1)+2+f(t)}{t-1}$$

$$= 2 \lim_{t \to 1} \left\{ 2 + \frac{f(t)+2}{t-1} \right\}$$

$$= 2 \times (2+3) = 10$$

15 답 ②

$2f(x) - 3g(x) = h(x)$라 하면 $f(x) = \dfrac{3g(x)+h(x)}{2}$이고,

$\lim\limits_{x \to \infty} h(x) = 1$이므로

$$\lim_{x \to \infty} \frac{h(x)}{g(x)} = 0 \ \left(\because \lim_{x \to \infty} g(x) = \infty \right)$$

$$\therefore \lim_{x \to \infty} \frac{4f(x)+g(x)}{3f(x)-g(x)} = \lim_{x \to \infty} \frac{4\left\{\dfrac{3g(x)+h(x)}{2}\right\}+g(x)}{3\left\{\dfrac{3g(x)+h(x)}{2}\right\}-g(x)}$$

$$= \lim_{x \to \infty} \frac{14g(x)+4h(x)}{7g(x)+3h(x)}$$

$$= \lim_{x \to \infty} \frac{14 + 4 \times \dfrac{h(x)}{g(x)}}{7 + 3 \times \dfrac{h(x)}{g(x)}} = \frac{14+0}{7+0} = 2$$

16 답 ④

$$\lim_{x \to 2} \frac{x^2-x-2}{x^2-3x+2} = \lim_{x \to 2} \frac{(x+1)(x-2)}{(x-1)(x-2)}$$

$$= \lim_{x \to 2} \frac{x+1}{x-1} = \frac{2+1}{2-1} = 3$$

17 답 49

$$\lim_{x \to 2} \frac{\sqrt{x+2}-2}{x^3-8} = \lim_{x \to 2} \frac{(\sqrt{x+2}-2)(\sqrt{x+2}+2)}{(x-2)(x^2+2x+4)(\sqrt{x+2}+2)}$$

$$= \lim_{x \to 2} \frac{x-2}{(x-2)(x^2+2x+4)(\sqrt{x+2}+2)}$$

$$= \lim_{x \to 2} \frac{1}{(x^2+2x+4)(\sqrt{x+2}+2)}$$

$$= \frac{1}{(4+4+4) \times (\sqrt{2+2}+2)} = \frac{1}{48}$$

따라서 $p=48$, $q=1$이므로 $p+q = 48+1 = 49$

18 답 3

$$\lim_{x \to 3} \frac{3x^2 + \{f(x)-9\}x - 3f(x)}{(x^2-9)f(x)}$$

$$= \lim_{x \to 3} \frac{(x-3)\{f(x)+3x\}}{(x+3)(x-3)f(x)} = \lim_{x \to 3} \frac{f(x)+3x}{(x+3)f(x)} = \frac{f(3)+9}{6f(3)}$$

즉, $\dfrac{f(3)+9}{6f(3)} = \dfrac{2}{3}$이므로 $3f(3)+27 = 12f(3)$

$9f(3) = 27$ $\quad \therefore f(3) = 3$

19 답 ③

ㄱ. $\lim\limits_{x \to 0} \dfrac{\{f(x)\}^2}{f(x^2)} = \lim\limits_{x \to 0} \dfrac{(4|x|)^2}{4|x^2|} = \lim\limits_{x \to 0} \dfrac{16x^2}{4x^2} = 4$

ㄴ. $\lim\limits_{x \to 0} \dfrac{\{f(x)\}^2}{f(x^2)} = \lim\limits_{x \to 0} \dfrac{(2x^2+2x)^2}{2(x^2)^2+2x^2} = \lim\limits_{x \to 0} \dfrac{4x^4+8x^3+4x^2}{2x^4+2x^2}$

$$= \lim_{x \to 0} \frac{2x^2(2x^2+4x+2)}{2x^2(x^2+1)}$$

$$= \lim_{x \to 0} \frac{2x^2+4x+2}{x^2+1} = \frac{0+0+2}{0+1} = 2$$

ㄷ. $\lim\limits_{x \to 0} \dfrac{\{f(x)\}^2}{f(x^2)} = \lim\limits_{x \to 0} \dfrac{\left(x+\dfrac{4}{x}\right)^2}{x^2+\dfrac{4}{x^2}} = \lim\limits_{x \to 0} \dfrac{x^2+8+\dfrac{16}{x^2}}{x^2+\dfrac{4}{x^2}}$

$$= \lim_{x \to 0} \frac{x^4+8x^2+16}{x^4+4} = \frac{0+0+16}{0+4} = 4$$

따라서 주어진 식을 만족시키는 함수 $f(x)$는 ㄱ, ㄷ이다.

20 답 ③

ㄱ. $\lim\limits_{x\to\infty}\dfrac{3x^2+1}{x^2-2x+1}=\lim\limits_{x\to\infty}\dfrac{3+\dfrac{1}{x^2}}{1-\dfrac{2}{x}+\dfrac{1}{x^2}}=\dfrac{3+0}{1-0+0}=3$ (참)

ㄴ. $\lim\limits_{x\to\infty}\dfrac{2x+1}{x^2-2x+1}=\lim\limits_{x\to\infty}\dfrac{\dfrac{2}{x}+\dfrac{1}{x^2}}{1-\dfrac{2}{x}+\dfrac{1}{x^2}}=\dfrac{0+0}{1-0+0}=0$

(거짓)

ㄷ. $\lim\limits_{x\to\infty}\dfrac{3x}{\sqrt{x^2+1}+2x}=\lim\limits_{x\to\infty}\dfrac{3}{\sqrt{1+\dfrac{1}{x^2}}+2}=\dfrac{3}{\sqrt{1+0}+2}=1$

(참)

따라서 옳은 것은 ㄱ, ㄷ이다.

21 답 ④

$f(x)=x^2+2x$이므로

$f(x+2)=(x+2)^2+2(x+2)=x^2+6x+8$

$\therefore \lim\limits_{x\to\infty}\dfrac{f(x+2)-f(x)}{x-1}=\lim\limits_{x\to\infty}\dfrac{(x^2+6x+8)-(x^2+2x)}{x-1}$

$\qquad\qquad=\lim\limits_{x\to\infty}\dfrac{4x+8}{x-1}=\lim\limits_{x\to\infty}\dfrac{4+\dfrac{8}{x}}{1-\dfrac{1}{x}}$

$\qquad\qquad=\dfrac{4+0}{1-0}=4$

22 답 3

$x=-t$라 하면 $x\to-\infty$일 때 $t\to\infty$이므로

$\lim\limits_{x\to-\infty}\dfrac{\sqrt{x^2+3x}-2x}{\sqrt{x^2+1}-\sqrt{-x+5}}=\lim\limits_{t\to\infty}\dfrac{\sqrt{t^2-3t}+2t}{\sqrt{t^2+1}-\sqrt{t+5}}$

$\qquad\qquad=\lim\limits_{t\to\infty}\dfrac{\sqrt{1-\dfrac{3}{t}}+2}{\sqrt{1+\dfrac{1}{t^2}}-\sqrt{\dfrac{1}{t}+\dfrac{5}{t^2}}}$

$\qquad\qquad=\dfrac{\sqrt{1-0}+2}{\sqrt{1+0}-\sqrt{0+0}}=3$

23 답 1

$\lim\limits_{x\to\infty}\dfrac{4f(x)+x-1}{\sqrt{x^2-f(x)}+f(x)-x}$

$=\lim\limits_{x\to\infty}\dfrac{4\times\dfrac{f(x)}{x}+1-\dfrac{1}{x}}{\sqrt{1-\dfrac{1}{x}\times\dfrac{f(x)}{x}}+\dfrac{f(x)}{x}-1}$

$=\dfrac{4\times k+1-0}{\sqrt{1-0\times k}+k-1}=\dfrac{4k+1}{k}$

즉, $\dfrac{4k+1}{k}=5$이므로 $4k+1=5k$

$\therefore k=1$

24 답 ③

$\lim\limits_{x\to\infty}(\sqrt{x^2+5x-2}-\sqrt{x^2-x+1})$

$=\lim\limits_{x\to\infty}\dfrac{(\sqrt{x^2+5x-2}-\sqrt{x^2-x+1})(\sqrt{x^2+5x-2}+\sqrt{x^2-x+1})}{\sqrt{x^2+5x-2}+\sqrt{x^2-x+1}}$

$=\lim\limits_{x\to\infty}\dfrac{6x-3}{\sqrt{x^2+5x-2}+\sqrt{x^2-x+1}}$

$=\lim\limits_{x\to\infty}\dfrac{6-\dfrac{3}{x}}{\sqrt{1+\dfrac{5}{x}-\dfrac{2}{x^2}}+\sqrt{1-\dfrac{1}{x}+\dfrac{1}{x^2}}}$

$=\dfrac{6-0}{\sqrt{1+0-0}+\sqrt{1-0+0}}=3$

25 답 ④

$\lim\limits_{x\to\infty}\dfrac{\sqrt{x+7}-\sqrt{x+5}}{\sqrt{x+3}-\sqrt{x+1}}$

$=\lim\limits_{x\to\infty}\dfrac{(\sqrt{x+7}-\sqrt{x+5})(\sqrt{x+7}+\sqrt{x+5})(\sqrt{x+3}+\sqrt{x+1})}{(\sqrt{x+3}-\sqrt{x+1})(\sqrt{x+3}+\sqrt{x+1})(\sqrt{x+7}+\sqrt{x+5})}$

$=\lim\limits_{x\to\infty}\dfrac{2(\sqrt{x+3}+\sqrt{x+1})}{2(\sqrt{x+7}+\sqrt{x+5})}$

$=\lim\limits_{x\to\infty}\dfrac{\sqrt{x+3}+\sqrt{x+1}}{\sqrt{x+7}+\sqrt{x+5}}$

$=\lim\limits_{x\to\infty}\dfrac{\sqrt{1+\dfrac{3}{x}}+\sqrt{1+\dfrac{1}{x}}}{\sqrt{1+\dfrac{7}{x}}+\sqrt{1+\dfrac{5}{x}}}$

$=\dfrac{\sqrt{1+0}+\sqrt{1+0}}{\sqrt{1+0}+\sqrt{1+0}}=1$

26 답 ④

$f(x)=3(x-1)^2+2=3x^2-6x+5$이므로

$f(-x)=3x^2+6x+5$

$\therefore \lim\limits_{x\to\infty}\{\sqrt{f(-x)}-\sqrt{f(x)}\}$

$=\lim\limits_{x\to\infty}(\sqrt{3x^2+6x+5}-\sqrt{3x^2-6x+5})$

$=\lim\limits_{x\to\infty}\dfrac{(\sqrt{3x^2+6x+5}-\sqrt{3x^2-6x+5})(\sqrt{3x^2+6x+5}+\sqrt{3x^2-6x+5})}{\sqrt{3x^2+6x+5}+\sqrt{3x^2-6x+5}}$

$=\lim\limits_{x\to\infty}\dfrac{12x}{\sqrt{3x^2+6x+5}+\sqrt{3x^2-6x+5}}$

$=\lim\limits_{x\to\infty}\dfrac{12}{\sqrt{3+\dfrac{6}{x}+\dfrac{5}{x^2}}+\sqrt{3-\dfrac{6}{x}+\dfrac{5}{x^3}}}$

$=\dfrac{12}{\sqrt{3+0+0}+\sqrt{3-0+0}}$

$=\dfrac{12}{2\sqrt{3}}=2\sqrt{3}$

27 답 ②

$$\lim_{x \to 2} \frac{1}{x-2}\left\{\frac{1}{(x+1)^2} - \frac{1}{9}\right\} = \lim_{x \to 2}\left\{\frac{1}{x-2} \times \frac{9-(x+1)^2}{9(x+1)^2}\right\}$$

$$= \lim_{x \to 2} \frac{-x^2-2x+8}{9(x-2)(x+1)^2}$$

$$= \lim_{x \to 2} \frac{-(x+4)(x-2)}{9(x-2)(x+1)^2}$$

$$= \lim_{x \to 2} \frac{-(x+4)}{9(x+1)^2}$$

$$= \frac{-6}{9 \times 9} = -\frac{2}{27}$$

28 답 ③

$x = -t$라 하면 $x \to -\infty$일 때 $t \to \infty$이므로

$$\lim_{x \to -\infty} x^2\left(1 + \frac{x}{\sqrt{x^2-3}}\right) = \lim_{t \to \infty} t^2\left(1 - \frac{t}{\sqrt{t^2-3}}\right)$$

$$= \lim_{t \to \infty}\left(t^2 \times \frac{\sqrt{t^2-3}-t}{\sqrt{t^2-3}}\right)$$

$$= \lim_{t \to \infty}\left\{t^2 \times \frac{(\sqrt{t^2-3}-t)(\sqrt{t^2-3}+t)}{\sqrt{t^2-3}(\sqrt{t^2-3}+t)}\right\}$$

$$= \lim_{t \to \infty} \frac{-3t^2}{t^2-3+t\sqrt{t^2-3}}$$

$$= \lim_{t \to \infty} \frac{-3}{1-\frac{3}{t^2} + \sqrt{1-\frac{3}{t^2}}}$$

$$= \frac{-3}{1-0+\sqrt{1-0}} = -\frac{3}{2}$$

29 답 49

$\dfrac{1}{x} = t$라 하면 $x \to \infty$일 때 $t \to 0+$이므로

$$\lim_{x \to \infty} x^2\left\{f\left(\frac{1}{x}+2\right) - f(2)\right\}^2$$

$$= \lim_{t \to 0+} \left(\frac{1}{t}\right)^2\{f(t+2) - f(2)\}^2$$

$$= \lim_{t \to 0+} \frac{1}{t^2}\{(t+2)^2 + 3(t+2) + 2 - 12\}^2$$

$$= \lim_{t \to 0+} \frac{(t^2+7t)^2}{t^2} = \lim_{t \to 0+} (t+7)^2 = 49$$

30 답 ⑤

$x \to 1$일 때, (분모) $\to 0$이고 극한값이 존재하므로
(분자) $\to 0$이다.

즉, $\lim\limits_{x \to 1}(x^2+ax+b) = 0$이므로

$1+a+b=0$ $\therefore b=-a-1$

$$\therefore \lim_{x \to 1} \frac{x^2+ax-a-1}{x-1} = \lim_{x \to 1} \frac{(x-1)(x+a+1)}{x-1}$$

$$= \lim_{x \to 1}(x+a+1) = a+2$$

따라서 $a+2=5$이므로 $a=3$, $b=-4$

$\therefore 2a-b = 2 \times 3 - (-4) = 10$

31 답 ①

$x \to 2$일 때, (분자) $\to 0$이고 0이 아닌 극한값이 존재하므로
(분모) $\to 0$이다.

즉, $\lim\limits_{x \to 2}(x^3+ax^2+bx) = 0$이므로

$8+4a+2b=0$ $\therefore b=-2a-4$

$$\therefore \lim_{x \to 2} \frac{x^2-4}{x^3+ax^2-(2a+4)x} = \lim_{x \to 2} \frac{(x-2)(x+2)}{x(x-2)(x+a+2)}$$

$$= \lim_{x \to 2} \frac{x+2}{x(x+a+2)} = \frac{4}{2(a+4)}$$

따라서 $\dfrac{4}{2(a+4)} = -2$이므로 $a=-5$, $b=6$

$\therefore a+b = -5+6 = 1$

32 답 ④

$x \to -2$일 때, (분모) $\to 0$이고 극한값이 존재하므로
(분자) $\to 0$이다.

즉, $\lim\limits_{x \to -2}(\sqrt{x^2-2x-4} + ax) = 0$이므로

$2-2a=0$ $\therefore a=1$

$$\therefore \lim_{x \to -2} \frac{\sqrt{x^2-2x-4}+x}{x+2}$$

$$= \lim_{x \to -2} \frac{(\sqrt{x^2-2x-4}+x)(\sqrt{x^2-2x-4}-x)}{(x+2)(\sqrt{x^2-2x-4}-x)}$$

$$= \lim_{x \to -2} \frac{-2(x+2)}{(x+2)(\sqrt{x^2-2x-4}-x)}$$

$$= \lim_{x \to -2} \frac{-2}{\sqrt{x^2-2x-4}-x} = \lim_{x \to -2} \frac{-2}{\sqrt{4+4-4}+2} = -\frac{1}{2}$$

따라서 $b = -\dfrac{1}{2}$이므로 $ab = 1 \times \left(-\dfrac{1}{2}\right) = -\dfrac{1}{2}$

33 답 ④

$\lim\limits_{x \to \infty} f(x) = 2$이므로

$$\lim_{x \to \infty} f(x) = \lim_{x \to \infty} \frac{ax^2+bx+c}{x^2-1} = \lim_{x \to \infty} \frac{a+\frac{b}{x}+\frac{c}{x^2}}{1-\frac{1}{x^2}} = a = 2$$

$\lim\limits_{x \to 1} f(x) = 3$이므로 $\lim\limits_{x \to 1} \dfrac{2x^2+bx+c}{x^2-1} = 3$

$x \to 1$일 때, (분모) $\to 0$이고 극한값이 존재하므로
(분자) $\to 0$이다.

즉, $\lim\limits_{x \to 1}(2x^2+bx+c) = 0$이므로

$2+b+c=0$ $\therefore c=-b-2$

$$\therefore \lim_{x \to 1} \frac{2x^2+bx-b-2}{x^2-1} = \lim_{x \to 1} \frac{(x-1)(2x+b+2)}{(x-1)(x+1)}$$

$$= \lim_{x \to 1} \frac{2x+b+2}{x+1} = \frac{b+4}{2}$$

따라서 $\dfrac{b+4}{2} = 3$이므로 $b=2$, $c=-4$

$\therefore 4a+2b+c = 4 \times 2 + 2 \times 2 + (-4) = 8$

34 답 ⑤

$\lim\limits_{x\to\infty}\dfrac{f(x)}{2x+1}=2$이므로 $f(x)$는 최고차항의 계수가 4인 일차함

수이다.

즉, $f(x)=4x+a$ (a는 상수)라 할 수 있다.

$\lim\limits_{x\to1}f(x)=5$에서 $f(1)=5$이므로

$4+a=5$ $\quad\therefore\ a=1$

따라서 $f(x)=4x+1$이므로 $f(3)=12+1=13$

35 답 17

$\lim\limits_{x\to\infty}\dfrac{f(x)}{x^2+2x-1}=3$이므로 $f(x)$는 최고차항의 계수가 3인

이차함수이다.

즉, $f(x)=3x^2+ax+b$ (a, b는 상수)라 할 수 있다.

$f(1)=6$에서 $3+a+b=6$ $\quad\therefore\ a+b=3$ $\quad\cdots\cdots$ ㉠

$f(-2)=9$에서 $12-2a+b=9$ $\quad\therefore\ 2a-b=3$ $\quad\cdots\cdots$ ㉡

㉠, ㉡을 연립하여 풀면 $a=2$, $b=1$

따라서 $f(x)=3x^2+2x+1$이므로 $f(2)=12+4+1=17$

36 답 ②

$\lim\limits_{x\to-1}\dfrac{f(x)}{x+1}=2$에서 $x\to-1$일 때, (분모) $\to0$이고 극한값

이 존재하므로 (분자) $\to0$이다.

$\lim\limits_{x\to-1}f(x)=0$에서 $f(-1)=0$

$\lim\limits_{x\to-2}\dfrac{f(x)}{x+2}=-3$에서 $x\to-2$일 때, (분모) $\to0$이고 극한

값이 존재하므로 (분자) $\to0$이다.

$\lim\limits_{x\to-2}f(x)=0$에서 $f(-2)=0$

즉, $f(x)=(x+1)(x+2)(ax+b)$ (a, b는 상수이고, $a\neq0$)

이라 하면

$\lim\limits_{x\to-1}\dfrac{f(x)}{x+1}=\lim\limits_{x\to-1}\dfrac{(x+1)(x+2)(ax+b)}{x+1}$

$\qquad\qquad\qquad=\lim\limits_{x\to-1}(x+2)(ax+b)=-a+b$

이므로 $-a+b=2$ $\quad\cdots\cdots$ ㉠

$\lim\limits_{x\to-2}\dfrac{f(x)}{x+2}=\lim\limits_{x\to-2}\dfrac{(x+1)(x+2)(ax+b)}{x+2}$

$\qquad\qquad\qquad=\lim\limits_{x\to-2}(x+1)(ax+b)=2a-b$

이므로 $2a-b=-3$ $\quad\cdots\cdots$ ㉡

㉠, ㉡을 연립하여 풀면 $a=-1$, $b=1$

따라서 $f(x)=(x+1)(x+2)(-x+1)$이므로

$\lim\limits_{x\to1}\dfrac{f(x)}{x-1}=\lim\limits_{x\to1}\dfrac{(x+1)(x+2)(-x+1)}{x-1}$

$\qquad\qquad\qquad=-\lim\limits_{x\to1}(x+1)(x+2)=-2\times3=-6$

37 답 ③

$\lim\limits_{x\to\infty}\dfrac{f(x)}{x^3}=1$이므로 $f(x)$는 최고차항의 계수가 1인 삼차함수

이다.

$\lim\limits_{x\to-1}\dfrac{f(x)}{x+1}=2$에서 $x\to-1$일 때, (분모) $\to0$이고 극한값이

존재하므로 (분자) $\to0$이다.

$\lim\limits_{x\to-1}f(x)=0$이므로 $f(-1)=0$

즉, $f(x)=(x+1)(x^2+ax+b)$ (a, b는 상수)라 하면

$\lim\limits_{x\to-1}\dfrac{f(x)}{x+1}=\lim\limits_{x\to-1}\dfrac{(x+1)(x^2+ax+b)}{x+1}$

$\qquad\qquad\qquad=\lim\limits_{x\to-1}(x^2+ax+b)=1-a+b$

$1-a+b=2$이므로

$b=a+1$ $\quad\cdots\cdots$ ㉠

이때 $f(1)\le12$에서 $2(1+a+b)\le12$이므로

$a+b\le5$ $\quad\cdots\cdots$ ㉡

㉠을 ㉡에 대입하여 정리하면 $a\le2$

따라서

$f(2)=3(4+2a+a+1)$ $(\because$ ㉠$)$

$\qquad=9a+15\le33$

이므로 $f(2)$의 최댓값은 33이다.

38 답 ①

$d_1=\sqrt{(t-1)^2+\{(2t+1)-0\}^2}=\sqrt{5t^2+2t+2}$,

$d_2=\sqrt{(t-2)^2+\{(2t+1)-0\}^2}=\sqrt{5t^2+5}$

이므로

$\lim\limits_{t\to\infty}(d_1-d_2)$

$=\lim\limits_{t\to\infty}(\sqrt{5t^2+2t+2}-\sqrt{5t^2+5})$

$=\lim\limits_{t\to\infty}\dfrac{(\sqrt{5t^2+2t+2}-\sqrt{5t^2+5})(\sqrt{5t^2+2t+2}+\sqrt{5t^2+5})}{\sqrt{5t^2+2t+2}+\sqrt{5t^2+5}}$

$=\lim\limits_{t\to\infty}\dfrac{2t-3}{\sqrt{5t^2+2t+2}+\sqrt{5t^2+5}}$

$=\lim\limits_{t\to\infty}\dfrac{2-\dfrac{3}{t}}{\sqrt{5+\dfrac{2}{t}+\dfrac{2}{t^2}}+\sqrt{5+\dfrac{5}{t^2}}}=\dfrac{2-0}{\sqrt{5+0+0}+\sqrt{5+0}}=\dfrac{\sqrt{5}}{5}$

39 답 ③

$P(t,\ 5t^2)$에서 $H(0,\ 5t^2)$이므로 $Q(0,\ 2t^2)$

즉,

$\overline{PQ}=\sqrt{(0-t)^2+(2t^2-5t^2)^2}=\sqrt{t^2+9t^4}$,

$\overline{QH}=5t^2-2t^2=3t^2$

이므로

$\lim\limits_{t\to\infty}(\overline{PQ}-\overline{QH})=\lim\limits_{t\to\infty}(\sqrt{t^2+9t^4}-3t^2)$

$\qquad\qquad\qquad\quad=\lim\limits_{t\to\infty}\dfrac{(\sqrt{t^2+9t^4}-3t^2)(\sqrt{t^2+9t^4}+3t^2)}{\sqrt{t^2+9t^4}+3t^2}$

$\qquad\qquad\qquad\quad=\lim\limits_{t\to\infty}\dfrac{t^2}{\sqrt{t^2+9t^4}+3t^2}=\lim\limits_{t\to\infty}\dfrac{1}{\sqrt{\dfrac{1}{t^2}+9}+3}$

$\qquad\qquad\qquad\quad=\dfrac{1}{\sqrt{0+9}+3}=\dfrac{1}{6}$

40 답 ④

$$\overline{\mathrm{OP}}^2=t^2+(\sqrt{t})^2=t^2+t$$

선분 PH의 길이는 점 $\mathrm{P}(t,\sqrt{t})$와 직선 $y=\dfrac{1}{2}x$, 즉

$x-2y=0$ 사이의 거리와 같으므로

$$\overline{\mathrm{PH}}=\frac{|t-2\sqrt{t}|}{\sqrt{1^2+(-2)^2}}=\frac{t-2\sqrt{t}}{\sqrt{5}}\ (\because\ t>4)$$

직각삼각형 OPH에서

$$\overline{\mathrm{OH}}^2=\overline{\mathrm{OP}}^2-\overline{\mathrm{PH}}^2=t^2+t-\left(\frac{t-2\sqrt{t}}{\sqrt{5}}\right)^2$$

$$=\frac{4t^2+4t\sqrt{t}+t}{5}$$

$$\therefore\ \lim_{t\to\infty}\frac{\overline{\mathrm{OH}}^2}{\overline{\mathrm{OP}}^2}=\lim_{t\to\infty}\frac{4t^2+4t\sqrt{t}+t}{5(t^2+t)}=\lim_{t\to\infty}\frac{4+\dfrac{4}{\sqrt{t}}+\dfrac{1}{t}}{5+\dfrac{5}{t}}$$

$$=\frac{4+0+0}{5+0}=\frac{4}{5}$$

41 답 ⑤

직선 l의 방정식을 $y=2x+k\ (k>2)$라 하자.

점 $\mathrm{A}(-1,0)$과 직선 $l:2x-y+k=0$ 사이의 거리는 원 C_1

의 반지름의 길이 $t\ (t>0)$과 같으므로

$$\frac{|-2+k|}{\sqrt{2^2+(-1)^2}}=t$$

$$\therefore\ k=2+\sqrt{5}t\ (\because\ k>2,\ t>0)$$

점 $\mathrm{B}(5,4)$와 직선 $l:2x-y+k=0$ 사이의 거리는 원 C_2의

반지름의 길이와 같으므로

원 C_2의 반지름의 길이를 r라 하면

$$r=\frac{|10-4+k|}{\sqrt{2^2+(-1)^2}}=\frac{8+\sqrt{5}t}{\sqrt{5}}\ (\because\ k=2+\sqrt{5}t)$$

따라서 원 C_2의 넓이 $S(t)$는

$$S(t)=\pi\left(\frac{8+\sqrt{5}t}{\sqrt{5}}\right)^2=\frac{5t^2+16\sqrt{5}t+64}{5}\pi$$

$$\therefore\ \lim_{t\to0+}S(t)=\lim_{t\to0+}\frac{5t^2+16\sqrt{5}t+64}{5}\pi=\frac{64}{5}\pi$$

O2 함수의 연속

1 ⑤	2 ③	3 ④	
4 ⑤	5 ⑤	6 ③	7 ②
8 ③	9 ④	10 ③	11 48
12 ③	13 ②	14 ②	15 ①

1 답 ⑤

ㄱ. $\lim\limits_{x\to3+}f(x)=1,\ \lim\limits_{x\to3-}f(x)=1$

$\therefore\ \lim\limits_{x\to3}f(x)=1$ (참)

ㄴ. (ⅰ) $f(2)=3$

(ⅱ) $\lim\limits_{x\to2+}f(x)=3,\ \lim\limits_{x\to2-}f(x)=3$

$\therefore\ \lim\limits_{x\to2}f(x)=3$

(ⅲ) $\lim\limits_{x\to2}f(x)=f(2)$

즉, 함수 $f(x)$는 $x=2$에서 연속이다. (참)

ㄷ. 함수 $y=f(x)$의 그래프가 $x=1,\ x=3$에서 끊어져 있으므
로 함수 $f(x)$가 불연속인 x의 값의 개수는 2이다. (참)

따라서 옳은 것은 ㄱ, ㄴ, ㄷ이다.

2 답 ③

ㄱ. $\lim\limits_{x\to0+}f(x)=1$ (참)

ㄴ. $\lim\limits_{x\to2-}f(x)=1$ (거짓)

ㄷ. (ⅰ) $|f(2)|=|-1|=1$

(ⅱ) $\lim\limits_{x\to2+}|f(x)|=|-1|=1,\ \lim\limits_{x\to2-}|f(x)|=|1|=1$

$\therefore\ \lim\limits_{x\to2}|f(x)|=1$

(ⅲ) $\lim\limits_{x\to2}|f(x)|=|f(2)|$

즉, 함수 $|f(x)|$는 $x=2$에서 연속이다. (참)

따라서 옳은 것은 ㄱ, ㄷ이다.

3 답 ④

함수 $f(x)+g(x)$가 $x=2$에서 연속이므로

$$\lim_{x\to2+}\{f(x)+g(x)\}=\lim_{x\to2-}\{f(x)+g(x)\}=f(2)+g(2)$$

이다.

$\lim\limits_{x\to2+}\{f(x)+g(x)\}=3+b,$

$\lim\limits_{x\to2-}\{f(x)+g(x)\}=0+a=a,$

$f(2)+g(2)=1+5=6$

에서 $3+b=a=6$

$\therefore\ a=6,\ b=3$

$\therefore\ a+b=6+3=9$

4 답 ⑤

함수 $f(x)$가 $x=1$에서 연속이므로

$\lim\limits_{x\to1+}f(x)=\lim\limits_{x\to1-}f(x)=f(1)$이다.

$$\lim_{x \to 1+} f(x) = \lim_{x \to 1+} (x+k) = 1+k,$$
$$\lim_{x \to 1-} f(x) = \lim_{x \to 1-} (x^2+3x+2) = 1+3+2 = 6,$$
$$f(1) = 1+k$$
에서 $1+k=6$
$$\therefore k=5$$

5 답 ⑤

함수 $f(x)$가 실수 전체의 집합에서 연속이므로 $x=3$에서도 연속이다.

즉, $\lim\limits_{x \to 3+} f(x) = \lim\limits_{x \to 3-} f(x) = f(3)$이므로

$$\lim_{x \to 3+} f(x) = \lim_{x \to 3+} \frac{2x+1}{x-2} = \frac{6+1}{3-2} = 7,$$
$$\lim_{x \to 3-} f(x) = \lim_{x \to 3-} \frac{x^2+ax+b}{x-3},$$
$$f(3) = \frac{6+1}{3-2} = 7$$

에서 $\lim\limits_{x \to 3-} \dfrac{x^2+ax+b}{x-3} = 7$ ······ ㉠

㉠에서 $x \to 3-$일 때, (분모) $\to 0$이고 극한값이 존재하므로 (분자) $\to 0$이다.

즉, $\lim\limits_{x \to 3-} (x^2+ax+b) = 0$이므로

$9+3a+b=0$ $\quad \therefore b=-3a-9$

㉠에서

$$\lim_{x \to 3-} \frac{x^2+ax-3a-9}{x-3} = \lim_{x \to 3-} \frac{(x-3)(x+a+3)}{x-3}$$
$$= \lim_{x \to 3-} (x+a+3) = a+6$$

이므로 $a+6=7$

$\therefore a=1$, $b=-12$

$\therefore a-b = 1-(-12) = 13$

6 답 ③

함수 $f(x)$가 실수 전체의 집합에서 연속이므로 $x=-1$, $x=1$에서도 연속이다.

$\lim\limits_{x \to -1+} f(x) = \lim\limits_{x \to -1-} f(x) = f(-1)$이므로

$$\lim_{x \to -1+} f(x) = \lim_{x \to -1+} (x^2-2x+a) = 1+2+a = 3+a,$$
$$\lim_{x \to -1-} f(x) = \lim_{x \to -1-} (x+b) = -1+b,$$
$$f(-1) = 1+2+a = 3+a$$

에서 $3+a = -1+b$

$\therefore a-b = -4$

$\lim\limits_{x \to 1+} f(x) = \lim\limits_{x \to 1-} f(x) = f(1)$이므로

$$\lim_{x \to 1+} f(x) = \lim_{x \to 1+} (3x-2) = 3-2 = 1,$$
$$\lim_{x \to 1-} f(x) = \lim_{x \to 1-} (x^2-2x+a) = 1-2+a = a-1,$$
$$f(1) = 1-2+a = a-1$$

에서 $1 = a-1$

$\therefore a=2$, $b=6$

$\therefore a+b = 2+6 = 8$

7 답 ②

함수 $f(x)$가 $x=-1$에서 연속이므로 $\lim\limits_{x \to -1} f(x) = f(-1)$

$\lim\limits_{x \to -1} \dfrac{\sqrt{x+a}+b}{x+1} = \dfrac{1}{6}$에서 $x \to -1$일 때, (분모) $\to 0$이고 극한값이 존재하므로 (분자) $\to 0$이다.

즉, $\lim\limits_{x \to -1} (\sqrt{x+a}+b) = 0$이므로

$\sqrt{a-1}+b = 0$ $\quad \therefore b = -\sqrt{a-1}$

$$\therefore \lim_{x \to -1} \frac{\sqrt{x+a}-\sqrt{a-1}}{x+1}$$
$$= \lim_{x \to -1} \frac{(\sqrt{x+a}-\sqrt{a-1})(\sqrt{x+a}+\sqrt{a-1})}{(x+1)(\sqrt{x+a}+\sqrt{a-1})}$$
$$= \lim_{x \to -1} \frac{x+1}{(x+1)(\sqrt{x+a}+\sqrt{a-1})}$$
$$= \lim_{x \to -1} \frac{1}{\sqrt{x+a}+\sqrt{a-1}} = \frac{1}{2\sqrt{a-1}}$$

따라서 $\dfrac{1}{2\sqrt{a-1}} = \dfrac{1}{6}$이므로

$\sqrt{a-1} = 3$, $a-1 = 9$

$\therefore a=10$, $b=-3$

$\therefore a+b = 10+(-3) = 7$

8 답 ③

$x \neq 2$일 때, $f(x) = \dfrac{x^2-5x+a}{x-2}$

함수 $f(x)$가 실수 전체의 집합에서 연속이므로 $x=2$에서도 연속이다.

$\lim\limits_{x \to 2} f(x) = f(2)$이므로

$$\lim_{x \to 2} \frac{x^2-5x+a}{x-2} = f(2) \quad \text{······ ㉠}$$

㉠에서 $x \to 2$일 때, (분모) $\to 0$이고 극한값이 존재하므로 (분자) $\to 0$이다.

즉, $\lim\limits_{x \to 2} (x^2-5x+a) = 0$이므로

$4-10+a = 0$ $\quad \therefore a=6$

㉠에서

$$f(2) = \lim_{x \to 2} \frac{x^2-5x+6}{x-2} = \lim_{x \to 2} \frac{(x-2)(x-3)}{x-2}$$
$$= \lim_{x \to 2} (x-3) = 2-3 = -1$$

$\therefore a+f(2) = 6+(-1) = 5$

9 답 ④

$x \neq 1$일 때, $f(x) = \dfrac{x^3+ax^2+b}{x-1}$

함수 $f(x)$가 실수 전체의 집합에서 연속이므로 $x=1$에서도 연속이다.

$\lim\limits_{x \to 1} f(x) = f(1)$이므로

$$\lim_{x \to 1} \frac{x^3+ax^2+b}{x-1} = 9 \quad \text{······ ㉠}$$

㉠에서 $x \to 1$일 때, (분모) $\to 0$이고 극한값이 존재하므로 (분자) $\to 0$이다.

즉, $\lim\limits_{x \to 1}(x^3 + ax^2 + b) = 0$이므로

$1 + a + b = 0$ $\therefore b = -a - 1$

㉠에서

$\lim\limits_{x \to 1}\dfrac{x^3 + ax^2 - a - 1}{x - 1} = \lim\limits_{x \to 1}\dfrac{(x-1)\{x^2 + (a+1)x + a + 1\}}{x - 1}$

$\qquad\qquad\qquad\qquad = \lim\limits_{x \to 1}\{x^2 + (a+1)x + a + 1\}$

$\qquad\qquad\qquad\qquad = 2a + 3$

이므로 $2a + 3 = 9$

$\therefore a = 3,\ b = -4$

$\therefore 4a + b = 4 \times 3 + (-4) = 8$

10 답 ③

$x \neq 4$일 때, $f(x) = \dfrac{x\sqrt{x} - 8}{x - 4}$

함수 $f(x)$가 양의 실수 전체의 집합에서 연속이므로 $x=4$에서도 연속이다.

즉, $\lim\limits_{x \to 4} f(x) = f(4)$이므로

$f(4) = \lim\limits_{x \to 4}\dfrac{x\sqrt{x} - 8}{x - 4} = \lim\limits_{x \to 4}\dfrac{(\sqrt{x}-2)(x + 2\sqrt{x} + 4)}{(\sqrt{x}-2)(\sqrt{x}+2)}$

$\qquad = \lim\limits_{x \to 4}\dfrac{x + 2\sqrt{x} + 4}{\sqrt{x} + 2} = \dfrac{4 + 4 + 4}{2 + 2} = 3$

11 답 48

조건 (가)에서 $x \neq 3$일 때, $f(x) = \dfrac{a\sqrt{x} + b}{x - 3}$

함수 $f(x)$가 양의 실수 전체의 집합에서 연속이므로 $x=3$에서도 연속이다.

$\lim\limits_{x \to 3} f(x) = f(3)$이므로 조건 (나)에서

$\lim\limits_{x \to 3}\dfrac{a\sqrt{x} + b}{x - 3} = 1$ …… ㉠

㉠에서 $x \to 3$일 때, (분모) $\to 0$이고 극한값이 존재하므로 (분자) $\to 0$이다.

즉, $\lim\limits_{x \to 3}(a\sqrt{x} + b) = 0$이므로

$a\sqrt{3} + b = 0$ $\therefore b = -a\sqrt{3}$

㉠에서

$\lim\limits_{x \to 3}\dfrac{a\sqrt{x} - a\sqrt{3}}{x - 3} = \lim\limits_{x \to 3}\dfrac{a(\sqrt{x} - \sqrt{3})}{(\sqrt{x} - \sqrt{3})(\sqrt{x} + \sqrt{3})}$

$\qquad\qquad\qquad\qquad = \lim\limits_{x \to 3}\dfrac{a}{\sqrt{x} + \sqrt{3}} = \dfrac{a}{2\sqrt{3}}$

이므로 $\dfrac{a}{2\sqrt{3}} = 1$

$\therefore a = 2\sqrt{3},\ b = -6$

$\therefore a^2 + b^2 = (2\sqrt{3})^2 + (-6)^2 = 48$

12 답 ③

함수 $f(x)$가 실수 전체의 집합에서 연속이므로 모든 실수 x에 대하여 (분모) $\neq 0$, 즉 $x^2 + 6x + k \neq 0$이어야 한다.

이차방정식 $x^2 + 6x + k = 0$의 판별식을 D라 하면

$\dfrac{D}{4} = 3^2 - k < 0$ $\therefore k > 9$

따라서 정수 k의 최솟값은 10이다.

13 답 ②

함수 $f(x)$는 $x=1$에서 불연속이고, 함수 $g(x)$는 실수 전체의 집합에서 연속이므로 함수 $f(x)g(x)$가 실수 전체의 집합에서 연속이 되려면 $x=1$에서 연속이어야 한다.

일차함수 $g(x)$에 대하여 $g(0) = 2$이므로

$g(x) = ax + 2$ (a는 0이 아닌 상수)

라 하자.

$\lim\limits_{x \to 1+} f(x)g(x) = \lim\limits_{x \to 1-} f(x)g(x) = f(1)g(1)$이어야 하므로

$\lim\limits_{x \to 1+} f(x)g(x) = -1 \times (a + 2) = -a - 2$,

$\lim\limits_{x \to 1-} f(x)g(x) = 2(a + 2) = 2a + 4$,

$f(1)g(1) = 1 \times (a + 2) = a + 2$

에서 $-a - 2 = 2a + 4 = a + 2$

$\therefore a = -2$

따라서 $g(x) = -2x + 2$이므로

$g(-1) = 2 + 2 = 4$

14 답 ②

함수 $f(x)$는 실수 전체의 집합에서 연속이고, 함수 $g(x)$는 $x=-2$, $x=2$에서 불연속이므로 함수 $f(x)g(x)$가 실수 전체의 집합에서 연속이 되려면 $x=-2$, $x=2$에서 연속이어야 한다.

(i) $x=-2$에서 연속이 되는 경우

$\lim\limits_{x \to -2+} f(x)g(x) = \lim\limits_{x \to -2-} f(x)g(x) = f(-2)g(-2)$

이어야 하므로

$\lim\limits_{x \to -2+} f(x)g(x) = (4 - 2a + b) \times 2 = 8 - 4a + 2b$

$\lim\limits_{x \to -2-} f(x)g(x) = (4 - 2a + b) \times 1 = 4 - 2a + b$,

$f(-2)g(-2) = (4 - 2a + b) \times 2 = 8 - 4a + 2b$

에서 $8 - 4a + 2b = 4 - 2a + b$

$\therefore 2a - b = 4$ …… ㉠

(ii) $x=2$에서 연속이 되는 경우

$\lim\limits_{x \to 2+} f(x)g(x) = \lim\limits_{x \to 2-} f(x)g(x) = f(2)g(2)$

이어야 하므로

$\lim\limits_{x \to 2+} f(x)g(x) = (4 + 2a + b) \times 1 = 4 + 2a + b$,

$\lim\limits_{x \to 2-} f(x)g(x) = (4 + 2a + b) \times 2 = 8 + 4a + 2b$,

$f(2)g(2) = (4 + 2a + b) \times 2 = 8 + 4a + 2b$

에서 $4 + 2a + b = 8 + 4a + 2b$

$\therefore 2a + b = -4$ …… ㉡

㉠, ㉡을 연립하여 풀면 $a = 0$, $b = -4$

$\therefore a + b = 0 + (-4) = -4$

15 답 ①

두 함수 $f(x)$, $g(x)$가 모두 $x=2$에서 불연속이므로
함수 $f(x)g(x)$가 실수 전체의 집합에서 연속이 되려면 $x=2$
에서 연속이어야 한다.

$\lim\limits_{x \to 2+} f(x)g(x) = \lim\limits_{x \to 2-} f(x)g(x) = f(2)g(2)$이어야 하므로

$\lim\limits_{x \to 2+} f(x)g(x) = \lim\limits_{x \to 2+} \dfrac{4(x^2+bx+2)}{x-2}$,

$\lim\limits_{x \to 2-} f(x)g(x) = 2(4+2a+2) = 4(a+3)$,

$f(2)g(2) = 2(4+2a+2) = 4(a+3)$

에서

$\lim\limits_{x \to 2+} \dfrac{4(x^2+bx+2)}{x-2} = 4(a+3)$ ······ ㉠

㉠에서 $x \to 2+$일 때, (분모) $\to 0$이고 극한값이 존재하므로
(분자) $\to 0$이다.

즉, $\lim\limits_{x \to 2+} 4(x^2+bx+2) = 0$이므로

$4(4+2b+2) = 0$ ∴ $b = -3$

㉠에서

$\lim\limits_{x \to 2+} \dfrac{4(x^2-3x+2)}{x-2} = \lim\limits_{x \to 2+} \dfrac{4(x-2)(x-1)}{x-2}$

$\qquad\qquad\qquad\qquad = \lim\limits_{x \to 2+} 4(x-1) = 4$

이므로 $4(a+3) = 4$

∴ $a = -2$

∴ $a+b = -2+(-3) = -5$

Ⅱ. 미분

○1 미분계수와 도함수

1 ②	2 11	3 ①	4 ②
5 ①	6 10	7 ②	8 1
9 ④	10 18	11 ①	12 8
13 34	14 ⑤	15 ③	16 2
17 ③	18 ②	19 4	
20 6	21 2	22 ③	23 ③
24 6	25 13	26 ③	
27 5	28 8	29 16	30 1

1 답 ②

함수 $f(x) = -x^3+ax+2$에서 x의 값이 -1에서 2까지 변할
때의 평균변화율은

$\dfrac{\Delta y}{\Delta x} = \dfrac{f(2)-f(-1)}{2-(-1)} = \dfrac{(2a-6)-(-a+3)}{3} = a-3$

즉, $a-3=2$이므로

$a = 5$

따라서 $f(x) = -x^3+5x+2$이므로

$f'(1) = \lim\limits_{h \to 0} \dfrac{f(1+h)-f(1)}{h}$

$\qquad = \lim\limits_{h \to 0} \dfrac{\{-(1+h)^3+5(1+h)+2\}-(-1+5+2)}{h}$

$\qquad = \lim\limits_{h \to 0} \dfrac{h(-h^2-3h+2)}{h}$

$\qquad = \lim\limits_{h \to 0} (-h^2-3h+2) = 2$

다른 풀이

$f(x) = -x^3+5x+2$에서 미분법을 이용하면

$f'(x) = -3x^2+5$이므로 $f'(1) = 2$이다.

2 답 11

함수 $f(x) = x^3-2x$에서 x의 값이 1에서 3까지 변할 때의 평
균변화율은

$\dfrac{\Delta y}{\Delta x} = \dfrac{f(3)-f(1)}{3-1} = \dfrac{21-(-1)}{2} = 11$

$f'(1)$의 값은

$f'(1) = \lim\limits_{h \to 0} \dfrac{f(1+h)-f(1)}{h}$

$\qquad = \lim\limits_{h \to 0} \dfrac{\{(1+h)^3-2(1+h)\}-(1-2)}{h}$

$\qquad = \lim\limits_{h \to 0} \dfrac{h(h^2+3h+1)}{h}$

$\qquad = \lim\limits_{h \to 0} (h^2+3h+1) = 1$

즉, $11 = kf'(1)$이므로

$11 = k \times 1$ ∴ $k = 11$

다른 풀이

$f(x)=x^3-2x$에서 미분법을 이용하면 $f'(x)=3x^2-2$이므로 $f'(1)=1$이다.

3 답 ①

함수 $f(x)=(x+1)(x^2+kx)$에서 x의 값이 -1에서 1까지 변할 때의 평균변화율은

$$\frac{\Delta y}{\Delta x}=\frac{f(1)-f(-1)}{1-(-1)}=\frac{2(1+k)-0}{2}=k+1$$

함수 $f(x)$의 $x=1$에서의 순간변화율은

$$f'(1)=\lim_{h\to 0}\frac{f(1+h)-f(1)}{h}$$

$$=\lim_{h\to 0}\frac{(1+h+1)\{(1+h)^2+k(1+h)\}-2(1+k)}{h}$$

$$=\lim_{h\to 0}\frac{(h+2)\{h^2+(2+k)h+k+1\}-2-2k}{h}$$

$$=\lim_{h\to 0}\frac{h\{h^2+(4+k)h+3k+5\}}{h}$$

$$=\lim_{h\to 0}\{h^2+(4+k)h+3k+5\}=3k+5$$

즉, $k+1=3k+5$이므로

$k=-2$

다른 풀이

$f(x)=(x+1)(x^2+kx)$에서 미분법을 이용하면

$f'(x)=(x^2+kx)+(x+1)(2x+k)$이므로 $f'(1)=3k+5$이다.

4 답 ②

함수 $f(x)=-x^2+ax$에서 x의 값이 a에서 $a+1$까지 변할 때의 평균변화율은

$$\frac{\Delta y}{\Delta x}=\frac{f(a+1)-f(a)}{(a+1)-a}$$

$$=\{-(a+1)^2+a(a+1)\}-(-a^2+a^2)$$

$$=-a-1$$

함수 $f(x)$의 $x=-a$에서의 미분계수는

$$f'(-a)$$

$$=\lim_{h\to 0}\frac{f(-a+h)-f(-a)}{h}$$

$$=\lim_{h\to 0}\frac{\{-(-a+h)^2+a(-a+h)\}-\{-(-a)^2+a\times(-a)\}}{h}$$

$$=\lim_{h\to 0}\frac{h(-h+3a)}{h}$$

$$=\lim_{h\to 0}(-h+3a)=3a$$

따라서 $-a-1=3a$이므로

$$a=-\frac{1}{4}$$

다른 풀이

$f(x)=-x^2+ax$에서 미분법을 이용하면 $f'(x)=-2x+a$이므로 $f'(-a)=3a$이다.

5 답 ①

$$\lim_{h\to 0}\frac{f(1+2h)-f(1)}{3h}=\lim_{h\to 0}\frac{f(1+2h)-f(1)}{2h}\times\frac{2}{3}$$

$$=\frac{2}{3}f'(1)=\frac{2}{3}\times(-3)=-2$$

6 답 10

$$\lim_{h\to 0}\frac{f(-1+3h)-f(-1-2h)}{h}$$

$$=\lim_{h\to 0}\frac{f(-1+3h)-f(-1)+f(-1)-f(-1-2h)}{h}$$

$$=\lim_{h\to 0}\frac{\{f(-1+3h)-f(-1)\}-\{f(-1-2h)-f(-1)\}}{h}$$

$$=\lim_{h\to 0}\frac{f(-1+3h)-f(-1)}{3h}\times 3$$

$$\qquad+\lim_{h\to 0}\frac{f(-1-2h)-f(-1)}{-2h}\times 2$$

$$=3f'(-1)+2f'(-1)=5f'(-1)$$

$$=5\times 2=10$$

7 답 ②

$$\lim_{h\to 0}\frac{f(h-1)-f(2h-1)}{h}$$

$$=\lim_{h\to 0}\frac{f(-1+h)-f(-1)+f(-1)-f(-1+2h)}{h}$$

$$=\lim_{h\to 0}\frac{\{f(-1+h)-f(-1)\}-\{f(-1+2h)-f(-1)\}}{h}$$

$$=\lim_{h\to 0}\frac{f(-1+h)-f(-1)}{h}-\lim_{h\to 0}\frac{f(-1+2h)-f(-1)}{2h}\times 2$$

$$=f'(-1)-2f'(-1)$$

$$=-f'(-1)=-3$$

8 답 1

$$\lim_{h\to 0}\frac{f(h)-5}{5h}=\lim_{h\to 0}\frac{f(h)-f(0)}{5h}$$

$$=\lim_{h\to 0}\frac{f(0+h)-f(0)}{h}\times\frac{1}{5}$$

$$=\frac{1}{5}f'(0)=\frac{1}{5}\times 5=1$$

9 답 ④

$$\lim_{x\to -4}\frac{f(x)-f(-4)}{x^2-16}=\lim_{x\to -4}\frac{f(x)-f(-4)}{(x+4)(x-4)}$$

$$=\lim_{x\to -4}\left\{\frac{f(x)-f(-4)}{x-(-4)}\times\frac{1}{x-4}\right\}$$

$$=-\frac{1}{8}f'(-4)$$

$$=-\frac{1}{8}\times(-2)=\frac{1}{4}$$

10 답 18

$$\lim_{x \to 3} \frac{f(x^2)-f(9)}{x-3} = \lim_{x \to 3} \left\{ \frac{f(x^2)-f(9)}{(x-3)(x+3)} \times (x+3) \right\}$$
$$= \lim_{x \to 3} \left\{ \frac{f(x^2)-f(9)}{x^2-9} \times (x+3) \right\}$$
$$= 6f'(9) = 6 \times 3 = 18$$

11 답 ①

$\lim\limits_{x \to 1} \dfrac{f(x)-2}{x^2-1} = 3$에서 $x \to 1$일 때, (분모) $\to 0$이고 극한값

이 존재하므로 (분자) $\to 0$이다.

즉, $\lim\limits_{x \to 1} \{f(x)-2\} = 0$이므로 $f(1)=2$

$$\therefore \lim_{x \to 1} \frac{f(x)-2}{x^2-1} = \lim_{x \to 1} \frac{f(x)-f(1)}{(x-1)(x+1)}$$
$$= \lim_{x \to 1} \left\{ \frac{f(x)-f(1)}{x-1} \times \frac{1}{x+1} \right\}$$
$$= \frac{1}{2}f'(1) = 3$$

따라서 $f'(1)=6$이므로 $\dfrac{f'(1)}{f(1)} = \dfrac{6}{2} = 3$

12 답 8

$$\lim_{x \to 1} \frac{f(2x^2-1)-f(1)}{x-1}$$
$$= \lim_{x \to 1} \left\{ \frac{f(2x^2-1)-f(1)}{(2x^2-1)-1} \times \frac{2x^2-2}{x-1} \right\}$$
$$= \lim_{x \to 1} \left\{ \frac{f(2x^2-1)-f(1)}{(2x^2-1)-1} \times \frac{2(x+1)(x-1)}{x-1} \right\}$$
$$= \lim_{x \to 1} \left\{ \frac{f(2x^2-1)-f(1)}{(2x^2-1)-1} \times 2(x+1) \right\}$$
$$= 4f'(1) = 4 \times 2 = 8$$

13 답 34

$f(x) = x^3 + 2x^2 - 5x$에서
$f'(x) = 3x^2 + 4x - 5$
$\therefore f'(3) = 27 + 12 - 5 = 34$

14 답 ⑤

$f(x) = (x^2+x)(x^3-2x)$에서
$f'(x) = (x^2+x)'(x^3-2x) + (x^2+x)(x^3-2x)'$
$\quad\quad = (2x+1)(x^3-2x) + (x^2+x)(3x^2-2)$
$\therefore f'(1) = 3 \times (-1) + 2 \times 1 = -1$

15 답 ③

$g(x) = (x^2+3)f(x)$에서
$g'(x) = (x^2+3)'f(x) + (x^2+3)f'(x)$
$\quad\quad = 2xf(x) + (x^2+3)f'(x)$
$\therefore g'(1) = 2f(1) + 4f'(1) = 2 \times 2 + 4 \times 1 = 8$

16 답 2

함수 $f(x) = x^3 + ax^2 + bx - 2$의 그래프가 점 $(1, 0)$을 지나므로
$1 + a + b - 2 = 0$
$\therefore a + b = 1$ ...... ㉠
$f'(1) = 7$이고, $f'(x) = 3x^2 + 2ax + b$이므로
$3 + 2a + b = 7$
$\therefore 2a + b = 4$ ...... ㉡
㉠, ㉡을 연립하여 풀면 $a=3$, $b=-2$
따라서 $f(x) = x^3 + 3x^2 - 2x - 2$이므로
$f(-1) = -1 + 3 + 2 - 2 = 2$

17 답 ③

$$\lim_{h \to 0} \frac{f(2+3h)-f(2)}{4h} = \lim_{h \to 0} \frac{f(2+3h)-f(2)}{3h} \times \frac{3}{4}$$
$$= \frac{3}{4}f'(2)$$

$f(x) = -x^3 + 3x^2 + 2$에서 $f'(x) = -3x^2 + 6x$이므로
$f'(2) = 0$
$$\therefore \lim_{h \to 0} \frac{f(2+3h)-f(2)}{4h} = \frac{3}{4}f'(2) = \frac{3}{4} \times 0 = 0$$

18 답 ②

$$\lim_{h \to 0} \frac{f(1+h)-f(1)}{ah} = \lim_{h \to 0} \frac{f(1+h)-f(1)}{h} \times \frac{1}{a}$$
$$= \frac{1}{a}f'(1) = 10$$

에서 $f'(1) = 10a$
$f(x) = x^3 - x^2 + 4x$에서 $f'(x) = 3x^2 - 2x + 4$이므로
$f'(1) = 5$
즉, $10a = 5$이므로
$a = \dfrac{1}{2}$

19 답 4

$f(x) = \dfrac{1}{2}x^4 + x + 2$에서 $f(0) = 2$
$f'(x) = 2x^3 + 1$이므로 $f'(0) = 1$
$$\therefore \lim_{x \to 0} \frac{\{f(x)\}^2 - 4}{x} = \lim_{x \to 0} \frac{\{f(x)-2\}\{f(x)+2\}}{x-0}$$
$$= \lim_{x \to 0} \left[\frac{f(x)-f(0)}{x-0} \times \{f(x)+f(0)\} \right]$$
$$= f'(0) \times 2f(0)$$
$$= 1 \times (2 \times 2) = 4$$

20 답 6

$$\lim_{h \to 0} \frac{f(2+h)-f(2)}{3h} = \lim_{h \to 0} \frac{f(2+h)-f(2)}{h} \times \frac{1}{3}$$
$$= \frac{1}{3}f'(2) = 2$$

에서 $f'(2)=6$

$f(x)=x^3-ax+2$에서 $f'(x)=3x^2-a$이므로

$f'(2)=12-a$

즉, $12-a=6$이므로

$a=6$

21 답 2

$\lim_{h \to 0} \dfrac{f(1-h)-f(1+h)}{2h}$

$=\lim_{h \to 0} \dfrac{f(1-h)-f(1)+f(1)-f(1+h)}{2h}$

$=\lim_{h \to 0} \dfrac{\{f(1-h)-f(1)\}-\{f(1+h)-f(1)\}}{2h}$

$=\lim_{h \to 0} \dfrac{f(1-h)-f(1)}{-h} \times \left(-\dfrac{1}{2}\right)-\lim_{h \to 0} \dfrac{f(1+h)-f(1)}{h} \times \dfrac{1}{2}$

$=-\dfrac{1}{2}f'(1)-\dfrac{1}{2}f'(1)=-f'(1)=-5$

$\therefore f'(1)=5$

$f(x)=x^4+ax^2-3x$에서 $f'(x)=4x^3+2ax-3$이므로

$f'(1)=2a+1$

즉, $2a+1=5$이므로

$a=2$

22 답 ③

$\lim_{x \to 2} \dfrac{f(x)-3}{x-2}=9$에서 $x \to 2$일 때, (분모) $\to 0$이고 극한값

이 존재하므로 (분자) $\to 0$이다.

즉, $\lim_{x \to 2}\{f(x)-3\}=0$이므로 $f(2)=3$

$\therefore \lim_{x \to 2} \dfrac{f(x)-3}{x-2}=\lim_{x \to 2} \dfrac{f(x)-f(2)}{x-2}=f'(2)=9$

$f(x)=x^2+px+q$에서

$f(2)=3$이므로 $4+2p+q=3$

$\therefore 2p+q=-1$ ...... ㉠

$f'(x)=2x+p$이므로 $f'(2)=4+p=9$에서

$p=5$

$p=5$를 ㉠에 대입하여 정리하면 $q=-11$

$\therefore p+q=5+(-11)=-6$

23 답 ③

$f(x)=(x^2+a)(x+b)$에서

$f'(x)=(x^2+a)'(x+b)+(x^2+a)(x+b)'$

$\qquad =2x(x+b)+(x^2+a)=3x^2+2bx+a$

$\lim_{h \to 0} \dfrac{f(1+h)-f(1)}{2h}=\lim_{h \to 0} \dfrac{f(1+h)-f(1)}{h} \times \dfrac{1}{2}$

$\qquad\qquad\qquad\qquad =\dfrac{1}{2}f'(1)=4$

에서 $f'(1)=8$이므로

$3+2b+a=8$ $\therefore a+2b=5$ ...... ㉠

$\lim_{x \to -1} \dfrac{f(x)-f(-1)}{x^2-1}=\lim_{x \to -1} \dfrac{f(x)-f(-1)}{(x+1)(x-1)}$

$\qquad\qquad\qquad\qquad =\lim_{x \to -1}\left\{\dfrac{f(x)-f(-1)}{x-(-1)} \times \dfrac{1}{x-1}\right\}$

$\qquad\qquad\qquad\qquad =-\dfrac{1}{2}f'(-1)=2$

에서 $f'(-1)=-4$이므로

$3-2b+a=-4$ $\therefore a-2b=-7$ ...... ㉡

㉠, ㉡을 연립하여 풀면 $a=-1$, $b=3$

따라서 $f(x)=(x^2-1)(x+3)$이므로

$f(0)=-1 \times 3=-3$

24 답 6

$f(x)=\begin{cases} ax+3 & (x>1) \\ x^2+b & (x \leq 1) \end{cases}$에서

$f'(x)=\begin{cases} a & (x>1) \\ 2x & (x<1) \end{cases}$

함수 $f(x)$가 $x=1$에서 미분가능하므로

$x=1$에서 연속이다. 즉,

$a+3=1+b$ $\therefore a-b=-2$ ...... ㉠

$x=1$에서의 미분계수 $f'(1)$이 존재한다. 즉,

$a=2$

$a=2$를 ㉠에 대입하여 정리하면 $b=4$

$\therefore a+b=2+4=6$

다른 풀이

함수 $f(x)$가 $x=1$에서 미분가능하므로

$x=1$에서 연속이다.

즉, $\lim_{x \to 1+}f(x)=\lim_{x \to 1-}f(x)=f(1)$이므로

$a+3=1+b$ $\therefore a-b=-2$ ...... ㉠

$x=1$에서의 미분계수 $f'(1)$이 존재하므로

$\lim_{x \to 1+} \dfrac{f(x)-f(1)}{x-1}=\lim_{x \to 1+} \dfrac{(ax+3)-(1+b)}{x-1}$

$\qquad\qquad\qquad\qquad =\lim_{x \to 1+} \dfrac{(ax+3)-(a+3)}{x-1}$ $(\because ㉠)$

$\qquad\qquad\qquad\qquad =\lim_{x \to 1+} \dfrac{a(x-1)}{x-1}=\lim_{x \to 1+} a=a,$

$\lim_{x \to 1-} \dfrac{f(x)-f(1)}{x-1}=\lim_{x \to 1-} \dfrac{(x^2+b)-(1+b)}{x-1}$

$\qquad\qquad\qquad\qquad =\lim_{x \to 1-} \dfrac{(x+1)(x-1)}{x-1}$

$\qquad\qquad\qquad\qquad =\lim_{x \to 1-} (x+1)=2$

에서 $a=2$

25 답 13

$f(x)=\begin{cases} 2x^2+ax & (x \geq -1) \\ -x^2+b & (x<-1) \end{cases}$에서

$f'(x)=\begin{cases} 4x+a & (x>-1) \\ -2x & (x<-1) \end{cases}$

함수 $f(x)$가 $x=-1$에서 미분가능하므로
$x=-1$에서 연속이다. 즉,
$2-a=-1+b$　∴ $a+b=3$　……㉠
$x=-1$에서의 미분계수 $f'(-1)$이 존재한다. 즉,
$a-4=2$　∴ $a=6$
$a=6$을 ㉠에 대입하여 정리하면 $b=-3$
따라서 $f(x)=\begin{cases}2x^2+6x & (x\geq-1)\\-x^2-3 & (x<-1)\end{cases}$이므로
$f(-2)=-4-3=-7$, $f(2)=8+12=20$
∴ $f(-2)+f(2)=-7+20=13$

다른 풀이

함수 $f(x)$가 $x=-1$에서 미분가능하므로
$x=-1$에서 연속이다.
즉, $\lim\limits_{x\to-1+}f(x)=\lim\limits_{x\to-1-}f(x)=f(-1)$이므로
$2-a=-1+b$　∴ $a+b=3$　……㉠
$x=-1$에서의 미분계수 $f'(-1)$이 존재하므로

$\lim\limits_{x\to-1+}\dfrac{f(x)-f(-1)}{x-(-1)}=\lim\limits_{x\to-1+}\dfrac{(2x^2+ax)-(2-a)}{x+1}$
$=\lim\limits_{x\to-1+}\dfrac{2x^2+ax-2+a}{x+1}$
$=\lim\limits_{x\to-1+}\dfrac{2(x+1)(x-1)+a(x+1)}{x+1}$
$=\lim\limits_{x\to-1+}\{2(x-1)+a\}=-4+a$

$\lim\limits_{x\to-1-}\dfrac{f(x)-f(-1)}{x-(-1)}=\lim\limits_{x\to-1-}\dfrac{(-x^2+b)-(2-a)}{x+1}$
$=\lim\limits_{x\to-1-}\dfrac{(-x^2+3-a)-(2-a)}{x+1}$
$(\because ㉠)$
$=\lim\limits_{x\to-1-}\dfrac{-x^2+1}{x+1}$
$=\lim\limits_{x\to-1-}\dfrac{-(x+1)(x-1)}{x+1}$
$=\lim\limits_{x\to-1-}(-x+1)=2$

에서 $-4+a=2$　∴ $a=6$

26 **답** ③

$f(x)=\begin{cases}x+k & (x\geq a)\\-x^2+3x & (x<a)\end{cases}$에서
$f'(x)=\begin{cases}1 & (x>a)\\-2x+3 & (x<a)\end{cases}$
함수 $f(x)$가 모든 실수 x에서 미분가능하므로 $x=a$에서도 미분가능하다.
$x=a$에서 연속이므로
$a+k=-a^2+3a$　∴ $k=-a^2+2a$　……㉠
$x=a$에서의 미분계수 $f'(a)$가 존재하므로
$1=-2a+3$　∴ $a=1$
$a=1$을 ㉠에 대입하여 정리하면
$k=1$

따라서 $f(x)=\begin{cases}x+1 & (x\geq1)\\-x^2+3x & (x<1)\end{cases}$이므로
$f(2)=2+1=3$

다른 풀이

함수 $f(x)$가 모든 실수 x에서 미분가능하므로 $x=a$에서도 미분가능하고, $x=a$에서 연속이다.
즉, $\lim\limits_{x\to a+}f(x)=\lim\limits_{x\to a-}f(x)=f(a)$이므로
$a+k=-a^2+3a$　∴ $k=-a^2+2a$　……㉠
$x=a$에서의 미분계수 $f'(a)$가 존재하므로

$\lim\limits_{x\to a+}\dfrac{f(x)-f(a)}{x-a}=\lim\limits_{x\to a+}\dfrac{(x+k)-(a+k)}{x-a}$
$=\lim\limits_{x\to a+}\dfrac{x-a}{x-a}$
$=\lim\limits_{x\to a+}1=1,$

$\lim\limits_{x\to a-}\dfrac{f(x)-f(a)}{x-a}=\lim\limits_{x\to a-}\dfrac{(-x^2+3x)-(a+k)}{x-a}$
$=\lim\limits_{x\to a-}\dfrac{(-x^2+3x)-(a-a^2+2a)}{x-a}$
$(\because ㉠)$
$=\lim\limits_{x\to a-}\dfrac{-x^2+3x+a^2-3a}{x-a}$
$=\lim\limits_{x\to a-}\dfrac{-(x+a)(x-a)+3(x-a)}{x-a}$
$=\lim\limits_{x\to a-}\{-(x+a)+3\}=-2a+3$

에서 $1=-2a+3$　∴ $a=1$

27 **답** 5

$f(x)=x^2f'(2)-x^3$에서 $f'(2)$는 상수이므로
$f'(2)=a$ (a는 상수)라 하면
$f(x)=ax^2-x^3$
∴ $f'(x)=2ax-3x^2$
$f'(2)=4a-12$이므로 $4a-12=a$에서
$a=4$
따라서 $f'(x)=8x-3x^2$이므로
$f'(1)=8-3=5$

28 **답** 8

$f(x)=x^3-4x+1$에서 $f'(x)=3x^2-4$
$f(x)$와 $f'(x)$를 주어진 등식에 대입하면
$3(x^3-4x+1)+ax=x(3x^2-4)+3$
$(a-8)x=0$
위의 등식이 모든 실수 x에 대하여 성립하므로
$a-8=0$　∴ $a=8$

29 **답** 16

다항함수 $f(x)$를 일차함수라 하면 $f'(x)=1$이므로 주어진 등식을 만족시키지 않는다.

즉, $f(x)$는 이차 이상의 다항함수이다.

다항함수 $f(x)$의 차수를 n $(n \ge 2)$라 하면 도함수 $f'(x)$의 차수는 $n-1$이다.

주어진 등식에서 좌변의 차수는 $n+(n-1)=2n-1$, 우변의 차수는 3이므로

$2n-1=3$ $\therefore n=2$

즉, 함수 $f(x)$는 최고차항의 계수가 1인 이차함수이므로

$f(x)=x^2+ax+b$ (a, b는 상수)라 하면

$f'(x)=2x+a$

$f(x)$와 $f'(x)$를 주어진 등식에 대입하면

$(x^2+ax+b)(2x+a)=2x^3-9x^2+5x+6$

$2x^3+3ax^2+(a^2+2b)x+ab=2x^3-9x^2+5x+6$

$3(3+a)x^2+(a^2+2b-5)x+ab-6=0$

위의 등식이 모든 실수 x에 대하여 성립하므로

$3+a=0$, $a^2+2b-5=0$, $ab-6=0$

$3+a=0$에서 $a=-3$

$a^2+2b-5=0$에서 $2b+4=0$ $\therefore b=-2$

따라서 $f(x)=x^2-3x-2$이므로

$f(-3)=9+9-2=16$

30 답 1

최고차항의 계수가 1인 이차함수 $f(x)$를

$f(x)=x^2+ax+b$ (a, b는 상수)라 하면

$f'(x)=2x+a$

$\begin{aligned}(\text{좌변})=f(f'(x))&=f(2x+a)\\&=(2x+a)^2+a(2x+a)+b\\&=4x^2+6ax+2a^2+b,\end{aligned}$

$\begin{aligned}(\text{우변})=\{f'(x)\}^2-2x&=(2x+a)^2-2x\\&=4x^2+(4a-2)x+a^2\end{aligned}$

이므로

$4x^2+6ax+2a^2+b=4x^2+(4a-2)x+a^2$

$2(a+1)x+a^2+b=0$

위의 등식이 모든 실수 x에 대하여 성립하므로

$a+1=0$, $a^2+b=0$

$a+1=0$에서 $a=-1$

$a^2+b=0$에서 $1+b=0$ $\therefore b=-1$

따라서 $f(x)=x^2-x-1$이므로

$f(2)=4-2-1=1$

02 접선의 방정식

1 ②	2 ⑤	3 ①	4 ①
5 28	6 ①	7 12	8 ①
9 ④	10 ①	11 16	12 12
13 ②	14 ②	15 ④	16 7
17 64	18 15	19 ④	
20 ①	21 81	22 ③	23 49

1 답 ②

$f(x)=x^3+ax^2+3x+b$라 하면 $f'(x)=3x^2+2ax+3$

곡선 $y=f(x)$가 점 $(-1, -2)$를 지나므로 $f(-1)=-2$에서

$-1+a-3+b=-2$ $\therefore a+b=2$ ······ ㉠

또한, 곡선 $y=f(x)$ 위의 점 $(-1, -2)$에서의 접선의 기울기가 10이므로 $f'(-1)=10$에서

$3-2a+3=10$ $\therefore a=-2$

$a=-2$를 ㉠에 대입하여 정리하면 $b=4$

$\therefore ab=(-2)\times 4=-8$

2 답 ⑤

$f(x)=2x^3+3x^2-8x+1$이라 하면

$f'(x)=6x^2+6x-8$

곡선 $y=f(x)$ 위의 점 (p, q)에서의 접선의 기울기가 4이므로 $f'(p)=4$에서

$6p^2+6p-8=4$, $p^2+p-2=0$

$(p+2)(p-1)=0$ $\therefore p=1$ ($\because p>0$)

따라서 $q=f(1)=2+3-8+1=-2$이므로

$p+q=1+(-2)=-1$

3 답 ①

$f(x)=x^2+3x+2$에서 $f'(x)=2x+3$

곡선 $y=f(x)$ 위의 점 $(a, f(a))$에서의 접선이 직선

$ax+2y+1=0$, 즉 $y=-\dfrac{a}{2}x-\dfrac{1}{2}$에 평행하므로

점 $(a, f(a))$에서의 접선의 기울기는 $-\dfrac{a}{2}$이다.

즉, $f'(a)=-\dfrac{a}{2}$에서 $2a+3=-\dfrac{a}{2}$

$\therefore a=-\dfrac{6}{5}$

4 답 ①

$f(2)=-1$, $f'(2)=3$이므로

$\begin{aligned}\lim_{h\to 0}\dfrac{f(2+h)+1}{3h}&=\lim_{h\to 0}\dfrac{f(2+h)-f(2)}{3h}\\&=\lim_{h\to 0}\dfrac{f(2+h)-f(2)}{h}\times\dfrac{1}{3}\\&=\dfrac{1}{3}f'(2)=\dfrac{1}{3}\times 3=1\end{aligned}$

5 답 28

$f(x)=x^4-2x^2+3x-1$이라 하면 $f'(x)=4x^3-4x+3$

즉, 점 $(1, 1)$에서의 접선의 기울기는

$f'(1)=4-4+3=3$

이므로 접선의 방정식은

$y-1=3(x-1)$ ∴ $y=3x-2$

따라서 $m=3$, $n=-2$이므로

$10m+n=10\times3+(-2)=28$

6 답 ①

$f(x)=x^3+3x^2+ax$라 하면 $f'(x)=3x^2+6x+a$

곡선 $y=f(x)$가 점 $(1, 6)$을 지나므로 $f(1)=6$에서

$1+3+a=6$ ∴ $a=2$

또한, 곡선 $y=f(x)$ 위의 점 $(1, 6)$에서의 접선의 기울기는

$f'(1)=3+6+2=11$

이므로 접선의 방정식은

$y-6=11(x-1)$ ∴ $y=11x-5$

따라서 접선의 y절편은 -5이다.

7 답 12

$f(x)=2x^3-x^2+ax$라 하면 $f'(x)=6x^2-2x+a$

곡선 $y=f(x)$가 점 $(2, 2)$를 지나므로 $f(2)=2$에서

$16-4+2a=2$ ∴ $a=-5$

또한, 곡선 $y=f(x)$ 위의 점 $(2, 2)$에서의 접선의 기울기는

$f'(2)=24-4-5=15$

이므로 접선의 방정식은

$y-2=15(x-2)$

이 접선이 점 $(3, b)$를 지나므로

$b-2=15\times1$ ∴ $b=17$

∴ $a+b=-5+17=12$

8 답 ①

$f(x)$가 최고차항의 계수가 1인 삼차함수이므로

$f(x)=x^3+ax^2+bx+c$ (a, b, c는 상수)라 하면

$f'(x)=3x^2+2ax+b$

곡선 $y=f(x)$ 위의 점 $(2, 4)$에서의 접선의 기울기는

$f'(2)=4a+b+12$ ...... ㉠

이때 곡선 $y=f(x)$ 위의 점 $(2, 4)$에서의 접선이 점 $(-1, 1)$에서 이 곡선과 만나므로 이 접선은 두 점 $(2, 4)$, $(-1, 1)$을 지난다.

즉, 이 접선의 방정식은

$y-1=\dfrac{1-4}{-1-2}\{x-(-1)\}$ ∴ $y=x+2$

㉠에서 $4a+b+12=1$ ∴ $4a+b=-11$ ...... ㉡

또한, 곡선 $y=f(x)$가 두 점 $(2, 4)$, $(-1, 1)$을 지나므로

$f(2)=4$에서 $8+4a+2b+c=4$

∴ $4a+2b+c=-4$ ...... ㉢

$f(-1)=1$에서 $-1+a-b+c=1$

∴ $a-b+c=2$ ...... ㉣

㉡, ㉢, ㉣을 연립하여 풀면 $a=-3$, $b=1$, $c=6$

따라서 $f'(x)=3x^2-6x+1$이므로

$f'(3)=27-18+1=10$

9 답 ④

$f(x)=3x^2+x+k$라 하면 $f'(x)=6x+1$

이때 접점의 좌표를 $(t, 3t^2+t+k)$라 하면 이 점에서의 접선의 기울기가 -5이므로 $f'(t)=-5$에서

$6t+1=-5$ ∴ $t=-1$

즉, 접점의 좌표는 $(-1, 2+k)$이므로 접선의 방정식은

$y-(2+k)=-5\{x-(-1)\}$

∴ $5x+y+3-k=0$

따라서 $3-k=k$이므로

$k=\dfrac{3}{2}$

다른 풀이

점 $(-1, 2+k)$가 접선 $5x+y+k=0$ 위의 점이므로

$-5+(2+k)+k=0$ ∴ $k=\dfrac{3}{2}$

10 답 ①

$f(x)=4x^2-7x+1$이라 하면 $f'(x)=8x-7$

이때 접점의 좌표를 $(t, 4t^2-7t+1)$이라 하면 직선 $y=x+3$에 평행한 접선의 기울기는 1이므로 $f'(t)=1$에서

$8t-7=1$ ∴ $t=1$

즉, 접점의 좌표는 $(1, -2)$이므로 접선의 방정식은

$y-(-2)=1\times(x-1)$ ∴ $x-y-3=0$

따라서 $a=-1$, $b=-3$이므로

$a+b=-1+(-3)=-4$

11 답 16

$f(x)=x^3+x$라 하면 $f'(x)=3x^2+1$

이때 접점의 좌표를 (t, t^3+t)라 하면 이 점에서의 접선의 기울기가 4이므로 $f'(t)=4$에서

$3t^2+1=4$, $t^2=1$

∴ $t=-1$ 또는 $t=1$

즉, 두 직선 l, m의 접점의 좌표를 각각 $(-1, -2)$, $(1, 2)$라 하면 직선 m의 방정식은

$y-2=4(x-1)$ ∴ $4x-y-2=0$

두 직선 l, m 사이의 거리 d는 점 $(-1, -2)$와 직선 $4x-y-2=0$ 사이의 거리와 같으므로

$d=\dfrac{|-4+2-2|}{\sqrt{4^2+(-1)^2}}=\dfrac{4}{\sqrt{17}}$

∴ $17d^2=17\times\left(\dfrac{4}{\sqrt{17}}\right)^2=16$

12 답 12

$f(x)=3x^3+x-2$라 하면 $f'(x)=9x^2+1$

이때 접점의 좌표를 $(t,\ 3t^3+t-2)$라 하면 이 점에서의 접선의 기울기가 10이므로 $f'(t)=10$에서

$9t^2+1=10,\ t^2=1$

$\therefore\ t=-1$ 또는 $t=1$

(i) $t=-1$일 때

접점의 좌표는 $(-1,\ -6)$이므로 접선의 방정식은

$y-(-6)=10\{x-(-1)\}$ $\qquad\therefore\ y=10x+4$

(ii) $t=1$일 때

접점의 좌표는 $(1,\ 2)$이므로 접선의 방정식은

$y-2=10(x-1)$ $\qquad\therefore\ y=10x-8$

(i), (ii)에서 $y=10x+4$ 또는 $y=10x-8$이고,

이 중 제2사분면을 지나지 않는 직선의 방정식은

$y=10x-8$

이 직선이 점 $(2,\ p)$를 지나므로

$p=10\times2-8=12$

13 답 ②

$f(x)=-x^3+x+3$이라 하면 $f'(x)=-3x^2+1$

이때 접점의 좌표를 $(t,\ -t^3+t+3)$이라 하면 이 점에서의 접선의 기울기는 $f'(t)=-3t^2+1$이므로 접선의 방정식은

$y-(-t^3+t+3)=(-3t^2+1)(x-t)$ $\qquad\cdots\cdots\ \bigcirc$

이 접선이 점 $(0,\ 1)$을 지나므로

$1-(-t^3+t+3)=(-3t^2+1)(0-t)$

$t^3=-1$ $\qquad\therefore\ t=-1$

$t=-1$을 $\bigcirc$에 대입하면

$y-3=-2\{x-(-1)\}$ $\qquad\therefore\ y=-2x+1$

따라서 접선의 y절편은 1이다.

14 답 ②

$f(x)=x^3-2$라 하면 $f'(x)=3x^2$

이때 접점의 좌표를 $(t,\ t^3-2)$라 하면 이 점에서의 접선의 기울기는 $f'(t)=3t^2$이므로 접선의 방정식은

$y-(t^3-2)=3t^2(x-t)$ $\qquad\cdots\cdots\ \bigcirc$

이 접선이 점 $(0,\ -4)$를 지나므로

$-4-(t^3-2)=3t^2(0-t)$

$t^3=1$ $\qquad\therefore\ t=1$

$t=1$을 $\bigcirc$에 대입하면

$y-(-1)=3(x-1)$ $\qquad\therefore\ y=3x-4$

따라서 x축과 만나는 점의 x좌표는 $0=3x-4$에서

$x=\dfrac{4}{3}$ $\qquad\therefore\ a=\dfrac{4}{3}$

15 답 ④

$f(x)=-x^2+4x-2$라 하면 $f'(x)=-2x+4$

이때 접점의 좌표를 $(t,\ -t^2+4t-2)$라 하면 이 점에서의 접선의 기울기는 $f'(t)=-2t+4$이므로 접선의 방정식은

$y-(-t^2+4t-2)=(-2t+4)(x-t)$

이 접선이 점 $(2,\ 3)$을 지나므로

$3-(-t^2+4t-2)=(-2t+4)(2-t)$

$t^2-4t+3=0,\ (t-1)(t-3)=0$

$\therefore\ t=1$ 또는 $t=3$

따라서 $f'(1)=-2+4=2$ 또는 $f'(3)=-6+4=-2$이므로 두 접선의 기울기의 곱은

$2\times(-2)=-4$

16 답 7

$f(x)=2x^2-x+3$이라 하면 $f'(x)=4x-1$

이때 접점의 좌표를 $(t,\ 2t^2-t+3)$이라 하면 이 점에서의 접선의 기울기는 $f'(t)=4t-1$이므로 접선의 방정식은

$y-(2t^2-t+3)=(4t-1)(x-t)$

이 접선이 점 $(a,\ 0)$을 지나므로

$0-(2t^2-t+3)=(4t-1)(a-t)$

$2t^2-4at+a-3=0$

이 이차방정식의 두 근을 $\alpha,\ \beta$라 하면 이차방정식의 근과 계수의 관계에 의하여

$\alpha+\beta=-\dfrac{-4a}{2}=2a$

따라서 $\alpha,\ \beta$는 두 점 B, C의 x좌표이고, 삼각형 ABC의 무게중심의 x좌표가 7이므로 $\dfrac{a+\alpha+\beta}{3}=7$에서

$\dfrac{a+2a}{3}=7$ $\qquad\therefore\ a=7$

17 답 64

$f(x)=-x^2+6x+2$라 하면 $f'(x)=-2x+6$

곡선 $y=f(x)$의 접선 중에서 직선 $2x+y-26=0$과 평행한 접선의 접점의 좌표를 $(t,\ -t^2+6t+2)$라 하면 이 점에서의 접선의 기울기가 -2이므로 $f'(t)=-2$에서

$-2t+6=-2$ $\qquad\therefore\ t=4$

따라서 접점의 좌표는 $(4,\ 10)$이고,

점 $(4,\ 10)$과 직선 $2x+y-26=0$ 사이의 거리 d는

$d=\dfrac{|8+10-26|}{\sqrt{2^2+1^2}}=\dfrac{8}{\sqrt{5}}$

$\therefore\ 5d^2=5\times\left(\dfrac{8}{\sqrt{5}}\right)^2=64$

18 답 15

곡선 $y=-x^2+4x+1$과 직선 $y=-2x+k$가 만나지 않으므로 방정식 $-x^2+4x+1=-2x+k$, 즉

$x^2-6x+k-1=0$ $\qquad\cdots\cdots\ \bigcirc$

이 실근을 갖지 않아야 한다.

이차방정식 ㉠의 판별식을 D라 하면
$$\frac{D}{4}=(-3)^2-(k-1)<0$$
$$10-k<0 \qquad \therefore k>10$$
한편, $f(x)=-x^2+4x+1$이라 하면 $f'(x)=-2x+4$
곡선 $y=f(x)$의 접선 중에서 직선 $y=-2x+k$와 평행한 접선의 접점의 좌표를 $(t, -t^2+4t+1)$이라 하면 이 점에서의 접선의 기울기가 -2이므로 $f'(t)=-2$에서
$$-2t+4=-2 \qquad \therefore t=3$$
따라서 접점의 좌표는 $(3, 4)$이고, 점 $(3, 4)$와
직선 $y=-2x+k$, 즉 $2x+y-k=0$ 사이의 거리가 $\sqrt{5}$이므로
$$\frac{|6+4-k|}{\sqrt{2^2+1^2}}=\sqrt{5}, \ |10-k|=5$$
$$10-k=\pm5 \qquad \therefore k=15 \ (\because k>10)$$

19 답 ④

$f(x)=x^3-5x^2+4x+4$라 하자.
사각형 AQCP의 넓이는 두 삼각형 ACP, AQC의 넓이의 합과 같다.
이때 두 점 $A(-1, -6)$, $C(4, 4)$를 지나는 직선의 기울기가
$\dfrac{4-(-6)}{4-(-1)}=2$이므로 사각형 AQCP의 넓이가 최대가 되려면
곡선 $y=f(x)$에 접하고 기울기가 2인 두 접선의 접점을 각각 P, Q로 정하면 된다.
$f(x)=x^3-5x^2+4x+4$에서
$$f'(x)=3x^2-10x+4$$
$f'(x)=2$에서 $3x^2-10x+4=2$
$$3x^2-10x+2=0 \qquad \cdots\cdots ㉠$$
이차방정식 ㉠의 판별식을 D라 하면
$$\frac{D}{4}=(-5)^2-3\times2=19>0$$
이므로 이차방정식 ㉠은 서로 다른 두 실근을 갖는다.
따라서 이차방정식 ㉠의 서로 다른 두 실근이 각각 두 점 P, Q의 x좌표이므로 이차방정식의 근과 계수의 관계에 의하여 두 점 P, Q의 x좌표의 곱은 $\dfrac{2}{3}$이다.

20 답 ①

$f(x)=x^3-5x+3$이라 하면 $f'(x)=3x^2-5$
점 $(1, -1)$에서의 접선의 기울기는
$$f'(1)=3-5=-2$$
이므로 접선의 방정식은
$$y-(-1)=-2(x-1) \qquad \therefore y=-2x+1$$
따라서 접선의 x절편이 $\dfrac{1}{2}$, y절편이 1이므로 도형의 넓이는
$$\frac{1}{2}\times\frac{1}{2}\times1=\frac{1}{4}$$

21 답 81

$f(x)=-x^4+x^3+4$라 하면 $f'(x)=-4x^3+3x^2$
점 $(-1, 2)$에서의 접선의 기울기는
$$f'(-1)=4+3=7$$
이므로 접선의 방정식은
$$y-2=7\{x-(-1)\} \qquad \therefore y=7x+9$$
따라서 접선의 x절편은 $-\dfrac{9}{7}$, y절편은 9이므로 도형의 넓이 S는
$$S=\frac{1}{2}\times\frac{9}{7}\times9=\frac{81}{14}$$
$$\therefore 14S=14\times\frac{81}{14}=81$$

22 답 ③

$f(x)=x^3-x+5$라 하면 $f'(x)=3x^2-1$
이때 접점의 좌표를 (t, t^3-t+5)라 하면 이 점에서의 접선의 기울기는 $f'(t)=3t^2-1$이므로 접선의 방정식은
$$y-(t^3-t+5)=(3t^2-1)(x-t) \qquad \cdots\cdots ㉠$$
이 접선이 점 $(0, -11)$을 지나므로
$$-11-(t^3-t+5)=(3t^2-1)(0-t)$$
$$t^3=8 \qquad \therefore t=2$$
$t=2$를 ㉠에 대입하면
$$y-11=11(x-2) \qquad \therefore y=11x-11$$
따라서 접선의 x절편이 1, y절편이 -11이므로 도형의 넓이는
$$\frac{1}{2}\times1\times11=\frac{11}{2}$$

23 답 49

$f(x)=-x^2+4x-2$라 하면 $f'(x)=-2x+4$
점 $P(3, 1)$에서의 접선 l의 기울기는
$$f'(3)=-6+4=-2$$
이므로 접선 l의 방정식은
$$y-1=-2(x-3) \qquad \therefore y=-2x+7$$
직선 l과 수직인 직선 m의 기울기는 $\dfrac{1}{2}$이므로 직선 m의 방정식은
$$y-1=\frac{1}{2}(x-3) \qquad \therefore y=\frac{1}{2}x-\frac{1}{2}$$
즉, 두 직선 l, m의 y절편은 각각 7, $-\dfrac{1}{2}$
이므로 오른쪽 그림에서 도형의 넓이는
$$\frac{1}{2}\times\left(7+\frac{1}{2}\right)\times3=\frac{45}{4}$$
따라서 $p=4$, $q=45$이므로
$$p+q=4+45=49$$

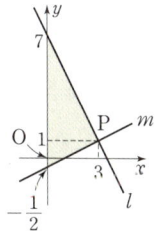

1 6	2 ③	3 3	4 ②
5 7	6 ⑤	7 ②	8 ①
9 ②	10 ⑤	11 11	
12 9	13 ②	14 1	15 7
16 38	17 ①	18 ④	19 ⑤
20 ②	21 4	22 118	
23 6	24 ③	25 2	
26 ②	27 5	28 ④	29 ③
30 ⑤	31 ③	32 ③	33 7
34 ⑤	35 8	36 ④	37 ③
38 ①	39 ①	40 ①	
41 ②	42 ⑤	43 27	44 11
45 21	46 27	47 ②	

1 답 6

$f(x)=x^3+3x^2-24x+10$에서
$f'(x)=3x^2+6x-24=3(x+4)(x-2)$
$f'(x)=0$에서 $x=-4$ 또는 $x=2$
함수 $f(x)$의 증가와 감소를 표로 나타내면 다음과 같다.

x	$\cdots$	-4	$\cdots$	2	$\cdots$
$f'(x)$	$+$	0	$-$	0	$+$
$f(x)$	$\nearrow$	90	$\searrow$	-18	$\nearrow$

따라서 함수 $f(x)$는 닫힌구간 $[-4, 2]$에서 감소하므로
$a=-4$, $b=2$
$\therefore b-a=2-(-4)=6$

2 답 ③

$f(x)=\dfrac{1}{4}x^4-x^3+\dfrac{1}{2}x^2-3x+1$에서
$f'(x)=x^3-3x^2+x-3=(x-3)(x^2+1)$
$f'(x)=0$에서 $x=3$ ($\because x^2+1>0$)
함수 $f(x)$의 증가와 감소를 표로 나타내면 다음과 같다.

x	$\cdots$	3	$\cdots$
$f'(x)$	$-$	0	$+$
$f(x)$	$\searrow$	$-\dfrac{41}{4}$	$\nearrow$

따라서 함수 $f(x)$가 $x\geq3$에서 증가하므로 k의 최솟값은 3이다.

3 답 3

함수 $f(x)$가 임의의 서로 다른 두 실수 x_1, x_2에 대하여
$x_1<x_2$일 때, $f(x_1)>f(x_2)$를 만족시키는 구간이 $[a, b]$이므로 함수 $f(x)$는 닫힌구간 $[a, b]$에서 감소한다.
$f(x)=x^3-6x^2+9x+2$에서
$f'(x)=3x^2-12x+9=3(x-1)(x-3)$

$f'(x)=0$에서 $x=1$ 또는 $x=3$
함수 $f(x)$의 증가와 감소를 표로 나타내면 다음과 같다.

x	$\cdots$	1	$\cdots$	3	$\cdots$
$f'(x)$	$+$	0	$-$	0	$+$
$f(x)$	$\nearrow$	6	$\searrow$	2	$\nearrow$

따라서 함수 $f(x)$는 닫힌구간 $[1, 3]$에서 감소하므로
$a=1$, $b=3$
$\therefore ab=1\times3=3$

4 답 ②

(i) $f'(x)>0$인 경우
주어진 함수 $y=f(x)$의 그래프에서 함수 $f(x)$가 열린구간 $(-3, 2)$에서 증가하므로 열린구간 $(-3, 2)$에서 $f'(x)>0$이다.
부등식 $f'(x)\{f(x)-2\}\leq0$을 만족시키려면 $f(x)-2\leq0$, 즉 $f(x)\leq2$이어야 하므로 열린구간 $(-3, 2)$에서 $f(x)\leq2$를 만족시키는 정수 x의 값은 -2, -1이다.

(ii) $f'(x)<0$인 경우
주어진 함수 $y=f(x)$의 그래프에서 함수 $f(x)$가 열린구간 $(2, 7)$에서 감소하므로 열린구간 $(2, 7)$에서 $f'(x)<0$이다.
부등식 $f'(x)\{f(x)-2\}\leq0$을 만족시키려면 $f(x)-2\geq0$, 즉 $f(x)\geq2$이어야 하므로 열린구간 $(2, 7)$에서 $f(x)\geq2$를 만족시키는 정수 x의 값은 3, 4이다.

(iii) $f'(x)=0$인 경우
$f'(2)=0$이므로 $x=2$일 때 부등식 $f'(2)\{f(2)-2\}\leq0$을 만족시킨다.

(i), (ii), (iii)에서 부등식을 만족시키는 정수 x의 개수는 -2, -1, 2, 3, 4의 5이다.

5 답 7

$f(x)=-x^3+ax^2-4x-2$에서
$f'(x)=-3x^2+2ax-4$
함수 $f(x)$가 실수 전체의 집합에서 감소하려면 모든 실수 x에 대하여 $f'(x)\leq0$이어야 한다.
이차방정식 $f'(x)=0$, 즉 $-3x^2+2ax-4=0$의 판별식을 D라 하면
$\dfrac{D}{4}=a^2-(-3)\times(-4)\leq0$, $a^2-12\leq0$
$(a+2\sqrt{3})(a-2\sqrt{3})\leq0$ $\therefore -2\sqrt{3}\leq a\leq2\sqrt{3}$
따라서 모든 정수 a의 개수는 -3, -2, -1, $\cdots$, 3의 7이다.

6 답 ⑤

함수 $f(x)$가 일대일대응이 되려면 $f(x)$는 실수 전체의 집합에서 증가 또는 감소해야 한다.

그런데 함수 $f(x)$의 최고차항의 계수가 양수이므로 $f(x)$가 실수 전체의 집합에서 증가해야 한다.

$f(x)=x^3+ax^2+(2a-3)x$에서

$f'(x)=3x^2+2ax+2a-3$

모든 실수 x에 대하여 $f'(x)\geq0$이어야 하므로 이차방정식 $f'(x)=0$, 즉 $3x^2+2ax+2a-3=0$의 판별식을 D라 하면

$\dfrac{D}{4}=a^2-3(2a-3)\leq0$, $a^2-6a+9\leq0$

$(a-3)^2\leq0$

$\therefore a=3$

7 답 ②

함수 $f(x)$의 역함수가 존재하려면 $f(x)$가 일대일대응이어야 하므로 $f(x)$가 실수 전체의 집합에서 증가 또는 감소해야 한다.
그런데 함수 $f(x)$의 최고차항의 계수가 양수이므로 $f(x)$가 실수 전체의 집합에서 증가해야 한다.

$f(x)=(x-k)(x^2+x+1)$에서

$f'(x)=x^2+x+1+(x-k)(2x+1)$
$\qquad=3x^2+2(1-k)x+1-k$

모든 실수 x에 대하여 $f'(x)\geq0$이어야 하므로 이차방정식 $f'(x)=0$, 즉 $3x^2+2(1-k)x+1-k=0$의 판별식을 D라 하면

$\dfrac{D}{4}=(1-k)^2-3(1-k)\leq0$, $k^2+k-2\leq0$

$(k+2)(k-1)\leq0$

$\therefore -2\leq k\leq1$

따라서 실수 k의 최댓값은 1, 최솟값은 -2이므로 그 합은
$1+(-2)=-1$

8 답 ①

$f(x)=x^3+6x^2+15|x-2a|+3$
$\qquad=\begin{cases} x^3+6x^2-15x+30a+3 & (x\leq2a) \\ x^3+6x^2+15x-30a+3 & (x>2a) \end{cases}$

(i) $x\leq2a$일 때

$f'(x)=3x^2+12x-15=3(x+5)(x-1)$

$f'(x)=0$에서 $x=-5$ 또는 $x=1$

함수 $f(x)$의 증가와 감소를 표로 나타내면 다음과 같다.

x	$\cdots$	-5	$\cdots$	1	$\cdots$
$f'(x)$	$+$	0	$-$	0	$+$
$f(x)$	↗	극대	↘	극소	↗

즉, $x\leq2a$에서 함수 $f(x)$가 증가하려면 $2a\leq-5$이어야 하므로

$a\leq-\dfrac{5}{2}$

(ii) $x>2a$일 때

$f'(x)=3x^2+12x+15>0$이므로 $x>2a$에서 함수 $f(x)$는 증가한다.

(i), (ii)에서 실수 a의 값의 범위는

$a\leq-\dfrac{5}{2}$

따라서 실수 a의 최댓값은 $-\dfrac{5}{2}$이다.

9 답 ②

$f(x)=2x^3+6x^2+kx-1$에서

$f'(x)=6x^2+12x+k$

$-1\leq x\leq1$에서 정의된 함수 $f(x)$가 감소하려면 $f'(x)\leq0$이어야 한다.

즉, 오른쪽 그림과 같이

$f'(-1)\leq0$, $f'(1)\leq0$

이어야 하므로

$f'(-1)\leq0$에서 $k-6\leq0$

$\therefore k\leq6$ ······ ㉠

$f'(1)\leq0$에서 $k+18\leq0$

$\therefore k\leq-18$ ······ ㉡

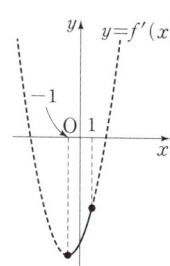

㉠, ㉡의 공통부분을 구하면 $k\leq-18$
따라서 실수 k의 최댓값은 -18이다.

10 답 ⑤

$f(x)=x^3+4x^2+ax-1$에서

$f'(x)=3x^2+8x+a=3\left(x+\dfrac{4}{3}\right)^2+a-\dfrac{16}{3}$

함수 $f(x)$가 구간 $(-2, \infty)$에서 증가하려면 이 구간에서 $f'(x)\geq0$이어야 한다.

즉, 오른쪽 그림과 같이

$f'\left(-\dfrac{4}{3}\right)\geq0$이어야 하므로

$a-\dfrac{16}{3}\geq0$ $\quad\therefore a\geq\dfrac{16}{3}$

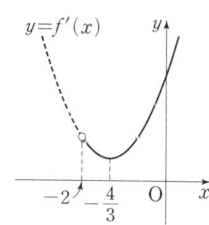

따라서 실수 a의 최솟값은 $\dfrac{16}{3}$이다.

11 답 11

$f(x)=x^3+ax+b$에서 $f'(x)=3x^2+a$

함수 $f(x)$가 열린구간 $(-1, 2)$에서 감소하려면 이 구간에서 $f'(x)\leq0$이어야 한다.

즉, 오른쪽 그림과 같이

$f'(-1)\leq0$, $f'(2)\leq0$

이어야 하므로

$f'(-1)\leq0$에서 $a+3\leq0$

$\therefore a\leq-3$ ······ ㉠

$f'(2)\leq0$에서 $a+12\leq0$

$\therefore a\leq-12$ ······ ㉡

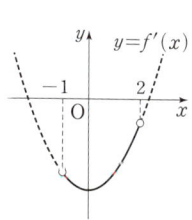

㉠, ㉡의 공통부분을 구하면
$a\leq-12$

이때 $f(1)=0$이므로
$1+a+b=0$
$\therefore b=-a-1$
$\qquad \geq 12-1=11$
따라서 실수 b의 최솟값은 11이다.

12 답 9

$f(x)=(x+3)(x^2-x+3)$에서
$f'(x)=x^2-x+3+(x+3)(2x-1)$
$\qquad =3x^2+4x=x(3x+4)$
$f'(x)=0$에서 $x=-\dfrac{4}{3}$ 또는 $x=0$
함수 $f(x)$의 증가와 감소를 표로 나타내면 다음과 같다.

x	$\cdots$	$-\dfrac{4}{3}$	$\cdots$	0	$\cdots$
$f'(x)$	$+$	0	$-$	0	$+$
$f(x)$	$\nearrow$	$\dfrac{275}{27}$	$\searrow$	9	$\nearrow$

즉, 함수 $f(x)$는 $x=0$에서 극소이고 극솟값은 $f(0)=9$이다.
따라서 $a=0$, $b=9$이므로
$a+b=0+9=9$

13 답 ②

$f(x)=-\dfrac{1}{4}x^4+x^3+2x^2-12x$에서
$f'(x)=-x^3+3x^2+4x-12$
$\qquad =-(x+2)(x-2)(x-3)$
$f'(x)=0$에서 $x=-2$ 또는 $x=2$ 또는 $x=3$
함수 $f(x)$의 증가와 감소를 표로 나타내면 다음과 같다.

x	$\cdots$	-2	$\cdots$	2	$\cdots$	3	$\cdots$
$f'(x)$	$+$	0	$-$	0	$+$	0	$-$
$f(x)$	$\nearrow$	극대	$\searrow$	극소	$\nearrow$	극대	$\searrow$

따라서 함수 $f(x)$는 $x=-2$, $x=3$에서 극댓값을 가지므로 모든 x의 값의 합은 $-2+3=1$이다.

14 답 1

$f(x)=x^4-8x^2+1$에서
$f'(x)=4x^3-16x=4x(x+2)(x-2)$
$f'(x)=0$에서 $x=-2$ 또는 $x=0$ 또는 $x=2$
함수 $f(x)$의 증가와 감소를 표로 나타내면 다음과 같다.

x	$\cdots$	-2	$\cdots$	0	$\cdots$	2	$\cdots$
$f'(x)$	$-$	0	$+$	0	$-$	0	$+$
$f(x)$	$\searrow$	극소	$\nearrow$	극대	$\searrow$	극소	$\nearrow$

즉, 함수 $f(x)$는 $x=-2$, $x=2$에서 극소이다.

(i) $-2a=-2$, $a+1=2$일 때
$\quad a=1$
(ii) $-2a=2$, $a+1=-2$일 때
$\quad$ 이 경우를 만족시키는 a는 존재하지 않는다.
(i), (ii)에서 $a=1$

15 답 7

함수 $f(x)$에서 $x=a$를 포함하는 어떤 열린구간에 속하는 모든 x에 대하여 $f(x) \leq f(a)$이면 함수 $f(x)$는 $x=a$에서 극대이다.
$f(x)=2x^3-9x^2+12x+1$에서
$f'(x)=6x^2-18x+12=6(x-1)(x-2)$
$f'(x)=0$에서 $x=1$ 또는 $x=2$
함수 $f(x)$의 증가와 감소를 표로 나타내면 다음과 같다.

x	$\cdots$	1	$\cdots$	2	$\cdots$
$f'(x)$	$+$	0	$-$	0	$+$
$f(x)$	$\nearrow$	6	$\searrow$	5	$\nearrow$

즉, 함수 $f(x)$는 $x=1$에서 극대이고 극댓값은 $f(1)=6$이다.
따라서 $a=1$, $f(a)=f(1)=6$이므로
$a+f(a)=1+6=7$

16 답 38

$f(x)=2x^3-6x^2+ax+30$에서
$f'(x)=6x^2-12x+a$
함수 $f(x)$가 $x=-2$에서 극댓값 b를 가지므로
$f'(-2)=0$, $f(-2)=b$
$f'(-2)=0$에서 $24+24+a=0$
$\therefore a=-48$
$f(-2)=b$에서 $-16-24+96+30=b$
$\therefore b=86$
$\therefore a+b=-48+86=38$

17 답 ①

$f(x)=-2x^3+6x+a$에서
$f'(x)=-6x^2+6=-6(x+1)(x-1)$
$f'(x)=0$에서 $x=-1$ 또는 $x=1$
함수 $f(x)$의 증가와 감소를 표로 나타내면 다음과 같다.

x	$\cdots$	-1	$\cdots$	1	$\cdots$
$f'(x)$	$-$	0	$+$	0	$-$
$f(x)$	$\searrow$	$a-4$	$\nearrow$	$a+4$	$\searrow$

즉, 함수 $f(x)$는 $x=-1$에서 극소이고 극솟값은
$f(-1)=a-4$이므로 $a-4=6$에서
$a=10$
따라서 $f(x)=-2x^3+6x+10$이므로
$f(2)=-16+12+10=6$

18 답 ④

$f(x)=\dfrac{1}{3}x^3+ax^2-3x+b$에서

$f'(x)=x^2+2ax-3$

함수 $f(x)$가 $x=-1$에서 극댓값 $\dfrac{8}{3}$을 가지므로

$f'(-1)=0$, $f(-1)=\dfrac{8}{3}$

$f'(-1)=0$에서 $1-2a-3=0$

$\therefore a=-1$

$f(-1)=\dfrac{8}{3}$에서 $-\dfrac{1}{3}-1+3+b=\dfrac{8}{3}$

$\therefore b=1$

즉, $f(x)=\dfrac{1}{3}x^3-x^2-3x+1$이므로

$f'(x)=x^2-2x-3=(x+1)(x-3)$

$f'(x)=0$에서 $x=-1$ 또는 $x=3$

함수 $f(x)$의 증가와 감소를 표로 나타내면 다음과 같다.

x	$\cdots$	-1	$\cdots$	3	$\cdots$
$f'(x)$	$+$	0	$-$	0	$+$
$f(x)$	$\nearrow$	$\dfrac{8}{3}$	$\searrow$	-8	$\nearrow$

따라서 함수 $f(x)$는 $x=3$에서 극소이고 극솟값은

$f(3)=-8$

19 답 ⑤

$g(x)=f(x)-kx$에서 $g'(x)=f'(x)-k$

함수 $g(x)$가 $x=-3$에서 극값을 가지므로

$g'(-3)=0$에서 $f'(-3)-k=0$

$\therefore f'(-3)=k$

이때 $f'(x)=x^2-1$이므로 $f'(-3)=k$에서

$9-1=k$　　$\therefore k-8$

20 답 ②

주어진 함수 $y=f'(x)$의 그래프에서 $f'(x)=0$인 x의 값은 0, 2이므로 함수 $f(x)$의 증가와 감소를 표로 나타내면 다음과 같다.

x	$\cdots$	0	$\cdots$	2	$\cdots$
$f'(x)$	$-$	0	$+$	0	$-$
$f(x)$	$\searrow$	극소	$\nearrow$	극대	$\searrow$

즉, 함수 $f(x)$는 $x=2$에서 극대이고 $x=0$에서 극소이다.

$f(x)=-\dfrac{1}{3}x^3+ax^2+bx+c$에서

$f'(x)=-x^2+2ax+b$

이때 $f'(0)=0$, $f'(2)=0$이므로

$f'(0)=0$에서 $b=0$

$f'(2)=0$에서 $-4+4a=0$　　$\therefore a=1$

$\therefore f(x)=-\dfrac{1}{3}x^3+x^2+c$

이때 함수 $f(x)$의 극솟값이 5이므로 $f(0)=5$에서 $c=5$

따라서 $f(x)=-\dfrac{1}{3}x^3+x^2+5$이므로

$f(1)=-\dfrac{1}{3}+1+5=\dfrac{17}{3}$

21 답 4

주어진 함수 $y=f'(x)$의 그래프에서 $f'(x)=0$인 x의 값은 2, 4 이므로 함수 $f(x)$의 증가와 감소를 표로 나타내면 다음과 같다.

x	$\cdots$	2	$\cdots$	4	$\cdots$
$f'(x)$	$+$	0	$-$	0	$+$
$f(x)$	$\nearrow$	극대	$\searrow$	극소	$\nearrow$

즉, 함수 $f(x)$는 $x=2$에서 극대이고 $x=4$에서 극소이다.

$f(x)=x^3+ax^2+bx+c$ $(a, b, c$는 상수$)$라 하면

$f'(x)=3x^2+2ax+b$

이때 $f'(2)=0$, $f'(4)=0$이므로

$f'(2)=0$에서 $12+4a+b=0$

$\therefore 4a+b=-12$　　$\cdots\cdots$ ㉠

$f'(4)=0$에서 $48+8a+b=0$

$\therefore 8a+b=-48$　　$\cdots\cdots$ ㉡

㉠, ㉡을 연립하여 풀면 $a=-9$, $b=24$

$\therefore f(x)=x^3-9x^2+24x+c$

이때 함수 $f(x)$의 극댓값은 $f(2)=c+20$,

극솟값은 $f(4)=c+16$이므로 그 차는

$(c+20)-(c+16)=4$

22 답 118

주어진 함수 $y=f'(x)$의 그래프에서 $f'(x)=0$인 x의 값은 -1, 3이므로 함수 $f(x)$의 증가와 감소를 표로 나타내면 다음과 같다.

x	$\cdots$	-1	$\cdots$	3	$\cdots$
$f'(x)$	$+$	0	$-$	0	$+$
$f(x)$	$\nearrow$	극대	$\searrow$	극소	$\nearrow$

즉, 함수 $f(x)$는 $x=-1$에서 극대이고 $x=3$에서 극소이다.

$f(x)=2x^3+ax^2+bx+c$에서

$f'(x)=6x^2+2ax+b$

이때 $f'(-1)=0$, $f'(3)-0$이므로

$f'(-1)=0$에서 $6-2a+b=0$

$\therefore 2a-b=6$　　$\cdots\cdots$ ㉠

$f'(3)=0$에서 $54+6a+b=0$

$\therefore 6a+b=-54$　　$\cdots\cdots$ ㉡

⊙, ⓛ을 연립하여 풀면 $a=-6$, $b=-18$
$$\therefore f(x)=2x^3-6x^2-18x+c$$
이때 함수 $f(x)$의 극댓값은 $f(-1)=c+10$,
극솟값은 $f(3)=c-54$이고 극댓값이 극솟값의 2배이므로
$$c+10=2(c-54) \quad \therefore c=118$$
따라서 $f(x)=2x^3-6x^2-18x+118$이므로 $f(0)=118$

23 답 6

$f(x)=(x+1)(x^2+ax+7)$에서
$$\begin{aligned} f'(x)&=(x^2+ax+7)+(x+1)(2x+a)\\ &=3x^2+2(a+1)x+a+7 \end{aligned}$$
삼차함수 $f(x)$가 극값을 가지려면 이차방정식 $f'(x)=0$, 즉
$3x^2+2(a+1)x+a+7=0$이 서로 다른 두 실근을 가져야 한다.
이차방정식 $3x^2+2(a+1)x+a+7=0$의 판별식을 D라 하면
$$\frac{D}{4}=(a+1)^2-3(a+7)>0, \quad a^2-a-20>0$$
$(a+4)(a-5)>0 \quad \therefore a<-4$ 또는 $a>5$
따라서 자연수 a의 최솟값은 6이다.

24 답 ③

$f(x)=-x^3+kx^2+(3-2k)x+4$에서
$$f'(x)=-3x^2+2kx+3-2k$$
삼차함수 $f(x)$가 극값을 갖지 않으려면 이차방정식
$f'(x)=0$, 즉 $-3x^2+2kx+3-2k=0$이 중근 또는 서로 다른 두 허근을 가져야 한다.
이차방정식 $-3x^2+2kx+3-2k=0$의 판별식을 D라 하면
$$\frac{D}{4}=k^2-(-3)\times(3-2k)\le0, \quad k^2-6k+9\le0$$
$(k-3)^2\le0 \quad \therefore k=3$

25 답 2

$f(x)$가 삼차함수이므로
$a-1\ne0 \quad \therefore a\ne1 \qquad \cdots\cdots$ ⊙
$f(x)=(a-1)x^3+ax^2+\left(a-\frac{3}{2}\right)x-3$에서
$$f'(x)=3(a-1)x^2+2ax+a-\frac{3}{2}$$
삼차함수 $f(x)$가 극값을 가지려면 이차방정식 $f'(x)=0$, 즉
$3(a-1)x^2+2ax+a-\frac{3}{2}=0$이 서로 다른 두 실근을 가져야 한다.
이차방정식 $3(a-1)x^2+2ax+a-\frac{3}{2}=0$의 판별식을 D라 하면
$$\frac{D}{4}=a^2-3(a-1)\left(a-\frac{3}{2}\right)>0, \quad 4a^2-15a+9<0$$
$(4a-3)(a-3)<0 \quad \therefore \frac{3}{4}<a<3 \qquad \cdots\cdots$ ⓛ

⊙, ⓛ의 공통부분을 구하면
$$\frac{3}{4}<a<1 \text{ 또는 } 1<a<3$$
따라서 정수 a의 값은 2이다.

26 답 ②

$f(x)=-x^3+6x^2+kx-2$에서
$$f'(x)=-3x^2+12x+k$$
삼차함수 $f(x)$가 열린구간 $(-1, 3)$에서 극댓값을 가지려면
이차방정식 $f'(x)=0$, 즉 $-3x^2+12x+k=0$이 서로 다른 두 실근을 갖고, 두 근 중 큰 값이 열린구간 $(-1, 3)$에 존재해야 한다.

(i) 이차방정식 $-3x^2+12x+k=0$의 판별식을 D라 하면
$$\frac{D}{4}=6^2-(-3)\times k>0$$
$$\therefore k>-12 \qquad \cdots\cdots$$ ⊙
(ii) 이차방정식 $-3x^2+12x+k=0$의 두 실근을 α, β $(\alpha<\beta)$라 하면 $-1<\beta<3$이어야 하므로 오른쪽 그림에서
$$f'(3)=-27+36+k<0$$
$$\therefore k<-9 \qquad \cdots\cdots$$ ⓛ

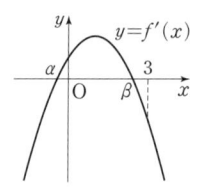

⊙, ⓛ의 공통부분을 구하면 $-12<k<-9$
따라서 정수 k의 개수는 -11, -10의 2이다.

27 답 5

$f(x)=-x^3+ax^2+(2a-1)x+2$에서
$$f'(x)=-3x^2+2ax+2a-1$$
삼차함수 $f(x)$가 열린구간 $(1, 3)$에서 극댓값은 갖고 극솟값은 갖지 않으려면 이차방정식 $f'(x)=0$, 즉
$-3x^2+2ax+2a-1=0$이 $x<1$에서 실근 한 개, $1<x<3$에서 실근 한 개를 가져야 한다.
오른쪽 그림에서
(i) $f'(1)=-3+2a+2a-1>0$
$$\therefore a>1 \qquad \cdots\cdots$$ ⊙
(ii) $f'(3)=-27+6a+2a-1<0$
$$\therefore a<\frac{7}{2} \qquad \cdots\cdots$$ ⓛ

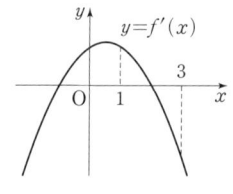

⊙, ⓛ의 공통부분을 구하면 $1<a<\frac{7}{2}$
따라서 정수 a의 값은 2, 3이므로 그 합은
$2+3=5$

28 답 ④

$f(x)=\frac{1}{3}x^3+(a+1)x^2+ax+1$에서
$$f'(x)=x^2+2(a+1)x+a$$

삼차함수 $f(x)$가 $-2<x<0$에서 극댓값, $1<x<3$에서 극솟값을 가지려면 이차방정식 $f'(x)=0$, 즉 $x^2+2(a+1)x+a=0$이 $-2<x<0$에서 실근 한 개, $1<x<3$에서 실근 한 개를 가져야 한다.

오른쪽 그림에서

(ⅰ) $f'(-2)=4-4(a+1)+a>0$
 $\therefore a<0$ ······ ㉠

(ⅱ) $f'(0)=a<0$ ······ ㉡

(ⅲ) $f'(1)=1+2(a+1)+a<0$
 $\therefore a<-1$ ······ ㉢

(ⅳ) $f'(3)=9+6(a+1)+a>0$
 $\therefore a>-\dfrac{15}{7}$ ······ ㉣

㉠~㉣의 공통부분을 구하면 $-\dfrac{15}{7}<a<-1$

따라서 정수 a의 값은 -2이다.

29 답 ③

$f(x)=x^3+3x^2+ax+3$에서 $f'(x)=3x^2+6x+a$
삼차함수 $f(x)$가 열린구간 $(-3,\ 2)$에서 극댓값과 극솟값을 모두 가지려면 이차방정식 $f'(x)=0$, 즉 $3x^2+6x+a=0$이 열린구간 $(-3,\ 2)$에서 서로 다른 두 실근을 가져야 한다.

(ⅰ) 이차방정식 $3x^2+6x+a=0$의 판별식을 D라 하면
$\dfrac{D}{4}=3^2-3a>0$ $\therefore a<3$ ······ ㉠

(ⅱ) 이차방정식 $3x^2+6x+a=0$의 두 실근을 $\alpha,\ \beta\ (\alpha<\beta)$라 하면 $-3<\alpha<\beta<2$이어야 하므로 오른쪽 그림에서
$f'(-3)=27-18+a>0$
 $\therefore a>-9$ ······ ㉡
$f'(2)=12+12+a>0$
 $\therefore a>-24$ ······ ㉢

(ⅲ) 이차함수 $y=f'(x)$의 그래프의 축의 방정식은 $x=-1$이고 $-3<-1<2$를 만족시킨다.

㉠, ㉡, ㉢의 공통부분을 구하면 $-9<a<3$
따라서 정수 a의 최댓값은 2, 최솟값은 -8이므로 그 합은 $2+(-8)=-6$

30 답 ⑤

$f(x)=-x^4-2x^3+ax^2-1$에서
$f'(x)=-4x^3-6x^2+2ax=-2x(2x^2+3x-a)$
사차함수 $f(x)$의 최고차항의 계수가 음수이므로 함수 $f(x)$가 극솟값을 가지려면 삼차방정식 $f'(x)=0$, 즉 $-2x(2x^2+3x-a)=0$이 서로 다른 세 실근을 가져야 한다.
이때 삼차방정식 $-2x(2x^2+3x-a)=0$의 한 근이 $x=0$이므로 이차방정식 $2x^2+3x-a=0$이 0이 아닌 서로 다른 두 실근을 가져야 한다.

$x=0$은 이차방정식 $2x^2+3x-a=0$의 근이 아니어야 하므로
$0+0-a\ne0$ $\therefore a\ne0$ ······ ㉠
또한, 이차방정식 $2x^2+3x-a=0$의 판별식을 D라 하면
$D=3^2-4\times2\times(-a)>0$ $\therefore a>-\dfrac{9}{8}$ ······ ㉡
㉠, ㉡의 공통부분을 구하면
$-\dfrac{9}{8}<a<0$ 또는 $a>0$
따라서 정수 a의 최솟값은 -1이다.

31 답 ③

$f(x)=(x+1)^2(x^2+m)$에서
$f'(x)=2(x+1)(x^2+m)+2x(x+1)^2$
$\qquad=2(x+1)(2x^2+x+m)$
사차함수 $f(x)$의 최고차항의 계수가 양수이므로 함수 $f(x)$가 두 개의 극솟값을 가지려면 삼차방정식 $f'(x)=0$, 즉 $2(x+1)(2x^2+x+m)=0$이 서로 다른 세 실근을 가져야 한다.
이때 삼차방정식 $2(x+1)(2x^2+x+m)=0$의 한 근이 $x=-1$이므로 이차방정식 $2x^2+x+m=0$이 -1이 아닌 서로 다른 두 실근을 가져야 한다.
$x=-1$은 이차방정식 $2x^2+x+m=0$의 근이 아니어야 하므로
$2-1+m\ne0$ $\therefore m\ne-1$ ······ ㉠
이차방정식 $2x^2+x+m=0$의 판별식을 D라 하면
$D=1^2-4\times2\times m>0$ $\therefore m<\dfrac{1}{8}$ ······ ㉡
㉠, ㉡의 공통부분을 구하면
$m<-1$ 또는 $-1<m<\dfrac{1}{8}$
따라서 정수 m의 최댓값은 0이다.

32 답 ③

$f(x)=x^4-4x^3+(a+1)x^2+1$에서
$f'(x)=4x^3-12x^2+2(a+1)x$
$\qquad=2x(2x^2-6x+a+1)$
사차함수 $f(x)$의 최고차항의 계수가 양수이므로 함수 $f(x)$가 극댓값을 갖지 않으려면 삼차방정식 $f'(x)=0$, 즉 $2x(2x^2-6x+a+1)=0$이 한 실근과 서로 다른 두 허근 또는 한 실근과 중근 또는 삼중근을 가져야 한다.
이때 삼차방정식 $2x(2x^2-6x+a+1)=0$의 한 근이 $x=0$이므로 이차방정식 $2x^2-6x+a+1=0$이 서로 다른 두 허근 또는 0이 아닌 중근 또는 0을 근으로 가져야 한다.
이차방정식 $2x^2-6x+a+1=0$의 판별식을 D라 하면 이차방정식 $2x^2-6x+a+1=0$이

(ⅰ) 서로 다른 두 허근을 갖는 경우
$\dfrac{D}{4}=(-3)^2-2(a+1)<0$
$7-2a<0$ $\therefore a>\dfrac{7}{2}$

(ii) 0이 아닌 중근을 갖는 경우

$\dfrac{D}{4}=7-2a=0$ $\qquad \therefore a=\dfrac{7}{2}$

(iii) 0을 근으로 갖는 경우

$0-0+a+1=0$ $\qquad \therefore a=-1$

(i), (ii), (iii)에서 실수 a의 값의 범위는

$a=-1$ 또는 $a\geq\dfrac{7}{2}$

따라서 $\alpha=-1$, $\beta=\dfrac{7}{2}$이므로

$\alpha+\beta=-1+\dfrac{7}{2}=\dfrac{5}{2}$

33 답 7

$f(x)=-x^4+2ax^3-3(2-a)x^2+1$에서

$f'(x)=-4x^3+6ax^2-6(2-a)x$
$\qquad =-2x\{2x^2-3ax-3(a-2)\}$

사차함수 $f(x)$의 최고차항의 계수가 음수이므로 함수 $f(x)$가 극댓값을 오직 하나만 가지려면 극솟값을 갖지 않아야 한다.
삼차방정식 $f'(x)=0$, 즉 $-2x\{2x^2-3ax-3(a-2)\}=0$이 한 실근과 서로 다른 두 허근 또는 한 실근과 중근 또는 삼중근을 가져야 한다.
이때 삼차방정식 $-2x\{2x^2-3ax-3(a-2)\}=0$의 한 근이 $x=0$이므로 이차방정식 $2x^2-3ax-3(a-2)=0$이 서로 다른 두 허근 또는 0이 아닌 중근 또는 0을 근으로 가져야 한다.
이차방정식 $2x^2-3ax-3(a-2)=0$의 판별식을 D라 하면 이차방정식 $2x^2-3ax-3(a-2)=0$이

(i) 서로 다른 두 허근을 갖는 경우

$D=(-3a)^2-4\times2\times\{-3(a-2)\}<0$
$3a^2+8a-16<0$, $(a+4)(3a-4)<0$
$\qquad \therefore -4<a<\dfrac{4}{3}$

(ii) 0이 아닌 중근을 갖는 경우

$D=(a+4)(3a-4)=0$
$\qquad \therefore a=-4$ 또는 $a=\dfrac{4}{3}$

(iii) 0을 근으로 갖는 경우

$0-0-3(a-2)=0$ $\qquad \therefore a=2$

(i), (ii), (iii)에서 실수 a의 값의 범위는

$-4\leq a\leq\dfrac{4}{3}$ 또는 $a=2$

따라서 정수 a의 개수는 -4, -3, -2, $\cdots$, 2의 7이다.

34 답 ⑤

$f(x)=2x^3+3x^2-1$에서

$f'(x)=6x^2+6x=6x(x+1)$

$f'(x)=0$에서 $x=-1$ 또는 $x=0$

$-2\leq x\leq2$에서 함수 $f(x)$의 증가와 감소를 표로 나타내면 다음과 같다.

x	-2	$\cdots$	-1	$\cdots$	0	$\cdots$	2
$f'(x)$		$+$	0	$-$	0	$+$	
$f(x)$	-5	↗	0	↘	-1	↗	27

즉, 함수 $f(x)$는 $x=2$에서 최대이고 최댓값은 $f(2)=27$이다.
따라서 $a=2$, $b=27$이므로
$a+b=2+27=29$

35 답 8

$f(x)=-x^3+3x^2+2$에서

$f'(x)=-3x^2+6x=-3x(x-2)$

$f'(x)=0$에서 $x=0$ 또는 $x=2$

닫힌구간 $[0,3]$에서 함수 $f(x)$의 증가와 감소를 표로 나타내면 다음과 같다.

x	0	$\cdots$	2	$\cdots$	3
$f'(x)$	0	$+$	0	$-$	
$f(x)$	2	↗	6	↘	2

즉, 함수 $f(x)$는 $x=2$에서 최대이고 최댓값은 $f(2)=6$, $x=0$ 또는 $x=3$에서 최소이고 최솟값은 $f(0)=f(3)=2$이다.
따라서 $M=6$, $m=2$이므로
$M+m=6+2=8$

36 답 ④

$f(x)=\dfrac{1}{2}x^4+\dfrac{2}{3}x^3-2x^2+1$에서

$f'(x)=2x^3+2x^2-4x=2x(x+2)(x-1)$

$f'(x)=0$에서 $x=-2$ 또는 $x=0$ 또는 $x=1$

$x\leq1$에서 함수 $f(x)$의 증가와 감소를 표로 나타내면 다음과 같다.

x	$\cdots$	-2	$\cdots$	0	$\cdots$	1
$f'(x)$	$-$	0	$+$	0	$-$	0
$f(x)$	↘	$-\dfrac{13}{3}$	↗	1	↘	$\dfrac{1}{6}$

즉, 닫힌구간 $[k,1]$에서 함수 $f(x)$가 최솟값 $-\dfrac{13}{3}$을 가지려면 $k\leq-2$이어야 한다.
따라서 실수 k의 최댓값은 -2이다.

37 답 ③

$f(x)=x^3-3x^2+1$에서

$f'(x)=3x^2-6x=3x(x-2)$

$f'(x)=0$에서 $x=0$ 또는 $x=2$

함수 $f(x)$의 증가와 감소를 표로 나타내면 다음과 같다.

x	$\cdots$	0	$\cdots$	2	$\cdots$
$f'(x)$	$+$	0	$-$	0	$+$
$f(x)$	$\nearrow$	1	$\searrow$	-3	$\nearrow$

이때 $f(x)=1$, 즉 $x^3-3x^2+1=1$에서
$x^3-3x^2=0$, $x^2(x-3)=0$ ∴ $x=0$ 또는 $x=3$
즉, $f(3)=1$이므로 양수 a에 대하여 함수 $f(x)$가 닫힌구간 $[-a, a]$에서 최댓값 1을 가지려면 $0<a\le3$이어야 한다.
따라서 양수 a의 최댓값은 3이다.

38 답 ①

$f(x)=-x^3+3x^2+a$에서
$f'(x)=-3x^2+6x=-3x(x-2)$
$f'(x)=0$에서 $x=0$ 또는 $x=2$
닫힌구간 $[-2, 2]$에서 함수 $f(x)$의 증가와 감소를 표로 나타내면 다음과 같다.

x	-2	$\cdots$	0	$\cdots$	2
$f'(x)$		$-$	0	$+$	0
$f(x)$	$a+20$	$\searrow$	a	$\nearrow$	$a+4$

즉, 닫힌구간 $[-2, 2]$에서 함수 $f(x)$는 $x=-2$에서 최대이고 최댓값은 $f(-2)=a+20$, $x=0$에서 최소이고 최솟값은 $f(0)=a$이므로
$a=-4$
따라서 최댓값은 $-4+20=16$이다.

39 답 ①

$f(x)=2x^3+3x^2-12x+k$에서
$f'(x)=6x^2+6x-12=6(x+2)(x-1)$
$f'(x)=0$에서 $x=-2$ 또는 $x=1$
닫힌구간 $[-3, 1]$에서 함수 $f(x)$의 증가와 감소를 표로 나타내면 다음과 같다.

x	-3	$\cdots$	-2	$\cdots$	1
$f'(x)$		$+$	0	$-$	0
$f(x)$	$k+9$	$\nearrow$	$k+20$	$\searrow$	$k-7$

즉, 닫힌구간 $[-3, 1]$에서 함수 $f(x)$는 $x=-2$에서 최대이고 최댓값 $f(-2)=k+20$, $x=1$에서 최소이고 최솟값은 $f(1)=k-7$이므로
$(k+20)+(k-7)=3$ ∴ $k=-5$

40 답 ①

$f(x)=x^3-\dfrac{3}{2}x^2-6x+k$에서
$f'(x)=3x^2-3x-6=3(x+1)(x-2)$
$f'(x)=0$에서 $x=-1$ 또는 $x=2$

닫힌구간 $[-2, 4]$에서 함수 $f(x)$의 증가와 감소를 표로 나타내면 다음과 같다.

x	-2	$\cdots$	-1	$\cdots$	2	$\cdots$	4
$f'(x)$		$+$	0	$-$	0	$+$	
$f(x)$	$k-2$	$\nearrow$	$k+\dfrac{7}{2}$	$\searrow$	$k-10$	$\nearrow$	$k+16$

즉, 닫힌구간 $[-2, 4]$에서 함수 $f(x)$는 $x=4$에서 최대이고 최댓값은 $f(4)=k+16$, $x=2$에서 최소이고 최솟값은 $f(2)=k-10$이다.
이때 함수 $f(x)$의 최댓값과 최솟값의 곱이 -169이므로
$(k+16)(k-10)=-169$
$k^2+6k+9=0$
$(k+3)^2=0$ ∴ $k=-3$
따라서 $f(x)=x^3-\dfrac{3}{2}x^2-6x-3$이므로
$f(1)=1-\dfrac{3}{2}-6-3=-\dfrac{19}{2}$

41 답 ②

점 P의 x좌표를 $t\,(0<t<4)$라 하면
$P(t, -t^2+4t)$
삼각형 OHP의 넓이를 $S(t)$라 하면
$S(t)=\dfrac{1}{2}t(-t^2+4t)=-\dfrac{1}{2}t^3+2t^2$
$S'(t)=-\dfrac{3}{2}t^2+4t=-\dfrac{1}{2}t(3t-8)$
$S'(t)=0$에서 $t=\dfrac{8}{3}$ ($\because 0<t<4$)
$0<t<4$에서 함수 $S(t)$의 증가와 감소를 표로 나타내면 다음과 같다.

t	(0)	$\cdots$	$\dfrac{8}{3}$	$\cdots$	(4)
$S'(t)$		$+$	0	$-$	
$S(t)$		$\nearrow$	$\dfrac{128}{27}$	$\searrow$	

즉, $0<t<4$에서 함수 $S(t)$는 $t=\dfrac{8}{3}$에서 극대이면서 최대이고 최댓값은 $\dfrac{128}{27}$이다.
따라서 삼각형 OHP의 넓이의 최댓값은 $\dfrac{128}{27}$이다.

42 답 ⑤

곡선 $y=-x^2$ 위의 점 P의 x좌표를 t라 하면 $P(t, -t^2)$이므로
점 P와 점 $(6, -3)$ 사이의 거리는
$\sqrt{(t-6)^2+\{-t^2-(-3)\}^2}=\sqrt{t^4-5t^2-12t+45}$
이때 $f(t)=t^4-5t^2-12t+45$라 하면
$f'(t)=4t^3-10t-12=2(t-2)(2t^2+4t+3)$
$f'(t)=0$에서 $t=2$ ($\because 2t^2+4t+3>0$)

함수 $f(t)$의 증가와 감소를 표로 나타내면 다음과 같다.

t	$\cdots$	2	$\cdots$
$f'(t)$	$-$	0	$+$
$f(t)$	$\searrow$	17	$\nearrow$

즉, 함수 $f(t)$는 $t=2$에서 극소이면서 최소이고 최솟값은 17
이다.
따라서 구하는 거리의 최솟값은 $\sqrt{17}$이다.

43 답 27

직육면체의 밑면인 정사각형의 한 변의 길이를 a $(a>0)$,
높이를 b $(b>0)$이라 하자.
직육면체의 모든 모서리의 길이의 합이 36이므로
$$8a+4b=36$$
$$\therefore 2a+b=9 \quad \cdots\cdots \ \bigcirc$$
직육면체의 부피를 $V(a)$라 하면
$$\begin{aligned} V(a) &= a^2 b \\ &= a^2(-2a+9) \ (\because \ \bigcirc) \\ &= -2a^3+9a^2 \end{aligned}$$
$$\begin{aligned} V'(a) &= -6a^2+18a \\ &= -6a(a-3) \end{aligned}$$
$V'(a)=0$에서 $a=3$ $(\because \ a>0)$
$a>0$에서 함수 $V(a)$의 증가와 감소를 표로 나타내면 다음과
같다.

a	(0)	$\cdots$	3	$\cdots$
$V'(a)$		$+$	0	$-$
$V(a)$		$\nearrow$	27	$\searrow$

즉, 함수 $V(a)$는 $a=3$에서 극대이면서 최대이고 최댓값은 27
이다.
따라서 직육면체의 부피의 최댓값은 27이다.

44 답 11

선분 OP의 수직이등분선을 직선 l이라
하자.
직선 OP의 기울기는 $\dfrac{2}{t}$이므로 직선 l의
기울기는 $-\dfrac{t}{2}$이다.

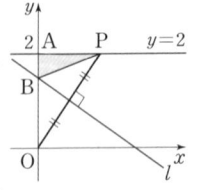

또한, 직선 l은 두 점 O, P의 중점 $\left(\dfrac{t}{2}, 1\right)$을 지나므로 직선
l의 방정식은
$$y-1=-\frac{t}{2}\left(x-\frac{t}{2}\right)$$
$$\therefore y=-\frac{t}{2}x+\frac{t^2}{4}+1$$

즉, 점 B의 좌표는 $\left(0, \dfrac{t^2}{4}+1\right)$이므로 삼각형 ABP의 넓이
$f(t)$는
$$f(t)=\frac{1}{2}\times t\times\left\{2-\left(\frac{t^2}{4}+1\right)\right\}=-\frac{1}{8}t^3+\frac{1}{2}t$$
$$\begin{aligned} f'(t) &= -\frac{3}{8}t^2+\frac{1}{2} \\ &= -\frac{3}{8}\left(t^2-\frac{4}{3}\right) \\ &= -\frac{3}{8}\left(t+\frac{2\sqrt{3}}{3}\right)\left(t-\frac{2\sqrt{3}}{3}\right) \end{aligned}$$
$f'(t)=0$에서 $t=\dfrac{2\sqrt{3}}{3}$ $(\because \ 0<t<2)$
$0<t<2$에서 함수 $f(t)$의 증가와 감소를 표로 나타내면 다음
과 같다.

t	(0)	$\cdots$	$\dfrac{2\sqrt{3}}{3}$	$\cdots$	(2)
$f'(t)$		$+$	0	$-$	
$f(t)$		$\nearrow$	$\dfrac{2\sqrt{3}}{9}$	$\searrow$	

함수 $f(t)$는 $t=\dfrac{2\sqrt{3}}{3}$에서 극대이면서 최대이고 최댓값은
$\dfrac{2\sqrt{3}}{9}$
따라서 $a=9$, $b=2$이므로
$$a+b=9+2=11$$

45 답 21

$g(x)=x^4-\dfrac{4}{3}x^3-12x^2+k$라 하면
$$g'(x)=4x^3-4x^2-24x=4x(x+2)(x-3)$$
$g'(x)=0$에서 $x=-2$ 또는 $x=0$ 또는 $x=3$
함수 $g(x)$의 증가와 감소를 표로 나타내면 다음과 같다.

x	$\cdots$	-2	$\cdots$	0	$\cdots$	3	$\cdots$
$g'(x)$	$-$	0	$+$	0	$-$	0	$+$
$g(x)$	$\searrow$	$k-\dfrac{64}{3}$	$\nearrow$	k	$\searrow$	$k-63$	$\nearrow$

즉, 함수 $y=g(x)$의 그래프의 개형은 다음 그림과 같다.

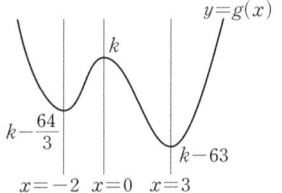

이때 함수 $y=|g(x)|$의 그래프는 함수 $y=g(x)$의 그래프
의 $y<0$인 부분을 x축에 대하여 대칭이동한 것이므로 함수
$|g(x)|$, 즉 $f(x)$의 미분가능하지 않은 점의 개수가 4가 되려
면 $k-\dfrac{64}{3}<0<k$이어야 한다.

$\therefore 0<k<\dfrac{64}{3}$

따라서 정수 k의 개수는 $1, 2, 3, \cdots, 21$의 21이다.

46 답 27

$f(x)=-x^3+3x^2+9x$에서

$f'(x)=-3x^2+6x+9$

$\qquad = -3(x+1)(x-3)$

$f'(x)=0$에서 $x=-1$ 또는 $x=3$

함수 $f(x)$의 증가와 감소를 표로 나타내면 다음과 같다.

x	$\cdots$	-1	$\cdots$	3	$\cdots$
$f'(x)$	$-$	0	$+$	0	$-$
$f(x)$	$\searrow$	-5	$\nearrow$	27	$\searrow$

즉, 함수 $y=f(x)$의 그래프의 개형은 다음 그림과 같다.

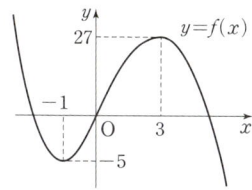

이때 함수 $g(x)=|f(x)-k|$의 그래프는 함수 $y=f(x)$의 그래프를 y축의 방향으로 $-k$만큼 평행이동한 후 $y<0$인 부분을 x축에 대하여 대칭이동한 것이므로 함수 $g(x)$가 오직 한 점에서만 미분가능하지 않으려면 $-5-k\geq0$ 또는 $27-k\leq0$ 이어야 한다.

$\therefore k\leq-5$ 또는 $k\geq27$

따라서 자연수 k의 최솟값은 27이다.

47 답 ②

$f(x)=-x^4-\dfrac{4}{3}x^3+2$에서

$f'(x)=-4x^3-4x^2$

$\qquad = -4x^2(x+1)$

$f'(x)=0$에서 $x=-1$ 또는 $x=0$

함수 $f(x)$의 증가와 감소를 표로 나타내면 다음과 같다.

x	$\cdots$	-1	$\cdots$	0	$\cdots$
$f'(x)$	$+$	0	$-$	0	$-$
$f(x)$	$\nearrow$	$\dfrac{7}{3}$	$\searrow$	2	$\searrow$

즉, 함수 $y=f(x)$의 그래프의 개형은 다음 그림과 같다.

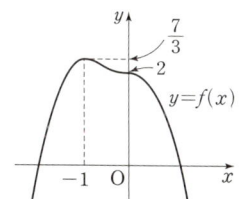

이때 함수 $g(x)=|f(x)+k|$의 그래프는 함수 $y=f(x)$의 그래프를 y축의 방향으로 k만큼 평행이동한 후 $y<0$인 부분을 x축에 대하여 대칭이동한 것이므로 함수 $g(x)$가 오직 한 점에서만 미분가능하지 않으려면 $k=-2$이어야 한다.

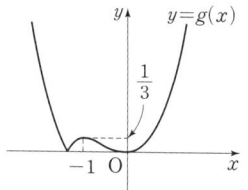

함수 $y=g(x)$의 그래프의 개형은 위의 그림과 같고,

$g(1)=|f(1)-2|$

$\qquad = \left|-\dfrac{1}{3}-2\right|=\dfrac{7}{3}$

이므로 닫힌구간 $[-1, 1]$에서 함수 $g(x)$의 최댓값은 $\dfrac{7}{3}$이다.

따라서 $M=\dfrac{7}{3}$, $k=-2$이므로

$M-k=\dfrac{7}{3}-(-2)=\dfrac{13}{3}$

1 21	2 ⑤	3 ③	4 1
5 3	6 ③	7 ②	8 4
9 ②	10 ④	11 7	12 11
13 ①	14 ①	15 ④	
16 16	17 22	18 ④	19 ⑤
20 ④	21 ③	22 ①	23 ⑤

1 답 21

곡선 $y=x^3-3x^2+2x-3$과 직선 $y=2x+k$가 서로 다른 두 점에서만 만나려면 방정식 $x^3-3x^2+2x-3=2x+k$, 즉 $x^3-3x^2-3=k$가 서로 다른 두 실근을 가져야 한다.

$f(x)=x^3-3x^2-3$이라 하면

$f'(x)=3x^2-6x=3x(x-2)$

$f'(x)=0$에서 $x=0$ 또는 $x=2$

함수 $f(x)$의 증가와 감소를 표로 나타내면 다음과 같다.

x	$\cdots$	0	$\cdots$	2	$\cdots$
$f'(x)$	+	0	−	0	+
$f(x)$	↗	−3	↘	−7	↗

즉, 함수 $y=f(x)$의 그래프의 개형은 오른쪽 그림과 같으므로 방정식 $x^3-3x^2-3=k$가 서로 다른 두 실근을 가지려면 함수 $y=f(x)$의 그래프와 직선 $y=k$가 서로 다른 두 점에서 만나야 한다.

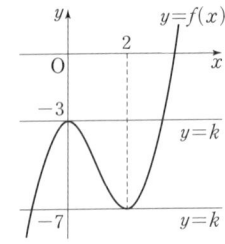

$\therefore k=-7$ 또는 $k=-3$

따라서 모든 실수 k의 값의 곱은

$-7\times(-3)=21$

다른 풀이 1

$x^3-3x^2+2x-3=2x+k$에서

$x^3-3x^2-3-k=0$

$f(x)=x^3-3x^2-3-k$라 하면

$f'(x)=3x^2-6x=3x(x-2)$

$f'(x)=0$에서 $x=0$ 또는 $x=2$

함수 $f(x)$의 증가와 감소를 표로 나타내면 다음과 같다.

x	$\cdots$	0	$\cdots$	2	$\cdots$
$f'(x)$	+	0	−	0	+
$f(x)$	↗	$-3-k$	↘	$-7-k$	↗

즉, 함수 $f(x)$의 극댓값은 $-3-k$, 극솟값은 $-7-k$이다.

삼차방정식 $f(x)=0$이 서로 다른 두 실근을 가지려면

(극댓값)×(극솟값)$=0$이어야 하므로

$(-3-k)(-7-k)=0$

$(k+7)(k+3)=0$

$\therefore k=-7$ 또는 $k=-3$

다른 풀이 2

곡선 $y=x^3-3x^2+2x-3$과 직선 $y=2x+k$가 서로 다른 두 점에서만 만나려면 직선 $y=2x+k$는 곡선 $y=x^3-3x^2+2x-3$의 접선이어야 한다.

$f(x)=x^3-3x^2+2x-3$이라 하면

$f'(x)=3x^2-6x+2$

이때 접점의 좌표를 $(t, \ t^3-3t^2+2t-3)$이라 하면 이 점에서의 접선의 기울기가 2이므로 $f'(t)=2$에서

$3t^2-6t+2=2, \ 3t(t-2)=0$

$\therefore t=0$ 또는 $t=2$

즉, 접점의 좌표는 $(0, \ -3)$ 또는 $(2, \ -3)$이므로 접점의 방정식은

$y-(-3)=2(x-0)$ 또는 $y-(-3)=2(x-2)$

$\therefore y=2x-3$ 또는 $y=2x-7$

따라서 실수 k의 값은 $-3, \ -7$이다.

2 답 ⑤

$x^4-8x^2+5-k=0$에서 $x^4-8x^2+5=k$

$f(x)=x^4-8x^2+5$라 하면

$f'(x)=4x^3-16x=4x(x+2)(x-2)$

$f'(x)=0$에서 $x=-2$ 또는 $x=0$ 또는 $x=2$

함수 $f(x)$의 증가와 감소를 표로 나타내면 다음과 같다.

x	$\cdots$	-2	$\cdots$	0	$\cdots$	2	$\cdots$
$f'(x)$	−	0	+	0	−	0	+
$f(x)$	↘	-11	↗	5	↘	-11	↗

즉, 함수 $y=f(x)$의 그래프의 개형은 오른쪽 그림과 같으므로 주어진 방정식이 서로 다른 네 실근을 가지려면 함수 $y=f(x)$의 그래프와 직선 $y=k$가 서로 다른 네 점에서 만나야 한다.

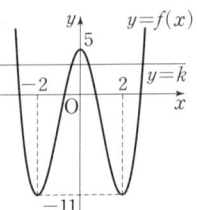

$\therefore -11<k<5$

따라서 정수 k의 개수는 $-10, \ -9, \ -8, \ \cdots, \ 4$의 15이다.

3 답 ③

두 곡선 $y=x^4+2x+k$, $y=6x^2+10x-5$가 서로 만나지 않으려면 방정식 $x^4+2x+k=6x^2+10x-5$, 즉 $-x^4+6x^2+8x-5=k$가 실근을 갖지 않아야 한다.

$f(x)=-x^4+6x^2+8x-5$라 하면

$f'(x)=-4x^3+12x+8=-4(x+1)^2(x-2)$

$f'(x)=0$에서 $x=-1$ 또는 $x=2$

함수 $f(x)$의 증가와 감소를 표로 나타내면 다음과 같다.

x	$\cdots$	-1	$\cdots$	2	$\cdots$
$f'(x)$	+	0	+	0	−
$f(x)$	↗	-8	↗	19	↘

즉, 함수 $y=f(x)$의 그래프의 개형
은 오른쪽 그림과 같으므로 함수
$y=f(x)$의 그래프와 직선 $y=k$가
서로 만나지 않으려면
$k>19$
따라서 자연수 k의 최솟값은 20이
다.

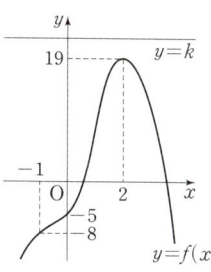

4 1

$f(x)=x^3-3x^2+k$에서
$f'(x)=3x^2-6x=3x(x-2)$
$f'(x)=0$에서 $x=0$ 또는 $x=2$
함수 $f(x)$의 증가와 감소를 표로 나타내면 다음과 같다.

x	$\cdots$	0	$\cdots$	2	$\cdots$
$f'(x)$	$+$	0	$-$	0	$+$
$f(x)$	$\nearrow$	k	$\searrow$	$k-4$	$\nearrow$

즉, 함수 $f(x)$의 극솟값이 -5이므로
$k-4=-5$에서 $k=-1$
따라서 함수 $y=f(x)$의 그래프의 개
형은 오른쪽 그림과 같고, x축과 한
점에서 만나므로 방정식 $f(x)=0$의
서로 다른 실근의 개수는 1이다.

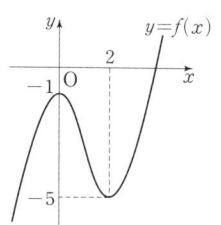

다른 풀이

함수 $f(x)$의 극댓값은 -1, 극솟값은 -5이므로
(극댓값)$\times$(극솟값)$=-1\times(-5)=5>0$
따라서 방정식 $f(x)=0$의 서로 다른 실근의 개수는 1이다.

5 3

$\frac{2}{3}x^3+x^2-4x+k=0$에서 $-\frac{2}{3}x^3-x^2+4x=k$

$f(x)=-\frac{2}{3}x^3-x^2+4x$라 하면

$f'(x)=-2x^2-2x+4=-2(x+2)(x-1)$
$f'(x)=0$에서 $x=-2$ 또는 $x=1$
함수 $f(x)$의 증가와 감소를 표로 나타내면 다음과 같다.

x	$\cdots$	-2	$\cdots$	1	$\cdots$
$f'(x)$	$-$	0	$+$	0	$-$
$f(x)$	$\searrow$	$-\frac{20}{3}$	$\nearrow$	$\frac{7}{3}$	$\searrow$

즉, 함수 $y=f(x)$의 그래프의 개형은
오른쪽 그림과 같으므로 주어진 방정식
이 서로 다른 두 개의 양의 실근과 한
개의 음의 실근을 가지려면 함수
$y=f(x)$의 그래프와 직선 $y=k$의 교점
의 x좌표가 두 개는 양수이고 한 개는
음수이어야 한다.

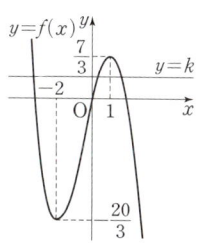

$\therefore 0<k<\frac{7}{3}$

따라서 정수 k의 값은 1, 2이므로 그 합은
$1+2=3$

6 ③

$3x^4+k=4x^3+12x^2-2$에서 $-3x^4+4x^3+12x^2-2=k$
$f(x)=-3x^4+4x^3+12x^2-2$라 하면
$f'(x)=-12x^3+12x^2+24x=-12x(x+1)(x-2)$
$f'(x)=0$에서 $x=-1$ 또는 $x=0$ 또는 $x=2$
함수 $f(x)$의 증가와 감소를 표로 나타내면 다음과 같다.

x	$\cdots$	-1	$\cdots$	0	$\cdots$	2	$\cdots$
$f'(x)$	$+$	0	$-$	0	$+$	0	$-$
$f(x)$	$\nearrow$	3	$\searrow$	-2	$\nearrow$	30	$\searrow$

즉, 함수 $y=f(x)$의 그래프의 개형은
오른쪽 그림과 같으므로 주어진 방정
식이 양의 실근과 음의 실근만을 각각
한 개씩 가지려면 함수 $y=f(x)$의 그
래프와 직선 $y=k$의 교점의 x좌표가
한 개는 양수이고 한 개는 음수이어야
한다.

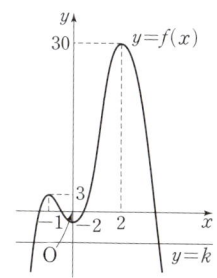

$\therefore k<-2$

따라서 정수 k의 최댓값은 -3이다.

7 ②

$f(x)=g(x)$에서
$2x^3-3x^2-20x+5=x^3+4x+a$
$\therefore x^3-3x^2-24x+5=a$
$h(x)=x^3-3x^2-24x+5$라 하면
$h'(x)=3x^2-6x-24=3(x+2)(x-4)$
$h'(x)=0$에서 $x=-2$ 또는 $x=4$
함수 $h(x)$의 증가와 감소를 표로 나타내면 다음과 같다.

x	$\cdots$	-2	$\cdots$	4	$\cdots$
$h'(x)$	$+$	0	$-$	0	$+$
$h(x)$	$\nearrow$	33	$\searrow$	-75	$\nearrow$

즉, 함수 $y=h(x)$의 그래프의 개
형은 오른쪽 그림과 같으므로 주어
진 방정식이 서로 다른 두 개의 음
의 실근과 한 개의 양의 실근을 가
지려면 함수 $y=h(x)$의 그래프와
직선 $y=a$의 교점의 x좌표가 두 개
는 음수이고 한 개는 양수이어야 한
다.

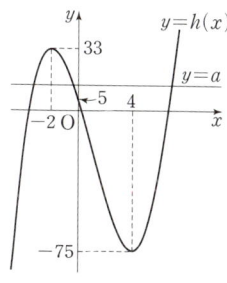

$\therefore 5<a<33$

따라서 정수 a의 개수는 6, 7, 8, $\cdots$, 32의 27이다.

8 답 4

$x^3-4x^2+3=\dfrac{1}{2}x^2+k$에서 $x^3-\dfrac{9}{2}x^2+3=k$

$f(x)=x^3-\dfrac{9}{2}x^2+3$이라 하면

$f'(x)=3x^2-9x=3x(x-3)$

$f'(x)=0$에서 $x=0$ 또는 $x=3$

함수 $f(x)$의 증가와 감소를 표로 나타내면 다음과 같다.

x	$\cdots$	0	$\cdots$	3	$\cdots$
$f'(x)$	$+$	0	$-$	0	$+$
$f(x)$	$\nearrow$	3	$\searrow$	$-\dfrac{21}{2}$	$\nearrow$

즉, 함수 $y=f(x)$의 그래프의 개형
은 오른쪽 그림과 같으므로 주어진
방정식이 오직 하나의 양의 실근을
가지려면 함수 $y=f(x)$의 그래프
와 직선 $y=k$의 교점의 x좌표가 양
수 한 개이어야 한다.

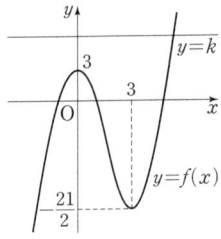

$\therefore k>3$

따라서 정수 k의 최솟값은 4이다.

9 답 ②

$\dfrac{1}{4}x^4-2x^2+1\geq k$에서 $\dfrac{1}{4}x^4-2x^2+1-k\geq 0$

$f(x)=\dfrac{1}{4}x^4-2x^2+1-k$라 하면

$f'(x)=x^3-4x=x(x+2)(x-2)$

$f'(x)=0$에서 $x=-2$ 또는 $x=0$ 또는 $x=2$

함수 $f(x)$의 증가와 감소를 표로 나타내면 다음과 같다.

x	$\cdots$	-2	$\cdots$	0	$\cdots$	2	$\cdots$
$f'(x)$	$-$	0	$+$	0	$-$	0	$+$
$f(x)$	$\searrow$	$-3-k$	$\nearrow$	$1-k$	$\searrow$	$-3-k$	$\nearrow$

즉, 함수 $f(x)$의 최솟값은 $-3-k$이므로 모든 실수 x에 대하
여 부등식 $f(x)\geq 0$이 성립하려면

$-3-k\geq 0$ $\quad \therefore k\leq -3$

따라서 실수 k의 최댓값은 -3이다.

10 답 ④

$x^4+2x^3+k\geq -\dfrac{1}{2}x^4+12x^2+24x+10$에서

$\dfrac{3}{2}x^4+2x^3-12x^2-24x+k-10\geq 0$

$f(x)=\dfrac{3}{2}x^4+2x^3-12x^2-24x+k-10$이라 하면

$f'(x)=6x^3+6x^2-24x-24$

$\qquad =6(x+2)(x+1)(x-2)$

$f'(x)=0$에서 $x=-2$ 또는 $x=-1$ 또는 $x=2$

함수 $f(x)$의 증가와 감소를 표로 나타내면 다음과 같다.

x	$\cdots$	-2	$\cdots$	-1	$\cdots$	2	$\cdots$
$f'(x)$	$-$	0	$+$	0	$-$	0	$+$
$f(x)$	$\searrow$	$k-2$	$\nearrow$	$k+\dfrac{3}{2}$	$\searrow$	$k-66$	$\nearrow$

즉, 함수 $f(x)$의 최솟값은 $k-66$이므로 모든 실수 x에 대하
여 부등식 $f(x)\geq 0$이 성립하려면

$k-66\geq 0$ $\quad \therefore k\geq 66$

따라서 실수 k의 최솟값은 66이다.

11 답 7

$f(x)=-x^4+2x^2+8x$, $g(x)=\dfrac{8}{3}x^3+k$라 하자.

곡선 $y=f(x)$가 곡선 $y=g(x)$보다 항상 아래쪽에 있으려면
모든 실수 x에 대하여 $f(x)<g(x)$, 즉 $f(x)-g(x)<0$이어
야 한다.

$h(x)=f(x)-g(x)$

$\qquad =-x^4+2x^2+8x-\left(\dfrac{8}{3}x^3+k\right)$

$\qquad =-x^4-\dfrac{8}{3}x^3+2x^2+8x-k$

라 하면

$h'(x)=-4x^3-8x^2+4x+8$

$\qquad =-4(x+2)(x+1)(x-1)$

$h'(x)=0$에서 $x=-2$ 또는 $x=-1$ 또는 $x=1$

함수 $h(x)$의 증가와 감소를 표로 나타내면 다음과 같다.

x	$\cdots$	-2	$\cdots$	-1	$\cdots$	1	$\cdots$
$h'(x)$	$+$	0	$-$	0	$+$	0	$-$
$h(x)$	$\nearrow$	$-\dfrac{8}{3}-k$	$\searrow$	$-\dfrac{13}{3}-k$	$\nearrow$	$\dfrac{19}{3}-k$	$\searrow$

즉, 함수 $h(x)$의 최댓값은 $\dfrac{19}{3}-k$이므로 모든 실수 x에 대하
여 부등식 $h(x)<0$이 성립하려면

$\dfrac{19}{3}-k<0$ $\quad \therefore k>\dfrac{19}{3}$

따라서 정수 k의 최솟값은 7이다.

12 답 11

함수 $y=f(x)$의 그래프가 함수 $y=g(x)$의 그래프보다 항
상 위쪽에 있으려면 모든 실수 x에 대하여 $f(x)>g(x)$, 즉
$f(x)-g(x)>0$이어야 한다.

$h(x)=f(x)-g(x)$

$\qquad =x^4-3x^3+12x+k-(x^3+2x^2+1)$

$\qquad =x^4-4x^3-2x^2+12x+k-1$

이라 하면

$h'(x)=4x^3-12x^2-4x+12=4(x+1)(x-1)(x-3)$

$h'(x)=0$에서 $x=-1$ 또는 $x=1$ 또는 $x=3$

함수 $h(x)$의 증가와 감소를 표로 나타내면 다음과 같다.

x	$\cdots$	-1	$\cdots$	1	$\cdots$	3	$\cdots$
$h'(x)$	$-$	0	$+$	0	$-$	0	$+$
$h(x)$	$\searrow$	$k-10$	$\nearrow$	$k+6$	$\searrow$	$k-10$	$\nearrow$

즉, 함수 $h(x)$의 최솟값은 $k-10$이므로 모든 실수 x에 대하여 부등식 $h(x)>0$이 성립하려면

$k-10>0$ $\quad \therefore k>10$

따라서 정수 k의 최솟값은 11이다.

13 답 ①

$-x^3+\dfrac{9}{2}x^2+2 \le k$에서 $x^3-\dfrac{9}{2}x^2+k-2 \ge 0$

$f(x)=x^3-\dfrac{9}{2}x^2+k-2$라 하면

$f'(x)=3x^2-9x=3x(x-3)$

$f'(x)=0$에서 $x=0$ 또는 $x=3$

$x \ge -1$에서 함수 $f(x)$의 증가와 감소를 표로 나타내면 다음과 같다.

x	-1	$\cdots$	0	$\cdots$	3	$\cdots$
$f'(x)$		$+$	0	$-$	0	$+$
$f(x)$	$k-\dfrac{15}{2}$	$\nearrow$	$k-2$	$\searrow$	$k-\dfrac{31}{2}$	$\nearrow$

즉, $x \ge -1$에서 함수 $f(x)$의 최솟값은 $k-\dfrac{31}{2}$이므로 $x \ge -1$일 때 부등식 $f(x) \ge 0$이 항상 성립하려면

$k-\dfrac{31}{2} \ge 0$ $\quad \therefore k \ge \dfrac{31}{2}$

따라서 실수 k의 최솟값은 $\dfrac{31}{2}$이다.

14 답 ①

$x^3-6x^2+3 \ge k$에서 $x^3-6x^2+3-k \ge 0$

$f(x)=x^3-6x^2+3-k$라 하면

$f'(x)=3x^2-12x=3x(x-4)$

$1<x<4$일 때 $f'(x)<0$이므로 함수 $f(x)$는 열린구간 $(1, 4)$에서 감소한다.

즉, $1<x<4$일 때 부등식 $f(x) \ge 0$이 항상 성립하려면 $f(4) \ge 0$이어야 하므로

$-29-k \ge 0$ $\quad \therefore k \le -29$

따라서 실수 k의 최댓값은 -29이다.

15 답 ④

$f(x) \ge g(x)$에서 $f(x)-g(x) \ge 0$

$\begin{aligned} h(x)&=f(x)-g(x) \\ &=(2x^3-x^2+k)-(2x^2+12x) \\ &=2x^3-3x^2-12x+k \end{aligned}$

라 하면

$h'(x)=6x^2-6x-12=6(x+1)(x-2)$

$h'(x)=0$에서 $x=-1$ 또는 $x=2$

$x>0$에서 함수 $h(x)$의 증가와 감소를 표로 나타내면 다음과 같다.

x	(0)	$\cdots$	2	$\cdots$
$h'(x)$		$-$	0	$+$
$h(x)$		$\searrow$	$k-20$	$\nearrow$

즉, $x>0$에서 함수 $h(x)$의 최솟값은 $k-20$이므로 $x>0$일 때 부등식 $h(x) \ge 0$이 항상 성립하려면

$k-20 \ge 0$ $\quad \therefore k \ge 20$

16 답 16

점 P의 시각 t $(t \ge 0)$에서의 속도를 v, 가속도를 a라 하면

$v=\dfrac{dx}{dt}=6t^2-8t+7$, $a=\dfrac{dv}{dt}=12t-8$

이때 점 P의 속도가 15인 시각은 $v=15$에서

$6t^2-8t+7=15$, $3t^2-4t-4=0$

$(3t+2)(t-2)=0$ $\quad \therefore t=2$ $(\because t \ge 0)$

따라서 $t=2$에서의 점 P의 가속도는

$a=24-8=16$

17 답 22

점 P의 시각 t $(t>0)$에서의 속도를 v, 가속도를 a라 하면

$v=\dfrac{dx}{dt}=-t^2+6t$, $a=\dfrac{dv}{dt}=-2t+6$

이때 점 P의 가속도가 0인 시각은 $a=0$에서

$-2t+6=0$ $\quad \therefore t=3$

$t=3$에서의 점 P의 위치가 40이므로

$-9+27+k=40$ $\quad \therefore k=22$

18 답 ④

점 P의 시각 t $(t>0)$에서의 속도를 v라 하면

$v=\dfrac{dx}{dt}=3t^2-12$

이때 점 P가 운동 방향을 바꾸는 순간의 속도는 0이므로 $v=0$에서

$3t^2-12=0$ $\quad \therefore t=2$ $(\because t>0)$

$t=2$에서의 점 P의 위치가 원점이므로

$8-24+k=0$ $\quad \therefore k=16$

19 답 ⑤

점 P의 시각 t $(t \ge 0)$에서의 속도를 v, 가속도를 a라 하면

$v=\dfrac{dx}{dt}=3t^2-15t+12$, $a=\dfrac{dv}{dt}=6t-15$

이때 점 P가 운동 방향을 바꾸는 순간의 속도는 0이므로 $v=0$에서

$3t^2-15+12=0$, $(t-1)(t-4)=0$

$\therefore t=1$ 또는 $t=4$

따라서 점 P는 출발한 후 $t=4$에서 두 번째로 운동 방향을 바꾸므로 그 순간 점 P의 가속도는
$a=24-15=9$

20 답 ④

ㄱ. $0<t<2$에서 $v(t)>0$이므로 점 P가 원점을 출발하여 $0<t<2$에서 수직선의 양의 방향으로 움직인다.
　즉, $t=2$일 때, 점 P의 위치는 원점이 아니다. (거짓)
ㄴ. $3<t<5$일 때, 속도 $v(t)$의 그래프의 접선의 기울기가 일정하므로 점 P의 가속도는 일정하다. (참)
ㄷ. $v(2)=v(6)=0$이고, $t=2$와 $t=6$의 좌우에서 속도 $v(t)$의 부호가 바뀌므로 $0<t<7$에서 점 P는 운동 방향을 두 번 바꾼다. (참)
따라서 옳은 것은 ㄴ, ㄷ이다.

21 답 ③

ㄱ. $t=a$에서 $v(a)>0$이므로 점 P는 $t=a$에서 수직선의 양의 방향으로 움직이고, $t=c$에서 $v(c)<0$이므로 점 P는 $t=c$에서 수직선의 음의 방향으로 움직인다.
　즉, $t=a$와 $t=c$에서의 점 P의 운동 방향은 반대이다.
　(참)
ㄴ. 점 P의 시각 t에서의 가속도는 $v'(t)$이고, $v'(b)<0$, $v'(d)=0$이므로 $v'(b)<v'(d)$
　즉, $t=b$에서의 점 P의 가속도는 $t=d$에서의 점 P의 가속도보다 작다. (거짓)
ㄷ. $v(b)=v(e)=0$이고, $t=b$와 $t=e$의 좌우에서 속도 $v(t)$의 부호가 바뀌므로 $0<t<f$에서 점 P의 운동 방향은 두 번 바뀐다. (참)
따라서 옳은 것은 ㄱ, ㄷ이다.

22 답 ①

ㄱ. $t=b$일 때, $x(b)=0$이므로 점 P의 위치는 원점이다. (참)
ㄴ. $t=a$의 좌우에서 접선의 기울기의 부호가 바뀌지 않으므로 $t=a$일 때, 점 P는 운동 방향을 바꾸지 않는다. (거짓)
ㄷ. $0<t<a$에서 접선의 기울기가 바뀌므로 점 P는 운동 방향을 바꾼다. (거짓)
따라서 옳은 것은 ㄱ이다.

23 답 ⑤

점 P가 원점을 지날 때의 위치는 0이므로 점 P가 출발한 후 원점을 두 번째로 지날 때의 시각은 $t=d$이다.
이때 점 P의 시각 t에서의 속도는 $x'(t)$이므로 점 P가 출발한 후 원점을 두 번째로 지날 때의 속도는 $x'(d)$이다.

Ⅲ. 적분

01 부정적분

1 ④	2 48	3 ②	4 7
5 ①	6 ⑤	7 ③	8 3
9 9	10 ③	11 9	12 ②
13 ④	14 16	15 ①	16 ③
17 ⑤	18 ③	19 15	

1 답 ④

$f(x)=\int \left\{ \dfrac{d}{dx}\left(\dfrac{1}{3}x^3-2x^2 \right)\right\} dx=\dfrac{1}{3}x^3-2x^2+C$

이때 $f(1)=\dfrac{2}{3}$이므로

$\dfrac{1}{3}-2+C=\dfrac{2}{3}$　$\therefore C=\dfrac{7}{3}$

따라서 $f(x)=\dfrac{1}{3}x^3-2x^2+\dfrac{7}{3}$이므로

$f(2)=\dfrac{8}{3}-8+\dfrac{7}{3}=-3$

2 답 48

$f(x)=\dfrac{d}{dx}\int (2x^3+ax^2+b)\,dx=2x^3+ax^2+b$

이때 점 $(1,\,4)$가 곡선 $y=f(x)$ 위의 점이므로 $f(1)=4$에서
$2+a+b=4$　$\therefore a+b=2$ ······ ㉠
$f(x)=2x^3+ax^2+b$에서 $f'(x)=6x^2+2ax$
곡선 $y=f(x)$ 위의 점 $(1,\,4)$에서의 접선의 기울기가 4이므로
$f'(1)=4$에서
$6+2a=4$　$\therefore a=-1$
$a=-1$을 ㉠에 대입하여 정리하면 $b=3$
따라서 $f(x)=2x^3-x^2+3$이므로
$f(3)=54-9+3=48$

3 답 ②

$g(x)=\dfrac{d}{dx}\int f(x)\,dx+\int \left\{ \dfrac{d}{dx}f(x)\right\} dx$
$\qquad =f(x)+\{f(x)+C\}=2f(x)+C$

에서 $g(x)=2f(x)+C$ ······ ㉠
㉠의 양변을 x에 대하여 미분하면 $g'(x)=2f'(x)$
이때 $f(x)=x^2+ax$에서 $f'(x)=2x+a$이므로
$g'(x)=2(2x+a)=4x+2a$
$g'(2)=4$이므로
$8+2a=4$　$\therefore a=-2$
즉, $f(x)=x^2-2x$이므로
$f(2)=4-4=0$
또한, $g(2)=4$이므로 ㉠의 양변에 $x=2$를 대입하면
$g(2)=2f(2)+C=4$　$\therefore C=4$

따라서 ⊙에서
$$g(x)=2f(x)+C=2(x^2-2x)+4$$
$$=2x^2-4x+4$$
이므로
$$g(1)=2-4+4=2$$

4 답 7

$$f(x)=\int\left\{\frac{d}{dx}(x^2+ax)\right\}dx=x^2+ax+C$$
$$=\left(x+\frac{a}{2}\right)^2-\frac{a^2}{4}+C$$
조건 (가)에 의하여 이차함수 $y=f(x)$의 그래프는 직선 $x=2$에 대하여 대칭이므로
$-\dfrac{a}{2}=2$에서 $a=-4$
$\therefore f(x)=(x-2)^2-4+C$
조건 (나)에서 함수 $f(x)$의 최솟값이 -9이므로
$$f(x)=(x-2)^2-9$$
$\therefore f(-2)=(-2-2)^2-9=7$

5 답 ①

$$f(x)=\int(x+1)^3\,dx-\int(x^3+1)\,dx$$
$$=\int\{(x+1)^3-(x^3+1)\}\,dx$$
$$=\int\{(x^3+3x^2+3x+1)-(x^3+1)\}\,dx$$
$$=\int(3x^2+3x)\,dx=x^3+\frac{3}{2}x^2+C$$
이때 $f(2)=14$이므로
$8+6+C=14$ $\therefore C=0$
따라서 $f(x)=x^3+\dfrac{3}{2}x^2$이므로
$$f(-1)=-1+\frac{3}{2}=\frac{1}{2}$$

6 답 ⑤

$$f(x)=\int\frac{x^3-1}{x+1}\,dx+\int\frac{x^2-x}{x+1}\,dx$$
$$=\int\left(\frac{x^3-1}{x+1}+\frac{x^2-x}{x+1}\right)dx$$
$$=\int\frac{x^3+x^2-x-1}{x+1}\,dx$$
$$=\int\frac{(x+1)(x^2-1)}{x+1}\,dx$$
$$=\int(x^2-1)\,dx=\frac{1}{3}x^3-x+C$$
이때 $f(0)=3$이므로 $C=3$
따라서 $f(x)=\dfrac{1}{3}x^3-x+3$이므로
$$f(3)=9-3+3=9$$

7 답 ③

$$f(x)=\int\frac{x^6}{x^2-1}\,dx+\int\frac{1}{1-x^2}\,dx$$
$$=\int\left(\frac{x^6}{x^2-1}-\frac{1}{x^2-1}\right)dx=\int\frac{x^6-1}{x^2-1}\,dx$$
$$=\int\frac{(x^2-1)(x^4+x^2+1)}{x^2-1}\,dx$$
$$=\int(x^4+x^2+1)\,dx$$
$$=\frac{1}{5}x^5+\frac{1}{3}x^3+x+C$$
이때 $f(0)=2$이므로 $C=2$
따라서 $f(x)=\dfrac{1}{5}x^5+\dfrac{1}{3}x^3+x+2$이므로
$$f(-2)=-\frac{32}{5}-\frac{8}{3}-2+2=-\frac{136}{15}$$

8 답 3

$(x-1)(x^{n-1}+x^{n-2}+x^{n-3}+\cdots+x+1)=x^n-1$이므로
$$f(x)=\int(x^n-1)\,dx=\frac{1}{n+1}x^{n+1}-x+C$$
이때 $f(0)=1$이므로 $C=1$
$f(1)=\dfrac{1}{4}$이므로 $\dfrac{1}{n+1}-1+1=\dfrac{1}{4}$ $\therefore n=3$
따라서 $f(x)=\dfrac{1}{4}x^4-x+1$이므로
$$f(2)=4-2+1=3$$

9 답 9

$$f(x)=\int f'(x)\,dx=\int(x^3+x)\,dx$$
$$=\frac{1}{4}x^4+\frac{1}{2}x^2+C$$
이때 $f(0)=3$이므로 $C=3$
따라서 $f(x)=\dfrac{1}{4}x^4+\dfrac{1}{2}x^2+3$이므로
$$f(2)=4+2+3=9$$

10 답 ③

$$f(x)=\int f'(x)\,dx=\int(3x^2+k)\,dx$$
$$=x^3+kx+C$$
이때 $f(-1)=4$이므로
$-1-k+C=4$ $\therefore -k+C=5$ ······ ⊙
$f(2)=4$이므로
$8+2k+C=4$ $\therefore 2k+C=-4$ ······ ⓛ
⊙, ⓛ을 연립하여 풀면
$k=-3,\ C=2$
따라서 $f(x)=x^3-3x+2$이므로
$$f(1)=1-3+2=0$$

11 답 9

$f(x)=\begin{cases}-2x & (x<0)\\ k(2x-x^2) & (x\geq0)\end{cases}$ 이므로

$F(x)=\begin{cases}-x^2+C_1 & (x<0)\\ k\left(x^2-\dfrac{1}{3}x^3\right)+C_2 & (x\geq0)\end{cases}$

이때 함수 $F(x)$가 실수 전체의 집합에서 미분가능하므로 $x=0$에서도 미분가능하다.

즉, $x=0$에서 연속이므로

$\lim_{x\to0+}F(x)=\lim_{x\to0-}F(x)=F(0)$

$\therefore C_2=C_1$

또한, $F(2)-F(-3)=21$이므로

$\left\{k\left(4-\dfrac{8}{3}\right)+C_1\right\}-(-9+C_1)=21$

$\dfrac{4}{3}k+9=21$ $\therefore k=9$

다른 풀이

함수 $F(x)$는 함수 $f(x)$의 한 부정적분이므로

$F(2)-F(-3)=\Big[F(x)\Big]_{-3}^{2}=\int_{-3}^{2}f(x)\,dx=21$

즉,

$\int_{-3}^{2}f(x)\,dx=\int_{-3}^{0}f(x)\,dx+\int_{0}^{2}f(x)\,dx$

$=\int_{-3}^{0}(-2x)\,dx+k\int_{0}^{2}(2x-x^2)\,dx$

$=\Big[-x^2\Big]_{-3}^{0}+k\Big[x^2-\dfrac{1}{3}x^3\Big]_{0}^{2}$

$=9+\dfrac{4}{3}k=21$

이므로 $k=9$

12 답 ②

조건 (가)에 의하여 $f'(x)=x^2+ax$이므로

$f(x)=\int f'(x)\,dx=\int (x^2+ax)\,dx=\dfrac{1}{3}x^3+\dfrac{a}{2}x^2+C$

조건 (나)의 $\lim_{x\to3}\dfrac{f(x)}{x-3}=-3$에서 $x\to3$일 때, (분모) $\to0$

이고 극한값이 존재하므로 (분자) $\to0$이다.

즉, $\lim_{x\to3}f(x)=0$이므로 $f(3)=0$

$\therefore \lim_{x\to3}\dfrac{f(x)}{x-3}=\lim_{x\to3}\dfrac{f(x)-f(3)}{x-3}=f'(3)=-3$

$f(3)=0$에서

$9+\dfrac{9}{2}a+C=0$ $\therefore \dfrac{9}{2}a+C=-9$ …… ㉠

$f'(3)=-3$에서

$9+3a=-3$ $\therefore a=-4$

$a=-4$를 ㉠에 대입하여 정리하면 $C=9$

따라서 $f(x)=\dfrac{1}{3}x^3-2x^2+9$이므로

$f(1)=\dfrac{1}{3}-2+9=\dfrac{22}{3}$

13 답 ④

$\int f(x)\,dx=xf(x)-2x^3+4x^2$의 양변을 x에 대하여 미분하면

$f(x)=\{f(x)+xf'(x)\}-6x^2+8x$

$xf'(x)=6x^2-8x$ $\therefore f'(x)=6x-8$

$\therefore f(x)=\int f'(x)\,dx=\int (6x-8)\,dx=3x^2-8x+C$

이때 $f(2)=0$이므로

$12-16+C=0$ $\therefore C=4$

따라서 $f(x)=3x^2-8x+4$이므로

$f(3)=27-24+4=7$

14 답 16

$\int f(x)\,dx=xf(x)+ax^4-2x^3$의 양변을 x에 대하여 미분하면

$f(x)=\{f(x)+xf'(x)\}+4ax^3-6x^2$

$xf'(x)=-4ax^3+6x^2$ $\therefore f'(x)=-4ax^2+6x$

이때 $f'(2)=0$이므로

$-16a+12=0$ $\therefore a=\dfrac{3}{4}$

즉, $f'(x)=-3x^2+6x$이므로

$f(x)=\int f'(x)\,dx=\int (-3x^2+6x)\,dx=-x^3+3x^2+C$

$f(2)=0$이므로

$-8+12+C=0$ $\therefore C=-4$

따라서 $f(x)=-x^3+3x^2-4$이므로

$f(-2)=8+12-4=16$

15 답 ①

$F'(x)=f(x)$이므로 $F(x)=(x-1)f(x)-\dfrac{1}{4}x^4+ax$의 양변을 x에 대하여 미분하면

$f(x)=\{f(x)+(x-1)f'(x)\}-x^3+a$

$(x-1)f'(x)=x^3-a$

위의 등식의 양변에 $x=1$을 대입하면

$0=1-a$ $\therefore a=1$

$\therefore (x-1)f'(x)=x^3-1=(x-1)(x^2+x+1)$

즉, $f'(x)=x^2+x+1$이므로

$f(x)=\int f'(x)\,dx=\int (x^2+x+1)\,dx=\dfrac{1}{3}x^3+\dfrac{1}{2}x^2+x+C$

이때 $f(0)=1$이므로 $C=1$

따라서 $f(x)=\dfrac{1}{3}x^3+\dfrac{1}{2}x^2+x+1$이므로

$f(-1)=-\dfrac{1}{3}+\dfrac{1}{2}-1+1=\dfrac{1}{6}$

16 답 ③

$F'(x)=f(x)$이므로 $F(x)=xf(x)-x^4+ax^3-2x^2$의 양변을 x에 대하여 미분하면

$f(x)=\{f(x)+xf'(x)\}-4x^3+3ax^2-4x$

$xf'(x)=4x^3-3ax^2+4x$ $\therefore f'(x)=4x^2-3ax+4$

이때 함수 $f(x)$가 실수 전체의 집합에서 증가하려면 모든 실수 x에 대하여 $f'(x)\geq0$이어야 한다.

이차방정식 $f'(x)=0$, 즉 $4x^2-3ax+4=0$의 판별식을 D라 하면

$D=(-3a)^2-4\times4\times4\leq0$

$9a^2-64\leq0$, $(3a+8)(3a-8)\leq0$

$\therefore -\dfrac{8}{3}\leq a\leq\dfrac{8}{3}$

따라서 정수 a의 개수는 -2, -1, 0, 1, 2의 5이다.

17 답 ⑤

함수 $f(x)$가 $x=-1$에서 극댓값 3을 가지므로

$f'(-1)=0$, $f(-1)=3$

$f'(-1)=0$에서

$a-4=0$ $\therefore a=4$

즉, $f'(x)=4x^2-4$이므로

$f(x)=\displaystyle\int f'(x)\,dx=\int(4x^2-4)\,dx=\dfrac{4}{3}x^3-4x+C$

$f(-1)=3$에서

$-\dfrac{4}{3}+4+C=3$ $\therefore C=\dfrac{1}{3}$

$\therefore f(x)=\dfrac{4}{3}x^3-4x+\dfrac{1}{3}$

한편, $f'(x)=4x^2-4=4(x+1)(x-1)$이므로

$f'(x)=0$에서 $x=-1$ 또는 $x=1$

함수 $f(x)$의 증가와 감소를 표로 나타내면 다음과 같다.

x	$\cdots$	-1	$\cdots$	1	$\cdots$
$f'(x)$	$+$	0	$-$	0	$+$
$f(x)$	↗	극대	↘	극소	↗

즉, 함수 $f(x)$는 $x=1$에서 극소이고, 극솟값은

$f(1)=\dfrac{4}{3}-4+\dfrac{1}{3}=-\dfrac{7}{3}$

$\therefore m=-\dfrac{7}{3}$

$\therefore a+m=4+\left(-\dfrac{7}{3}\right)=\dfrac{5}{3}$

18 답 ③

사차함수 $f(x)$의 최고차항이 x^4이므로 도함수 $f'(x)$의 최고차항은 $4x^3$이다.

또한, 주어진 함수 $y=f'(x)$의 그래프에서

$f'(-2)=0$, $f'(0)=0$, $f'(2)=0$이므로

$f'(x)=4x(x+2)(x-2)=4x^3-16x$

라 할 수 있다.

$\therefore f(x)=\displaystyle\int f'(x)\,dx=\int(4x^3-16x)\,dx$

$\qquad\quad=x^4-8x^2+C$

주어진 함수 $y=f'(x)$의 그래프를 이용하여 함수 $f(x)$의 증가와 감소를 표로 나타내면 다음과 같다.

x	$\cdots$	-2	$\cdots$	0	$\cdots$	2	$\cdots$
$f'(x)$	$-$	0	$+$	0	$-$	0	$+$
$f(x)$	↘	극소	↗	극대	↘	극소	↗

즉, 함수 $f(x)$는 $x=0$에서 극대, $x=-2$, $x=2$에서 극소이므로

$f(0)=24$에서 $C=24$

따라서 $f(x)=x^4-8x^2+24$이므로 함수 $f(x)$의 극솟값은

$f(-2)=f(2)=16-32+24=8$

19 답 15

조건 (가)에 의하여 함수 $y=f(x)$의 그래프는 직선 $x=1$에 대하여 대칭이고, 사차함수 $f(x)$는 실수 전체의 집합에서 미분가능하므로 $f'(1)=0$이다.

또한, 조건 (나)에서 함수 $f(x)$가 $x=0$에서 극소이므로 함수 $f(x)$는 $x=2$에서도 극소이다. (∵ 조건 (가))

$\therefore f'(0)=f'(2)=0$

사차함수 $f(x)$의 최고차항이 x^4이므로 도함수 $f'(x)$의 최고차항은 $4x^3$이다.

$f'(x)=4x(x-1)(x-2)=4x^3-12x^2+8x$

라 할 수 있으므로

$f(x)=\displaystyle\int f'(x)\,dx=\int(4x^3-12x^2+8x)\,dx$

$\qquad\quad=x^4-4x^3+4x^2+C$

이때 조건 (나)에 의하여 $f(0)=6$이므로 $C=6$

$\therefore f(x)=x^4-4x^3+4x^2+6$

한편, 닫힌구간 $[0,\,3]$에서 함수 $f(x)$의 증가와 감소를 표로 나타내면 다음과 같다.

x	0	$\cdots$	1	$\cdots$	2	$\cdots$	3
$f'(x)$	0	$+$	0	$-$	0	$+$	
$f(x)$	6	↗	7	↘	6	↗	15

따라서 닫힌구간 $[0,\,3]$에서 함수 $f(x)$의 최댓값은 15이다.

1 ①	2 ⑤	3 3	4 ③
5 ⑤	6 6	7 ②	8 ④
9 ②	10 ①	11 ②	
12 ⑤	13 6	14 29	15 ③
16 ①	17 ③	18 13	19 ②
20 ⑤	21 ③	22 5	
23 ①	24 16	25 ②	26 30
27 30	28 12	29 ④	30 ②
31 ①	32 ②	33 25	34 ③
35 ③	36 ⑤	37 ⑤	38 9
39 ④	40 ⑤	41 19	42 ③
43 ③	44 ④	45 4	46 9

1 답 ①

$$\int_0^2 (3x^2+6x)\,dx = \left[x^3+3x^2\right]_0^2$$
$$= (8+12)-0 = 20$$

2 답 ⑤

$$\int_{-1}^2 (t+1)(3t-2)\,dt = \int_{-1}^2 (3t^2+t-2)\,dt$$
$$= \left[t^3+\frac{1}{2}t^2-2t\right]_{-1}^2$$
$$= (8+2-4)-\left(-1+\frac{1}{2}+2\right) = \frac{9}{2}$$

3 답 3

$f(x)=(x-k)^2$이므로

$$\int_0^3 f(x)\,dx = \int_0^3 (x-k)^2\,dx = \int_0^3 (x^2-2kx+k^2)\,dx$$
$$= \left[\frac{1}{3}x^3-kx^2+k^2x\right]_0^3 = 9-9k+3k^2$$

즉, $9-9k+3k^2=9$이므로
$3k^2-9k=0$, $3k(k-3)=0$
$\therefore k=3 \ (\because k>0)$

4 답 ③

두 함수 $F(x)$, $G(x)$가 모두 함수 $f(x)$의 부정적분이므로
$F(x)=G(x)+C$ (C는 상수) $\cdots\cdots$ ㉠
라 할 수 있다.
이때 ㉠의 양변에 $x=1$을 대입하면 조건 (가)에 의하여 $C=-3$
또한, ㉠의 양변에 $x=2$를 대입하면
$F(2)=G(2)-3$
조건 (나)의 $G(2)=7$에 의하여
$F(2)=7-3$ $\therefore F(2)=4$

$$\therefore \int_0^2 f(x)\,dx = \left[F(x)\right]_0^2 = F(2)-F(0)$$
$$= 4-1 = 3 \ (\because \text{조건 (나)의 } F(0)=1)$$

5 답 ⑤

$$\int_1^2 (2x-1)^2\,dx + \int_1^2 (x+2)^2\,dx$$
$$= \int_1^2 \{(2x-1)^2+(x+2)^2\}\,dx$$
$$= \int_1^2 (5x^2+5)\,dx = \left[\frac{5}{3}x^3+5x\right]_1^2$$
$$= \left(\frac{40}{3}+10\right)-\left(\frac{5}{3}+5\right) = \frac{50}{3}$$

6 답 6

$$\int_{-1}^3 \frac{x^3+4x^2+4x}{x+2}\,dx + \int_3^2 \frac{x^3+4x^2+4x}{x+2}\,dx$$
$$= \int_{-1}^2 \frac{x^3+4x^2+4x}{x+2}\,dx = \int_{-1}^2 \frac{x(x+2)^2}{x+2}\,dx$$
$$= \int_{-1}^2 x(x+2)\,dx = \int_{-1}^2 (x^2+2x)\,dx$$
$$= \left[\frac{1}{3}x^3+x^2\right]_{-1}^2 = \left(\frac{8}{3}+4\right)-\left(-\frac{1}{3}+1\right) = 6$$

7 답 ②

$$\int_2^5 f(x)\,dx = \int_{-1}^5 f(x)\,dx + \int_2^{-1} f(x)\,dx$$
$$= \int_{-1}^5 f(x)\,dx - \int_{-1}^2 f(x)\,dx = 7-3 = 4$$

$$\therefore \int_2^3 f(x)\,dx = \int_2^5 f(x)\,dx + \int_5^3 f(x)\,dx$$
$$= \int_2^5 f(x)\,dx - \int_3^5 f(x)\,dx = 4-2 = 2$$

8 답 ④

$\displaystyle\int_{-1}^1 f(x)\,dx = A$, $\displaystyle\int_{-1}^1 g(x)\,dx = B$라 하자.

$\displaystyle\int_{-1}^1 \{2f(x)+g(x)\}\,dx = 12$에서

$$2\int_{-1}^1 f(x)\,dx + \int_{-1}^1 g(x)\,dx = 12$$

$\therefore 2A+B=12$ $\cdots\cdots$ ㉠

$\displaystyle\int_{-1}^1 \{f(x)+2g(x)\}\,dx = 9$에서

$$\int_{-1}^1 f(x)\,dx + 2\int_{-1}^1 g(x)\,dx = 9$$

$\therefore A+2B=9$ $\cdots\cdots$ ㉡

㉠, ㉡을 연립하여 풀면 $A=5$, $B=2$

$$\therefore \int_{-1}^1 \{3f(x)-2g(x)\}\,dx = 3\int_{-1}^1 f(x)\,dx - 2\int_{-1}^1 g(x)\,dx$$
$$= 3A-2B = 3\times5-2\times2 = 11$$

9 답 ②

$$\int_{-1}^{5} f(x)\,dx = \int_{-1}^{1} f(x)\,dx + \int_{1}^{5} f(x)\,dx$$

$$= \int_{-1}^{1} (2x+2)\,dx + \int_{1}^{5} (-x+5)\,dx$$

$$= \Big[x^2 + 2x \Big]_{-1}^{1} + \Big[-\frac{1}{2}x^2 + 5x \Big]_{1}^{5}$$

$$= \{ (1+2) - (1-2) \}$$

$$\quad + \Big\{ \Big(-\frac{25}{2} + 25 \Big) - \Big(-\frac{1}{2} + 5 \Big) \Big\}$$

$$= 12$$

다른 풀이

함수 $y=f(x)$의 그래프는 오른쪽
그림과 같다.

이때 $\int_{-1}^{5} f(x)\,dx$의 값은 함수

$y=f(x)$의 그래프와 x축으로 둘러
싸인 삼각형의 넓이와 같으므로

$$\frac{1}{2} \times 6 \times 4 = 12$$

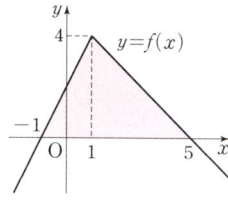

10 답 ①

함수 $f(x)$가 실수 전체의 집합에서 연속이므로 $x=0$에서도
연속이다.

즉, $\lim\limits_{x \to 0+} f(x) = \lim\limits_{x \to 0-} f(x) = f(0)$이므로

$$k=2$$

따라서 $f(x) = \begin{cases} x^2 + 3x + 2 & (x \leq 0) \\ -\dfrac{1}{2}x + 2 & (x > 0) \end{cases}$ 이므로

$$\int_{-2}^{2} f(x)\,dx = \int_{-2}^{0} f(x)\,dx + \int_{0}^{2} f(x)\,dx$$

$$= \int_{-2}^{0} (x^2 + 3x + 2)\,dx + \int_{0}^{2} \Big(-\frac{1}{2}x + 2 \Big)\,dx$$

$$= \Big[\frac{1}{3}x^3 + \frac{3}{2}x^2 + 2x \Big]_{-2}^{0} + \Big[-\frac{1}{4}x^2 + 2x \Big]_{0}^{2}$$

$$= \Big\{ 0 - \Big(-\frac{8}{3} + 6 - 4 \Big) \Big\} + \{ (-1+4) - 0 \}$$

$$= \frac{11}{3}$$

11 답 ②

$f'(x) = \begin{cases} -1 & (x < 1) \\ 2x - 3 & (x > 1) \end{cases}$ 이므로

$f(x) = \begin{cases} -x + C_1 & (x \leq 1) \\ x^2 - 3x + C_2 & (x > 1) \end{cases}$ (단, C_1, C_2는 적분상수)

이때 $f(2) = 0$이므로

$4 - 6 + C_2 = 0$ $\therefore C_2 = 2$

또한, 함수 $f(x)$가 실수 전체의 집합에서 연속이므로 $x=1$에
서도 연속이다.

즉, $\lim\limits_{x \to 1+} f(x) = \lim\limits_{x \to 1-} f(x) = f(1)$이므로

$$0 = -1 + C_1$$

$$\therefore C_1 = 1$$

따라서 $f(x) = \begin{cases} -x + 1 & (x \leq 1) \\ x^2 - 3x + 2 & (x > 1) \end{cases}$ 이므로

$$\int_{0}^{2} f(x)\,dx = \int_{0}^{1} f(x)\,dx + \int_{1}^{2} f(x)\,dx$$

$$= \int_{0}^{1} (-x+1)\,dx + \int_{1}^{2} (x^2 - 3x + 2)\,dx$$

$$= \Big[-\frac{1}{2}x^2 + x \Big]_{0}^{1} + \Big[\frac{1}{3}x^3 - \frac{3}{2}x^2 + 2x \Big]_{1}^{2}$$

$$= \Big\{ \Big(-\frac{1}{2} + 1 \Big) - 0 \Big\}$$

$$\quad + \Big\{ \Big(\frac{8}{3} - 6 + 4 \Big) - \Big(\frac{1}{3} - \frac{3}{2} + 2 \Big) \Big\}$$

$$= \frac{1}{3}$$

12 답 ⑤

$|x^2 - x - 2| = \begin{cases} x^2 - x - 2 & (x \leq -1 \text{ 또는 } x \geq 2) \\ -x^2 + x + 2 & (-1 < x < 2) \end{cases}$ 이므로

$$\int_{-1}^{3} |x^2 - x - 2|\,dx$$

$$= \int_{-1}^{2} (-x^2 + x + 2)\,dx + \int_{2}^{3} (x^2 - x - 2)\,dx$$

$$= \Big[-\frac{1}{3}x^3 + \frac{1}{2}x^2 + 2x \Big]_{-1}^{2} + \Big[\frac{1}{3}x^3 - \frac{1}{2}x^2 - 2x \Big]_{2}^{3}$$

$$= \Big\{ \Big(-\frac{8}{3} + 2 + 4 \Big) - \Big(\frac{1}{3} + \frac{1}{2} - 2 \Big) \Big\}$$

$$\quad + \Big\{ \Big(9 - \frac{9}{2} - 6 \Big) - \Big(\frac{8}{3} - 2 - 4 \Big) \Big\}$$

$$= \frac{19}{3}$$

13 답 6

$|2x - 4| = \begin{cases} -2x + 4 & (x \leq 2) \\ 2x - 4 & (x > 2) \end{cases}$ 이므로

$$\int_{0}^{3} (|2x - 4| + k)\,dx$$

$$= \int_{0}^{3} |2x - 4|\,dx + \int_{0}^{3} k\,dx$$

$$= \int_{0}^{2} (-2x + 4)\,dx + \int_{2}^{3} (2x - 4)\,dx + \int_{0}^{3} k\,dx$$

$$= \Big[-x^2 + 4x \Big]_{0}^{2} + \Big[x^2 - 4x \Big]_{2}^{3} + \Big[kx \Big]_{0}^{3}$$

$$= \{ (-4 + 8) - 0 \} + \{ (9 - 12) - (4 - 8) \} + (3k - 0)$$

$$= 3k + 5$$

즉, $3k + 5 = 23$이므로

$$k = 6$$

14 답 29

$x^3-3x^2+4=(x+1)(x-2)^2$이므로

$$|x^3-3x^2+4|=\begin{cases} -x^3+3x^2-4 & (x\le -1) \\ x^3-3x^2+4 & (x> -1) \end{cases}$$

$$\therefore \int_{-2}^{2}|x^3-3x^2+4|\,dx$$

$$=\int_{-2}^{-1}(-x^3+3x^2-4)\,dx+\int_{-1}^{2}(x^3-3x^2+4)\,dx$$

$$=\left[-\frac{1}{4}x^4+x^3-4x\right]_{-2}^{-1}+\left[\frac{1}{4}x^4-x^3+4x\right]_{-1}^{2}$$

$$=\left\{\left(-\frac{1}{4}-1+4\right)-(-4-8+8)\right\}$$

$$\qquad\qquad +\left\{(4-8+8)-\left(\frac{1}{4}+1-4\right)\right\}$$

$$=\frac{27}{2}$$

따라서 $p=2$, $q=27$이므로 $p+q=2+27=29$

15 답 ③

주어진 함수 $y=f(x)$의 그래프에 의하여 함수 $f(x)$는 구간 $(-\infty, 1]$, $[3, \infty)$에서 증가하고, 닫힌구간 $[1, 3]$에서 감소하므로

$$|f'(x)|=\begin{cases} f'(x) & (x\le 1 \text{ 또는 } x\ge 3) \\ -f'(x) & (1<x<3) \end{cases}$$

$$\therefore \int_{0}^{3}|f'(x)|\,dx=\int_{0}^{1}f'(x)\,dx+\int_{1}^{3}\{-f'(x)\}\,dx$$

$$=\Big[f(x)\Big]_{0}^{1}+\Big[-f(x)\Big]_{1}^{3}$$

$$=\{f(1)-f(0)\}+\{-f(3)-\{-f(1)\}\}$$

$$=-f(3)+2f(1)-f(0)$$

$$=-2+2\times 6-2=8$$

16 답 ①

$$\int_{-1}^{1}(x^4-3x^3+3x+2)\,dx$$

$$=\int_{-1}^{1}(x^4+2)\,dx+\int_{-1}^{1}(-3x^3+3x)\,dx$$

$$=2\int_{0}^{1}(x^4+2)\,dx+0=2\left[\frac{1}{5}x^5+2x\right]_{0}^{1}$$

$$=2\times\left\{\left(\frac{1}{5}+2\right)-0\right\}=\frac{22}{5}$$

17 답 ③

$$\int_{-a}^{a}(x^2-4x-1)\,dx=\int_{-a}^{a}(x^2-1)\,dx+\int_{-a}^{a}(-4x)\,dx$$

$$=2\int_{0}^{a}(x^2-1)\,dx+0=2\left[\frac{1}{3}x^3-x\right]_{0}^{a}$$

$$=2\left(\frac{1}{3}a^3-a\right)=\frac{2}{3}a^3-2a$$

즉, $\frac{2}{3}a^3-2a=12$이므로

$$a^3-3a-18=0, \quad (a-3)(a^2+3a+6)=0$$

$$\therefore a=3 \ (\because a>0)$$

18 답 13

$f(x)=x^2+ax+b$ (a, b는 상수)라 하면

$$\int_{-2}^{2}f(x)\,dx=\int_{-2}^{2}(x^2+ax+b)\,dx$$

$$=\int_{-2}^{2}(x^2+b)\,dx+\int_{-2}^{2}ax\,dx$$

$$=2\int_{0}^{2}(x^2+b)\,dx+0$$

$$=2\int_{0}^{2}(x^2+b)\,dx$$

$$2\int_{0}^{2}f(x)\,dx=2\int_{0}^{2}(x^2+ax+b)\,dx$$

$$=2\int_{0}^{2}(x^2+b)\,dx+2\int_{0}^{2}ax\,dx$$

즉, $2\int_{0}^{2}(x^2+b)\,dx=2\int_{0}^{2}(x^2+b)\,dx+2\int_{0}^{2}ax\,dx$에서

$$\int_{0}^{2}ax\,dx=0, \quad \left[\frac{a}{2}x^2\right]_{0}^{2}=0, \ 2a=0 \qquad \therefore a=0$$

$$\therefore f(x)=x^2+b$$

이때 $f(2)=8$이므로

$$4+b=8 \qquad \therefore b=4$$

따라서 $f(x)=x^2+4$이므로

$$f(3)=9+4=13$$

19 답 ②

모든 실수 x에 대하여 $f(-x)=f(x)$이므로

$$\int_{-2}^{2}f(x)\,dx=2\int_{0}^{2}f(x)\,dx$$

$g(x)=xf(x)$라 하면

$g(-x)=(-x)f(-x)=-xf(x)=-g(x)$이므로

$$\int_{-2}^{2}xf(x)\,dx=\int_{-2}^{2}g(x)\,dx=0$$

$$\therefore \int_{-2}^{2}(x+3)f(x)\,dx=\int_{-2}^{2}xf(x)\,dx+3\int_{-2}^{2}f(x)\,dx$$

$$=0+3\times 2\int_{0}^{2}f(x)\,dx=6\int_{0}^{2}f(x)\,dx$$

즉, $6\int_{0}^{2}f(x)\,dx=24$이므로 $\int_{0}^{2}f(x)\,dx=4$

20 답 ⑤

$f(x+4)=f(x)$에서 $f(x)$는 주기함수이므로

$$\int_{-6}^{-2}f(x)\,dx=\int_{-2}^{2}f(x)\,dx=\int_{2}^{6}f(x)\,dx$$

$$=\int_{6}^{10}f(x)\,dx=\int_{10}^{14}f(x)\,dx$$

이때

$$\int_{-2}^{6} f(x)\,dx = \int_{-2}^{2} f(x)\,dx + \int_{2}^{6} f(x)\,dx$$

$$= \int_{-2}^{2} f(x)\,dx + \int_{-2}^{2} f(x)\,dx$$

$$= 2\int_{-2}^{2} f(x)\,dx$$

이므로

$$2\int_{-2}^{2} f(x)\,dx = 6 \qquad \therefore \int_{-2}^{2} f(x)\,dx = 3$$

$$\therefore \int_{-6}^{14} f(x)\,dx = \int_{-6}^{-2} f(x)\,dx + \int_{-2}^{2} f(x)\,dx + \int_{2}^{6} f(x)\,dx$$

$$+ \int_{6}^{10} f(x)\,dx + \int_{10}^{14} f(x)\,dx$$

$$= 5\int_{-2}^{2} f(x)\,dx = 5 \times 3 = 15$$

21 탭 ③

모든 실수 x에 대하여 $f(-x) = f(x)$이므로

$$\int_{-2}^{2} f(x)\,dx = 2\int_{0}^{2} f(x)\,dx$$

$$\therefore \frac{1}{2}\int_{-2}^{2} f(x)\,dx = \int_{0}^{2} f(x)\,dx$$

또한, $f(x+4) = f(x)$에서 $f(x)$는 주기함수이므로

$$\int_{-2}^{2} f(x)\,dx = \int_{2}^{6} f(x)\,dx,$$

$$\int_{-4}^{-2} f(x)\,dx = \int_{0}^{2} f(x)\,dx$$

$$\therefore \int_{-4}^{6} f(x)\,dx = \int_{-4}^{-2} f(x)\,dx + \int_{-2}^{2} f(x)\,dx + \int_{2}^{6} f(x)\,dx$$

$$= \int_{0}^{2} f(x)\,dx + \int_{-2}^{2} f(x)\,dx + \int_{-2}^{2} f(x)\,dx$$

$$= \frac{1}{2}\int_{-2}^{2} f(x)\,dx + 2\int_{-2}^{2} f(x)\,dx$$

$$= \frac{5}{2}\int_{-2}^{2} f(x)\,dx$$

$$\therefore k = \frac{5}{2}$$

22 탭 5

조건 (가)에 의하여

$$\int_{-1}^{0} f(x)\,dx = \int_{0}^{1} f(x)\,dx$$이고,

$$f(x) = |x| = \begin{cases} -x & (-1 \le x \le 0) \\ x & (0 < x \le 1) \end{cases}$$이므로

$$\int_{-1}^{0} f(x)\,dx = \int_{0}^{1} f(x)\,dx = \int_{0}^{1} x\,dx = \left[\frac{1}{2}x^2\right]_{0}^{1} = \frac{1}{2}$$

$$\therefore \int_{-1}^{1} f(x)\,dx = \int_{-1}^{0} f(x)\,dx + \int_{0}^{1} f(x)\,dx$$

$$= \frac{1}{2} + \frac{1}{2} = 1$$

조건 (나)에서 $f(x)$는 주기함수이므로

$$\int_{-1}^{1} f(x)\,dx = \int_{1}^{3} f(x)\,dx = \int_{3}^{5} f(x)\,dx = \int_{5}^{7} f(x)\,dx,$$

$$\int_{-2}^{-1} f(x)\,dx = \int_{0}^{1} f(x)\,dx,$$

$$\int_{-1}^{0} f(x)\,dx = \int_{-1+2\times4}^{0+2\times4} f(x)\,dx = \int_{7}^{8} f(x)\,dx$$

$$\therefore \int_{-2}^{8} f(x)\,dx = \int_{-2}^{-1} f(x)\,dx + \int_{-1}^{1} f(x)\,dx + \int_{1}^{3} f(x)\,dx$$

$$+ \int_{3}^{5} f(x)\,dx + \int_{5}^{7} f(x)\,dx + \int_{7}^{8} f(x)\,dx$$

$$= \int_{0}^{1} f(x)\,dx + 4\int_{-1}^{1} f(x)\,dx + \int_{-1}^{0} f(x)\,dx$$

$$= 5\int_{-1}^{1} f(x)\,dx$$

$$= 5 \times 1 = 5$$

23 탭 ①

$$\int_{0}^{1} f(t)\,dt = k \ (k는 \ 상수)로 \ 놓으면$$

$$f(x) = 4x^3 + kx$$

즉,

$$k = \int_{0}^{1} f(t)\,dt = \int_{0}^{1} (4t^3 + kt)\,dt$$

$$= \left[t^4 + \frac{k}{2}t^2\right]_{0}^{1} = 1 + \frac{k}{2}$$

이므로 $k = 2$

따라서 $f(x) = 4x^3 + 2x$이므로

$$f(1) = 4 + 2 = 6$$

24 탭 16

$$\int_{0}^{2} f'(t)\,dt = k \ (k는 \ 상수)로 \ 놓으면$$

$$f(x) = 2x^3 + kx$$

즉,

$$k = \int_{0}^{2} f'(t)\,dt = \left[2t^3 + kt\right]_{0}^{2}$$

$$= 16 + 2k$$

이므로 $k = -16$

따라서 $f(x) = 2x^3 - 16x$이므로

$$f(-2) = -16 + 32 = 16$$

25 탭 ②

$$f(x) = -3x^2 + \int_{0}^{2} (x-1)f(t)\,dt$$

$$= -3x^2 + (x-1)\int_{0}^{2} f(t)\,dt$$

$\int_0^2 f(t)\,dt=k$ (k는 상수)로 놓으면

$f(x)=-3x^2+k(x-1)=-3x^2+kx-k$

즉,

$k=\int_0^2 f(t)\,dt=\int_0^2(-3t^2+kt-k)\,dt$

$\quad=\left[-t^3+\dfrac{k}{2}t^2-kt\right]_0^2=-8$

이므로 $f(x)=-3x^2-8x+8$

$\therefore f(-2)=-12+16+8=12$

26 답 30

$\int_0^1 f(t)\,dt=k$ (k는 상수)로 놓으면

$f(x)=4x^3-kx+a$

이므로

$f'(x)=12x^2-k$

이때 $f'(1)=10$이므로

$12-k=10 \qquad \therefore k=2$

$\therefore f(x)=4x^3-2x+a$

즉,

$2=\int_0^1 f(t)\,dt=\int_0^1(4t^3-2t+a)\,dt$

$\quad=\left[t^4-t^2+at\right]_0^1=a$

이므로 $f(x)=4x^3-2x+2$

$\therefore f(2)=32-4+2=30$

27 답 30

$f(x)=\int_1^x(t^2-1)(t-2)\,dt$의 양변을 x에 대하여 미분하면

$f'(x)=(x^2-1)(x-2)$

$\therefore f'(4)=(16-1)\times(4-2)=30$

28 답 12

주어진 등식의 양변을 x에 대하여 미분하면

$f(x)=3x^2$

주어진 등식의 양변에 $x=a$를 대입하면

$0=a^3-8$, $(a-2)(a^2+2a+4)=0$

$\therefore a=2$ ($\because a$는 실수)

$\therefore f(a)=f(2)=12$

29 답 ④

$\int_2^x\left\{\dfrac{d}{dt}f(t)\right\}dt=\int_2^x f'(t)\,dt=\left[f(t)\right]_2^x=f(x)-f(2)$,

$\dfrac{d}{dx}\int_2^x f(t)\,dt=f(x)$

이므로 주어진 등식은

$f(x)-f(2)=f(x) \qquad \therefore f(2)=0$

즉, $8+2a-2=0$이므로

$a=-3$

30 답 ②

주어진 등식의 양변을 x에 대하여 미분하면

$f(x)=4x^3+2ax$

주어진 등식의 양변에 $x=1$을 대입하면

$0=1+a+3 \qquad \therefore a=-4$

즉, $f(x)=4x^3-8x$이므로 $f'(x)=12x^2-8$

한편, $f(1)=4-8=-4$, $f'(1)=12-8=4$이므로 곡선

$y=f(x)$ 위의 점 $(1,\,f(1))$에서의 접선의 방정식은

$y-(-4)=4(x-1) \qquad \therefore y=4x-8$

따라서 $p=4$, $q=-8$이므로

$p+q=4+(-8)=-4$

31 답 ①

$\int_2^x x(3t^2-1)\,dt=x\int_2^x(3t^2-1)\,dt$

이므로 함수 $F(x)$는

$F(x)=x\int_2^x(3t^2-1)\,dt$

양변을 x에 대하여 미분하면

$f(x)=\int_2^x(3t^2-1)\,dt+x(3x^2-1)$

$\therefore f(1)=\int_2^1(3t^2-1)\,dt+1\times(3-1)$

$\quad=\left[t^3-t\right]_2^1+2$

$\quad=\{(1-1)-(8-2)\}+2=-4$

32 답 ②

$\int_0^x(t-x)f(t)\,dt=\int_0^x tf(t)\,dt-x\int_0^x f(t)\,dt$

이므로 주어진 등식은

$\int_0^x tf(t)\,dt-x\int_0^x f(t)\,dt=\dfrac{1}{2}x^4-2x^3$

위의 등식의 양변을 x에 대하여 미분하면

$xf(x)-\int_0^x f(t)\,dt-xf(x)=2x^3-6x^2$

$\therefore \int_0^x f(t)\,dt=-2x^3+6x^2$

위의 등식의 양변에 $x=1$을 대입하면

$\int_0^1 f(t)\,dt=\int_0^1 f(x)\,dx$

$\qquad\qquad =-2+6=4$

33 답 25

$\int_{-1}^{x}(x-t)f(t)\,dt=x\int_{-1}^{x}f(t)\,dt-\int_{-1}^{x}tf(t)\,dt$

이므로 주어진 등식은

$x\int_{-1}^{x}f(t)\,dt-\int_{-1}^{x}tf(t)\,dt=\dfrac{1}{4}x^4-x^2-x-\dfrac{1}{4}$

위의 등식의 양변을 x에 대하여 미분하면

$\int_{-1}^{x}f(t)\,dt+xf(x)-xf(x)=x^3-2x-1$

$\therefore \int_{-1}^{x}f(t)\,dt=x^3-2x-1$

위의 등식의 양변을 x에 대하여 미분하면

$f(x)=3x^2-2$

$\therefore f(3)=27-2=25$

34 답 ③

$\int_{1}^{x}(x-t)f(t)\,dt=x\int_{1}^{x}f(t)\,dt-\int_{1}^{x}tf(t)\,dt$

이므로 주어진 등식은

$x\int_{1}^{x}f(t)\,dt-\int_{1}^{x}tf(t)\,dt=2x^3+ax^2+bx$

위의 등식의 양변을 x에 대하여 미분하면

$\int_{1}^{x}f(t)\,dt+xf(x)-xf(x)=6x^2+2ax+b$

$\therefore \int_{1}^{x}f(t)\,dt=6x^2+2ax+b$ ······ ㉠

㉠의 양변을 x에 대하여 미분하면

$f(x)=12x+2a$

㉠의 양변에 $x=1$을 대입하면

$0=6+2a+b$ $\therefore 2a+b=-6$ ······ ㉡

한편, 주어진 등식의 양변에 $x=1$을 대입하면

$0=2+a+b$ $\therefore a+b=-2$ ······ ㉢

㉡, ㉢을 연립하여 풀면 $a=-4$, $b=2$

따라서 $f(x)=12x-8$이므로

$f(2)=24-8=16$

35 답 ③

$f(x)=\int_{-1}^{x}t(t-2)\,dt$의 양변을 x에 대하여 미분하면

$f'(x)=x(x-2)$

$f'(x)=0$에서 $x=0$ 또는 $x=2$

함수 $f(x)$의 증가와 감소를 표로 나타내면 다음과 같다.

x	$\cdots$	0	$\cdots$	2	$\cdots$
$f'(x)$	$+$	0	$-$	0	$+$
$f(x)$	↗	극대	↘	극소	↗

따라서 함수 $f(x)$는 $x=2$에서 극소이고

$f(2)=\int_{-1}^{2}t(t-2)\,dt=\int_{-1}^{2}(t^2-2t)\,dt$

$=\left[\dfrac{1}{3}t^3-t^2\right]_{-1}^{2}=\left(\dfrac{8}{3}-4\right)-\left(-\dfrac{1}{3}-1\right)=0$

이므로 극솟값은 0이다.

36 답 ⑤

$f(x)=\int_{0}^{x}(t^2+at+2)\,dt$의 양변을 x에 대하여 미분하면

$f'(x)=x^2+ax+2$

이때 $f'(2)=0$이므로

$4+2a+2=0$ $\therefore a=-3$

즉, $f'(x)=x^2-3x+2=(x-1)(x-2)$이므로

$f'(x)=0$에서 $x=1$ 또는 $x=2$

함수 $f(x)$의 증가와 감소를 표로 나타내면 다음과 같다.

x	$\cdots$	1	$\cdots$	2	$\cdots$
$f'(x)$	$+$	0	$-$	0	$+$
$f(x)$	↗	극대	↘	극소	↗

따라서 함수 $f(x)$는 $x=1$에서 극대이고

$f(1)=\int_{0}^{1}(t^2-3t+2)\,dt=\left[\dfrac{1}{3}t^3-\dfrac{3}{2}t^2+2t\right]_{0}^{1}$

$=\left(\dfrac{1}{3}-\dfrac{3}{2}+2\right)-0=\dfrac{5}{6}$

이므로 극댓값은 $\dfrac{5}{6}$이다.

37 답 ⑤

$f(x)=\int_{a}^{x}3(t+1)(t-3)\,dt$의 양변을 x에 대하여 미분하면

$f'(x)=3(x+1)(x-3)$

$f'(x)=0$에서 $x=-1$ 또는 $x=3$

함수 $f(x)$의 증가와 감소를 표로 나타내면 다음과 같다.

x	$\cdots$	-1	$\cdots$	3	$\cdots$
$f'(x)$	$+$	0	$-$	0	$+$
$f(x)$	↗	극대	↘	극소	↗

즉, 함수 $f(x)$는 $x=-1$에서 극대, $x=3$에서 극소이다.

함수 $f(x)$의 극솟값은

$f(3)=\int_{a}^{3}3(t+1)(t-3)\,dt=\int_{a}^{3}(3t^2-6t-9)\,dt$

$=\left[t^3-3t^2-9t\right]_{a}^{3}$

$=(27-27-27)-(a^3-3a^2-9a)$

$=-a^3+3a^2+9a-27$

이때 함수 $f(x)$의 극솟값이 0이므로

$-a^3+3a^2+9a-27=0$

$-(a+3)(a-3)^2=0$ $\therefore a=-3 \ (\because a<0)$

따라서

$$f(-1)=\int_{-3}^{-1}3(t+1)(t-3)\,dt$$

$$=\int_{-3}^{-1}(3t^2-6t-9)\,dt$$

$$=\left[t^3-3t^2-9t\right]_{-3}^{-1}$$

$$=(-1-3+9)-(-27-27+27)$$

$$=32$$

이므로 함수 $f(x)$의 극댓값은 32이다.

38 답 9

$g(x)=\int_{-1}^{x}f(t)\,dt$의 양변을 x에 대하여 미분하면

$g'(x)=f(x)$

이때 $g'(1)=g'(3)=0$이므로

$g'(x)=f(x)=a(x-1)(x-3)\ (a>0)$

이라 할 수 있다.

함수 $g(x)$의 증가와 감소를 표로 나타내면 다음과 같다.

x	$\cdots$	1	$\cdots$	3	$\cdots$
$g'(x)$	+	0	−	0	+
$g(x)$	↗	극대	↘	극소	↗

함수 $g(x)$는 $x=1$에서 극대, $x=3$에서 극소이다.

이때 함수 $g(x)$의 극댓값과 극솟값의 차가 4이므로

$g(1)-g(3)=4$에서

$$\int_{-1}^{1}f(t)\,dt-\int_{-1}^{3}f(t)\,dt=4$$

$$\therefore \int_{3}^{1}f(t)\,dt=4$$

$$\int_{3}^{1}f(t)\,dt=\int_{3}^{1}a(t-1)(t-3)\,dt$$

$$=a\int_{3}^{1}(t^2-4t+3)\,dt$$

$$=a\left[\frac{1}{3}t^3-2t^2+3t\right]_{3}^{1}$$

$$=a\left\{\left(\frac{1}{3}-2+3\right)-(9-18+9)\right\}$$

$$=\frac{4}{3}a$$

이므로

$$\frac{4}{3}a=4 \qquad \therefore a=3$$

따라서 $f(x)=3(x-1)(x-3)$이므로

$f(4)=3\times(4-1)\times(4-3)=9$

39 답 ④

$f(x)=\int_{0}^{x}(3t^2-3t-6)\,dt$의 양변을 x에 대하여 미분하면

$f'(x)=3x^2-3x-6=3(x+1)(x-2)$

$f'(x)=0$에서 $x=-1$ 또는 $x=2$

닫힌구간 $[-1,\ 3]$에서 함수 $f(x)$의 증가와 감소를 표로 나타내면 다음과 같다.

x	-1	$\cdots$	2	$\cdots$	3
$f'(x)$	0	−	0	+	
$f(x)$		↘	극소	↗	

이때

$$f(-1)=\int_{0}^{-1}(3t^2-3t-6)\,dt=\left[t^3-\frac{3}{2}t^2-6t\right]_{0}^{-1}$$

$$=\left(-1-\frac{3}{2}+6\right)-0=\frac{7}{2},$$

$$f(2)=\int_{0}^{2}(3t^2-3t-6)\,dt=\left[t^3-\frac{3}{2}t^2-6t\right]_{0}^{2}$$

$$=(8-6-12)-0=-10,$$

$$f(3)=\int_{0}^{3}(3t^2-3t-6)\,dt=\left[t^3-\frac{3}{2}t^2-6t\right]_{0}^{3}$$

$$=\left(27-\frac{27}{2}-18\right)-0=-\frac{9}{2}$$

이므로 닫힌구간 $[-1,\ 3]$에서 함수 $f(x)$의 최댓값은 $\frac{7}{2}$, 최솟값은 -10이다.

따라서 함수 $f(x)$의 최댓값과 최솟값의 합은

$$\frac{7}{2}+(-10)=-\frac{13}{2}$$

40 답 ⑤

$f(x)=\int_{-2}^{x}(2t^3-6t-4)\,dt$의 양변을 x에 대하여 미분하면

$f'(x)=2x^3-6x-4=2(x+1)^2(x-2)$

$f'(x)=0$에서 $x=-1$ 또는 $x=2$

닫힌구간 $[-3,\ 3]$에서 함수 $f(x)$의 증가와 감소를 표로 나타내면 다음과 같다.

x	-3	$\cdots$	-1	$\cdots$	2	$\cdots$	3
$f'(x)$		−	0	−	0	+	
$f(x)$		↘		↘	극소	↗	

따라서 닫힌구간 $[-3,\ 3]$에서 함수 $f(x)$는 $x=2$에서 극소이면서 최소이고

$$f(2)=\int_{-2}^{2}(2t^3-6t-4)\,dt$$

$$=\int_{-2}^{2}(2t^3-6t)\,dt+\int_{-2}^{2}(-4)\,dt$$

$$=0+2\int_{0}^{2}(-4)\,dt=-8\int_{0}^{2}dt$$

$$=-8\left[t\right]_{0}^{2}=-8\times(2-0)=-16$$

이므로 최솟값은 -16이다.

41 답 19

$f(x)=\displaystyle\int_a^x (3t-t^2)\,dt$의 양변을 x에 대하여 미분하면

$f'(x)=3x-x^2=-x(x-3)$

$f'(x)=0$에서 $x=0$ $(\because -2\le x\le 2)$

닫힌구간 $[-2,\,2]$에서 함수 $f(x)$의 증가와 감소를 표로 나타내면 다음과 같다.

x	-2	$\cdots$	0	$\cdots$	2
$f'(x)$		$-$	0	$+$	
$f(x)$		$\searrow$	극소	$\nearrow$	

닫힌구간 $[-2,\,2]$에서 함수 $f(x)$는 $x=0$에서 극소이면서 최소이므로 최솟값은

$f(0)=\displaystyle\int_a^0 (3t-t^2)\,dt=\left[\dfrac{3}{2}t^2-\dfrac{1}{3}t^3\right]_a^0$

$\qquad =0-\left(\dfrac{3}{2}a^2-\dfrac{1}{3}a^3\right)=\dfrac{1}{3}a^3-\dfrac{3}{2}a^2$

이때 함수 $f(x)$의 최솟값이 $-\dfrac{26}{3}$이므로

$\dfrac{1}{3}a^3-\dfrac{3}{2}a^2=-\dfrac{26}{3}$, $2a^3-9a^2+52=0$

$(a+2)(2a^2-13a+26)=0$

$\therefore a=-2$ $(\because a$는 실수$)$

즉,

$f(2)=\displaystyle\int_{-2}^2 (3t-t^2)\,dt$

$\qquad =\displaystyle\int_{-2}^2 3t\,dt+\int_{-2}^2 (-t^2)\,dt$

$\qquad =0+2\displaystyle\int_0^2 (-t^2)\,dt=2\left[-\dfrac{1}{3}t^3\right]_0^2$

$\qquad =2\times\left(-\dfrac{8}{3}-0\right)=-\dfrac{16}{3}$

이므로 $|f(2)|=\dfrac{16}{3}$

따라서 $p=3$, $q=16$이므로

$p+q=3+16=19$

42 답 ③

$f(x)=\displaystyle\int_{-1}^x (|t-1|-2)\,dt$의 양변을 x에 대하여 미분하면

$f'(x)=|x-1|-2=\begin{cases} -x-1 & (x\le 1) \\ x-3 & (x>1) \end{cases}$

$f'(x)=0$에서 $x=3$ $(\because 0\le x\le 6)$

닫힌구간 $[0,\,6]$에서 함수 $f(x)$의 증가와 감소를 표로 나타내면 다음과 같다.

x	0	$\cdots$	3	$\cdots$	6
$f'(x)$		$-$	0	$+$	
$f(x)$		$\searrow$	극소	$\nearrow$	

이때

$f(0)=\displaystyle\int_{-1}^0 (|t-1|-2)\,dt=\int_{-1}^0 (-t-1)\,dt$

$\qquad =\left[-\dfrac{1}{2}t^2-t\right]_{-1}^0=0-\left(-\dfrac{1}{2}+1\right)$

$\qquad =-\dfrac{1}{2},$

$f(3)=\displaystyle\int_{-1}^3 (|t-1|-2)\,dt$

$\qquad =\displaystyle\int_{-1}^1 (-t-1)\,dt+\int_1^3 (t-3)\,dt$

$\qquad =2\displaystyle\int_0^1 (-1)\,dt+\int_1^3 (t-3)\,dt$

$\qquad =2\left[-t\right]_0^1+\left[\dfrac{1}{2}t^2-3t\right]_1^3$

$\qquad =2\times(-1-0)+\left\{\left(\dfrac{9}{2}-9\right)-\left(\dfrac{1}{2}-3\right)\right\}$

$\qquad =-4,$

$f(6)=\displaystyle\int_{-1}^6 (|t-1|-2)\,dt$

$\qquad =\displaystyle\int_{-1}^1 (-t-1)\,dt+\int_1^6 (t-3)\,dt$

$\qquad =-2+\displaystyle\int_1^6 (t-3)\,dt$

$\qquad =-2+\left[\dfrac{1}{2}t^2-3t\right]_1^6$

$\qquad =-2+\left\{(18-18)-\left(\dfrac{1}{2}-3\right)\right\}$

$\qquad =\dfrac{1}{2}$

이므로 닫힌구간 $[0,\,6]$에서 함수 $f(x)$의 최댓값은 $\dfrac{1}{2}$,

최솟값은 -4이다.

따라서 함수 $f(x)$의 최댓값과 최솟값이 합은

$\dfrac{1}{2}+(-4)=-\dfrac{7}{2}$

43 답 ③

$f(x)=2x^2+4x-3$으로 놓고 함수 $f(x)$의 한 부정적분을 $F(x)$라 하면

$\displaystyle\lim_{h\to 0}\dfrac{1}{h}\int_{1-h}^{1+h} f(x)\,dx$

$=\displaystyle\lim_{h\to 0}\dfrac{1}{h}\left[F(x)\right]_{1-h}^{1+h}$

$=\displaystyle\lim_{h\to 0}\dfrac{F(1+h)-F(1-h)}{h}$

$=\displaystyle\lim_{h\to 0}\dfrac{\{F(1+h)-F(1)\}-\{F(1-h)-F(1)\}}{h}$

$=\displaystyle\lim_{h\to 0}\dfrac{F(1+h)-F(1)}{h}+\lim_{h\to 0}\dfrac{F(1-h)-F(1)}{-h}$

$=2F'(1)=2f(1)$

$=2\times(2+4-3)=6$

44 답 ④

함수 $f(x)$의 한 부정적분을 $F(x)$라 하면

$$\lim_{x\to 2}\frac{1}{x-2}\int_2^x f(t)\,dt=\lim_{x\to 2}\frac{1}{x-2}\Big[F(t)\Big]_2^x$$
$$=\lim_{x\to 2}\frac{F(x)-F(2)}{x-2}$$
$$=F'(2)=f(2)$$

즉, $f(2)=3$이므로

$8+4a+3=3$ $\therefore a=-2$

45 답 4

함수 $f(x)$의 한 부정적분을 $F(x)$라 하면

$$\lim_{x\to 1}\frac{1}{x-1}\int_1^{x^2} f(t)\,dt=\lim_{x\to 1}\frac{1}{x-1}\Big[F(t)\Big]_1^{x^2}$$
$$=\lim_{x\to 1}\frac{F(x^2)-F(1)}{x-1}$$
$$=\lim_{x\to 1}\left\{\frac{F(x^2)-F(1)}{x^2-1}\times(x+1)\right\}$$
$$=2F'(1)=2f(1)$$
$$=2\times(1+1)=4$$

46 답 9

$f(x)=3x^2+ax+b$ (a, b는 상수)로 놓으면

$f'(x)=6x+a$

조건 (가)에서 $f'(1)=4$이므로

$6+a=4$ $\therefore a=-2$

함수 $f(x)$의 한 부정적분을 $F(x)$라 하면 조건 (나)에서

$$\lim_{h\to 0}\frac{1}{h}\int_1^{1+h} f(x)\,dx=\lim_{h\to 0}\frac{1}{h}\Big[F(x)\Big]_1^{1+h}$$
$$=\lim_{h\to 0}\frac{F(1+h)-F(1)}{h}$$
$$=F'(1)=f(1)$$

즉, $f(1)=2$이므로

$3-2+b=2$ $\therefore b=1$

따라서 $f(x)=3x^2-2x+1$이므로

$f(2)=12-4+1=9$

○3 정적분의 활용

1 ②	2 ③	3 ④	4 ②
5 4	6 ④	7 ③	8 82
9 ④	10 ⑤	11 ②	12 4
13 ③	14 ①	15 ②	16 ⑤
17 ④	18 ⑤	19 67	20 ②
21 ②	22 ②	23 ③	
24 ③	25 ②	26 4	27 ②
28 ⑤	29 ①	30 ④	31 ③
32 ⑤	33 ③	34 ③	35 12
36 ④	37 ④	38 ⑤	

1 답 ②

곡선 $y=x^3-2x^2$과 x축의 교점의
x좌표는 $x^3-2x^2=0$에서
$x^2(x-2)=0$
$\therefore x=0$ 또는 $x=2$

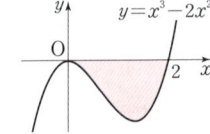

닫힌구간 $[0,\ 2]$에서 $y\leq 0$이므로 구하는 넓이를 S라 하면

$$S=\int_0^2 (-x^3+2x^2)\,dx=\Big[-\frac{1}{4}x^4+\frac{2}{3}x^3\Big]_0^2=\frac{4}{3}$$

2 답 ③

곡선 $y=x^4-2x^2+1$과 x축의 교점의
x좌표는
$x^4-2x^2+1=0$에서
$(x+1)^2(x-1)^2=0$
$\therefore x=-1$ 또는 $x=1$

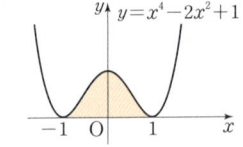

이때 곡선 $y=x^4-2x^2+1$은 y축에 대하여 대칭이고, 닫힌구간 $[0,\ 1]$에서 $y\geq 0$이므로 구하는 넓이를 S라 하면

$$S=2\int_0^1 (x^4-2x^2+1)\,dx=2\Big[\frac{1}{5}x^5-\frac{2}{3}x^3+x\Big]_0^1$$
$$=2\times\frac{8}{15}=\frac{16}{15}$$

3 답 ④

곡선 $y=4-x^2$과 x축의 교점의 x좌
표는 $4-x^2=0$에서
$-(x+2)(x-2)=0$
$\therefore x=-2$ 또는 $x=2$
두 곡선 $y=3x^2$, $y=4-x^2$의 교점
의 x좌표는 $3x^2=4-x^2$에서
$x^2=1$

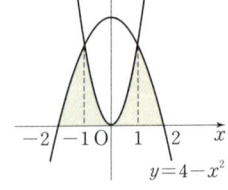

$\therefore x=-1$ 또는 $x=1$
이때 두 곡선 $y=3x^2$, $y=4-x^2$은 각각 y축에 대하여 대칭이고, 닫힌구간 $[0,\ 1]$에서 $3x^2\geq 0$, 닫힌구간 $[1,\ 2]$에서 $4-x^2\geq 0$이므로 구하는 넓이를 S라 하면

$$S = 2\left\{\int_0^1 3x^2\,dx + \int_1^2 (4-x^2)\,dx\right\}$$
$$= 2\left(\Big[x^3\Big]_0^1 + \Big[4x - \frac{1}{3}x^3\Big]_1^2\right)$$
$$= 2 \times \left(1 + \frac{5}{3}\right) = \frac{16}{3}$$

4 답 ②

함수 $f(x)$가 실수 전체의 집합에서 연속이므로 $x=0$에서도 연속이다.

즉, $\lim\limits_{x\to 0+} f(x) = \lim\limits_{x\to 0-} f(x) = f(0)$이므로

$\lim\limits_{x\to 0+} f(x) = \lim\limits_{x\to 0+} (x^2 - 2x + k) = k$,

$\lim\limits_{x\to 0-} f(x) = \lim\limits_{x\to 0-} (x^3 + 1) = 1$,

$f(0) = 1$

에서 $k=1$

$\therefore f(x) = \begin{cases} x^3 + 1 & (x \le 0) \\ x^2 - 2x + 1 & (x > 0) \end{cases}$

함수 $y = f(x)$의 그래프와 x축의 교점의 x좌표는

(i) $x \le 0$일 때

$x^3 + 1 = 0$에서 $x^3 = -1$

$\therefore x = -1$

(ii) $x > 0$일 때

$x^2 - 2x + 1 = 0$에서 $(x-1)^2 = 0$

$\therefore x = 1$

닫힌구간 $[-1, 1]$에서 $y \ge 0$이므로 구하는 넓이를 S라 하면

$$S = \int_{-1}^0 (x^3 + 1)\,dx$$
$$+ \int_0^1 (x^2 - 2x + 1)\,dx$$
$$= \Big[\frac{1}{4}x^4 + x\Big]_{-1}^0 + \Big[\frac{1}{3}x^3 - x^2 + x\Big]_0^1$$
$$= \frac{3}{4} + \frac{1}{3} = \frac{13}{12}$$

5 답 4

곡선 $y = -2x^2 + 3x$와 직선 $y = x$의 교점의 x좌표는

$-2x^2 + 3x = x$에서

$2x^2 - 2x = 0$, $2x(x-1) = 0$

$\therefore x = 0$ 또는 $x = 1$

닫힌구간 $[0, 1]$에서 $-2x^2 + 3x \ge x$이므로 구하는 넓이를 S라 하면

$$S = \int_0^1 \{(-2x^2 + 3x) - x\}\,dx = \int_0^1 (-2x^2 + 2x)\,dx$$
$$= \Big[-\frac{2}{3}x^3 + x^2\Big]_0^1 = \frac{1}{3}$$

따라서 $p = 3$, $q = 1$이므로

$p + q = 3 + 1 = 4$

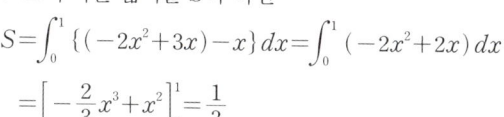

6 답 ④

곡선 $y = (x-1)^3 + 2$와 직선 $y = 3$의 교점의 x좌표는

$(x-1)^3 + 2 = 3$에서

$x^3 - 3x^2 + 3x - 2 = 0$

$(x-2)(x^2 - x + 1) = 0$

$\therefore x = 2$ ($\because x^2 - x + 1 > 0$)

닫힌구간 $[0, 2]$에서 $(x-1)^3 + 2 \le 3$이므로 구하는 넓이를 S라 하면

$$S = \int_0^2 [3 - \{(x-1)^3 + 2\}]\,dx$$
$$= \int_0^2 (-x^3 + 3x^2 - 3x + 2)\,dx$$
$$= \Big[-\frac{1}{4}x^4 + x^3 - \frac{3}{2}x^2 + 2x\Big]_0^2 = 2$$

다른 풀이

$$S = 2 \times 3 - \int_0^2 \{(x-1)^3 + 2\}\,dx$$
$$= 6 - \int_0^2 (x^3 - 3x^2 + 3x + 1)\,dx$$
$$= 6 - \Big[\frac{1}{4}x^4 - x^3 + \frac{3}{2}x^2 + x\Big]_0^2$$
$$= 6 - 4 = 2$$

7 답 ③

$f(x) = x^2 - 4x + 4$에서 $f'(x) = 2x - 4$

두 함수 $y = f(x)$, $y = f'(x)$의 그래프의 교점의 x좌표는

$x^2 - 4x + 4 = 2x - 4$에서

$x^2 - 6x + 8 = 0$, $(x-2)(x-4) = 0$

$\therefore x = 2$ 또는 $x = 4$

닫힌구간 $[2, 4]$에서 $f(x) \le f'(x)$이므로 구하는 넓이를 S라 하면

$$S = \int_2^4 \{f'(x) - f(x)\}\,dx$$
$$= \int_2^4 \{(2x-4) - (x^2 - 4x + 4)\}\,dx$$
$$= \int_2^4 (-x^2 + 6x - 8)\,dx$$
$$= \Big[-\frac{1}{3}x^3 + 3x^2 - 8x\Big]_2^4 = \frac{4}{3}$$

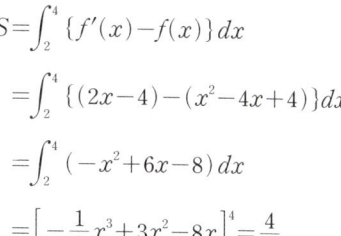

8 답 82

곡선 $y = f(x)$와 직선 $y = 2x + 4$의 세 교점의 x좌표가 각각 -1, 0, 2이므로

$f(x) - (2x + 4) = ax(x+1)(x-2)$ $(a > 0)$

이라 할 수 있다.

닫힌구간 $[-1, 0]$에서 $f(x) \geq 2x+4$, 닫힌구간 $[0, 2]$에서 $f(x) \leq 2x+4$이므로 주어진 부분의 넓이를 S라 하면

$$S = \int_{-1}^{0} \{f(x)-(2x+4)\}\,dx + \int_{0}^{2} \{(2x+4)-f(x)\}\,dx$$

$$= \int_{-1}^{0} ax(x+1)(x-2)\,dx + \int_{0}^{2} \{-ax(x+1)(x-2)\}\,dx$$

$$= a\left\{ \int_{-1}^{0} (x^3-x^2-2x)\,dx + \int_{0}^{2} (-x^3+x^2+2x)\,dx \right\}$$

$$= a\left(\left[\frac{1}{4}x^4 - \frac{1}{3}x^3 - x^2 \right]_{-1}^{0} + \left[-\frac{1}{4}x^4 + \frac{1}{3}x^3 + x^2 \right]_{0}^{2} \right)$$

$$= a\left(\frac{5}{12} + \frac{8}{3} \right) = \frac{37}{12}a$$

즉, $\dfrac{37}{12}a = \dfrac{37}{2}$이므로

$a=6$

따라서 $f(x)-(2x+4)=6x(x+1)(x-2)$이므로

$f(x)=6x(x+1)(x-2)+2x+4$

$\therefore f(3)=18 \times (3+1) \times (3-2)+6+4=82$

9 답 ④

두 곡선 $y=x^2-3x$, $y=-x^2-x+12$의 교점의 x좌표는 $x^2-3x=-x^2-x+12$에서

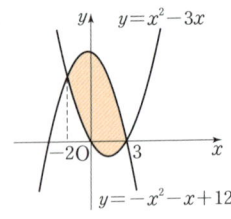

$2x^2-2x-12=0$

$2(x+2)(x-3)=0$

$\therefore x=-2$ 또는 $x=3$

닫힌구간 $[-2, 3]$에서 $x^2-3x \leq -x^2-x+12$이므로 구하는 넓이를 S라 하면

$$S = \int_{-2}^{3} \{(-x^2-x+12)-(x^2-3x)\}\,dx$$

$$= \int_{-2}^{3} (-2x^2+2x+12)\,dx$$

$$= \left[-\frac{2}{3}x^3 + x^2 + 12x \right]_{-2}^{3} = \frac{125}{3}$$

10 답 ⑤

두 곡선

$y=2x^3-5x^2+7$,

$y=x^2+2x+1$

의 교점의 x좌표는

$2x^3-5x^2+7=x^2+2x+1$

에서

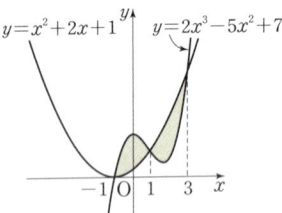

$2x^3-6x^2-2x+6=0$

$2(x+1)(x-1)(x-3)=0$

$\therefore x=-1$ 또는 $x=1$ 또는 $x=3$

닫힌구간 $[-1, 1]$에서 $2x^3-5x^2+7 \geq x^2+2x+1$, 닫힌구간 $[1, 3]$에서 $2x^3-5x^2+7 \leq x^2+2x+1$이므로 구하는 넓이를 S라 하면

$$S = \int_{-1}^{1} \{(2x^3-5x^2+7)-(x^2+2x+1)\}\,dx$$

$$\qquad + \int_{1}^{3} \{(x^2+2x+1)-(2x^3-5x^2+7)\}\,dx$$

$$= \int_{-1}^{1} (2x^3-6x^2-2x+6)\,dx$$

$$\qquad + \int_{1}^{3} (-2x^3+6x^2+2x-6)\,dx$$

$$= 2\int_{0}^{1} (-6x^2+6)\,dx + \int_{1}^{3} (-2x^3+6x^2+2x-6)\,dx$$

$$= 2\left[-2x^3+6x \right]_{0}^{1} + \left[-\frac{1}{2}x^4+2x^3+x^2-6x \right]_{1}^{3}$$

$$= 2 \times 4 + 8 = 16$$

11 답 ②

두 곡선 $y=f(x)$, $y=x^2$의 교점의 x좌표는

(i) $x \leq 0$일 때

$-x^2-4x=x^2$에서

$2x^2+4x=0$, $2x(x+2)=0$

$\therefore x=-2$ 또는 $x=0$

(ii) $x>0$일 때

$3x=x^2$에서

$x^2-3x=0$, $x(x-3)=0$

$\therefore x=3$ ($\because x>0$)

닫힌구간 $[-2, 0]$에서 $-x^2-4x \geq x^2$, 닫힌구간 $[0, 3]$에서 $3x \geq x^2$이므로 구하는 넓이를 S라 하면

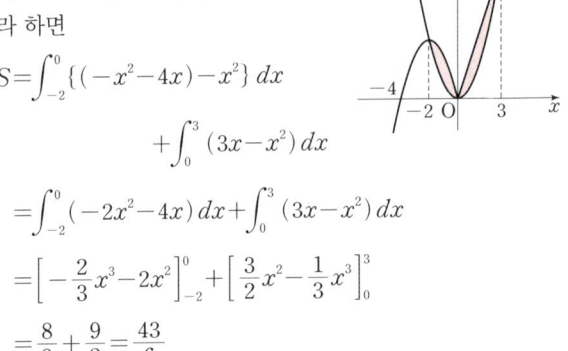

$$S = \int_{-2}^{0} \{(-x^2-4x)-x^2\}\,dx$$

$$\qquad + \int_{0}^{3} (3x-x^2)\,dx$$

$$= \int_{-2}^{0} (-2x^2-4x)\,dx + \int_{0}^{3} (3x-x^2)\,dx$$

$$= \left[-\frac{2}{3}x^3-2x^2 \right]_{-2}^{0} + \left[\frac{3}{2}x^2-\frac{1}{3}x^3 \right]_{0}^{3}$$

$$= \frac{8}{3} + \frac{9}{2} = \frac{43}{6}$$

12 답 4

두 곡선 $y=f(x)$, $y=g(x)$의 교점의 x좌표가 각각 -1, 1이고 점 $(1, f(1))$에서 두 곡선이 접하므로

$f(x)-g(x)=a(x+1)(x-1)^2$ $(a>0)$

이라 할 수 있다.

이때 $f(3)-g(3)=48$이므로

$a \times (3+1) \times (3-1)^2=48$ $\quad \therefore a=3$

$\therefore f(x)-g(x)=3(x+1)(x-1)^2$

닫힌구간 $[-1, 1]$에서 $f(x) \geq g(x)$이므로 구하는 넓이를 S라 하면

$$S=\int_{-1}^{1}\{f(x)-g(x)\}dx=\int_{-1}^{1}3(x+1)(x-1)^2\,dx$$

$$=3\int_{-1}^{1}(x^3-x^2-x+1)\,dx=6\int_{0}^{1}(-x^2+1)\,dx$$

$$=6\left[-\frac{1}{3}x^3+x\right]_{0}^{1}=6\times\frac{2}{3}=4$$

13 답 ③

$f(x)=x^2-2x+3$이라 하면 $f'(x)=2x-2$

즉, 점 $(2, 3)$에서의 접선의 기울기는

$f'(2)=4-2=2$

이므로 접선 l의 방정식은

$y-3=2(x-2)$ $\therefore y=2x-1$

따라서 구하는 넓이를 S라 하면

$$S=\int_{0}^{2}\{(x^2-2x+3)-(2x-1)\}dx$$

$$=\int_{0}^{2}(x^2-4x+4)\,dx$$

$$=\left[\frac{1}{3}x^3-2x^2+4x\right]_{0}^{2}=\frac{8}{3}$$

14 답 ①

$f(x)=x^3-2x+1$에서 $f'(x)=3x^2-2$

즉, 점 $(1, 0)$에서의 접선의 기울기는

$f'(1)=3-2=1$

이므로 접선의 방정식은

$y=x-1$

곡선 $y=f(x)$와 직선 $y=x-1$의

교점의 x좌표는

$x^3-2x+1=x-1$에서

$x^3-3x+2=0$, $(x+2)(x-1)^2=0$

$\therefore x=-2$ 또는 $x=1$

따라서 구하는 넓이를 S라 하면

$$S=\int_{-2}^{1}\{(x^3-2x+1)-(x-1)\}dx$$

$$=\int_{-2}^{1}(x^3-3x+2)\,dx$$

$$=\left[\frac{1}{4}x^4-\frac{3}{2}x^2+2x\right]_{-2}^{1}=\frac{27}{4}$$

15 답 ②

$f(x)=x^3+ax^2+b$에서 $f'(x)=3x^2+2ax$

$f(2)=4$이므로

$8+4a+b=4$ $\therefore 4a+b=-4$ $\cdots\cdots\ \bigcirc$

$f'(2)=4$이므로

$12+4a=4$ $\therefore a=-2$

$a=-2$를 $\bigcirc$에 대입하여 정리하면 $b=4$

$\therefore f(x)=x^3-2x^2+4$

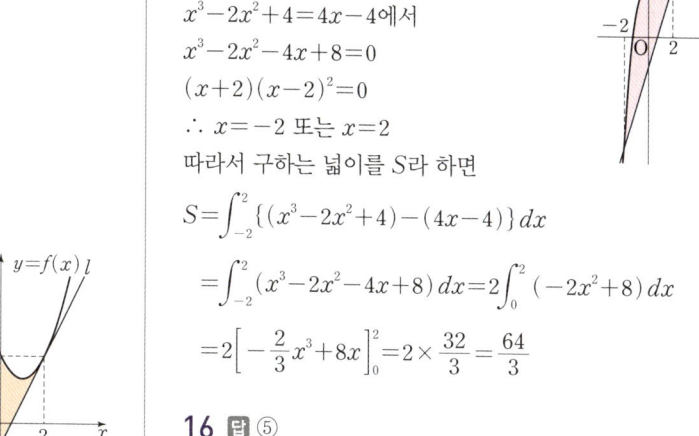

이때 곡선 $y=f(x)$와 직선 $y=4x-4$의

교점의 x좌표는

$x^3-2x^2+4=4x-4$에서

$x^3-2x^2-4x+8=0$

$(x+2)(x-2)^2=0$

$\therefore x=-2$ 또는 $x=2$

따라서 구하는 넓이를 S라 하면

$$S=\int_{-2}^{2}\{(x^3-2x^2+4)-(4x-4)\}dx$$

$$=\int_{-2}^{2}(x^3-2x^2-4x+8)\,dx=2\int_{0}^{2}(-2x^2+8)\,dx$$

$$=2\left[-\frac{2}{3}x^3+8x\right]_{0}^{2}=2\times\frac{32}{3}=\frac{64}{3}$$

16 답 ⑤

$f(x)=-x^2+4$에서 $f'(x)=-2x$

이때 접점의 좌표를

$(t, -t^2+4)$ $(t>0)$이라 하면

이 점에서의 접선의 기울기는

$f'(t)=-2t$이므로 접선 l의 방정식은

$y-(-t^2+4)=-2t(x-t)$

$\cdots\cdots\ \bigcirc$

이 접선이 점 $(0, 5)$를 지나므로

$5-(-t^2+4)=-2t(0-t)$

$t^2=1$ $\therefore t=1$ $(\because t>0)$

$t=1$을 $\bigcirc$에 대입하면

$y=-2x+5$

따라서

$$S_1=\int_{0}^{1}\{(-2x+5)-(-x^2+4)\}dx$$

$$=\int_{0}^{1}(x^2-2x+1)\,dx=\left[\frac{1}{3}x^3-x^2+x\right]_{0}^{1}=\frac{1}{3},$$

$$S_2=\int_{1}^{2}\{(-2x+5)-(-x^2+4)\}dx+\int_{2}^{\frac{5}{2}}(-2x+5)\,dx$$

$$=\int_{1}^{2}(x^2-2x+1)\,dx+\int_{2}^{\frac{5}{2}}(-2x+5)\,dx$$

$$=\left[\frac{1}{3}x^3-x^2+x\right]_{1}^{2}+\frac{1}{2}\times\frac{1}{2}\times1$$

$$=\frac{1}{3}+\frac{1}{4}=\frac{7}{12}$$

이므로

$$S_1+S_2=\frac{1}{3}+\frac{7}{12}=\frac{11}{12}$$

17 답 ④

$$y=\left|\frac{1}{2}x^2-2x\right|=\begin{cases}\dfrac{1}{2}x^2-2x & (x\leq0 \text{ 또는 } x\geq4)\\[2mm] -\dfrac{1}{2}x^2+2x & (0<x<4)\end{cases}$$

따라서 구하는 넓이를 S라 하면

$$S=\int_0^4\left(-\frac{1}{2}x^2+2x\right)dx$$

$$=\left[-\frac{1}{6}x^3+x^2\right]_0^4=\frac{16}{3}$$

18 답 ⑤

$$y=x|x-2|=\begin{cases} -x(x-2) & (x\leq 2) \\ x(x-2) & (x>2) \end{cases}$$

함수 $y=x|x-2|$의 그래프와 직선

$y=3$의 교점의 x좌표는

$x(x-2)=3$에서

$x^2-2x-3=0$

$(x+1)(x-3)=0$

$\therefore x=3 \ (\because x\geq 2)$

따라서 구하는 넓이를 S라 하면

$$S=\int_0^2[3-\{-x(x-2)\}]dx+\int_2^3\{3-x(x-2)\}dx$$

$$=\int_0^2(x^2-2x+3)dx+\int_2^3(-x^2+2x+3)dx$$

$$=\left[\frac{1}{3}x^3-x^2+3x\right]_0^2+\left[-\frac{1}{3}x^3+x^2+3x\right]_2^3$$

$$=\frac{14}{3}+\frac{5}{3}=\frac{19}{3}$$

다른 풀이

$$S=3\times 3-\left\{\int_0^2(-x^2+2x)dx+\int_2^3(x^2-2x)dx\right\}$$

$$=9-\left(\left[-\frac{1}{3}x^3+x^2\right]_0^2+\left[\frac{1}{3}x^3-x^2\right]_2^3\right)$$

$$=9-\left(\frac{4}{3}+\frac{4}{3}\right)=\frac{19}{3}$$

19 답 67

$$y=|x^2-4|=\begin{cases} x^2-4 & (x\leq -2 \text{ 또는 } x\geq 2) \\ -x^2+4 & (-2<x<2) \end{cases}$$

함수 $y=|x^2-4|$의 그래프와 직선 $y=3x$의 교점의 x좌표는

(i) $x\leq -2$ 또는 $x\geq 2$일 때

　　$x^2-4=3x$에서

　　$x^2-3x-4=0$

　　$(x+1)(x-4)=0$

　　$\therefore x=4 \ (\because x\leq -2 \text{ 또는 } x\geq 2)$

(ii) $-2<x<2$일 때

　　$-x^2+4=3x$에서

　　$x^2+3x-4=0$

　　$(x+4)(x-1)=0$

　　$\therefore x=1 \ (\because -2<x<2)$

즉, 구하는 넓이를 S라 하면

$$S=\int_1^2\{3x-(-x^2+4)\}dx$$

$$\qquad +\int_2^4\{3x-(x^2-4)\}dx$$

$$=\int_1^2(x^2+3x-4)dx$$

$$\qquad +\int_2^4(-x^2+3x+4)dx$$

$$=\left[\frac{1}{3}x^3+\frac{3}{2}x^2-4x\right]_1^2+\left[-\frac{1}{3}x^3+\frac{3}{2}x^2+4x\right]_2^4$$

$$=\frac{17}{6}+\frac{22}{3}=\frac{61}{6}$$

따라서 $p=6$, $q=61$이므로 $p+q=6+61=67$

20 답 ②

$f(x)=x^3-ax$에서

$$f'(x)=3x^2-a=3\left(x+\sqrt{\frac{a}{3}}\right)\left(x-\sqrt{\frac{a}{3}}\right)$$

$f'(x)=0$에서 $x=-\sqrt{\dfrac{a}{3}}$ 또는 $x=\sqrt{\dfrac{a}{3}}$

함수 $f(x)$의 증가와 감소를 표로 나타내면 다음과 같다.

x	$\cdots$	$-\sqrt{\dfrac{a}{3}}$	$\cdots$	$\sqrt{\dfrac{a}{3}}$	$\cdots$
$f'(x)$	$+$	0	$-$	0	$+$
$f(x)$	$\nearrow$	극대	$\searrow$	극소	$\nearrow$

즉, 함수 $f(x)$는 $x=-\sqrt{\dfrac{a}{3}}$에서 극대이고, 주어진 그래프에서

함수 $f(x)$의 극댓값은 2이므로

$f\left(-\sqrt{\dfrac{a}{3}}\right)=2$에서 $-\dfrac{a}{3}\sqrt{\dfrac{a}{3}}+a\sqrt{\dfrac{a}{3}}=2$, $a\sqrt{\dfrac{a}{3}}=3$

$a^3=27$　　$\therefore a=3 \ (\because a>0)$　　$\therefore f(x)=x^3-3x$

곡선 $y=x^3-3x$와 x축의 교점의

x좌표는 $x^3-3x=0$에서

$x(x+\sqrt{3})(x-\sqrt{3})=0$

$\therefore x=-\sqrt{3}$ 또는 $x=0$

　　또는 $x=\sqrt{3}$

따라서 구하는 넓이를 S라 하면

$$S=\int_{-\sqrt{3}}^{\sqrt{3}}|x^3-3x|\,dx=2\int_0^{\sqrt{3}}(-x^3+3x)dx$$

$$=2\left[-\frac{1}{4}x^4+\frac{3}{2}x^2\right]_0^{\sqrt{3}}=2\times\frac{9}{4}=\frac{9}{2}$$

21 답 ②

$a>1$이고 $S_1=S_2$이므로

$$\int_0^a f(x)dx=0, \ \int_0^a x(x-1)(x-a)dx=0$$

$$\int_0^a\{x^3-(a+1)x^2+ax\}dx=0$$

$$\left[\frac{1}{4}x^4-\frac{a+1}{3}x^3+\frac{a}{2}x^2\right]_0^a=0$$

$$-\frac{1}{12}a^4+\frac{1}{6}a^3=0$$

$$-\frac{1}{12}a^3(a-2)=0 \qquad \therefore a=2 \ (\because a>1)$$

따라서 $f(x)=x(x-1)(x-2)$이므로

$$f(3)=3\times(3-1)\times(3-2)=6$$

22 답 ②

$A=B$이므로

$$\int_0^6\{(-x^2+6x)-mx\}dx=0$$

$$\int_0^6\{-x^2+(6-m)x\}dx=0$$

$$\left[-\frac{1}{3}x^3+\frac{6-m}{2}x^2\right]_0^6=0$$

$$18m=36 \qquad \therefore m=2$$

다른 풀이

오른쪽 그림과 같이 곡선
$y=-x^2+6x$와 직선 $y=mx$의 교점의
x좌표를 k $(0<k<6)$이라 하고, 곡선
$y=-x^2+6x$와 직선 $y=mx$ 및 x축으
로 둘러싸인 부분의 넓이를 C라 하자.
이때 $A=B$이므로 $A+C=B+C$

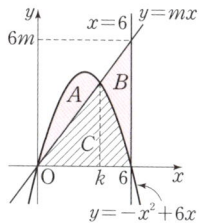

$$A+C=\int_0^6(-x^2+6x)\,dx=\left[-\frac{1}{3}x^3+3x^2\right]_0^6=36,$$

$$B+C=\frac{1}{2}\times6\times6m=18m$$

이므로 $36=18m \qquad \therefore m=2$

23 답 ③

직선 l의 기울기를 m $(m>0)$이라 하면 직선 l의 방정식은
$y=m(x-4)$

$A=B$이므로

$$\int_0^4\{(x^2-5x+4)-m(x-4)\}dx=0$$

$$\int_0^4\{x^2-(m+5)x+4m+4\}dx=0$$

$$\left[\frac{1}{3}x^3-\frac{m+5}{2}x^2+(4m+4)x\right]_0^4=0$$

$$8m=\frac{8}{3} \qquad \therefore m=\frac{1}{3}$$

다른 풀이

$f(0)=4$이므로 오른쪽 그림과 같이
두 점 $(0, 4)$, $(4, 0)$을 지나는 직선을
l'이라 하면 직선 l'의 방정식은
$y=-x+4$
곡선 $y=f(x)$와 두 직선 l, l'으로 둘
러싸인 부분의 넓이를 C, 직선 l의 y
절편을 k $(k<0)$이라 하자.

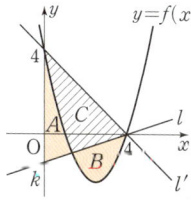

이때 $A=B$이므로 $A+C=B+C$

$$A+C=\frac{1}{2}\times(4-k)\times4=2(4-k),$$

$$B+C=\int_0^4\{(-x+4)-(x^2-5x+4)\}dx$$

$$=\int_0^4(-x^2+4x)\,dx=\left[-\frac{1}{3}x^3+2x^2\right]_0^4=\frac{32}{3}$$

이므로 $2(4-k)=\frac{32}{3} \qquad \therefore k=-\frac{4}{3}$

따라서 직선 l은 두 점 $(4, 0)$, $\left(0, -\frac{4}{3}\right)$를 지나므로 직선 l의

기울기는

$$\frac{-\frac{4}{3}-0}{0-4}=\frac{1}{3}$$

24 답 ③

정사각형 ABCD의 넓이를 S_1, 곡선 $y=a(x^2-4)$와 x축으로
둘러싸인 부분의 넓이를 S_2라 하면

$$S_1=4\times4=16$$

$$S_2=\int_{-2}^2 a(x^2-4)\,dx=2a\int_0^2(x^2-4)\,dx$$

$$=2a\left[\frac{1}{3}x^3-4x\right]_0^2=2a\times\left(-\frac{16}{3}\right)=-\frac{32}{3}a$$

이때 $S_1=2S_2$이므로

$$16=-\frac{64}{3}a \qquad \therefore a=-\frac{3}{4}$$

25 답 ②

$$f(x)=x^2-4x+k=(x-2)^2-4+k$$

이므로 곡선 $y=f(x)$는 직선 $x=2$에 대하여 대칭이다.

즉, 곡선 $y=f(x)$와 x축으로 둘러싸인
부분의 넓이 B는 직선 $x=2$에 의하여
이등분된다.

이때 $B=2A$이므로 곡선 $y=f(x)$와
직선 $x=2$ 및 x축으로 둘러싸인 부분
의 넓이는 A와 같다.

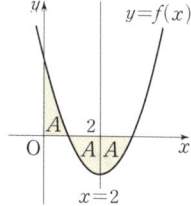

$$\int_0^2 f(x)\,dx=0$$이므로 $$\int_0^2(x^2-4x+k)\,dx=0$$

$$\left[\frac{1}{3}x^3-2x^2+kx\right]_0^2=0, \ 2k-\frac{16}{3}=0 \qquad \therefore k=\frac{8}{3}$$

따라서 $f(x)=x^2-4x+\frac{8}{3}$이므로

$$f(1)=1-4+\frac{8}{3}=-\frac{1}{3}$$

26 답 4

곡선 $y=x^2-1$과 직선 $y=k$의 교점의 x좌표는
$x^2-1=k$에서 $x^2=k+1$

$$\therefore x=-\sqrt{k+1} \ \text{또는} \ x=\sqrt{k+1}$$

곡선 $y=x^2-1$과 직선 $y=k$로 둘러싸인 부분의 넓이를 S_1, 곡선 $y=x^2-1$과 x축으로 둘러싸인 부분의 넓이를 S_2라 하면

$$S_1=\int_{-\sqrt{k+1}}^{\sqrt{k+1}}\{k-(x^2-1)\}dx$$

$$=\int_{-\sqrt{k+1}}^{\sqrt{k+1}}(-x^2+k+1)dx$$

$$=2\int_0^{\sqrt{k+1}}(-x^2+k+1)dx$$

$$=2\left[-\frac{1}{3}x^3+(k+1)x\right]_0^{\sqrt{k+1}}=\frac{4}{3}(k+1)\sqrt{k+1}$$

$$S_2=\int_{-1}^1(-x^2+1)dx=2\int_0^1(-x^2+1)dx$$

$$=2\left[-\frac{1}{3}x^3+x\right]_0^1=2\times\frac{2}{3}=\frac{4}{3}$$

이때 $S_1=2S_2$이므로 $\frac{4}{3}(k+1)\sqrt{k+1}=\frac{8}{3}$

$(k+1)\sqrt{k+1}=2$

위의 등식의 양변을 제곱하면

$(k+1)^3=4$

27 답 ②

$f(x)=x^2+1$이라 하면

$f'(x)=2x$

접점의 좌표를 $(t,\ t^2+1)$이라 하면 이 점에서의 접선의 기울기는 $f'(t)=2t$이므로 접선의 방정식은

$y-(t^2+1)=2t(x-t)$ ……㉠

이 접선이 원점을 지나므로

$0-(t^2+1)=2t(0-t)$

$t^2=1$ ∴ $t=-1$ 또는 $t=1$

(i) $t=-1$을 ㉠에 대입하면

$y-2=-2(x+1)$ ∴ $y=-2x$

(ii) $t=1$을 ㉠에 대입하면

$y-2=2(x-1)$ ∴ $y=2x$

두 직선 $y=-2x$, $y=2x$와 직선 $y=k$의 교점의 x좌표는 각각 $-2x=k$, $2x=k$에서

$x=-\frac{k}{2}$, $x=\frac{k}{2}$

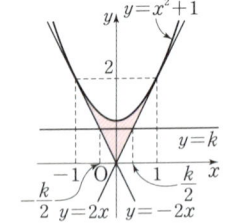

곡선 $y=x^2+1$과 두 직선 $y=-2x$, $y=2x$로 둘러싸인 부분의 넓이를 S_1, 세 직선 $y=-2x$, $y=2x$, $y=k$로 둘러싸인 부분의 넓이를 S_2라 하자.

이때 곡선 $y=x^2+1$은 y축에 대하여 대칭이고, 두 직선 $y=-2x$, $y=2x$도 서로 y축에 대하여 대칭이므로

$$S_1=2\int_0^1\{(x^2+1)-2x\}dx=2\int_0^1(x^2-2x+1)dx$$

$$=2\left[\frac{1}{3}x^3-x^2+x\right]_0^1=2\times\frac{1}{3}=\frac{2}{3}$$

$$S_2=\frac{1}{2}\times\left(\frac{k}{2}+\frac{k}{2}\right)\times k=\frac{1}{2}k^2$$

$S_1=2S_2$이므로 $k^2=\frac{2}{3}$

28 답 ⑤

두 곡선 $y=f(x)$, $y=g(x)$는 직선 $y=x$에 대하여 대칭이므로 두 곡선으로 둘러싸인 부분의 넓이는 곡선 $y=f(x)$와 직선 $y=x$로 둘러싸인 부분의 넓이의 2배이다.

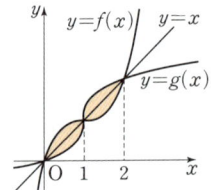

곡선 $y=f(x)$와 직선 $y=x$의 교점의 x좌표는 $x^3-3x^2+3x=x$에서

$x^3-3x^2+2x=0$, $x(x-1)(x-2)=0$

∴ $x=0$ 또는 $x=1$ 또는 $x=2$

따라서 구하는 넓이를 S라 하면

$$S=2\left[\int_0^1\{(x^3-3x^2+3x)-x\}dx\right.$$
$$\left.+\int_1^2\{x-(x^3-3x^2+3x)\}dx\right]$$

$$=2\left\{\int_0^1(x^3-3x^2+2x)dx+\int_1^2(-x^3+3x^2-2x)dx\right\}$$

$$=2\left(\left[\frac{1}{4}x^4-x^3+x^2\right]_0^1+\left[-\frac{1}{4}x^4+x^3-x^2\right]_1^2\right)$$

$$=2\times\left(\frac{1}{4}+\frac{1}{4}\right)=1$$

29 답 ①

$f(x)=x^3+x$에서 $f'(x)=3x^2+1>0$이고, $f(1)=2$, $f(2)=10$이므로 곡선 $y=f(x)$는 실수 전체의 집합에서 증가하고, 두 점 $(1,2)$, $(2,10)$을 지난다.

곡선 $y=g(x)$는 곡선 $y=f(x)$와 직선 $y=x$에 대하여 대칭이므로 오른쪽 그림과 같다.

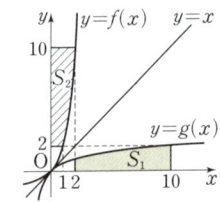

$\int_2^{10}g(x)dx=S_1$, 빗금 친 부분의 넓이를 S_2라 하면 $S_1=S_2$이므로

$$\int_2^{10}g(x)dx=S_1=S_2$$

$$=2\times10-\left\{1\times2+\int_1^2f(x)dx\right\}$$

$$=20-\left\{2+\int_1^2(x^3+x)dx\right\}$$

$$=18-\left[\frac{1}{4}x^4+\frac{1}{2}x^2\right]_1^2$$

$$=18-\frac{21}{4}=\frac{51}{4}$$

30 답 ④

$f(1)=1$, $f(3)=3$이므로 $g(1)=1$, $g(3)=3$

두 곡선 $y=f(x)$, $y=g(x)$는 직선 $y=x$에 대하여 대칭이고, $1\le x\le 3$에서 $f(x)\le x$이므로 $1\le x\le 3$에서 $f(x)\le x\le g(x)$이다.

또한, $1\le x\le 3$에서 두 곡선 $y=f(x)$, $y=g(x)$로 둘러싸인 부분의 넓이가 $\dfrac{4}{3}$이고, 이 넓이는 곡선 $y=f(x)$와 직선 $y=x$로 둘러싸인 부분의 넓이의 2배이므로

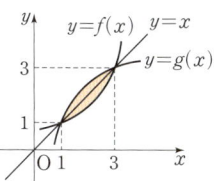

$$\int_1^3\{g(x)-f(x)\}\,dx=2\int_1^3\{x-f(x)\}=\frac{4}{3}$$

$$\therefore \int_1^3\{x-f(x)\}\,dx=\frac{2}{3}$$

이때

$$\int_1^3\{x-f(x)\}\,dx=\int_1^3 x\,dx-\int_1^3 f(x)\,dx$$
$$=\left[\frac{1}{2}x^2\right]_1^3-\int_1^3 f(x)\,dx=4-\int_1^3 f(x)\,dx$$

이므로

$$4-\int_1^3 f(x)\,dx=\frac{2}{3}$$

$$\therefore \int_1^3 f(x)\,dx=\frac{10}{3}$$

31 답 ③

두 곡선 $y=f(x)$, $y=g(x)$는 직선 $y=x$에 대하여 대칭이므로 두 곡선으로 둘러싸인 부분의 넓이는 곡선 $y=f(x)$와 직선 $y=x$로 둘러싸인 부분의 넓이의 2배이다.

곡선 $y=f(x)$와 직선 $y=x$의 교점의 x좌표는

$\dfrac{1}{2}x^3+\dfrac{1}{2}x=x$에서 $\dfrac{1}{2}x^3-\dfrac{1}{2}x=0$

$\dfrac{1}{2}x(x+1)(x-1)=0$

$\therefore x=0$ 또는 $x=1\ (\because x\ge 0)$

곡선 $y=f(x)$와 직선 $y=5$의 교점의 x좌표는

$\dfrac{1}{2}x^3+\dfrac{1}{2}x=5$에서 $x^3+x-10=0$

$(x-2)(x^2+2x+5)=0$

$\therefore x=2\ (\because x\ge 0)$

오른쪽 그림과 같이 곡선 $y=f(x)$와 y축 및 직선 $y=5$로 둘러싸인 부분의 넓이를 S_1, 두 곡선 $y=f(x)$, $y=g(x)$로 둘러싸인 부분의 넓이를 S_2라 하면

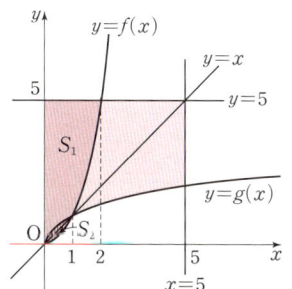

$$S_1=2\times 5-\int_0^2 f(x)\,dx$$
$$=10-\int_0^2\left(\frac{1}{2}x^3+\frac{1}{2}x\right)dx$$
$$=10-\left[\frac{1}{8}x^4+\frac{1}{4}x^2\right]_0^2=10-3=7$$

S_2의 값은 곡선 $y=f(x)$와 직선 $y=x$로 둘러싸인 부분의 넓이의 2배이므로

$$S_2=2\int_0^1\{x-f(x)\}\,dx$$
$$=2\int_0^1\left\{x-\left(\frac{1}{2}x^3+\frac{1}{2}x\right)\right\}dx$$
$$=2\int_0^1\left(-\frac{1}{2}x^3+\frac{1}{2}x\right)dx$$
$$=2\left[-\frac{1}{8}x^4+\frac{1}{4}x^2\right]_0^1$$
$$=2\times\frac{1}{8}=\frac{1}{4}$$

이때 곡선 $y=g(x)$와 x축 및 직선 $x=5$로 둘러싸인 부분의 넓이도 S_1이므로 구하는 넓이를 S라 하면

$$S=5\times 5-2S_1+S_2$$
$$=25-2\times 7+\frac{1}{4}=\frac{45}{4}$$

다른 풀이

오른쪽 그림과 같이 곡선 $y=f(x)$와 두 직선 $y=x$, $x=2$로 둘러싸인 부분의 넓이를 T_1, 세 직선 $y=x$, $x=2$, $y=5$로 둘러싸인 부분의 넓이를 T_2, 구하는 넓이를 S라 하면

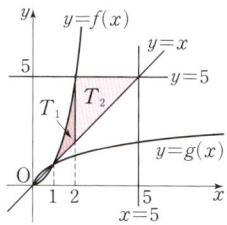

$$S=2(T_1+T_2)$$

이때

$$T_1=\int_1^2\{f(x)-x\}\,dx=\int_1^2\left\{\left(\frac{1}{2}x^3+\frac{1}{2}x\right)-x\right\}dx$$
$$=\int_1^2\left(\frac{1}{2}x^3-\frac{1}{2}x\right)dx=\left[\frac{1}{8}x^4-\frac{1}{4}x^2\right]_1^2=\frac{9}{8},$$
$$T_2=\frac{1}{2}\times 3\times 3=\frac{9}{2}$$

이므로

$$S=2(T_1+T_2)=2\times\left(\frac{9}{8}+\frac{9}{2}\right)=\frac{45}{4}$$

32 답 ⑤

$$v(t)=t+|t-2|=\begin{cases}2 & (0\le t\le 2)\\ 2t-2 & (t>2)\end{cases}$$

$0\le t\le 4$일 때 $v(t)\ge 0$이므로 점 P가 시각 $t=0$에서 $t=4$까지 움직인 거리는

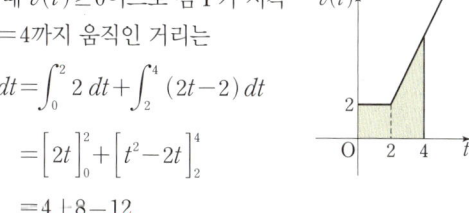

$$\int_0^4|v(t)|\,dt=\int_0^2 2\,dt+\int_2^4(2t-2)\,dt$$
$$=\left[2t\right]_0^2+\left[t^2-2t\right]_2^4$$
$$=4+8=12$$

33 답 ③

점 P가 움직이는 방향이 바뀔 때의 시각을 $t=k\ (k>0)$이라 하면 속도는 0이므로 $v(k)=0$에서

$-k^2+ak=0$, $-k(k-a)=0$ $\therefore k=a\ (\because k>0,\ a>0)$

이때 점 P가 출발한 후 시각 $t=2$에서 처음으로 운동 방향이
바뀌므로 $a=2$

$0 \leq t \leq 2$일 때 $v(t) \geq 0$, $2 \leq t \leq 4$일 때
$v(t) \leq 0$이므로 점 P가 시각 $t=0$에서
$t=4$까지 움직인 거리는

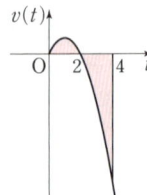

$\displaystyle\int_0^4 |-t^2+2t|\, dt$

$=\displaystyle\int_0^2 (-t^2+2t)\, dt + \int_2^4 (t^2-2t)\, dt$

$=\left[-\dfrac{1}{3}t^3+t^2\right]_0^2 + \left[\dfrac{1}{3}t^3-t^2\right]_2^4$

$=\dfrac{4}{3}+\dfrac{20}{3}=8$

34 답 ③

점 P의 시각 t에서의 가속도를 $a(t)$라 하면

$a(t)=\dfrac{d}{dt}v(t)=-12t^2+24t$

이때 $a(k)=12$이므로

$-12k^2+24k=12$

$k^2-2k+1=0$, $(k-1)^2=0$

$\therefore k=1$

$v(t)=0$에서

$-4t^3+12t^2=0$, $-4t^2(t-3)=0$

$\therefore t=0$ 또는 $t=3$

따라서 $3 \leq t \leq 4$일 때 $v(t) \leq 0$이므로 시각
$t=3$에서 $t=4$까지 점 P가 움직인 거리는

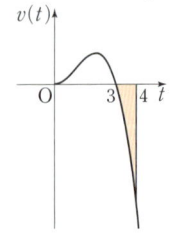

$\displaystyle\int_3^4 |-4t^3+12t^2|\, dt = \int_3^4 (4t^3-12t^2)\, dt$

$=\left[t^4-4t^3\right]_3^4=27$

35 답 12

두 점 P, Q의 속도가 같아지는 순간은
$v_1(t)=v_2(t)$에서 $3t^2+t=2t^2+3t$

$t^2-2t=0$, $t(t-2)=0$

$\therefore t=0$ 또는 $t=2$

즉, 출발한 후 두 점 P, Q의 속도가 같아지는 시각은
$t=2$

시각 $t=2$에서의 점 P의 위치는

$0+\displaystyle\int_0^2 (3t^2+t)\, dt = \left[t^3+\dfrac{1}{2}t^2\right]_0^2 = 10$

시각 $t=2$에서의 점 Q의 위치는

$0+\displaystyle\int_0^2 (2t^2+3t)\, dt = \left[\dfrac{2}{3}t^3+\dfrac{3}{2}t^2\right]_0^2 = \dfrac{34}{3}$

따라서 $t=2$일 때, 두 점 P, Q 사이의 거리 a는

$a=\left|10-\dfrac{34}{3}\right|=\dfrac{4}{3}$

$\therefore 9a=9 \times \dfrac{4}{3}=12$

36 답 ④

$\displaystyle\int_0^6 |v(t)|\, dt = \int_0^3 v(t)\, dt + \int_3^6 \{-v(t)\}\, dt$

$=\dfrac{1}{2} \times 3 \times 2 + \dfrac{1}{2} \times (3+1) \times 1 = 5$

37 답 ④

시각 $t=6$에서의 점 P의 위치가 2이므로

$0+\displaystyle\int_0^6 v(t)\, dt = \dfrac{1}{2} \times (3+2) \times a - \dfrac{1}{2} \times 3 \times a$

$=a=2$

따라서 점 P가 시각 $t=1$에서 $t=4$까지 움직인 거리는

$\displaystyle\int_1^4 |v(t)|\, dt = \int_1^3 v(t)\, dt + \int_3^4 \{-v(t)\}\, dt$

$=\dfrac{1}{2} \times (2+1) \times 2 + \dfrac{1}{2} \times 1 \times 2 = 4$

38 답 ⑤

점 P의 시각 t에서의 위치를 $x(t)$라 하면
$x'(t)=v(t)$

$x'(t)=0$, 즉 $v(t)=0$에서 주어진 속도 $v(t)$의 그래프에 의하여
$t=0$ 또는 $t=3$ 또는 $t=5$

$0 \leq t \leq 5$에서 함수 $x(t)$의 증가와 감소를 표로 나타내면 다음
과 같다.

t	0	$\cdots$	3	$\cdots$	5
$x'(t)$		$-$	0	$+$	
$x(t)$	0	$\searrow$	극소	$\nearrow$	$x(5)$

즉, 함수 $x(t)$는 $t=3$에서 극소이면서 최소이므로 점 P는
$t=3$일 때 원점으로부터 가장 멀리 떨어져 있다.

따라서

$x(3)=0+\displaystyle\int_0^3 v(t)\, dt$

$=-\dfrac{1}{2} \times 3 \times 2 = -3$

이므로 이때의 원점과 점 P 사이의 거리는
$|0-(-3)|=3$